선택할 자유
Free to Choose

자유주의 시리즈 78

선택할 자유
Free to Choose

2022년 7월 30일 초판 1쇄 발행
2023년 8월 25일 초판 2쇄 발행
2024년 7월 29일 초판 3쇄 발행

저자_ 밀턴 프리드먼·로즈 프리드먼
역자_ 민병균·서재명·한홍순
발행자_ 최승노
디자인_ 인그루출판인쇄협동조합
총판_ 경제서적
윤문_ Gem Company(젬컴퍼니)
발행처_ 자유기업원
주소_ (07236) 서울시 영등포구 국회대로62길 9 산림비전센터 7층
전화_ 02-3774-5000

ISBN 978-89-8429-248-2 93320
정가: 32,000원

자유주의시리즈 78

선택할 자유
Free to Choose

밀턴 프리드먼 · 로즈 프리드먼 지음

자유기업원

FREE TO CHOOSE

Copyright © 1980 by Milton Friedman and Rose D. Friedman

Copyright © 1979 by Milton Friedman

Forward Copyright © 1990 by Milton Friedman and Rose D. Friedman

Published by arrangement with

Houghton Mifflin Harcourt Publishing Company

All rights reserved

Korean translation copyright © 2009 by Center For Free Enterprise

Korean translation rights arranged with

HOUGHTON MIFFLIN HARCOURT PUBLISHING COMPANY

through EYA (Eric Yang Agency)

이 책의 한국어판 저작권은 EYA (Eric Yang Agency)를 통한
HOUGHTON MIFFLIN HARCOURT PUBLISHING COMPANY 사와의
독점계약으로 한국어 판권을 '(재)자유기업원'이 소유합니다.
저작권법에 의하여 한국 내에서 보호를 받는 저작물이므로
무단전재 및 복제를 금합니다.

> 정부의 목적이 유익할 때 자유를 수호한다는 것은 바로 우리 자신을 위한 것임을 경험은 가르치고 있다. 사악한 통치자가 자유를 침해하는 경우에 이를 격퇴하기 위해 나서는 것도 자유인에겐 사람으로서 당연한 일이다. 자유에 대한 진정한 위험은 동기는 훌륭하나 무식한 열성분자들이 알게 모르게 자유를 잠식하는 데 있다.

루이스 브랜다이스 판사
미국대법원판결(옴스테드 대 미합중국정부) (1928)

역자 서문

　이 책은 1930년대부터 1970년대에 이르기까지 발전한 규제자본주의Controlled Capitalism의 케인스적 경제정책이 얼마나 허구적이었는가를 논리적으로 그리고 사실적으로 파헤치는 데 성공한 책이다.
　우리 역자들이 서로 다른 관점을 갖고 있으면서도 이 책의 번역에 손을 댄 이유는 여러 가지가 있다. 그 가운데서도 최우선인 것은 이 책을 통해서 사회과학의 최종 목표가 무엇이며, 학문하는 사람의 문제의식이나 가치관이 어떻게 사회의 현실분석과 처방에 투영되어야 하는가를 배우자는 것이었다. 우리와 같은 개발도상국에게 선진국 경제이론의 무비판적 수용이 얼마나 위험한 것이며 또한 이론을 수용할 경우에도 그 이론을 낳는 객관적 환경과 주체적 조건으로서의 사회구조를 아울러 이해하는 것이 얼마나 중요한가를 반성케 해주는 것이 이 책이다.

일찍이 프리드먼은 그의 저서 『자본주의와 자유Capitalism and Freedom, University of Chicago Press: 1962』에서 경제적 자유가 정치적 자유의 필수불가결한 조건임을 갈파한 바 있으며 자유사회에서의 정부의 역할에 관하여 본서에서 개진한 내용의 모습을 이미 보여준 바 있다. 과학자적 냉정에 있어서 프리드먼과 같이 매서운 면모를 보여주기도 어려운 것이었다. 『자본주의와 자유』의 서문에서 당시 미국의 총애와 인기를 한 몸에 모았던 케네디 대통령의 취임연설문, 즉 "당신을 위해 국가가 무엇을 해줄 수 있는지를 묻지 말고, 당신이 국가를 위해 무엇을 할 수 있는지를 물으시오"에 대해서조차도 그는 범상하게 들어 넘기지를 못했었다. 가부장적인 어조로 된 케네디의 취임연설문은 자기 자신의 운명을 자기 자신이 책임져야 마땅하고 또 그 운명을 받아들일 줄 아는 참된 자유인의 가치관과는 걸맞지 않는다는 점을 지적해 두고 있다. 뿐만 아니라 정부가 주인이 아니고 신이 아닌 바에야, 또 국민이나 시민이 노예가 아닌 바에야 어찌 나라를 위해 무엇을 한단 말인가, 하고 되묻고 있다.

프리드먼은 이미 20여 년 전에 진정한 자유인이라면 나라가 무엇을 해줄 것인가를 묻지도 않을 뿐더러 나라를 위해 무엇을 할 수 있는가를 묻지도 않을 것이라고 단언하고 있다. 자유인은 차라리 "나 또는 나의 동포가 정부라는 조직을 통해서 자유수호와 사회정의의 실현, 그리고 개개인의 책무를 어떻게 감당해 나갈 수 있을지를 물이야 마땅하다."고 했던 것이나. 프리드먼에게 있어서 국가는 나의 집합이요, 정부가 곧 국가는 아니라는 강력한 도덕률이 견지되어 있으며 20년이 지난 지금 그의 신념은 본서와 같은 완숙한 담론을 실어내 놓은 것이다. 한마디로 본서는 20여 년 전 그 자신이 집필한 고담준론高談峻論을 보다 광범위한 문제에 대해 깊은 통찰력을 투사하여 전개하고 통속적인 언어문화를 통해서 일정한 도덕률을 제시한 탁월한 사회철학서의 하나가 아닐 수 없다 하겠다. 요컨대 이 책은 전환기적 대혼란기에 프리드먼의 사고방식을 찬성하는 사람들에게는 반드시 읽고 발전시켜야 될 책이며, 반대하는 사람들에게도 반드시 읽고 비판적으로 극복되어야 할 책이다.

세상에는 그럴듯한 역사와 이론이 있지만 진리와는 거리가 먼 것이 있다. 가까운 예를 들더라도 1997년 한국에서는 환란의 주범이 재벌의 방만한 투자와 문어발식 다각경영이라는 잘못된 견해가 정답처럼 되어 있다. 마찬가지로 1930년대의 세계적 대공황의 원인이 자본주의 시장의 한계에 있다는 잘못된 이론이 세상을 지배하였다. 실은 1997년의 환란은 돈 드는 정치와 그 결탁물인 정경유착과 관치금융이 그 원인이었으며, 1930년대의 대공황은 미연방 준비제도의 권력암투와 통화의 과도한 긴축 때문이었다는 것이 밝혀지고 있다. 특히 역사발전에 있어서 개별 정책이 얼마나 중요한 결과를 초래하는지를 이 책은 깊이 있는 통찰력을 통해 밝히고 있다.

어떤 나라이건 재산권을 부정하고 시장원리를 거스르는 경우 결코 번영할 수 없다는 것을 여러 경로를 통해 설명하고 있다. 시장경제, 국제무역, 통화, 복지, 평등, 교육, 소비자 보호, 노동 그리고 인플레이션을 다룸에 있어서 한 국가의 역사가 달라질 수 있는 분수령을 잘 그려주고 있다. 21세기에 한국이 '무엇을 먹고 살 것인가'가 화두가 된지 몇 해째이다. 아마도 이 번역서가 그 해답을 준다 해도 틀린 얘기는 아닐 듯 하다. 그 정도로 이 책은 21세기에 우리가 무엇을 생각해야 하는지를 가르쳐 주는 지침서라 할 만하다.

본서의 번역엔 어려움도 많았다. 아무리 평이하게 썼다 하더라도 일반인에겐 생소할지도 모를 전문적인 개념이 적지 않기 때문이었다. 예컨대 조세부담원칙의 하나인 능력원칙ability to pay이라든지 민주적 대의제를 통하지 않은 과세taxation without representation, 또는 리저브 베이스reserve base or monetary base, 예금인출쇄도run 및 결과가 평등해야 한다는 평등의 개념equality of outcome, 아니면 시장의 실패market failure 등이 본서에서는 소위 평이한 문체 속에 아무런 표시도 없이 다른 단어와 마찬가지로 유연하게 섞여 있었던 것이다. 이런 경우엔 대부분 그것이 중요한 개념이며 뿌리가 있고 배경이 있다는 점에서 원어를 첨가하여 두었다. 프리드먼의 글이 동일한 논리체계의 반복이 있을 때, 차원을 달리한 상황과 뿌리가 있는 전문용어가 나타나기 때문에 이를 가급적 살리기 위해 문장을 짧게 끊고 최소한의 설명을 원문에 보강하여 넣기도 하였다. 그만큼 이 책은 힘들여 읽어 볼만한 영어로서도 명문장임에 틀림이 없다 하겠다.

이 역서는 원래 1980년도에 협동출판사에서 같은 역자들이 발간하였던 책이다. 그러나 2003년에 자유기업원에서 다시 개정판을 만들게 되었다. 1980년도에는 우리가 알기로도 세 권이나 되는 다른 역서도 있었으나 지금은 모두가 절판이 되었으며 지금에 와서 안 일이지만 그 당시에는 제대로 저작권을 사서 출판한 것도 아니었다. 그때에는 그렇게 해왔다. 이제 20여 년 전의 혼탁한 출판시장을 뒤로하고 차분하게 읽을 수 있는 역서를 낸다는 자부심으로 이 책을 펴낸다. 역자들은 이번에 거의 새로이 번역한다는 생각으로 일을 착수했다. 부끄러운 일이지만 틀린 곳도 있었고 읽기 어려운 데도 있었으며 쓸데없이 긴 곳도 있었다. 또 한자를 한글로 바꾸면서 문장을 바꾸어야 했다.

이런 것들을 고쳐서 자신 있게 내놓을 수 있어서 만족스럽다. 20년 전에 낸 첫 번역서의 책제목은 『선택의 자유』였다. 선택의 자유는 'freedom of choice'라고 생각하여 원제 'free to choose'를 『선택할 자유』로 바꾸었다. 우리 한글의 우수성을 빛낼 수 있는 책제목이라고 생각되어서이다. 끝으로 이 책의 출판을 가능하게 한 많은 분들에게 감사의 말씀을 드린다.

2003년 9월

민병균, 서재명, 한홍순

차 례

역자 서문　6
하베스트/HBJ판 서문　15
서 문　19
서 론　25

제1장　시장의 위력

1. 자발적 교환을 통한 협동　　　　　　　44
2. 가격의 역할　　　　　　　　　　　　47
3. 사회구조와 이기심　　　　　　　　　66
4. 정부의 역할　　　　　　　　　　　　71
5. 경찰국가의 실제　　　　　　　　　　82

제2장　통제라는 이름의 폭군

1. 국제무역　　　　　　　　　　　　　94
2. 중앙집권적 경제계획　　　　　　　　117
3. 통제와 자유　　　　　　　　　　　　134

| 제3장 | 대공황의 해부 |

1. 연방준비제도의 기원　　　　　　　　150
2. 초기의 연방준비은행제도　　　　　　160
3. 대공황의 내습　　　　　　　　　　　165
4. 금융공황　　　　　　　　　　　　　168
5. 진실과 주장　　　　　　　　　　　　176

| 제4장 | 요람에서 무덤까지 |

1. 현대복지국가 출현　　　　　　　　　200
2. 복지국가의 결과　　　　　　　　　　206
3. 복지국가에 대한 그릇된 생각　　　　233
4. 결론　　　　　　　　　　　　　　　251

| 제5장 | 빗나간 평등 |

1. 하느님 앞에서의 평등　　　　　　　　257
2. 기회의 평등　　　　　　　　　　　　263
3. 결과의 평등　　　　　　　　　　　　268
4. 결과의 평등을 지지하는 것은 누구인가?　279
5. 평등주의적 정책의 결과　　　　　　　285
6. 자본주의와 평등　　　　　　　　　　289
7. 결론　　　　　　　　　　　　　　　294

| 제6장 | 학교교육, 무엇이 문제인가? |

1. 초·중등교육 문제　　　　　　　　　　　304
2. 초·중고등학교 수업료 쿠폰 제도　　　　315
3. 수업료 쿠폰 제도에 대한 장애　　　　　338
4. 고등교육 문제　　　　　　　　　　　　346
5. 고등교육 문제에 대한 해결방안　　　　360
6. 결론　　　　　　　　　　　　　　　　368

| 제7장 | 소비자는 누가 보호하는가? |

1. 주간통상위원회(ICC)　　　　　　　　　383
2. 식품의약청(FDA)　　　　　　　　　　　398
3. 소비재안전위원회　　　　　　　　　　　411
4. 환경보호　　　　　　　　　　　　　　418
5. 에너지성　　　　　　　　　　　　　　428
6. 시장　　　　　　　　　　　　　　　　436
7. 결론　　　　　　　　　　　　　　　　444

| 제8장 | 노동자를 보호하는 것은 누구인가? |

1. 노동조합과 노동자　　　　　　　　　　453
2. 정부와 노동자　　　　　　　　　　　　477
3. 보호받을 길 없는 노동자　　　　　　　　481
4. 사용지 간의 경쟁　　　　　　　　　　　484
5. 결론　　　　　　　　　　　　　　　　486

| 제9장 | 인플레이션에 대한 치료 |

1. 화폐의 다양한 형태 495
2. 인플레이션의 근인 501
3. 과다한 통화공급의 원인 512
4. 인플레이션으로부터 발생하는 정부의 수입 518
5. 인플레이션 대책 523
6. 인플레이션 치유의 부작용 529
7. 부작용을 줄이는 방법 535
8. 일본에 대한 사례 541
9. 결론 544

| 제10장 | 조류는 변하고 있다 |

1. 지적풍토의 중요성 553
2. 세론과 일반 대중의 행동 558
3. 이익집단의 대두 565
4. 우리가 할 수 있는 일이 무엇인가? 581
5. 세금과 세출의 제한 587
6. 기타 개헌안 592
7. 결론 603

부록 A 1928년의 미국 사회당 강령 605
부록 B 연방정부세출제한을 위한 개헌안 608
주 석 612

하베스트/HBJ판 서문

『선택할 자유』가 10여 년 전에 출판됐을 때 마지막 장의 제목이 된 "조류는 변하고 있다"에 대해 우리는 매우 낙관적이었다. 우리 생각에는 여론이 전체주의에서 멀어지는 동시에 개인주의와 사적시장으로 향한다고 믿었다. 그렇기는 하지만 철의 장막 안팎에서 그렇게 극적인 변화가 있으리라고는 꿈도 꿔보지 못했다.

10년 전만 해도 많은 사람들이 사회주의가 살아남을 거라고 믿었다. 뿐만 아니라 물적 풍요와 인간적인 자유를 약속하는 가장 좋은 제도라고 믿었다.

오늘날에 와서는 세계 어디에도 그걸 믿는 사람은 없다. 물론 사회주의를 이상적으로 믿는 자는 아직도 있다. 그러나 그들은 서양에서는 일부 상아탑에만 존재하며 그 외 지역에서는 아주 낙후한 곳에만 남아 있을 뿐이다. 10년 전만 하더라도 시장에 기반을 둔 자본주의는 번영과 자유를 약속할 수 없는, 근본적으로 문제가 있는 제도라고 믿었었다. 그러나 오늘날에는 자본주의야말로 유일한 해답이라고 믿게 되었다.

그렇다면 『선택할 자유』는 그 주장이 이미 낡고 불필요하다고 할 만한 인습적인 지혜, 그런 것인가? 아니다. 인습적인 지혜는 변할 수 있지만 전통적인 관행은 변하지 않는다. 다른 나라에서 사회주의가 몰락한 것을 환영한다는 정치가들도 자기나라에서는 아직도 사회주의 방식을 고수하기도 한다. 말로는 아는 척하지만 곡조까지는 아직 배우지 못했다.

지난 10년간 지식인과 대중의 여론이 극적으로 바뀌기는 했지만 소위 자본주의 국가의 정부라는 것도 사회주의적 발상을 떨쳐버리지 못하는 것은 사회주의 정부나 마찬가지다. 짐짓 국민복지를 들먹이지만 소위 정부소비를 위한 소득대비 정부소비 비율이 눈에 띄게 줄지도 않았고 많은 다른 나라에서는 오히려 올라가고 있다. 미국에서는 1980년에 40%, 1988년에 42%였는데 이것은 1986년의 44%에서 다소 준 것이다. 뿐만 아니라 우리의 생활을 통제하는 시시콜콜한 규제가 줄어든 것도 아니다; 1980년에는 관보官報가 87,012쪽이었다. 이것은 그때까지 기록이었는데 1988년에는 53,376쪽이었다. 독립선언문을 빌린다면 우리 정부는 새로운 행정부서를 지속적으로 세우고 국민을 괴롭히고 국민의 재산을 넘볼 관리들을 수도 없이 내려 보내고 있다.

『선택할 자유』 제2장에서 분석한 국제무역에 대한 제재도 줄기는커녕 오히려 늘었다; 가격과 임금, 특히 환율에 대한 제재는 많이 풀렸다. 그러나 다른 제재조치는 늘었다. 요람에서 무덤까지라는 사회보장제도는 확대되었고 개혁의 필요성은 더 커졌다(4장); 학교에 대해서도 마찬가지다(6장). "소비자를 위한" 그리고 "노동자를 위한" 제도들도 원래의 취지와는 달리 효과는 그 반대였다(7장, 8장). 이런저런 분야에서 과거의 정책이라는 타성이 여론의 변화를 압도해 왔다.

물론 인플레이션은 상당히 잡혔다. 세계적으로도 내렸고 미국에서만도 10% 이상에서 5% 미만으로 내렸다. 그렇지만 인플레이션이 정복된 것은 아니다. 9장에 있는 인플레이션의 원인, 결과, 처방에 관한 분석은 아직도 유효하며 최근의 인플레이션이 좀 나아진 것은 일시적인 현상에 불과하다.

과거의 실적이 아니라 앞으로의 전망에서 큰 변화가 일어났다. 10년 전만 하더라도 생각지 못했겠지만 자유민간시장은 앞으로 수년 동안에 크게 성장할 것이다. 그래서 자유민간시장의 작동원리, 우월성, 장애물 제거 방법들은 지난 10여 년 전보다 그 의미가 더 커졌다.

이 책에서 인용된 숫자와 참고서들은 오래전의 것들이다. 하지만 그대로 두었다. 개정판을 내면서 숫자를 고치고 그간에 일어난 새로운 문제들을 포함시킬 수도 있었을 것이다. 그러나 그러기도 어려웠고 또 어설프게 그렇게 하는 것보다는 그대로 두는 것이 낫다고 생각하였다. 다만 이 책에서 종종 나타나는 연대의 오기가 독자들의 이해를 방해하지 않기 바란다.

10년 전 독자들에게는 이상향으로 비현실적인 것으로 보였던 것들이 새 독자들에게는 실제의 변화를 위한 청사진처럼 보일 것이다. 그런 뜻에서 하르코트·조바노비치가 신판을 낸 것을 기쁘게 생각한다. 조류는 바뀌었다. 그러나 인류의 자유를 보장하는 밝은 미래를 약속할 큰 파도는 아직 멀었다.

1990년 1월 4일

밀턴 프리드먼 · 로즈 프리드먼

서 문

이 책의 모태는 1962년에 우리가 저술하고 시카고대학 출판부에서 출간한 두 권의 저서, 『자본주의와 자유Capitalism and Freedom』와 『선택할 자유Free to Choose』, 그리고 『선택할 자유Free to Choose』라는 같은 제목의 TV 시리즈이다. 이 TV 시리즈는 1980년 교육방송 채널에서 방영될 예정이다.

『자본주의와 자유』는 자유로운 시장활동과 사기업제도를 내용으로 하는 경쟁적 자본주의가 경제적 자유를 보장하는 제도로서, 그리고 정치적 자유의 필요조건으로서 어떤 기능을 하는지를 검토하고 있다. 자유사회에서 정부가 수행해야 할 기능이 무엇인가를 이 책은 잘 보여주고 있다.

『자본주의와 자유』에는 이런 구절이 있다. "어떤 것을 순전히 자발적인 거래나 개별적인 활동으로서 성취할 수 없는 경우에는 집합적 행위를 통해 성취하기 위해 정부의 개입이 필요하다. 그러나 딱 부러지게 어느 정도로 어떻게 개입해야 한다고 정확하게 주장할 수 있는 원칙은 없다. 만일 정부가 어떤 구체적인 사업에 관여할 경우에는 유익한 점과 해로운 점을 나열하여 양자를 비교하지 않으면 안 될 것이다. 우리의 원칙은 어떤 것이 이점이나 장점, 또는 효과에 포함되어야 할 것이며 또 무엇이 단점이나 비용으로 고려되어야 할 것인가를 가려주며 또 상대적 비중에 따라 평가할 수 있을 뿐이다." 이들 원리의 실제 내용을 보여주고 응용실례를 들기 위해서『자본주의와 자유』에서는 통화재정정책교육에 있어서의 정부의 역할, 자본주의와 인종차별, 빈곤의 완화문제 등을 다루었다.

『선택할 자유』는 덜 추상적이고 보다 구체적인 책이다. 『자본주의와 자유』를 읽은 독자들은 이 책에서 똑같은 철학이 더욱 발전된 모습으로 펼쳐져 있는 것을 발견하게 될 것이다. 이 책에서는 전과 달리 이론적인 틀보다는 구체적인 사례들이 보다 풍부한 것이 특징이다. 더구나 본서는 앤서니 다운스Anthony Downs, 제임스 뷰캐넌James M. Buchanan, 고든 털럭Gordon Tullock, 조지 스티글러George J. Stigler, 그리고 게리 베커Gary S. Becker 등, 주로 경제학자들의 두뇌에서 나온 새로운 정치학적 접근이론에 많은 영향을 받았다. 『선택할 자유』는 정치제도를 경제제도와 대칭적인 것으로 본다. 즉, 양 제도를 그럴듯하게 내세우는 사회적 목표를 추구한다기보다는 개개인의 이익(넓은 의미에서의)을 쫓는 사람들이 서로 어울리는, 그래서 그들의 이익이 일의 대세를 결정하는 그런 시장으로 보는 것이다. 이 책에는 이러한 사상이 깊숙이 스며있으며 마지막 장에서는 직접 그것을 다루고 있다.

텔레비전 시리즈는 이 책과 똑같은 문제를 다루고 있다. 본서의 10개 장은 텔레비전의 10개 시리즈에 대응하는 것이고 마지막 장을 제외하면 제목도 같은 것으로 달았다. 그러나 텔레비전 시리즈와 이 책은 아주 다르다. 텔레비전 방영에서는 시간에 쫓겨 하는 수 없이 생략했거나 한두 마디밖에 못한 부분들을 책에선 모두 다루고 있다. 더구나 내용이 보다 조직적이고 철저하다.

우리가 텔레비전 시리즈에 손 댄 것은 1977년 초였다. 당시 펜실베이니아 에리에 있는 교육방송의 WQLN 방송국 사장 로버트 치테스터에 의해서였다. 그의 피나는 노력과 상상력, 그리고 자유사회의 가치에 대한 그의 신념이 없었던들 그 시리즈는 불가능했으리라. 밀턴 프리드먼은 그의 제의에 따라 1977년 9월부터 1978년 5월까지 15번에 걸쳐서 다양한 청중에게 공개강좌를 열었으며 질문·답변시간을 넣고, 물론 이 모두를 기록에 담았다. 윌리엄 조바노비치는 너그럽게도 강연 녹화에 따른 비용을 미리 대출해 주고 그가 관련된 회사 Harcourt Brace Jovanovich Inc.로 하여금 녹화테이프 판매를 맡게 했다. 당시의 강연원고가 텔레비전 프로그램을 제작하는데 밑거름이 된 것은 물론이다. 강연이 채 끝나기도 전에 치테스터 사장은 텔레비전 시리즈를 위한 자금조달에 성공하였다. 그래서 우리는 런던 비데오 아트사Video-Arts of London를 제작팀으로 선정했다. 1978년 3월 수개월 간의 예행연습 끝에 비로소 녹화가 시작되었고 1979년 9월 현재로 끝을 맺지 못한 상태에 있다.

런던 비데오 아트사의 앤서니 제이, 마이클 피코크, 그리고 로버트 리드가 처음부터 텔레비전 시리즈를 설계하고 감독 임무를 맡았다. 또 제작과 편집과정에서 텔레비전 전문가 5명이 합세했는데 마이클 레이덤이 프로듀서로, 그래이엄 마세이가 영화감독으로, 이븐 윌슨은 프로듀서보와 주임연구원으로 일했고, 마가레트 영이 조감독과 서기, 재키 워너가 제작 매니저로 일했다. 텔레비전 다큐멘터리 제작이라는 신비스러운 세계로 우리를 인도해 나간 이들은 매우 조심스럽게, 그러나 확실하게 일을 진행시켰고 어려운 대목에 이를 적마다 재치와 우정으로 별 탈 없이 고비를 넘겨주곤 했다. 그들은 함께 일하는 동안 이상하고 복잡한 세상으로의 모험이 자극적이고 즐거울 수 있다는 것을 가르쳐 주었다. 나중에 안 일이지만 그들의 도움이 없었던들 그 일은 악몽으로 끝날 수도 있었던 것이었다.

이들 프로들이 늘 그랬듯이 간결할 뿐 아니라 정확하고 명쾌해야 한다는 주문은 우리들의 아이디어를 재고케 했을 뿐 아니라 진수만을 남기고 모두 줄여버리도록 했다. 다른 나라에서 온 제작진들과의 토론 - 이 사업 중 가장 즐거운 시간이기도 한 - 뿐 아니라 이들 프로와의 토론을 통해서 우리들의 논리에 숨은 약점을 발견하게 되었으며 또 증거가 더 필요하다는 것을 일깨워 주기도 하였다. 텔레비전 시리즈가 갖는 시간적인 제약에서 벗어나서만이 이 모든 토론의 열매를 이 책에서 거둘 수 있게 되었다.

우리는 많은 사람의 신세를 졌다. 초고를 완전히 읽어준 에드워드 밴 필드와 데이비드 프리드먼뿐 아니라 조지 스티글러, 아론 디렉터, 치야끼 니 시야마, 콜린 캠벌, 그리고 앤나 슈바르츠에게 빚을 졌다. 로즈마리 캠벌은 사실과 숫자 확인을 위해 고통스러운 많은 시간을 도서실에서 보내야만 했다. 그러나 설령 틀린 데가 나오더라도 로즈마리의 책임만으로 돌릴 수는 없다. 그것은 우리도 그 일부를 나누어 맡았었기 때문이다. 밀턴 프리드먼의 비서 글로리아 발렌타인의 마음씨를 말한다면 그녀의 능력만큼이나 좋다고 할 수 있다. 그녀에게 받은 도움은 매우 컸다. 끝으로 하르코트 브레이스 조바노비치㈜, 윌리엄 조바노비치, 캐롤 힐, 편집자인 페기 브루크스 및 익명의 여러 사람으로부터 받은 도움에 대해 감사한다.

텔레비전은 극적이다. 감정에 호소하고 당신을 사로잡는다. 그러나 인쇄된 책장이야말로 교육과 설득을 위해서는 더 효과적인 매체라고 생각한다. 저자는 문제를 깊이 있게 다룰 수 있다. 째깍거리는 초침소리에 구애될 필요가 없다. 독자는 때때로 읽던 것을 멈추고 생각하며 쉴 틈 없이 움직이는 영상에 마음을 빼앗길 필요 없이, 슬그머니 뒷장을 넘겨 거슬러 올라갈 수도 있는 것이다.

어느 누구라도 하루 저녁에 또는 매일 1시간씩 열흘간에 걸쳐 설득되었다고 하여 진정으로 설득된 것이라고 볼 수는 없다. 그런 사람은 반대 의견을 가진 자와 하루 저녁만 보내더라도 생각이 바뀔 수가 있는 것이다. 진실로 당신을 설득할 수 있는 자는 당신 자신뿐이다. 한기로운 때 당신의 마음속에 문제를 넌셔놓고 생각할 수 있는 많은 논란을 다 고려한 후, 부글부글 끓도록 내버려 두라. 세월이 흐른 후 당신이 선택한 바를 신념으로 굳힐 수 있을 것이다.

1979년 9월 28일
밀턴 프리드먼 · 로즈 프리드먼
일리 버몬트 우거寓居에서

서 론

    1607년 제임스타운에서, 그리고 1620년 플리머스에서 최초로 유럽인들이 신세계에 정착한 이래 미국은 모험을 찾는 사람, 폭정으로부터 탈출하려는 사람 또는 단순히 그들 자신과 자식들의 보다 나은 생활을 위해 애쓰는 사람들을 끌어당기는 자석이 되어왔다.
    시냇물처럼 시작한 미국으로의 이민은 미국혁명과 미합중국의 독립 후에 강물이 되었고 19세기엔 홍수같이 밀려들었다. 굶주림과 압제로부터 밀려난 수백만 명이 대서양을 건넜고 자유와 풍요를 찾아 태평양을 건너왔다.
    그들이 도착한 미 대륙엔 황금으로 길이 깔려있는 것도 아니었고 안락한 생활이 기다리고 있는 것도 아니었다. 그러나 자유가 있었고 그들의 재주를 마음껏 발휘할 수 있는 기회가 있었다. 땀 흘려 일하고 독창적인 생각과 절약한 보람으로, 또 때로는 운도 좋아서 대부분의 이민들은 꿈이 실현되는 것을 보았으며 희망이 성취됨에 따라 친구와 친척들을 불러들이게 되었다.

미국의 역사는 경제적 기적일 뿐 아니라 정치적인 기적이기도 하다. 우연의 일치치고는 매우 이상한 일이지만 같은 해인 1776년에 간행된 자료에 담겨진 두 개 이념의 실천이 아니었다면 이런 기적은 불가능했다.

그 하나의 이념은 국부론The Wealth of Nations에 구현되어 있다. 이 책은 스코틀랜드 사람인 애덤 스미스를 현대 경제학의 아버지로 만든 명작이다. 그는 이 책에서 개개인이 그들 자신의 이익이나 목적만을 추구하더라도 이러한 개인의 자유가 의식주를 위한 경제활동에 필요한 협동이나 협력과 시장제도 안에서 서로 조화될 수 있다고 말한다. 애덤 스미스의 기본적인 아이디어는 협력이 완전히 자발적인 한, 쌍방 간에 득이 되지 않는다면 교환이 이루어지지 않으며 따라서 교환은 서로에게 이익이 된다는 사실이었다. 외부압력이나 강제 그리고 자유의 침해 따위가 전혀 필요치 않으면서도 개인 간의 협력이 가능하고 모두에게 이익이 된다. "그 자신만의 이익을 위한" 개개인이 "보이지 않는 손에 의해서 그 자신의 의도와는 아무런 연관도 없는 어떤 목적을 위해 이끌리고 있다"고 애덤 스미스가 말한 이유가 거기에 있었다.

"개개인의 의도와 무관하다고 해서 사회 전체로 보아 해로울 아무런 이유 또한 없다. 그 자신의 이익만을 추구하는 것이 의식적으로 사회를 위해 노력하는 것보다도 사실은 사회에 보다 더 효과적으로 도움이 될 수 있는 경우가 많다. 국가 민족을 위한 사업이라고 뽐내는 사람치고 실제로 사회에 기여한 자를 나는 한 번도 본적이 없다."[1)]

또 하나의 아이디어는 아메리카 독립선언에 구현된 것이다. 토마스 제퍼슨이 당시의 국민염원을 담아 기초한 이 선언문은 누구나 그 자신의 가치관을 추구할 수 있는 권리가 있다는 원칙 위에 설립되었다는 의미에서 역사상 최초로 새로운 국가를 탄생시켰다. 독립선언문은 다음과 같이 기록되어 있다.

"우리는 모든 사람이 평등하게 태어났고, 창조주로부터 누구에게도 양도할 수 없는 권리를 부여받았으며, 이러한 권리 중엔 생명·자유 그리고 행복에의 추구권이 있음은 자명한 진리라고 믿는다."

존 스튜어트 밀John Stuart Mill은 100년이 지난 후 보다 극단적이고 덜 세련된 형태로 다음과 같이 갈파하고 있다.

"집단적으로나 개별적으로 나를 막론하고 타인의 행동자유를 침해할 수 있는 유일무이한 경우는 자기방어뿐이다. … 문명사회에서 개인의 의사에 반하여 권력을 행사할 수 있는 유일한 목적은 타인에 대한 위해를 예방할 때뿐이다. 사회규범에 따라야 하는 행동의 유일한 부분은 타인에 관련된 부분뿐이다. 다만 자기 자신에만 관련된 행동에 대해서는 본인의 자주독립성은 당연히 절대적이다. 그 자신에 대해서, 자신의 몸과 마음에 대해서, 개개인은 스스로 주권자인 것이다."[2]

 미국 역사의 대부분이 독립선언서의 원칙을 실현코자 하는 노력의 점철이라고 할 수 있다. 노예해방의 투쟁이 피비린내 나는 남북전쟁으로 끝맺은 것이나 기회균등을 도모하기 위한 그 후의 노력이나 근년에 이르러서의 결과의 평등equality of results을 성취하기 위한 시도가 바로 그런 것들이다.

 경제적 자유는 정치적 자유를 위한 필수불가결의 조건이다. 강제나 중앙집권적인 명령이 없이도 상호협조를 가능케 함으로써 정치권력의 행사영역을 그만큼 줄여준다. 뿐만 아니라 권력을 분산함으로써 자유시장은 정치권력의 집중이 초래할 폐해를 상쇄하기도 한다. 돈과 권력이 한 손에 쥐어질 때 전제는 불가피하다.

 정치적 자유와 경제적 자유의 결합은 19세기 영국과 미국에서 황금기를 맞았다. 미국은 영국보다도 더욱 번창했다. 영국과는 달리 미국은 과거라는 짐이 적었던 때문이다. 계급과 신분제도라는 역사의 잔재 및 정부의 규제도 없었다. 사람의 활력이나 추진력, 그리고 기술혁신을 기다리는 풍요로운 토지가 널려있었고 대륙은 텅 빈 채 정복을 기다리고 있었다.

자유라는 것이 얼마나 풍요로운 것인가를 농업이 가장 명쾌히 그리고 극적으로 보여주었다. 독립선언 당시만 해도 토착 인디언을 제외한 유럽과 아프리카로부터 온 인구는 300만 명에 미치지 못했고 그들은 좁다란 동부 해안지역에서만 살고 있었을 뿐이며, 농업이 생업이었다. 거주민을 먹이고 유럽으로부터의 물자수입을 지탱하기 위한 잉여농산물 수출을 위해 20명 중 19명이나 농사에 종사해야만 했다. 오늘날에는 2억 2,000만 미국인을 먹이고 세계최대의 곡물수출국의 지위를 유지하는 데 20명 중 한 사람 꼴도 안 되는 농민으로 족하다.

이러한 기적은 무엇이 만든 것인가? 정부의 중앙집권적 통제였는가? 분명히 아니다. 러시아와 그 위성국, 중국, 유고슬라비아 그리고 인도와 같이 오늘날 중앙집권방식에 의존하는 나라들은 노동력의 4분의 1 또는 2분의 1을 농업에 투입하면서도 때때로 미국의 농산물 수입 없이는 굶을 수밖에 없는 실정이다.

농업의 급속한 성장기에 미국에서 정부의 역할이란 미미한 것이었다. 비록 토지가 풍부했다고는 하나 초기의 땅은 생산적인 것은 아니었다. 19세기 후반기에 정부로부터 공여받은 토지를 재원으로 한 대학이 설립되었고 이 대학은 정부가 지원하는 농촌지도소를 통하여 농업정보와 기술을 전파하였다. 그러나 농업혁명의 원천은 정부의 역할이 아니라 누구에게나 기회가 주어진 자유시장제도에서 발휘된 개개 농업인의 창의력이었다는 것은 의문의 여지가 없다. 다만 노예노동이 있었다는 점은 예외일 수 있겠으나 농업의 급속한 성장기는 오히려 농노제도가 철폐된 이후의 일이었다. 세계도처에서 몰려든 이민들은 그들 자신을 위해 일할 자유가 부여되었으며 독립된 농업가구로서, 기업인으로서 또 타인을 위해 상호 합의된 조건에 따라 일했을 뿐이다. 새로운 기술을 시험할 자유가 주어졌으며 실패할 경우엔 위험부담을 져야 했으나 성공할 경우에는 그 과실을 향유할 수 있었다. 정부로부터의 지원은 없었다. 오히려 중요한 것은 정부로부터의 간섭이 없었다는 사실이다. 1930년대의 대공황 시기와 그 후의 정부역할이 중요해졌으나 이는 다만 농산물가격 유지를 위해서만 그랬다.

  농업생산성의 증가는 그에 수반하는 공업혁명에 의존하였는데, 이 공업혁명은 자유에서 기인했다. 공업혁명으로 새로운 기계가 발명되었고 이 기계가 농업혁명을 일으켰다. 거꾸로 농업혁명으로 인해 공업 분야로의 노동력 이동이 가능했고, 이러한 이동이 공업혁명을 가능하게 했다. 공업과 농업은 손을 맞잡고 성장하였다.

  스미스와 제퍼슨은 다 같이 정치권력의 집중이 일반대중에 커다란 위험이라고 생각하였다. 즉, 학정으로부터 시민을 보호한다는 것은 영원한 숙제라고 보았다. 그것이 바로 버지니아권리장전(1776년)과 미합중국권리장전(1791년)의 목표였으며, 미국헌법에서의 삼권분립의 목적인 것이고, 13세기의 마그나 카르타(대헌장) 공포로부터 19세기 말까지의 영국 법체계 변화의 배후 추진력이 되었다. 스미스와 제퍼슨에게 있어서 정부의 역할은 심판관이지 참여자가 아니었다. 1801년 대통령 취임사에서 밝혔듯이 제퍼슨의 이상은 "시민이 서로를 해치는 것은 저지해야 하나, 그 외의 경우엔 자유로이 내버려 두어 스스로 근면한 생활과 생활개선에 힘쓸 수 있도록 하는 현명하고 검소한 정부"에 있었다.

역설적이게도, 경제적 및 정치적 자유를 성취하고 나니 이들이 후의 사상가들에게 주는 매력은 덜했다. 19세기 후반의 이러한 매우 제한적인 정부는 일반인을 위협할만한 권력을 집중시키고 있지 않았다. 뒤집어 얘기하면 선의의 인격을 가진 사람들이 훌륭한 일을 할 수 있도록 할 힘도 없었다. 불완전한 세상엔 언제나 악이 충만해 있기 마련이다. 진실로 사회가 발전하면 할수록 아직 해결치 못한 나머지 악이 더없이 미워지게 마련인가 보다. 늘 그랬듯이 이미 성취한 발전의 좋은 면은 당연한 것처럼 생각해 버리고 강력한 정부의 자유에 대한 위험에 대해서는 잊게 마련이다. 그 대신, 사람들은 더 강력한 정부 - "옳은" 편에서 권력을 가졌다는 조건하에서 - 가 달성할 수 있는 '선善'에 더 끌렸다.

이러한 사고방식은 20세기 초 영국에서 정부정책에 영향을 주었고, 미국에서도 지식인 사이에 점차 수용되기 시작하였다. 그러나 1930년대 초의 대공황 때까지는 미 정부정책에 아무런 효과를 나타내지 못했다. 3장에서 보여 줄 것이지만 경제공황은 건국 이래 정부의 권력을 마음껏 휘두른 한 분야 - 통화 - 에서의 실패에 연유한 것이었다. 그러나 그때나 지금이나 마찬가지로 대공황 발발에 대한 정부의 책임은 제대로 파악되고 있지 않다. 오히려 대공황은 자유시장을 기본으로 하는 자본주의 경제의 실패인 것처럼 널리 해석되고 있다. 이러한 신화가 일반인으로 하여금 개인과 정부의 상대적인 책무에 관해서 지식인이 갖고 있던 생각을 갖게 하였다. 자기 자신의 운명에 대한 당사자의 책임을 중시하던 사조는 사라지고 그 자신으로서는 어쩔 수 없는 외부의 힘에 시달리는 볼모와 같은 신세로서의 개인의 처지가 강조되어 버렸다. 따라서 정부의 역할이 개개인끼리 서로 상대방을 강제하지 못하도록 하는 심판관의 역할을 해야 한다는 견해로부터 적극적으로 가부장적인 위치에서 특정인들을 돕도록 많은 사람을 정부가 강제해야 한다는 견해로 바뀌었다.

이러한 주장은 지난 반세기 동안 미국에서 주류를 이루었다. 결과적으로 권력이 지방정부나 지방통제로부터 중앙정부·중앙통제로 이전되었을 뿐 아니라 행정단위의 상하를 불문하고 모든 계층에서 행정부의 비대화를 가져왔다. 정부는 안보와 평등이라는 미명 하에 개인으로부터 소득을 거둬들이고 다시 나누어주는 일을 스스로 맡아왔다. 정부의 정책들은 하나하나 제퍼슨의 금언에 정면으로 역행하여 "근면한 생활과 생활조건 개선에 노력하는 것을" 스스로에게 맡기지 않고 이를 '규제'하기 위해 입안되었다(제7장).

이러한 사태의 발전 추이는 훌륭한 의도에서 비롯되었다고 할 수 있으나 다분히 개인적인 이익도 한몫했다. 어쨌든 결과를 놓고 볼 때 실망적인 것이다. 복지국가나 가부장적 국가관을 신봉하는 사람들까지도 실망을 금할 수 없다고 토로하고 있다. 정부라는 차원에서도 시장과 마찬가지로 「보이지 않는 손」이 있는 듯하다. 그러나 애덤 스미스의 그것과는 정반대의 방향으로 작용한다. 즉, 공공의 이익을 위하여 정부가 간섭하는 경우에도 그 사람은 "보이지 않는 손에 의하여 그의 의도와는 전혀 달리" 특정 개인의 이익을 도모하도록 유도되기 마련이다. 이 결론은 이 책의 각 장에서 정부의 권력이 행사되는 여러 부문에서 나타난다. 안보(4장)를 위한 정책이거나 평등(5장), 교육(6장), 소비자 보호(7장), 노동자(8장), 또는 인플레이션과 고용증대(9장)를 위한 정부권력의 행사 때마다 보이지 않는 다른 손에 대해 납득케 될 것이다.

애덤 스미스의 말대로 "자신의 운명을 개척하기 위한 불철주야 변함없는 개인의 노력이나, 또 개인·국가 및 공공의 풍요가 원천적으로 창출되는 그 원리는 마치 동물세계에 숨겨진 어떤 원리와도 같다. 후자는 질병뿐 아니라 의사의 엉터리 처방에도 불구하고 신체의 건강과 원기를 회복시켜주는 비결을 가지고 있다. 마찬가지로 개인의 노력이나 부가 창출되는 원천적 원리는, 정부의 낭비나 행정상의 지대한 실책에도 불구하고, 세상일이 자연적으로 향상되는 것을 유지시킬 만큼 강력한 것이다. 다시 말하면 정치계에서 작용하는 보이지 않는 손이 사멸시키는 효과를 극복할 수 있을 만큼 애덤 스미스의 보이지 않는 손이 더욱 큰 힘을 발휘해 왔다는 것이다.

성장둔화나 생산성 저하와 같은 최근 몇 년의 경험은 앞으로도 개인의 독창력이 과연 정부규제의 사멸효과를 극복할 수 있는 것인지에 대해 의문을 품게 한다. 만일 우리가 보다 많은 권력을 정부에 허용하거나 우리를 위해서 쓴다는 명목 하에 우리의 소득 중에서 점점 더 많은 부분을 쓰도록 소위 공복公僕이라는 '새로운 계급'에 권한을 부여한다면 그때 가서도 개인의 독창력이 정부의 해악을 계속해서 이겨낼 수 있을 것인가? 조만간 - 아마도 우리들이 예상하는 것보다도 훨씬 빨리 - 인간의 자유, 독립선언에서 그렇게도 웅변적으로 선포한 자유뿐만 아니라 자유시장 덕분에 쌓아올린 번영도 비대해져 가는 정부에 의해서 산산이 부서질 날이 올지도 모를 일이다.

그렇다고는 하더라도 우리가 돌아올 수 없는 다리를 건넜다고는 볼 수 없다. 아직까지는 우리에게 선택의 기회가 있다. 프리드리히 하이에크가 그의 심오하고도 영향력이 큰 저서에 붙인 책 이름과 같이 '노예의 길'을 재촉할 것인지, 아니면 정부에 대해 보다 엄격한 제한을 두고 우리들의 목적을 달성하기 위해 자유인의 자발적인 협력에 기대를 걸 것인가를 시민으로서, 보통사람의 하나로서 선택할 수 있는 것이다. 우리들의 황금시대는 이제 종언을 고하는 것인가? 대부분의 인류가 과거에도 그랬으며 또 현재에도 그렇듯이 폭정과 불행의 나락으로 떨어질 것인가? 아니면 지혜와 혜안과 용기를 갖고, 우리의 진로를 바꾸며 온고이지신溫故而知新하고 "자유의 부활"로부터 축복을 받을 것인가?

이 선택을 지혜롭게 하려면 경제제도와 정치제도의 근본적인 원리를 알아야 한다. 복잡하나 잘 조직되고 마찰 없이 운행하는 제도가 중앙집권적 명령 없이도 어떻게 하여 발전하고 꽃필 수 있으며, 강제 없이도 어떻게 해서 협조가 이루어지는가를 밝혀주는 애덤 스미스의 경제원리뿐 아니라(1장) 토마스 제퍼슨에 의해 설명된 정치원리도 이해하지 않으면 안 된다(5장). 협동을 중앙통제로 바꾸어 놓으려는 시도가 왜 커다란 해악을 끼치는가를(2장) 알아야 하고 정치적 자유와 경제적 자유와의 긴밀한 연관을 이해해야만 한다. 다행히도 조류는 변하기 시작하고 있다. 미국에서, 영국에서, 유럽의 여러 나라에서, 그리고 세계 도처에서 거대 정부의 위험에 대한 인식이, 거대 정부의 정책에 대한 환멸이 점차 커지고 있다. 의중뿐 아니라 정치적 영역에까지 이 운동은 반영되고 있다. 국회의원들에게도 이 새로운 사조에 맞추어 입을 놀리는 것이 유리해지고 있으므로 아마도 그들의 춤도 달라지는 것이 좋을 것이다. 국민의 여론에도 커다란 변화가 일고 있다. 이 여론의 변화를 전체주의적 집산주의라는 극단적인 방식보다는 좀 더 개인의 창의와 자발적인 협동에 기대하는 쪽으로 인도할 기회가 온 것으로 보인다.

  마지막 장에서는 어째서 민주주의일 법한 정치제도에서 일부 집단의 이해관계가 공공의 이익보다 우선할 수 있는가를 탐색할 것이다. 우리의 제도가 갖는 이 허점을 개선할 방도에 관해서 또, 정부의 근본적인 기능인 외침으로부터의 국가안보나, 시민끼리의 강압으로부터 시민을 보호하고 분쟁에 대해 판결하거나, 공동으로 지켜나가야 할 제반법규에 합의할 수 있도록 하는 고유의 일들을 계속하면서 어떻게 정부가 커지는 것을 막을 수 있는가에 관해서 탐문하고 모색할 것이다.

제 1 장

시장의 위력

우리들은 매일 먹고 입고 비바람을 막기 위하여 또는 단순히 즐기기 위해서 수없이 많은 재화와 서비스를 사용하고 있다. 이들 재화와 서비스는 우리가 원하기만 하면 언제나 손에 넣을 수 있다고 믿고 있으며 그것을 극히 당연한 것처럼 생각하고 있다. 이들 재화와 서비스를 공급하는데 얼마나 많은 사람들이 직접, 간접으로 관여하고 있는가를 결코 생각하지 않고 있다. 우리들은 길모퉁이에 있는 구멍가게나 슈퍼마켓의 선반 위에 원하는 물건들이 어떻게 쌓이게 되는 것이며 또 그것들을 살만한 돈을 우리 모두가 어떻게 벌 수 있는가에 대해서 의문을 갖지 않는다.
　제때에 필요한 재화를 필요한 만큼 생산하고 제 곳에 공급하기 위해서는 누군가가 그렇게 명령하지 않으면 안 된다고 생각하는 것도 무리는 아니다. 수많은 사람의 활동을 조정하는 한 방법을 군대식 방식이라고 불러도 좋을 것이다. 장군은 대령에게 명령을 시달하고 대령은 소령에게, 다시 소령은 소위에게, 소위는 중사, 중사는 일등병에게 명령이 하달되는 방식이다.

그러나 이러한 명령에 의한 방법은 예외적인 것이며 오히려 매우 작은 집단에서만 통용될 수 있는 조직원칙일 뿐이다. 아무리 독재적인 가장이라 하더라도 식구의 모든 행동을 명령에 의해서 통제할 수는 없는 것이다. 조금만 군대가 커져도 명령에만 의존할 수 없다. 장군이 모든 병사의 모든 움직임을 명령할 수 있을 만한 정보를 갖는다는 것은 상상할 수 없는 일이다. 명령이 하달되고 수행되는 과정에서 장교이건 사병이건 마찬가지로 상사가 미처 알 수 없는 상황의 변동이 있는 것이며 이를 재량껏 판단하지 않으면 안 되는 것이다. 수많은 사람들의 활동을 조정하는 기술 중에서 비록 덜 분명할는지는 모르나 미묘하고 어떤 의미에서 가장 기본적인 기술은 자발적인 협조이며 명령이라는 것도 이것 없이는 무의미한 것이다.

러시아는 중앙집권적 계획경제라는 소위 명령체제에 의해 조직된 규모가 큰 경제의 본보기이다. 그러나 러시아 경제의 실체는 그와는 다른 것이다. 경제운용의 모든 단계에서 자발적인 협조가 중앙집권적인 계획을 보조하거나 이 체제의 경직성을 상쇄하도록 때로는 합법적으로 또 때로는 불법적으로 개입되고 있는 실정이다.[3]

국영농장에 소속된 농부일지라도 규모는 작으나 자가소비를 위한 텃밭을 소유할 수 있으며 여기에서 채소재배와 축산이 허용되고 그 수확물을 비교적 자유로운 농산물시장에 내다 팔 수 있다. 이 채

소밭이 전 농토에서 차지하는 비중이 1%에도 미치지 않지만 러시아 농산물 생산량의 3분의 1을 공급한다고 한다(국영농장 생산물의 일부를 개인의 텃밭에서 나온 것처럼 속여서 시장에 내어 팔 가능성도 크기 때문에 "그렇다더라"는 표현을 쓴다).

노동시장에서도 어떤 특정 직장에서 일하도록 명령을 받는 일은 없다. 그런 의미에서 노동에 대한 명령은 없다. 그와는 반대로 노동마다 다른 임금이 제시되고 개개인은 이에 지원하는 형식을 취한다. 자본주의 경제와 다를 것이 없다. 일단 고용이 된 후엔 언젠가는 해고당할 수도 있으며 또 더 좋은 곳으로 가기 위해서는 그 직장을 떠나야 할 것이다. 물론 누구나 아무 직장에서나 마음대로 일할 수 있는 것은 아니며 이를 제한하는 각종 규제가 무수히 많다. 또 비록 수많은 공장이 당국의 눈을 피하여 암시장을 형성하고는 있지만 누구라도 공개적으로 고용주가 될 수는 없다. 결국 대규모 노동배분을 강제로 한다는 것은 불가능하다. 뿐만 아니라 개인기업 활동을 완전히 말살한다는 것이 불가능하다는 것도 분명하다.

러시아에서 직업이 매력적인가 아닌가 하는 것은 흔히 불법적이거나 아니면 법규에 저촉되는 부업의 기회가 있느냐 없느냐에 달려 있다. 모스크바에서 가구 집기나 시설이 고장 날 경우 국영 수리점에 전화를 걸면 몇 달을 기다려야 할지 모른다. 그러나 부업자를 부르면, 대개는 국영 수리점의 직원일 것이 뻔한 일이지만, 주방기구는 신속히 고쳐질 것이고 부업하는 사람은 부수입을 올릴 수 있기 때문에 양자 모두 이런 방식을 기꺼이 받아들인다.

공식적인 마르크스 이데올로기에 저촉되기는 하나 이러한 사례를 근절하기 위해서는 너무나 큰 희생이 뒤따르기 때문에 이와 같은 자발적인 시장요소는 번창하기 마련이다. 사유농경지라고 할 수 있는 텃밭도 금지시킬 수 있다. 그러나 1930년대의 기근을 생각하면 그 대가는 너무 크다. 러시아 경제가 능률의 모델이라는 것은 옛말이다. 자발적인 요소가 없다면 아마도 그나마의 능률도 유지할 수 없을 것이다. 캄보디아에서 있었던 최근의 경험은 시장을 완전히 제거하고 경제를 움직이려면 얼마나 큰 희생이 따르는가를 비극적으로 보여주는 것이었다.

어떤 사회이건 완전히 명령원리에 의해서만 운용될 수 없는 것과 마찬가지로 자발적인 협조에 의해서만도 사회는 존립할 수 없다. 어떤 사회이건 명령적 요소는 가지고 있다. 다만 형태가 다를 뿐이다. 병역징집, 마약이나 대마초의 매매금지, 특정 피고인에 대한 특정행위의 지시나 금지 등과 같이 직설적인 것도 있으며, 이와는 정반대로 금연을 위하여 담배에 중과세를 하는 것과 같은 교묘한 방법이 있는데 이는 누군가가 다른 누군가에게 행하는, 명령이 아닌, 암시이다.

지배적인 명령 요소의 경직성 때문에 자발적인 교환이 오히려 더 은밀하게 확산되는 구조인지, 아니면 주된 원리가 자발적인 교환이고 보완적인 형태로 명령 요소가 작동하는 조직인지, 둘 중 어느 것인지에 따라 큰 차이가 나타난다.

표면에는 나타날 수 없으나 묵시적으로 인정되고 있는 자발적인 교환이 지시경제를 지탱해 줄는지도 모른다. 또 그런대로 좀 움직여 나가게 하거나 어느 정도 성과도 얻을 수 있을 것이다. 그러나 지시 경제를 받치고 있는 전제를 흔들어 놓는다는 것은 생각할 수도 없는 일이다. 이와는 반대로 주로 자발적인 교환에 의한 경제는 인간의 자유와 번영을 함께 성취할 수 있는 가능성을 갖고 있다. 물론 자유와 번영 어느 것 하나도 얻지 못할 수도 있을 것이다. 그러나 자발적인 교환이 조직의 기본적인 원칙이 아닌 사회에서 자유와 번영이 있었던 예가 없다는 것을 우리는 잘 알고 있다. 자발적인 교환이 자유와 번영을 위한 충분조건이 아니라는 것을 우선 지적하고 싶다. 그것은 적어도 오늘날까지의 역사가 보여준 교훈인 것이다. 비록 독재정권보다는 상대적으로 낫다고 할 수는 있으나 자발적인 교환을 주된 조직원리로 하고 있는 사회라고 해서 번영과 자유를 반드시 얻었던 것은 아니다. 그러나 자발적인 교환은 번영과 자유를 위한 필요조건이다.

자발적 교환을 통한 협동

"레오나드 리드Leonard E. Read에게 들려준 나의 가계도: 나, 연필"[4)]이라는 제목의 유쾌한 이야기는 자발적인 교환이 어떻게 수백만의 사람들이 서로 협동하도록 돕고 있는가를 생생하고 극적으로 보여주고 있다. 리드는 "읽고 쓸 줄 아는 모든 소년과 소녀 그리고 어른들에게 친숙한 보통의 나무연필"의 목소리로 그의 이야기를 환상적인 선언으로부터 시작한다. - "어느 누구도…나를 만드는 법을 알지 못한다." 그리고 나서 연필을 만드는 데 들어가는 모든 것에 관해서 얘기를 푼다.

첫째, 나무는 북부 캘리포니아나 오리건 주에서 자란 결이 곧은 삼나무로부터 온다. 나무를 잘라내고 통나무를 철도변에 옮기는 데는 톱·트럭·밧줄 그리고 수많은 기구가 필요하다. 많은 사람과 기술이 동원된다. 철광석을 캐는 일, 강철을 만들어 톱·도끼·모터 같은 것으로 정제하는 일, 또 무겁고 튼튼한 밧줄을 만들기 위해 마를 기르고 이를 잘라내어 섬유질로 만드는 모든 단계의 작업, 침대며 식당 등을 갖춘 벌채캠프 등을 만드는 데 많은 사람과 기술이 동원된다…. 실로 이름도 알 수 없는 수천의 사람들이 벌목꾼이 마시는 한 잔의 커피에도 각각 일조를 한 것이다.

이런 식으로 리드는 계속해서 통나무를 제재소로 옮기는 과정, 판목으로 자르는 제재과정, 그 다음에 캘리포니아에서 바로 이 연필이 생산되는 윌크스 바이레 공장으로 원료 판목을 나르는 일 등에 관해서 설명한다. 그래도 아직은 연필의 겉 부분인 나무에 관해서만 얘기한 셈이다. 연필 심지인 '흑연'은 사실은 흑연이 아니라 실론(스리랑카의 옛 이름)에서 채광된 흑연이 수많은 복잡한 과정을 거쳐서 연필 심지가 되는 것이다.

연필 끝에 씌운 쇠테두리 ferrule는 놋쇠다. 아연과 구리를 캐내는 사람, 이 자연의 산물로부터 광택 나는 놋쇠박판을 만드는 기술을 가진 사람들을 모두 한번 생각해 보라고 리드는 말한다.

지우개라고 우리가 부르는 것은 업계용어로는 '마개'다. 이 마개는 고무 같다. 그러나 리드는 고무는 다만 응고시키는 역할 밖에 안 한다는 것을 가르쳐 준다. 지우는 것은 '팩티스'라고 하는 고무같이 생긴 것이 하는데 이는 지금의 인도네시아인 네덜란드령 동인도에서 들어온 평지기름을 염화황산에 작용시켜 만든 것이다.

끝에 가서 이 연필이 묻는다. "나를 어떻게 만드는지 지상에 있는 어느 누구도 알 수 없다는 나의 처음부터의 주장에 대해서 감히 도전할 사람이 있는가?"

　연필제조 과정에 관여한 수천의 사람 중에서 연필이 필요해서 일한 사람은 아무도 없다. 대부분의 사람은 연필 한 자루를 구경하지도 못할 뿐 아니라 어디에 쓰는 물건인지도 모른다. 개개인은 자신의 일을 다만 원하는 재화와 서비스를 얻기 위한 방편으로 생각할 뿐이다. 그리고 그가 원하는 재화와 서비스는 반대편에서 보면 우리가 연필을 얻기 위해 생산한 재화와 서비스인 것이다. 가게에 가서 연필을 고를 때마다 우리는 조그마한 서비스를 연필생산과정에서 공헌한 수천의 사람들의 아주 작은 양의 서비스와 교환하고 있는 것이다.

　연필이 만들어진다는 사실만도 놀라운 일이다. 아무도 중앙관서에 앉아서 이 수천의 사람들에게 명령하지 않았던 것이다. 이들이 사는 땅이 다르고, 말도 다르며, 믿음이 같지 않을 뿐 아니라, 서로 미워할 수도 있다. 그러나 이러한 차이는 연필제조과정에서의 협동을 막지는 못한다. 어째서 가능한 일인가? 애덤 스미스가 200년 전에 그 대답을 주었다.

가격의 역할

　애덤 스미스가 쓴 국부론의 열쇠가 되는 통찰은 너무나 단순한 것이어서 오해를 낳을 정도다. 즉, 교환이 자발적이라면, 양자 모두 이익이 되어야만 교환이 이루어질 수 있다는 것이다. 파이의 크기가 언제나 같다고 전제하는 것이나, 누군가의 희생 없이는 아무도 이익을 얻을 수 없다고 생각하는 것 같은 대부분의 경제적 오류는 이 단순한 통찰을 경시한 데서 비롯되는 것이다.

　다만, 두 사람 사이의 단순한 예에서는 이 중요한 통찰이 자명하다. 그러나 온 세상에 사는 사람들로 하여금 어떻게 그들의 개별적인 이익을 증진시키기 위해 서로 협동하게 할 수 있는가를 유추하기는 어려운 것이다.

　중앙집권적 명령 없이, 상호대화도 없이, 서로 좋아하게 할 필요도 없이 이 일을 해내는 것이 가격시스템이다. 연필을 사거나 매일의 양식을 구할 때 이것이 백인이 기른 것인지, 흑인이 만든 것인지, 아니면 중국 사람인지, 인도 사람인지 알 턱이 없다. 결과적으로 가격시스템은 사람들로 하여금 다른 모든 면에 있어서는 그들 자신 멋대로 그들 일에만 전념케 하면서도 그들 생활의 한 국면에 있어서는 상호 간에 평화롭게 협동할 수 있게 한다.

애덤 스미스의 번뜩이는 재기는 바로 파는 자와 사는 자 사이의 자발적인 교환으로부터 이루어지는 가격이라는 것이, 간단히 말하면 자유시장의 가격이 각자 자신의 이익을 추구하면서도 모든 사람에게 더 이익이 될 수 있는 방향으로 수백만의 사람들로 하여금 협동할 수 있게 한다는 사실을 깨닫게 하는 데 있다. 사전에 의도한 바도 없이 자신의 이익만을 추구하는 행동의 결과로서도 경제가 질서를 얻을 수 있다는 사실은 그 당시로서는 놀라운 착상이었으며 오늘날에도 마찬가지다.

가격시스템의 운용은 너무도 효율적이고 잘 돌기 때문에 우리는 이 존재를 모른다. 작동이 정지되어야만 비로소 얼마나 기능이 잘 되고 있었는가를 알 뿐이며, 또 그런 경우에서조차도 문제의 원인이 무엇인지를 거의 파악하지 못한다. 석유수출국기구OPEC가 석유수출을 금지시킨 직후인 1974년과 이란혁명 후인 1979년 봄과 여름에 갑자기 장사진을 이룬 주유소 앞의 자동차 행렬은 매우 적절한 예라 할 수 있다. 두 번 다 마찬가지로 해외로부터의 원유공급에 차질이 생겼다. 그러나 수입석유 의존도가 미국보다 더한 일본과 서독에서는 자동차가 줄을 지어 석유를 사려고 한 일은 없었다. 미국에서는 단 한 가지 이유 때문에, 분명히 단 하나의 이유 때문에 자동차가 길게 늘어선 것이다. 그 이유란 의회가 가격시스템이 제 기능을 수행할 수 없도록 한 데 있으며 따라서 이를 관장하고 있는 정부기관으로서도 어쩔 수 없는 일이었다.

많은 지역에서 석유가격은 행정명령으로 낮은 수준에 묶여 있었으며 그 가격으로는 소비자가 원하는 양과 주유소에서 공급가능한 양을 맞출 수가 없었던 것이다. 석유공급도 가격에 반영된 수요압력에 따라 조절하거나 대응하는 방식을 택하지 않고 명령에 의해서 지역별로 할당하였다. 그 결과 일부 지역에서는 남아돌고 여타 지역에서는 턱 없이 부족해서 기다리는 차의 행렬이 길어졌다. 수십 년 동안 소비자라면 누구나 편한 때에 언제나 기다릴 필요 없이 수많은 주유소 중 어디에나 들르기만 하면 살 수 있도록 보장해 왔던 가격시스템의 원활한 운용이 관료적인 임기응변으로 대체되어 버린 것이다.

경제활동을 조직하는 데 있어서 가격은 세 가지 기능을 수행한다.

첫째, 정보를 전달한다.
둘째, 가장 저렴한 비용이 드는 생산방식을 택하도록 유인하며 따라서 가용자원을 가장 값진 목적에 사용토록 한다.
셋째, 소득분배, 즉 누가 얼마만큼 생산물을 가질 것인가를 결정한다.

이 세 가지 기능은 서로 밀접하게 연관되어 있다.

정보의 전달

어떠한 이유에서든 연필의 수요가 늘었다고 가정해 보자. 예컨대 베이비 붐baby boom 때문에 학생 수가 늘었다고 생각하자. 소매가게에서 연필이 많이 나갈 것이고 따라서 도매상으로부터 주문을 늘릴 것이다. 도매상은 마찬가지로 공장에 주문을 더 많이 할 것이고 생산회사는 판목, 놋쇠, 흑연 등 연필을 만드는 데 필요한 각종 원자재를 더 많이 주문한다. 이들 제품을 더 많이 공급토록 생산자를 유인하기 위해서는 전보다 높은 가격을 제시하지 않으면 안 될 것이다. 높아진 가격은 생산자로 하여금 늘어난 수요를 맞추도록 일꾼을 늘리는 인센티브(유인)가 될 것이다. 기술자를 더 고용하기 위해서는 월급을 올려주거나 작업환경을 개선하지 않으면 안 될 것이고, 이런 식으로 잔물결은 점점 더 큰 원을 그리며 퍼져나갈 것이다. 연필수요가 증가했다는 정보는 전 세계에 전파될 것이다.

실제로 생산에 관여하는 많은 사람들은 연필수요가 증가했다는 사실을 알 필요도 없이 또 실제로 알지도 못하는 상태에서 그들의 생산물에 대한 주문이 늘어났다는 정보가 큰 물결이 되어 전달되는 것이다.

가격시스템은 중요한 정보만을 알아야 할 사람들에게만 전달한다. 예를 들어 목재생산자는 연필에 대한 수요증가가 베이비 붐 때문인지, 민원서류에 연필로 쓸 곳이 늘어났기 때문인지 알 필요가 없다. 더구나 연필수요가 늘었다는 것도 알 필요가 없다. 다만, 목재가격을 좀 더 올려 주문해 온 사람이 있다는 사실과 그 주문에 응하는 것이 괜찮을 정도로 그 가격이 당분간 지속될 것이라는 전망만을 알면 그만인 것이다. 이들 정보는 시장가격에 의해서 알 수 있다. 첫째로는 현재의 시장가격에 의해서이고, 둘째로는 장래 일정시점에 인도할 조건의 물품에 대한 가격, 즉 선물futures 가격에 의해서이다.

효율적인 정보전달을 위해서는 정보가 이를 활용할 모든 사람에게 제공되어야 하지만, 필요로 하지 않는 사람들에게까지 불필요하게 끼어들어서는 안 된다. 가격시스템은 이러한 효율적인 정보전달의 문제점을 자동적으로 해결한다. 정보를 전달하려는 사람들은 그 정보를 필요로 하는 사람들을 탐색할 필요가 있는 사람들이며 실제로 찾아 나설 준비가 되어 있다. 또 이용할 수 있는 사람은 그 정보를 찾아 나설 유인이 있을 뿐 아니라 실제로 탐색할 태세가 되어 있다. 연필제조업자는 그가 사용하는 목재를 취급하는 사람과 접촉하고 있고, 언제나 더 좋은 제품을 대줄 수 있거나, 더 좋은 가격조건을 제시할 사람을 찾으려 한다. 마찬가지로 목재생산자도 고객과 접촉하고 있고 더 많은 고객을 확보하려 한다. 반면에, 목재업에 종사하지 않거나 장차에도 이 업종에 생각이 없는 사람들은 목재가격에 관심을 두지 않을 뿐 아니라 이를 무시하기 마련이다.

가격을 통한 정보의 전달은 거래소와 전문화된 통신설비로 말미암아 오늘날에는 매우 신속하고 용이해졌다. 전문지를 나열할 필요도 없이 일간 월스트리트저널 Wall Street Journal 같은 데서 나오는 시세표만을 훑어보아도 매혹적이다. 이들 가격은 거의 동시에 전 세계에서 일어나고 있는 사태를 거울처럼 보여준다. 주요 구리 산지인 이름 모를 오지에 있는 나라에서 혁명이 일어났거나, 아니면 어떤 다른 이유로 구리 산지에서 차질이 발생하면, 구리 가격은 즉시 오른다. 정보에 빠른 사람들이 구리 가격 변동이 얼마나 지속될 것으로 예측하는지 알아보는 것도 간단하다. 같은 지면에 있는 선물 가격, 즉 3개월 혹은 6개월 후의 인도분에 대한 현재 계약단가를 보면 그만이다.

월스트리트저널의 독자라 할지라도 두세 개의 가격밖에는 관심이 없다. 나머지는 언제나 무시할 수 있는 것이다. 월스트리트저널이 정보를 공급하는 것은 선을 베풀려고 하는 것이 아니며 경제에 미치는 중요한 역할을 인식해서 하는 것도 아니다. 오히려 가격 시스템 - 제 기능을 하는 - 이 이러한 정보가 제공되도록 만든다. 시가표 또는 시장정보를 출판함으로써 이 신문은 발행부수를 늘릴 수 있고 이익을 증대시킬 수 있다는 것을 알고 있다. 그러한 시가표 또는 시장정보는 또 하나의 다른 가격체계에 의해서 얻어지는 정보인 것이다.

정보전달의 방법은 최종구매자로부터 소매상, 도매상, 생산자, 자원을 소유하는 자본가나 노동자로 이어지는 하향식뿐 아니라 상향식도 있다. 예를 들어, 산불이나 노조파업으로 목재반입량이 줄었다고 해보자. 목재가격은 뛰고, 따라서 연필생산자는 나무를 덜 쓰는 것이 유리하며 만일 연필가격을 올려 받지 못한다면 생산량을 줄여야만 손해를 면하게 된다는 것을 알게 된다. 생산량이 줄어들음으로써 소매상에선 가격을 올려 받을 수 있게 되고 최종소비자는 연필토막이 아주 작아질 때까지 쓰거나 나무를 쓰지 않는 연필을 사는 것이 유리하다는 것을 알게 된다. 결국 최종소비자는 연필이 왜 비싸졌는지 알 필요가 없고, 다만 가격이 올랐다는 사실만이 필요한 정보인 것이다.

수요와 공급상태를 자유롭게 가격에 반영하는 것을 가로막는 것은 그것이 무엇이든지 정확한 정보전달을 방해하는 것이 된다. 특정상품을 생산자 카르텔이나 단 하나의 생산자가 좌우하는 독점은 그 한 예다. 정보전달을 방해하지는 않는다 하더라도 정보를 왜곡시키기 때문이다. 1973년 석유카르텔에 의한 석유가격의 네 배 인상은 매우 중요한 정보임에 틀림없으나, 이 전달된 정보는 원유생산의 급격한 감소를 반영한 것도 아니고 더구나 석유생산에 신기원을 수립할 새로운 생산기술 개발을 뜻하는 것도 아니었다. 석유나 기타 대체에너지의 상대적인 공급과 관련이 있는 물적·기술적 정보가 아니라, 단순히 일단의 석유생산국들이 가격을 멋대로 결정했다든지 시장분할을 모의해서 성공했다는 사실을 전달했을 뿐이다.

이 사태에 대응하여 미국정부가 취한 석유 및 기타 에너지의 가격동결조치는 석유소비자에게 OPEC 카르텔의 효과가 제내로 전달되는 것을 방해했다. 그 결과 미국인으로 하여금 값비싼 석유 소비를 절약하도록 유도하지도 못했고 오히려 이 희소자원을 배급하기 위하여 주요한 지시(명령)요소를 미국경제에 도입할 수밖에 없었던 것이며 이는 오히려 OPEC 카르텔을 강화시킨 꼴이 되었다. "1979년 미국 에너지국은 2만 명의 관리를 고용해서 100억 달러를 탕진했다."

민간부문에서 가격시스템의 왜곡이 여전히 문제가 되지만 요즈음 자유시장을 간섭하는 주요 요인은 정부다. 국제무역 분야에서 관세의 부과나 수출입 규제뿐 아니라 국내적으로는 임금을 포함하여 각종 상품가격을 통제하거나 부분적으로 영향을 미치는 사례가 그것이고(2장 참조), 특정산업에 대한 정부규제(7장 참조), 불규칙한 인플레이션을 유발하는 통화정책과 재정정책(9장 참조), 기타 여러 가지 경로를 통한 간섭이 그것이다.

불규칙한 인플레이션이 끼치는 가장 큰 폐해는 가격을 통한 정보전달에 잡음을 섞는 것이다. 예를 들어 목재의 가격이 올랐을 경우, 목재생산업자는 이것이 인플레이션 때문에 모든 가격이 오르는 현상인지, 아니면 다른 상품과 대비해서 가격이 오르기 전보다 공급이 감소했거나 수요가 늘어난 것인지 알 길이 없다. 생산활동을 순조롭게 하기 위해 중요한 정보는 주로 다른 재화가격에 대비한 가격인 상대가격이다. 높은 인플레이션은, 특히 불규칙적인 인플레이션은 이 모든 정보를 무의미한 잡음 속에 빠뜨리고 만다.

유인 제공

정확한 정보의 효과적인 전달이란 것도 관련된 사람들을 그 정보에 입각하여 행동으로 이끌 유인이 없거나 또는 사람들이 그 정보에 제대로 반응하지 않는다면 쓸모없는 것이다. 목재생산업자들에게 나무에 대한 수요가 늘었다는 것을 알려준다 한들 생산을 증대시킬 유인이 없다면 그들에게 그 정보는 쓸모가 없는 것이다. 자유가격시스템의 좋은 점 중의 하나는 정보를 전달하는 가격들이 그 정보에 대해 반응할 유인뿐만 아니라 그렇게 반응할 수단까지도 제공한다는 데 있다.

이들 가격의 기능은 세 번째의 기능, 즉 소득분배를 결정하는 기능과 밀접하게 연관되어 있으며 이것과 분리해서는 설명할 수가 없다. 기업활동의 대가로 얻는 생산자의 소득은 판매액과 생산에 들어간 비용과의 차이로 결정된다. 생산자는 이 두 가지 요소의 조화를 이루려고 애쓰며, 조금 더 생산할 때의 추가비용이 추가수익과 같아질 때까지 생산한다. 그런데 가격이 오르면 이 한계 비용과 한계수입의 차이인 마진margin이 커진다.

일반적으로 생산을 증대시키면 시킬수록 한계생산비는 더욱 커진다. 생산을 늘리기 위해서는 접근이 어려운 곳의 목재나 입지가 불리한 것도 써야 하며, 기술이 떨어지는 노동자도 써야 하고 다른 직종에서 일하는 숙련공을 고용하기 위해서는 임금을 올리는 수밖에 없게 된다. 그러나 가격 상승은 이러한 추가비용을 감당할 수 있게 하며 따라서 생산을 증대시킬 유인을 주는 동시에 그 수단도 제공한다.

가격은 생산물 수요에 관한 정보뿐만 아니라 상품을 생산하는 가장 효율적인 방법에 관한 정보도 제공한다. 예컨대 어떤 종류의 목재가 다른 것보다 귀해지고 따라서 더 비싸졌다고 생각해보자. 연필생산업자는 바로 그 나무의 값이 오르는 것을 통해서 그 정보를 얻는다. 그의 소득도 판매액과 생산비의 차액으로 결정되기 때문에 그런 나무를 절약할 유인을 갖는다. 또 다른 예를 들어보자. 기계톱과 수작업용 톱 중 어느 것을 쓰는 것이 비용이 덜 드는가는 기계톱과 수동톱의 가격, 각각에 드는 노동의 양, 임금의 차이 등에 따라 다르다. 벌목업을 하는 기업으로서는 그에 필요한 적절한 기술 지식을 얻어야 하고 가격을 통한 정보들을 종합하여 비용을 최소화할 유인을 찾게 된다.

가격시스템의 보다 미묘하고 민감함을 보이는 기발한 예를 들어보자. 1973년 OPEC 카르텔에 의한 석유가격 인상이 기계톱의 운영비를 증대시켰고 따라서 수동톱이 비용 면에서 다소 유리해진 것이다. 이런 예가 좀 지나쳤다고 한다면 보다 그럴 듯한 예로 목재운반을 위해서 디젤엔진 트럭과 휘발유엔진 트럭 중 어느 것이 더 유리해졌는가를 생각해 보자.

이러한 예에서 한 걸음 더 나가면 석유 값이 오를 때 석유를 많이 소비하는 제품의 생산비가 상대적으로 높아진다. 마찬가지로 소비자에겐 가격이 덜 오른 제품으로 전환할 유인이 생긴다. 가장 자명한 예로서는 대형승용차를 소형차로 바꾼다든지, 난방을 석유 대신 석탄이나 나무로 대체하는 것이다. 이러한 효과는 마침내는 생산비, 또는 대체에너지로서 나무 수요의 증가로 인해 목재가격이 상대적으로 상승하게 되며 이로 말미암아 연필가격이 오르고 마침내는 소비자로 하여금 연필을 아껴 쓰게 하는 것이다. 이런 식으로 무수히 많은 형태로 그 효과는 파급된다. 이제까지 우리는 생산자와 소비자라는 면에서만 유인효과를 분석하였다.

그러나 노동자나 기타 생산자원의 소유자인 자본가에게도 효과는 미치고 있다. 목재에 대한 수요증가는 벌목꾼의 임금상승 요인이 되며 이는 다시 그런 종류의 노동에 대한 수요가 전보다 증가했다는 신호가 된다. 높은 임금은 노동자로 하여금 그 정보에 따라 반응케 하며, 벌목일을 하는 것과 다른 어떤 일을 하는 것에 차이를 두지 않던 많은 노동자들로 하여금 벌목일이 낫다고 생각하게 한다. 노동시장에 새로 들어오는 젊은이들 중 보다 많은 인원이 벌목꾼이 될 것이다. 이런 경우에도 물론 예를 들어, 최저임금제나 노동조합이나 아니면 진입규제 같은 정부의 간섭으로 말미암아 정보전달이 왜곡될 수도 있고 그러한 정보에 따라 개개인이 자유로이 행동하는 것을 방해할는지도 모를 일이다(8장 참조).

가격에 관한 정보는 그것이 직종에 따른 임금격차이건, 지대이건, 사업별 자본수익률이건 간에 특정 자원의 사용을 결정하는 유일한 정보는 아니다. 특히 자신의 노동력을 이용하는 것에 대해서라면 그리 중요한 정보가 아닐 수도 있다. 그와 같은 결정은 그 자신의 관심사나 능력에 의해서도 좌우되는 것인바, 이는 곧 위대한 경제학자 알프레드 마샬이 지적한 바와 같이 어떤 직업의 금전적 혹은 비금전적 장점과 단점의 합에 의해 좌우되는 것이다. 어떤 일에 대한 만족감이 낮은 임금을 보상할 수 있는 것이며 반면에 높은 월급이 보잘 것 없는 직업에 대한 보상이 될 수도 있다.

소득 분배

시장을 통해서 개개인이 얻는 소득은 이미 언급한 것처럼 재화와 서비스의 판매로부터 얻는 수입액과 그 재화나 서비스를 생산하기 위해 지출한 비용과의 차이에 의해서 결정된다. 수입액의 주를 이루는 것은 우리가 소유하고 있는 생산요소에 대한 직접적인 대가인데 노동, 토지 및 건물 그리고 기타 자본에 대한 대가 지급이 그것이다. 연필생산 업자와 같은 기업인의 경우에는 형태가 다소 다르나 본질적으로는 같다. 기업가의 소득도 마찬가지로 얼마나 생산요소를 소유하고 있느냐에 따라서 또 이들 생산요소에 대해 시장에서 가격이 얼마로 매겨져 있느냐에 따라 결정된다. 물론, 기업가가 소유하고 있는 생산요소가 물질적인 것이 아니고 기업을 조직하고, 필요한 생산자원을 동원하며, 위험을 부담하는 등등의 기업능력인 경우가 많다. 생산요소를 소유하고 있을 경우에는 물어볼 필요도 없이 이들 자원의 시장가격에 따라 별도의 소득을 얻게 마련이다.

마찬가지로 현대적인 기업이라고 해서 다를 리 없다. 우리가 '기업소득'이라고 할 때나 '사업'에 소득이 있다고 할 때, 그것은 상징적인 언어일 뿐 분명한 게 아니다. 법인으로서의 주식회사는 주주인 기업소유자와 납입자본금 이외의 자원, 즉 이 회사가 매입한 서비스와의 중개기관에 불과하다. 개개인만이 소득이 있는 것이며, 다만 시장에서는 그들이 소유하고 있는 자원에 따라 달리 소득을 얻고 있을 뿐이다. 주식, 사채, 토지 또는 그들 개인의 능력 등 형태만이 다른 것이다.

미국과 같은 나라에서 가장 비중이 큰 생산자원은 경제학에서 '인간자본'이라고 부르는 개개인의 생산능력이다. 미국에서는 총소득의 4분의 3 정도는 피고용인 보수, 즉 노임, 봉급, 상여금 같은 기타 수입을 더한 수입이고, 그 나머지의 반 정도가 기업농을 포함한 기업소득이며 이는 다시 내용을 보면 개인서비스와 자본에 대한 보상액이다.

물적 자본의 축적은 그것이 공장, 광산, 사무용 빌딩, 쇼핑센터들이거나 고속도로, 철도, 공항, 자동차, 트럭, 비행기, 선박이거나 아니면 댐, 정유공장, 발전소, 주택, 냉장고, 세탁기 등등 끝없이 많은 종류의 그 어떤 것이건 간에 경제성장에 없어서는 안 될 역할을 해왔다. 이들 물적 자원의 축적이 없었다면 오늘날의 경제성장은 결코 있을 수 없는 것이다. 물려받은 자본을 보전하지 못한다면 다음 세대에 남겨줄 깃이란 없을 것이다.

그러나 지식수준과 기술의 향상이나 보건환경의 개선, 수명의 연장 등과 같은 형태의 인간자본의 축적도 마찬가지로 없어서는 안 될 역할을 하고 있다.

이 두 가지는 서로 상승효과를 내고 있다. 물적 자본은 생산수단인 기계를 제공하여 노동생산성을 크게 높이고, 대신 새로운 형태의 물적 자본을 발명하는 능력, 이 물적 자본의 사용법뿐 아니라 가장 효과적으로 사용하는 법을 배우는 능력, 점점 더 대규모로 인적자본과 물적자본 사용을 조직하는 인간의 능력은 물적 자본을 더욱 더 생산적인 것으로 만든다. 물적자본 뿐 아니라 인적자본도 관리과 대체가 필요하다. 물적자본보다 인적자본 대체가 더욱 어렵고 비용이 많이 든다. 때문에 물적자본의 수익보다는 인적자본의 수익이 더 급속히 상승하고 있는 것이다.

우리들 각자가 소유하고 있는 개별자원의 양은 부분적으로는 우연에 따른 것이기는 하나 부분적으로는 우리들이나 다른 사람들이 선택한 결과이기도 한 것이다. 우연히 정해지는 것들은 우리 자신의 유전인자와 같이 신체적·정신적 능력을 결정하는 것들이다. 우연에 의해서 우리가 태어날 가정과 문화적인 환경, 그 결과로 말미암은 정신적·신체적 능력을 발전시킬 기회를 달리하게 된다. 사주팔자에 따라서는 부모나 은인으로부터의 상속재산이 있을 수도 있을 것이고, 또는 무일푼으로밖에는 인생을 시작하지 않으면 안 될 경우도 있는 것이다. 그러나 선택 또한 매우 중요한 역할을 한다. 우리들이 보유한 자원을 사용하는 방식에 관한 결정, 날라리로 지낼 것인가, 열심히 일할 것인가를 결정하는 일, 어떤 직업을 택할 것인가, 어떤 사업에 손을 댈 것인가, 저축할 것인가 아니면 써 버릴 것인가 등등에 대한 우리의 선택은 우리들이 갖고 있는 자원을 고갈시킬 수도 있고 점점 더 살찌울 수도 있다. 부모, 은인, 기타 우리 자신과는 아무런 직접적인 인연이 없는 수백만 사람들의 이와 유사한 선택 또한 우리 자신의 상속재산에 영향을 미친다.

우리들이 갖고 있는 자원과 관련한 가격이 시장에서 결정되는 것도 마찬가지로 우연과 선택이 범벅이 되어 알 수 없이 복잡하게 얽혀 영향을 미친다. 20세기의 미국에서 프랭크 시나트라의 노래는 높이 평가되었다. 만일 그가 20세기 인도에 태어났다면 그의 목소리가 그처럼 각광을 받을 수 있었을까? 모피를 얻기 위한 사냥기술은 18세기와 19세기의 미국에서는 값어치 있는 것이었으나 20세기에 와서는 그 값어치가 훨씬 떨어졌다. 1920년대에는 농구 선수보다 야구 선수가 보수가 좋았다. 1970년대엔 그 반대다. 이 모두가 우연과 선택의 결과이긴 하지만 위의 예에서는 대부분이 각기 다른 품목의 각기 다른 상대가격을 결정하는 서비스에 대한 소비자들의 선택의 문제인 셈이다. 우리 자신이 소유하고 있는 자원이 시장을 통해서 받을 수 있는 대가는 결국은 우리들 자신의 선택에 달려있기도 한 것이다. 어디에 우리가 정착하며, 어떻게 이들 자원을 사용하는가 하는 처분방법, 누구에게 이 서비스를 제공하는가 하는 것 등등이 그러한 선택인 것이다.

조직형태가 어떠하던 간에 어떤 사회에서도 소득분배에 대해 만족할만한 해결을 얻을 수는 없다. 마땅히 그럴만한 자격이 없어 보이는 사람들이 더 좋은 대우를 받고 있다거나 우리보다 못하지도 않는 많은 사람들이 더 고생하고 있는데도 불구하고 우리의 수입이 더 많다는 사실에 대해서 아무도 그 이유를 정확하게 이해하고 있지는 못하다. 더 멀리 있는 들판이 더 푸르러 보이듯이 우리는 흔히 기존의 제도를 탓하기 일쑤이다. 통제경제에서는 불만과 시기심이 통치자에게 화살을 겨누게 하고 자유시장제도에서는 시장을 향해 불만을 터뜨리게 된다.

그 결과 정보의 전달이나 유인을 제공하는 가격시스템의 기능을 소득분배의 기능과 분리하려는 시도가 있었다. 미국을 위시하여 시장에 기반을 두고 있는 많은 나라에서는 최근 수십 년 동안 보다 균형 있는 소득분배를 유도하기 위해 정부가 크게 힘써왔다. 최근의 여론도 정부의 이와 같은 정책을 더욱 확대할 것을 강력히 지지하고 있다. 제5장에서 이 문제를 매우 상세하게 다룰 것이다.

그렇지 않기를 바라지만 가격시스템이라는 것이 정보를 전달하고 또 그 정보에 입각하여 반응하도록 유인을 주기만 하고, 비록 완전히는 아니더라도 소득분배를 결정하는 데 어느 정도나마 영향을 미치지 않게 할 수는 없다. 만일 개개인이 얻는 소득이 그 자신이 소유한 생산자원의 서비스를 판매할 때 얻는 대가와 무관하다면 각 개인이 가격에 대한 정보를 수집할 이유가 없고 그에 입각한 반응을 보일 유인도 없다. 만일 유정폭발을 틀어막고 불을 끄는 위험한 일에 보다 큰 보수가 따르지 않는다면 누가 이런 위험한 일을 할 것인가? 레드 아데어Red Adair라 할지라도 호기심에서 한 번쯤 할까 두 번

다시 손을 안 댈 것이다. 덜 위험한 일을 하더라도 똑같은 수입이 보장된다면 아무도 이런 일을 천직으로 삼지는 않을 것이다. 아무런 소득상의 유인이 없다면 누가 구태여 자신이 팔고자 하는 재화에 가장 비싼 값을 매길 원매자를 찾아 나설 것인가? 자본축적에 아무런 보상이 없다면 어느 바보가 지금 당장의 즐거움을 장래로 미룰 것인가? 왜 저축할 것인가? 과연 지금 있는 물적 자본이 개개인의 자발적인 극기에 의해서 축적되었을까? 자본을 잘 간수하는 것에 아무런 대가가 없다면 물려받거나 스스로 축적한 설비나 재산을 내키는 대로 써버리지 않을 이유가 없지 않을까? 만일 가격시스템이 소득분배에 영향을 미칠 수 없도록 한다면 가격시스템의 다른 기능도 작동치 못할 것이다. 오로지 한 가지 대안이 있다면 그것은 명령이다. 정부당국이 누가 무엇을 얼마만큼 생산할 것인가를 결정하여야만 할 것이며, 누가 거리를 청소하고 누가 공장을 관리하며, 또 누가 경찰이 되고 의사가 될 것인가를 지시해야만 한다.

공산주의 국가에서는 가격시스템의 세 가지 기능의 밀접한 연관성이 다른 형태로 나타난다. 그들의 모든 이념은 "능력에 따라 일하고, 필요에 따라 소비한다"는 마르크스의 금언에 기반을 둔 사회주의 경제가 우월하다거나 자본주의 경제에서는 노동이 수탈당한다는 주장에 초점을 맞추고 있다. 그러나 완전한 지시경제가 불가능하다는 사실은 가격과 소득은 분리될 수 없다는 점을 분명히 보여준다.

토지·건축물 등과 같은 물적 자원은 국유화라는 방법을 통하여 공산주의 건설에 필요한 만큼 얼마든지 동원될 수 있었다. 그러나 이 물적 자원에서조차도 이를 유지하고 개선하는 데 필요한 유인은 결여되어 있다.

모두의 소유는 어느 누구의 소유도 아닌 것이며 그렇다면 유지 개선을 위해 직접적인 관심을 쏟을 사람이 없게 마련이다. 이것이야말로 미국의 저소득층을 위해 지어준 임대아파트 단지가 그렇듯이 러시아의 건물들이 낡아빠지고 찌들어 삐거덕거리는 이유를 설명해 줄 것이다. 또 국영공장의 기계가 왜 그리도 고장이 잘 나고 언제나 수리 중이라는 딱지가 붙어 있어야 하며, 또 일반 시민의 경우에도 그들이 소유하고 있는 얼마 안 되는 자본재(내구 소비재)를 건사하기 위해서 암시장을 이용해야 하는지 같은 것들을 잘 설명해 줄 수 있다.

인적 자본에 대해서도 러시아 정부가 노력을 하지 않은 것은 아니지만 물적 자본처럼 맘대로 되지는 않았다. 오히려 노동자·농민들로 하여금 어느 정도 사유재산을 소유할 수 있도록 허용치 않을 수 없었고, 경우에 따라서는 그들 자신이 일거리를 선택할 수 있도록 해야만 했으며, 소득수준을 결정하거나 직업선택에 영향을 주기 위해 임금에 격차를 두기도 했다. 결국 가격을 왜곡하고 자유시장가격도 차단하였으나 시장의 힘을 제거할 수는 없었다.

러시아, 체코슬로바키아, 헝가리, 중국 등 사회주의 경제계획 담당자들은 이러한 명령경제의 비효율을 제거해 보려는 노력으로 시장이라는 제도를 생산과 연결시킬 수 있는 가능성의 실현을 위해 적지 않은 노력을 해왔다. 언젠가 한 번 헝가리 경제학자의 기막힌 발표논문을 접한 일이 있다. 동·서 경제학자들이 모인 학술토론회에서 그는 애덤 스미스의 보이지 않는 손을 재발견하고 있었다. 학문적으로는 아무런 가치도 없는 것이었지만 어쨌든 놀라운 사실이었다. 더욱 놀라운 사실은 가격시스템을 원용함으로써 정보를 전달하고 생산을 효율적으로 조직·수행하도록 하는 동시에, 소득분배는 가격시스템으로부터 독립적으로 결정되도록 시도하는 것이었다. 물론 그 이론은 실패했다. 그러나 이론에서만이 아니라 현실에서도 공산세계에서 이미 실패했던 사실이 아닌가?

3

사회구조와 이기심

 애덤 스미스의 「보이지 않는 손」은 일반적으로 돈을 주고 사고 파는 재화와 서비스의 매매를 지칭하는 것으로 알려져 있다. 그러나 개개인이 자신의 이익만을 추구하는 과정에서 수많은 개인들이 서로 협조하게 되고 그 결과로 예측하지도 않은 복잡하고도 정교한 구조가 생기는 경우는 경제 외에도 얼마든지 있다. 예를 들어 언어를 보자. 언어는 끊임없이 변하고 발전하는 아주 복잡한 구조를 가지고 있다. 언어는 명확한 질서를 갖고 있다. 그러나 어느 누가 중앙에 앉아 이를 계획해 내는 것은 아니다. 어떤 말을 허용하며, 문법이 어떠해야 하며, 어떤 것이 명사고 어떤 것이 형용사가 되어야 하느냐를 결정하는 사람이 있는 것이 아니다. 프랑스학술원이 프랑스어의 발전을 위해 규제를 가하기 시작한 것은 최근의 일이다. 또 프랑스어가 이미 완전한 구조를 갖춘 후에 이 기구가 생겼고 실제로 하는 일도 규제보다는 이미 있었던 변화에 대해서 사후에 추인하는 일이 대부분이다. 프랑스 이외 나라에서는 비슷한 기구조차 있어 본 적이 없다.

언어란 어떻게 발전하는가? 경제질서가 시장을 통하여 재화와 서비스의 교환을 통해 성장하듯이 언어도 마찬가지로 아이디어나 정보 또는 가십을 교환하려는 개개인의 자발적인 상호관련에 의해서 이루어진다. 한 낱말에 하나나 둘의 뜻이 붙여지고, 또 필요에 따라 새로운 낱말이 추가된다. 문법적인 관용이 발전되어 후에 규칙으로 성문화된다. 서로 의사소통을 원하는 당사자들은 그들이 쓰는 낱말에 대해 공통된 합의점에 도달하는 것이 서로에게 유리하다. 더 큰 집단이 서로 의사를 소통하는 것이 유리하다는 것이 알려지면 공통용법이 널리 퍼지고 마침내는 사전에 수록된다. 아주 최근에 언어의 표준화에 대해 국공립학교가 표명하고 있는 관심을 제외한다면 언제나 언어에는 어떤 강압도 없고, 명령할 수 있는 권력을 가진 계획자도 없다.

과학지식도 똑같은 예가 될 수 있다. 물리학, 화학, 금속학, 철학, 인문학, 사회학, 경제학 등등 이들 학문의 구조나 체계는 누가 일부러 계획해 낸 것이 아니다. 밀림 속의 나무처럼 그냥 자란 것이다. 학자들이 편리하다고 본대로 그렇게 큰 것이다. 확정되거나 고정되어 있지 않은 것이며, 필요에 따라 또 변하게 마련이다.

어떤 학문이건 학문내용의 성장은 직접적으로 교환이 이루어지는 장터나 넓은 의미의 시장을 꼭 닮았다. 학자들은 서로 유리하기 때문에 협조한다. 다른 학자의 연구업적에서 유용하다고 생각되는 것을 받아들이고, 자신이 발견한 것을 교환한다. 말로 토의하기도 하고, 출판되기 전의 초고를 돌리기도 하며, 또는 학술전문지에 게재하거나 책으로 출판한다. 시장과 마찬가지로 이러한 협조는 세계적인 것이다. 시장에서의 금전적인 보수 대신에 학계에서는 다른 학자들로부터 인정을 얻거나 존경을 얻는다. 그러한 존경심을 얻어내거나 경쟁자들에 의해 자신의 연구가 받아들여지기를 원하기 때문에 학자들은 과학적으로 효율적인 연구 방향을 찾게 된다. 어느 학자가 다른 학자의 연구성과를 토대로 그 위에 새로운 성과를 만드는 과정에서 학계 전체로서는 개개인 학자의 연구를 합친 것 이상의 성과를 낳는 것이며 한 학자의 연구가 보다 큰 발전의 발판이 된다. 요즈음의 자동차가 재화를 교환하는 자유시장의 산물인 것처럼 현대 물리학은 아이디어의 교환이라는 자유시장의 산물인 것이다. 물리학에서도 특히 최근에 정부의 간섭이나 역할이 물리학 발전에 영향을 주고 있다. 연구에 필요한 자원을 지원한다든지 실제 필요하다고 생각되는 연구방향을 제시해주는 등등의 영향을 미치기는 하지만 이것은 2차적인 것이다. 정말로 아이러니한 것은 중앙집권적인 경제계획을 주장하는 많은 계획론자들조차도 과학정책에서만은 정부의 간섭이 얼마나 위험한 것인가 하는 점을 강조할 뿐 아니라 과학자들이 스스로 연구하고 탐색하는 과정에서 스스로의 발전이 있어야지, 정부가 필요로 하는 연구 우선순위를 정해놓고 이를 요구하는 행위가 또 얼마나 위험한 것인가를 매우 명확하게 인식하고 있다는 것이다.

한 사회의 가치관, 문화, 관례들은 모두가 동일한 방식을 통해 발전한다. 자발적인 교환과 즉시적인 협조 그리고 시행착오를 거친 복잡한 구조의 점진적인 진화, 또 수용과 배척이라는 과정을 통해서 가치 문화 및 사회적인 관례가 발전하는 것이다. 예를 들어 캘커타 주민들이 즐기는 음악이 비엔나 주민이 즐기는 것과 종류가 달라야 한다고 어떤 왕조도 명령해 본 적이 없었던 것이다. 아무도 '계획'하지 않았어도 그렇게 다른 음악적인 문화가 발전했던 것이다. 물론 개인적으로 부유한 사람이 어떤 특정 음악인이나 음악 형식을 지원함으로써 사회적인 진화에 영향을 미칠 수는 있을 것이지만 사회적인 진화란 생물학적인 그것과 기본적으로는 마찬가지인 것이다.

언어이건 과학적인 발견이건 또는 음악 스타일이나 경제제도이건 상관없이 자발적인 교환에 의해 생성되는 조직 구조는 그 자체의 고유한 생성 발전 쇠퇴의 과정을 밟는다. 환경에 따라서는 이에 대응하여 여러 가지 다른 형태를 취할 수 있는 능력이 있음은 물론이다. 그러나 자발적인 교환은 어떤 점에서는 다양성을 유지하면서도 많은 점에서 어떤 통일성을 만들어 내게 됨을 알 수 있다. 결국 운행원리라는 일반적인 원칙은 매우 이해하기가 쉬우나 구체적인 결과에 대해서는 예측을 불허하는 그런 미묘한 과정인 셈이다.

이와 같은 예에서 우리는 자발적인 교환이 갖는 보다 넓은 조망을 비춰볼 수 있을뿐더러 '이기심self-interest'이 갖는 개념에 광범한 의의를 부여할 수 있다고 생각한다. 경제적 시장에 대한 편협한 편견은 이기심을 지금 당장의 물질적인 보상에만 관심이 있는 근시안적인 '이기적 태도'로 생각할 수도 있을 것이다. 경제학은 금전적인 자극에만 반응하는, 계산기와 다름없는 '경제인'이라는 아주 비현실적인 가정으로부터 도출한 당치않은 결론 때문에, 그렇다는 주장 때문에 매도당해 왔다. 그것은 엄청난 실수다. 이기심이란 근시안적인 이기주의myopic selfishness가 아닌 것이다. 이기심이란, 말하자면 구성원의 흥미를, 관심을 끄는 것이며, 가치 있다고 생각되는 것이며, 그들이 추구하는 목표들인 것이다. 전공분야의 '변경frontiers'에 도전하는 과학자나 믿음이 없는 자들에게 진실된 믿음을 일깨워주려는 선교사나, 헐벗은 자에게 도움의 손길을 뻗치는 자선사업가나 이들 모두가 이를테면 자신이 보는 관점에서 자신의 가치관에 따른 판단 하에 자신의 이기심을 쫓고 있는 것이다.

정부의 역할

정부가 들어설 자리는 어디인가?

사람들이 자기의 이상을 실현하는 데 가장 효과적인 기관이라고 생각하여 행정부를 통해서 일을 추진한다는 의미에서 정부는 어느 정도 자발적인 협동체라고 할 수 있다. 가장 명확한 예는 거주의 자유가 보장되어 있는 경우의 지방정부일 것이다. 지방정부가 제공하는 공공서비스의 종류가 거주지 선택에 영향을 줄 수가 있다. 만일 지방정부가 계획하고 있는 사업에 반대하거나, 그 비용 부담을 원치 않을 경우, 또 자기가 원하는 사업보다 지방정부가 추진하는 사업에 따른 조세부담이 클 경우에는 다른 곳으로 이사함으로써, 즉 발로 투표를 하는 행위로써 차선책을 택할 수가 있을 것이다. 최선이 아니더라도 선택할 수 있는 방도가 있는 한 비록 제한적일지라도, 실질적인 경쟁관계가 있는 것이다.

그러나 정부의 역할은 그것뿐만이 아니다. 정부는 군통수권을 장악한 합법적 기관으로 군을 동원하거나 군을 동원하겠다는 위협 등으로 누군가가 또 다른 누군가를 합법적으로 굴복시킬 수 있는 기관이라고 볼 수 있다.

이처럼 가장 원시적이고 근본적인 정부의 역할은 대부분의 사회에서 그동안 많은 세월을 보내오면서 극단적으로 변화해 왔을 뿐 아니라 각각 다른 사회에서의 정부의 역할 또한 크게 달랐음을 알 수 있다. 이 책의 나머지 부분에서는 주로 근세 미국에서의 정부의 역할이 어떻게 변천해 왔으며 그 영향이 어떠했는가에 큰 중점을 둘 것이다.

정부의 역할을 개괄하는 첫 대목에서 아주 다른 질문부터 던져보자. 어느 사회에서 그 사회에 참여하고 있는 구성원이 개인으로서, 가족으로서, 자발적인 그룹의 일원으로서 그리고 정부를 포함한 조직체 속의 시민으로서 추구 가능한 극대 자유를 쟁취하기 원한다면 정부에 어떠한 역할을 부여해야 할 것인가?

200년 전 애덤 스미스가 이미 제시한 답보다 더 잘 쓰기는 어렵다.

스미스는 국부론에서 다음과 같이 말했다.

"금지건 허가건 모든 제도를 완전히 제거해 버리고 나면 저절로 명백하고 단순한 자연자유제도 system of natural liberty가 생긴다. 누구든지 법laws of justice을 어기지 않는 한 자기가 원하는 방식에 따라 자기의 이기interest를 추구할 완전한 자유를 갖는다. 또 자기의 노력과 소유하고 있는 자본을 투입하여 다른 사람과 또는 사람이 쌓아놓은 질서와의 경쟁에 뛰어들 완전한 자유가 있는 것이다. 반면에 왕(주권)은 완전히 의무로부터 해방될 수 있다. 민간기업을 감독하는 일이나, 사회 전체에 가장 유익하도록 생산요소를 배분하는 일과 같이 인간의 지혜나 지식으로서는 도저히 해낼 수 없을 뿐 아니라 안 되는 일을 해보려는 데서 피치 못했던 환멸과 망상으로부터 왕은 자유로워질 수 있는 것이다. 자연자유제도하에서 왕이 해야 할 일은 세 가지뿐이다. 누구나 쉽게 이해할 수 있는 이 세 가지 의무는 매우 중요한 것이다. 첫째는 다른 독립된 사회로부터의 침입이나 전쟁으로부터 사회를 방위하는 임무이다. 둘째, 가능한 한 사회구성원 간의 억압, 불법을 막는 일로서 법질서의 확립이라고 할 수 있다. 셋째는, 공공사업과 공공기관을 설립하고 운영하는 일이다. 공공사업이나 기관은 실제로는 사회전체에 미치는 효과가 지대함에도 불구하고 개인이나 몇몇 그룹의 사람들이 설립하고 운영하는 경우에는 비용을 충당할만한 수입을 얻을 수 없기 때문이다."[5]

첫 번째와 두 번째 의무조항은 명백하고 직설적이다. 외부에서건 내부의 동료시민으로부터건 강제로부터의 사회구성원의 보호는 당연하다. 만일 그러한 보호가 없다면 진정한 선택의 자유가 있다고는 할 수 없다. "목숨이 아깝거든 돈을 내놔라"하는 무장강도 앞에서 선택할 자유나 자발적인 교환이 가능하다고는 할 수 없는 일이다.

물론, 이 책에서 누누이 강조하겠지만 정부기관이 봉사해야 한다는 '당위'와 실제로 그 정부기관이 하고 있는 것과는 전혀 별개의 문제다. 어떤 기관이든 그 기관을 설립한 사람의 의도와 실제로 그 기관을 움직이는 사람의 생각과는 흔히 정반대인 것이다. 마찬가지로 의도한 바가 결과와는 다르다는 것도 의미심장한 것이다.

군대나 경찰은 모두가 국내외의 억압·폭력으로부터의 보호를 위해 있는 것이다. 그러나 이들은 전혀 다른 목적으로 사용되는 경우가 허다하다. 자유사회를 성취하고 유지하는데 있어서 가장 어려운 문제는 자유의 보루로서 정부에 맡겨놓은 군대나 경찰이 본래의 목적에만 충실하고 엉뚱하게 자유를 짓밟는 일을 어떻게 하면 막을 수 있느냐 하는 문제다. 우리 건국의 아버지들은 헌법을 기초할 때에 이 문제를 놓고 씨름을 했었다. 현재의 우리는 이 점을 무시하는 경향이 있다.

애덤 스미스가 말한 두 번째 의무는 시민을 신체적 강압으로부터 보호한다는 좁은 의미에서의 경찰기능만을 지칭하는 것이 아니다. '정의의 완전무결한 집행'을 포함하고 있다. 아무리 자발적인 교환이라고 하더라도 너무 복잡하거나 이행기간이 너무 길 경우에는 그 애매모호한 성격 때문에 진실로 자발적 교환이라고 볼 수는 없는 것이다. 발생 가능한 모든 예외사항을 사전에 명시하고 각 교환에 참여하는 다양한 사람들의 의무를 명확히 규정할 수는 없다. 따라서 분쟁을 해결할 수 있는 방법을 마련해 두어야 한다. 이런 중재기관도 꼭 정부기관일 필요는 없다. 오늘날의 미국에서는 상거래에서 발생하는 대부분의 분쟁은 사전에 규정된 법 절차에 따라 선정된 상사중재인에 의해 해결된다. 이러한 수요가 늘자 미국에서는 민간사법제도가 발달해 왔다. 그러나 그것으로도 해결이 안 될 경우를 대비해서 정부의 사법제도가 마련되어 있음은 물론이다.

정부는 또 일반규칙을 채택하여 자발적인 교환이 원활하게 이루어지게 해야 한다. 자유사회의 구성원이 경기에 임해서 지켜야 할 경제적·사회적인 규칙인 것이다. 가장 명백한 예는 사유재산에 대한 개념이다. 내 집이 있다. 당신이 자가용 비행기를 타고 지붕 위로 10피트 상공을 날면 내 재산에 대한 '무단횡단'인가? 3만 피트 상공이면? 내 재산과 당신 재산이 어디서 끝나고 어디서 시작되는가에 대한 자명한 이치가 있을 리가 없다. 재산에 대한 규범과 관련해서 우리 사회가 만들어 낸 것이란, 최근에는 입법에 의한 방식이 많이 채택되고는 있으나, 대부분이 관습법의 성장을 통해서 이루어진 것이다.

애덤 스미스가 지적한 세 번째 정부의 의무는 가장 문제가 많은 항목이다. 스미스가 아주 좁은 의미에서 설파한 이 대목은 그러나 그 후에 돼먹지 않은 수많은 정부활동을 정당화시켜 주는 데 일조를 하였다. 우리들의 견해로서도 자유사회를 유시하고 발전시키는 데 필요한 정부활동을 올바르게 지적했다고 보지만 이것이 정부권력의 무한한 확대를 정당화시키는 구실을 할 줄이야 누가 미처 알았으랴.

순전히 자발적인 교환을 통해서만이 재화와 서비스를 생산할 때의 비용문제 때문에 정당화되는 정부의 이 세 번째 역할에 관해 간단한 예를 들어보자. 차도와 일반고속도로라는 재화는 자발적인 사적 교환방식을 통해서도 공급할 수가 없는 것은 아니다. 그러나 통행료를 받는 것은 그렇다 치더라도 통행료를 징수하는 데 드는 비용이 도로건설이나 유지에 드는 비용에 비해 너무 크기 때문에 스미스가 지적한 것처럼 도로는 '공공사업public work'으로서 '거대한 사회'에 유용한 것이면서도 "어떤 개인도 이를 건설하고 유지하기를 꺼려하는 … 그런 사업"인 것이다.

보다 미묘한 예를 들어보자.

소위 '제3자'가 개입되는 경우이다. 특정 교환 당사자가 아니면서도 그 교환의 영향을 받는 경우, 즉 '굴뚝연기'의 경우 말이다. 당신의 굴뚝에서 시커먼 연기가 뿜어 나와 제3자의 옷을 검게 물들였을 경우 당신은 제3자에게 알지 못하는 사이에 비용을 부과한 셈이다. 당신이 충분한 보상을 한다면 별일은 없겠지만, 당신 때문에 셔츠를 버린 사람을 모두 찾아내는 것도 불가능할뿐더러, 그들 모두와 합당한 손해배상에 합의한다는 것도 역시 어려운 일이다. 반대로 당신의 행위가 비용을 과한 것이 아니라 편익을 제공한 경우도 있다. 당신이 집 둘레 조경을 아름답게 꾸몄을 경우 지나는 사람들이 그 아름다움을 즐긴다. 지나는 사람들이 그 값을 치르고 싶더라도 당신 정원의 아름다운 꽃을 관망한 대가를 주고받기란 실제로 어려운 일이다.

기술적인 전문용어를 써보면 보상이나 부과가 불가능한 '외부경제external or neighborhood' 효과 때문에 '시장실패market failure'가 발생하는 경우가 되겠다. 결국 제3자는 원치도 않는 타율他律에 의한 교환을 감수하게 되는 것이다.

우리들의 행동이나 행위는 아무리 작고 미미하고 동떨어졌다 할지라도 결국은 제3자 효과를 조금씩은 내포한다. 결과적으로 언뜻 보기에 애덤 스미스의 제3의 의무는 어떠한 정부의 조처나 계획도 정당화시켜주는 것 같다는 것이다. 그러나 거기엔 오류가 있다. 정부의 조치는 그 자체가 제3자적 효과를 낳는다. '정부실패'가 '시장실패' 못지않게 '외부효과' 때문에 일어난다. 그리고 만일에 그와 같은 효과가 시장거래에서 그토록 중요한 것이라면 시장실패를 수정한다는 수단으로 취해지는 정부의 조치도 똑같이 중요한 것이다. 민간행위의 제3자 효과가 중대하다는 점은 효과의 중요성은 바로 외부비용이나 외부편익을 가려내기가 어렵다는 데에 있다. 만일 누가 피해를 보고 누가 편익을 취하며 그것이 각각 얼마인가를 가려낼 수 있다면 비자발적인 교환을 쉽게 자발적인 교환으로 바꿀 수도 있고 또는 적어도 개개인에 대한 보상이 직접적이고도 간단할 것이다. 당신이 부주의로 남의 차를 받았을 경우에 비록 그 거래가 자발적이진 않지만 손해보상을 해줄 수 있기 때문에 해결이 용이하다. 만일 당신의 굴뚝 때문에 남의 집 셔츠가 검어진다는 것을 알 수만 있다면 당신이 보상을 할 수도 있겠고 피해자들이 제발 연기 좀 내지 말아

달라고 당신에게 웃돈을 건네줄 수도 있을 것이다.

민간 분야에서 누가 누구에게 비용을 부담시키고 누구에게 편익을 제공하는지를 가려낼 수는 없으며 그렇다고 정부가 민간보다 능력이 있다고도 할 수 없다. 따라서 이러한 상황을 개선하기 위한 정부의 시도는 일을 해결하기는커녕 오히려 사태를 악화시키고 선의의 제3자에게 비용을 부담시키거나 재수 좋은 사람에게 때 아닌 행운을 안겨줄 뿐이다. 정부의 사업을 위해서는 세금을 거두어야 하는데 그 자체가 납세자들의 행위에 영향을 주고 이것은 또 다른 제3자 효과가 아닐 수 없다. 뿐만 아니라 어떠한 목적으로든지 정부가 권력을 증대시키면 시킬수록 그만큼 대다수의 시민에게 봉사하기는커녕 시민 중의 어떤 부류의 사람들이 다른 대다수의 시민을 희생시키고 그들만이 이익을 취할 수 있는 위험을 점점 더 키울 뿐이다. 정부의 조치란 말하자면 어떠한 것이든 간에 그 조치의 배후에 검은 연기를 뿜는 굴뚝을 달고 나온다고 할 수 있다.

자발적인 거래나 그 과정은 생각보다 훨씬 더 제3자 효과를 감소시킬 수가 있다.

사소한 예를 들어보자. 음식점에서 서비스요금인 팁을 준다는 것은 하나의 사회적 관습인 것이며 이는 만난 적도 없고 알지도 못하는 고객에 대한 보다 좋은 서비스를 보장하며 또한 무명의 제3자들도 팁을 받을 것이라는 생각으로 역시 또 서비스에 신경을 쓰게 되는 것이다. 그럼에도 불구하고 사적행위의 제3자 효과는 확실히 존재하며 따라서 정부의 행동을 정당화시켜 준다. 스미스가 언급한 세 번째 정부의 임무를 오용했을 때의 교훈은 정부의 개입이 결코 정당화될 수 없다는 것이 아니라 그 정당성을 입증할 의무가 그것을 주장하는 사람들에게 있다는 점이다. 따라서 정부가 개입할 경우에 비용과 효과costs and benefits 분석방법을 개발하고 정부개입 시에는 분명히 효과가 비용을 초과하는가를 짚고 넘어가야만 할 것이다. 이는 정부조치에 숨어있는 비용을 적절히 찾아내고 평가하기가 어려워서도 그렇지만 다른 이유가 또 있다. 경험적으로 보면 정부가 어떤 사업을 일단 벌이면 그칠 줄을 모르기 때문이다. 일단 벌인 정부의 사업은 원래의 목적을 거두지 못했음에도 사업을 축소하거나 폐쇄하기는커녕 기구나 규모가 점점 더 커지고 예산도 비대해지는 수가 많다.

애덤 스미스가 직접 설파하지는 않지만 정부의 네 번째 임무는 '책임질 수 있는' 시민이라고 할 수 없는 사회구성원을 보호할 책무다.

스미스가 말한 세 번째 임무와 마찬가지로 이 임무도 남용의 소지가 많다. 그러나 피할 수 없는 임무이다.

자유란 책임질 수 있는 사람만이 주장할 수 있는 것이다. 미친 사람이나 어린이에게 자유를 주어야 한다고 생각하지는 않는다. 책임 있는 시민과 그렇지 못한 사람을 구분해야 하지만 그러나 이는 자칫 자유라는 궁극의 목적에 본질적인 애매성을 부여하는 결과를 초래할 수 있다. 책임질 수 없는 사람이라고 우리가 생각한다고 해서 어떤 개인의 아버지로서의 부성애나 권위를 일축할 수는 없는 것이다.

어린이 보호를 위한 책임을 제일 먼저 그 부모에게 지운다. 개인보다는 가족이, 비록 최근에 이르러 온정주의적인 정부 덕택에 약화되기는 했지만 가정이 우리 사회를 구성하는 기본단위인 셈이다. 그러나 어린이 보호책임을 부모에게 지운 것은 어떤 원칙이라기보다는 편의에 의한 것이다. 부모보다 자식에게 관심이 더 있는 사람은 있을 수 없으며, 어린이를 보호하고 책임 있는 성인으로의 발전을 약속할 수 있는 사람이 부모 이외에 또 누가 있겠는가? 그러나 부모라고 해서 자식을 구타하거나 팔아넘길 수는 없다. 어린이는 다만 성숙되지 않았을 뿐 책임 있는 인격인 것이다. 그들은 그들 자신의 지고의 권리를 갖고 있는 것이지 부모의 노리개가 아닌 것이다.

애덤 스미스가 제시한 정부의 세 가지 또는 네 가지 의무는 정말로 '대단히 중요'하다. 그러나 겉보기와는 달리 "상식에 비추어 보아 쉽게 이해될 수 있는" 것과는 거리가 멀다. 비록 정부가 민간부문에 간여하는 사업이나 추진 중인 계획을 검토함에 있어서 기계적으로 상호계획들을 대비하는 것만으로는 사업성을 판단할 수가 없다 하더라도, 비용·효과분석은 찬반의 대차대조표를 합산하는 데 유용한 원칙을 제공해 줄 수 있다. 비용·효과분석을 아무리 엉성하게 적용하더라도 정부가 현재 시행하고 있는 간섭 중에는 얼마든지 사업성이 없다는 판정을 받을 것이 있는 것이다. 이들은 모두가 애덤 스미스가 일찍이 선전포고를 했던 "금지조항으로나 허가조항으로 구성된 제도"인 것이며 일찍이 사라졌다가 오늘날에 다시 관세, 가격고시, 임금통제, 직업선택에 과해지는 각종 규제 또는 기타 스미스의

"단순한 자연자유제도"로부터 이탈한 무수한 형태로 다시 살아나고 있는 것이다(본서 각 장에서 보다 자세하게 다룬다).

5

경찰국가의 실제

오늘날 세계에는 강력한 정부가 유행인 것처럼 보인다.

물어보자! 경제활동을 영위하는 데 있어서 시장을 통한 자발적인 교환에 주로 의지하는 동시에 정부의 역할을 전술한 네 가지의 의무에만 제한하고 있는 그런 사회의 예가 오늘날 존재하고 있는가 라고.

아마도 가까운 예는 홍콩일 것이다. 중국이라는 커다란 대륙에 점처럼 붙어 있는 나라, 약 450만 인구가 400평방마일 밖에 안 되는 땅덩이에 다닥다닥 붙어 있는 도시국가, 인구밀도로 말하면 일본의 14배, 미국의 185배나 된다. 그러나 아시아에서는 일본과 기껏해야 싱가포르 정도를 뺀다면 최고의 생활수준을 영위하고 있다. 홍콩은 (미국과 기타 주요국이 스스로 부과한 '자발적인' 규제를 제외한다면) 국제거래상 아무런 제약도 관세도 없다. 경제활동에 관한 정부의 지시도 없고 최저임금제도 없을 뿐 아니라 가격통제 같은 것도 없다. 홍콩 사람들은 모두 원하는 것을 누구에게서나 살 수 있고, 또 누구에게도 원하는 것을 팔 수 있으며 무엇에나 투자할 수 있고 누구라도 고용하며 누굴 위해서건 일할 수 있다.

정부는 매우 중요한 역할을 하지만 아주 좁은 의미의 정부의 기능인 네 가지 의무만을 주로 수행할 뿐이다. 홍콩 정부는 법과 질서를 강제하고 행위규범을 제정하는 입법수단을 제공하고, 옳고 그름을 판결하며 교통과 통신을 원활하게 하고, 통화발행을 감독한다. 중국에서 온 피난민을 위해 공공주택을 짓기도 했다. 경제규모의 확대에 따라 재정지출이 증가하기는 했지만 국민소득 대비 재정규모 비율은 세계에서 가장 낮은 수준이다. 결과적으로 저렴한 세 부담은 그만큼 경제적 유인을 주게 되었다. 기업인은 성공의 열매를 거둘 수 있고 또 실패할 경우엔 응분의 대가를 치르게 되어 있다. 영국 식민지인 홍콩이 자유시장과 경찰국가의 표본이 되는 것은 다소 아이러니가 아닐 수 없는 노릇이다. 홍콩을 통치하는 영국관리는 본국에서 채택한 복지국가 정책과는 정반대의 정책을 택함으로써 홍콩을 번창케 한 것이다.

비록 홍콩이 오늘날 적절한 표본이라고는 하지만 결코 경찰국가와 자유시장 사회건설의 표본이라고 할 수는 없다. 진짜 예를 찾자면 19세기로 거슬러 가야 한다.

하나는 1867년 메이지유신 후 30년간의 일본이고, 이는 제2장에서 다시 다룰 것이다.

다른 두 개의 예는 영국과 미국이다. 애덤 스미스의 국부론은 제조업과 상업에 대한 정부의 각종 규제에 대항하여 싸운 초기전쟁의 말하자면 일대 공세였다. 이 전쟁의 승리는 70여 년 후인 1846년에 있었는데 소위 곡물조례Corn Law(밀과 기타 곡물 수입을 규제하기 위한 관세와 기타 여러 가지 제한조치를 법으로 규정한 것)의 폐지였다. 이후 제1차 세계대전 발발 시까지의 75년동안 완전한 자유무역 시대를 구가하게 되었고, 그보다 10년 전부터는 진정으로 제한적인 정부, 경찰국가로의 전환이 실현되었다. 그로 인해 영국에 거주하는 모든 사람은 스미스가 말한 대로 "자기가 원하는 방식에 따라 자기의 이기를 추구할 완전한 자유를 얻었을 뿐 아니라, 자기의 노력과 자본을 투입하여 다른 사람의 경쟁에 뛰어들 자유가 있었다."

경제성장은 급속했다. 일반시민의 생활수준은 극적으로 향상되어 디킨스Dickens와 또 당시의 소설가들에 의해서 당시까지도 남아 있던 빈곤과 비참함이 오히려 심금을 울렸다. 생활수준의 향상으로 인구가 급속히 증가했다. 대영제국의 국력은 신장했고 세계적으로 막강한 영향력을 구사하기 시작했다. 당시 영국의 재정규모는 국민소득에 대한 비율로 볼 때 점차 떨어졌다. 19세기 초에 재정규모/국민소득 비율이 25%이던 것이 대영제국의 국력과 영광이 최고에 달했던 1897년, 즉 빅토리아 여왕 즉위 60주년 축제 시에는 10%로 내려왔다.

미국도 예외일 수 없는 다른 하나의 극적인 예가 된다. 알렉산더 해밀턴은 애덤 스미스의 자유무역론을 반박하고자 시도한 - 물론 실패했지만 – 그의 유명한 『제조업보고서』를 통해서 관세를 정당화했고 그래서 당시 미국엔 관세가 있었다. 그러나 이때의 관세는 현대적 기준으로 볼 때 세율이나 관세부과 대상 등이 매우 유연한 것이었다. 뿐만 아니라 당시에는 어느 나라의 정부규제도 국내 상거래나 대외 무역을 제한하지 않고 있었다. 제1차 세계대전까지만 하더라도 이민은 완전히 자유로웠다(이때에도 동양인의 이민은 제한하였다). 자유의 여신상에 새겨진 글귀는 이렇게 읊었다.

> 지치고 가난한 자를 내게 보내주시오.
> 자유를 갈망하는 불쌍한 군중,
> 당신 땅에 흘러넘치는 불쌍한 이들을 모두 이리로 보내주시오.
> 집도 없이 시달리는 이들을 내게 보내주시오.
> 황금으로 된 문가에 불을 밝혀주리라.

수백만이 건너왔고 수백만이 이 땅에 흡수되었다. 스스로의 재량이 있었기에 그들은 번창했다.

미국에 신화가 생겨났다. 19세기의 미국은 일확천금을 얻은 벼락부자robber baron의 천지이며 냉혹하고 방약무도한 개인주의의 시대인 것처럼 보였다. 무정한 독점자본가가 가난한 자를 착취하고, 이민을 장려하며 이주민을 교묘하게 수탈한다는 혐의를 받았다. 월스트리트는 실의와 비참함을 딛고 살아남은 강인한 중서부의 농민에게조차도 피를 빠는 사기극의 중심지로 여겨졌다.

실제로는 전혀 달랐다. 이민은 계속되었다. 처음 온 이민들 중엔 골탕 먹은 자가 있을 수 있을 것이다. 그러나 수십 년을 두고 수백만의 이민이 수탈을 당해가면서도 계속 유입되었다고는 믿을 수가 없다. 이미 온 사람들의 꿈이 대체로 실현되기 때문에 계속해서 몰려든 것이다. 뉴욕의 거리가 황금으로 덮인 것은 아니었다. 그러나 열심히 일하고 절약한 결과로 이들의 사업은 구세계에서는 상상도 할 수 없는 성공을 거두었다. 신참자들은 동부에서 서부로 퍼져나갔다. 그들이 퍼져나가면서 도시가 생기고, 경작지가 급속하게 확대되었다. 미국은 풍성해지고 더욱 생산적이 되었으며 이민자들이 모두 이 풍요를 나누어 가진 것이다.

농민이 수탈을 당했다면 어떻게 농민의 수가 늘 수 있었겠는가?

농산물가격이 떨어졌다. 그러나 그것은 실패가 아니라 성공의 결과였다. 농업 기계화의 결과이며 경작지 확대의 소산이었다. 또 통신시설 덕분이었고 그 결과 농산물생산이 급속히 증가한 때문이었다. 농경지의 지가가 계속 상승한 것만 보아도 농업이 결코 사양산업이 아니라는 것을 알 수 있다.

기업가가 무자비하다는 비난도 사실과는 다른 것이었다. 철도왕 윌리엄 H. 밴더빌트William H. Vanderbilt가 기자의 질문에 "빌어먹을 대중"이라고 내뱉었다는 것에서 비롯된 이 비난은 실은 19세기 미국을 풍미한 자선사업의 열기가 만들어 낸 거짓이었다. 사립학교와 대학이 수배로 늘었고, 해외 선교가 폭발적으로 증가했으며 비영리 단체인 병원, 고아원 그리고 수많은 기타 기관들이 우후죽순처럼 솟

아났다. 동물학대방지협회로부터 YMCA나 YWCA까지 또 인디안 인권협회로부터 구세군에 이르기까지 거의 모든 자선단체나 공공서비스기구가 이때 생겨난 것들이었다. 자발적인 협동방식은 이윤을 목적으로 한 생산조직에서뿐만 아니라 자선사업에서도 역시 효과적인 방법이었다.

자선사업 못지않게 문화사업도 폭발적으로 성장했다. 미술관, 오페라하우스, 교향악단, 박물관, 공공도서관들이 대도시와 서부의 개척마을에 동시에 세워졌던 것이다.

재정지출규모는 정부의 역할을 평가하는 한 척도가 된다. 전시를 제외하면, 1800년부터 1929년까지의 정부지출은 국민소득의 12%를 넘지 못했으며, 이 중 3분의 2는 주정부와 지방정부가 의무교육시설과 운영비 및 도로건설과 유지비에 쓴 것이었다. 그러나 1928년에 이르러서 정부지출은 국민소득의 약 3% 정도밖에 안 되었다.

미국의 성공은 흔히 풍부한 자연자원과 광활한 국토 때문에 가능했다고 한다. 일리가 있는 말이다. 그러나 만일 자원과 국토가 결정적인 것이라고 한다면 19세기의 영국이나 일본, 그리고 20세기의 홍콩은 무엇 때문에 성공한 것인가?

흔히 자유방임적으로, 경찰국가의 제한된 기능만을 수행하는 정부란 19세기의 미국처럼 넓은 국토에 산재해서 살던 때에는 가능했지만 도시화와 산업사회화된 현대의 정부는 오히려 보다 강력한, 진실로 군림할 수 있는 막강한 책무를 맡아야 할 것이라는 주장이 많다. 홍콩에 들러서 한 시간만 지내본다면 그런 생각은 말끔히 버릴 수 있을 것이다.

우리의 사회는 우리가 만드는 것이다. 우리의 제도도 우리가 만든다. 우리의 물리적인 그리고 인간적인 특성 때문에 인하여 우리가 택할 수 있는 대안의 범위는 어느 정도 제한적이다. 그러나 만일 우리가 원하기만 한다면, 아무 것도 우리를 방해할 수 없다. 우리는 자발적인 협동을 기반으로 하는 사회를 건설할 수 있으며, 인간의 자유를 확대하고 유지할 수 있는 그런 사회를 만들 수 있고 또 우리가 원하기만 한다면 우리의 충실한 공복으로 정부를 길들일 수 있는 것이며 결코 우리를 혹사시키는 주인이 되지 않도록 감독할 수가 있는 것이다.

제
2
장

통제라는 이름의 폭군

애덤 스미스는 그의 『국부론』에서 국제무역상의 관세와 기타 규제를 논의하면서 다음과 같이 말했다.

"개인과 가정에는 현명해 보이는 행동을 대영제국과 같은 큰 나라의 정책으로 채택하는 것이 어리석은 일인 경우는 드물다. 만약, 어떤 외국이 우리보다 더 싸게 상품을 공급할 수 있다면 다소 유리한 방법으로 생산하고 있는 우리 산업의 생산물의 일부를 팔고 그것을 사는 편이 좋다. 어느 나라에서든지 일반대중이 원하는 모든 것을 가장 싸게 파는 사람들로부터 사는 것이 언제나 일반대중의 관심사이며 또한 그렇게 되지 않으면 안 된다. 이 명제는 극히 명백한 것이므로 굳이 그것을 증명하려는 것은 우습게 보인다. 또한 상인 및 제조업자들의 이해에 얽힌 궤변이 인

간의 상식을 혼란시키지 않았다면 그것은 아무런 문제도 제기하기 않았을 것이다. 그들의 이해관계는 이 점에서 일반대중의 이해관계와 직접적으로 대립된다."[6]

애덤 스미스의 이 주장은 그 당시와 마찬가지로 오늘날에도 진리이다. 국내 거래에서나 외국무역에서나 더 싼값을 부르는 곳에서 사고, 보다 더 비싼 값을 부르는 곳에다 파는 것이 일반대중에게는 이익이다. 그럼에도 불구하고 '이해에 얽힌 궤변' 때문에 우리가 팔거나 사는 문제에 있어서 누구에게 어떠한 조건으로 파는가, 누구로부터 어떠한 조건으로 사는가, 누구를 고용하고 누구를 위하여 일하는가, 그리고 어디에 살며 무엇을 마시고 먹는가, 하는 점에 대하여 여러 가지 제한이 엄청나게 증대하였다.

애덤 스미스는 '상인이나 제조업자의 이해관계에 얽힌 궤변'을 지적하였다. 당시에는 이 무리들만이 질책받을만한 계층이었을지도 모른다. 그런데 오늘날에는 그러한 무리들이 매우 많다. 정말로 '이해에 얽힌 궤변'에 끼지 않은 사람은 거의 없다고 해도 좋을 정도이다. "적이 있다면 바로 우리들 자신이다"라는 포고Pogo의 말은 불후의 명언이다. 우리는 '특수이익'을 지탄하고 있지만 그것은 '특수이익'이 자기 자신의 것이 아닌 경우에만 그렇다. 우리들 개개인은 자기 자신에게 좋은 것이 국가를 위해서도 좋은 것이라고 생각한다. 그 때문에 우리들의 '특수한 이익'은 그 하나하나가 다른 것이 된다. 그 결과 여러 가지 제한조치로 인하여 우리들 모두는 제한조치가 없을 경우보다 훨씬 못살게 된다. 우리는 다른 계층의 '특수이익'을 위한 조치 때문에 우리의 '특수이익'을 위한 조치에서 얻는 것보다 훨씬 많은 것을 잃게 된다.

그 가장 명백한 예가 국제무역에 있다. 관세와 기타 규제로 일부 생산자들이 얻는 이익은 다른 생산자들과 특히 소비자가 받는 손해에 의하여 더 많이 상쇄된다. 자유무역은 다만 우리의 물질적 복지만을 증대시킬 뿐만 아니라 국가 간의 평화와 협조도 촉진하며 또한 국내 경쟁에도 박차를 가한다.

외국무역에 대한 통제는 국내거래로 연장된다. 이 통제는 경제활동의 모든 측면에 끼어든다. 이러한 통제는 특히 후진국에서 발전과 진보를 위해 불가피한 것으로 옹호되어 왔다.

1867년 명치유신 이후의 일본의 경험과 1947년 독립 후의 인도의 경험을 비교해 보면 이러한 견해를 검증할 수 있다. 즉, 다른 예도 마찬가지지만 빈곤한 국가가 잘 살 수 있는 최선의 방법은 국내적으로나 국제적으로나 자유무역을 실시하는 것임을 시사하고 있다.

최근 수십 년 동안 미국에서 급증해온 경제적 통제는 경제적 자원을 사용하는 자유뿐만 아니라 언론과 출판 그리고 종교의 자유에도 영향을 미쳤다.

1

국제무역

　나쁜 경제정책에는 전문가들 간의 의견불일치가 나타난다고 한다. 만약 모든 경제학자들이 똑같은 처방을 한다면 그 경제정책은 훌륭할 것이라는 것이다. 실제로 경제학자는 빈번히 의견을 달리한다. 그러나 국제무역에 관해서는 전혀 그렇지 않다. 애덤 스미스 이래로 다른 문제에 대한 이념이 다르더라도 자유무역이야말로 통상 당사국만이 아니라 세계 전체를 위해서도 최선이라는 점에 관해서는 모든 경제학자가 사실상 완전한 의견일치를 보였다. 물론 관세는 있었다. 유일하게 예외가 있다면 영국의 1846년 곡물법 폐지 이후부터 거의 1세기 동안의 자유무역과 일본의 명치유신 이후부터 30년간의 자유무역, 그리고 오늘날 홍콩의 자유무역이다. 미국은 19세기 내내 관세를 부과했다. 관세는 20세기 들어와 특히 1930년의 '스무트-홀리 관세법'에 의하여 한층 높은 수준으로 강화되었다. 일부 학자들은 그 후에 발생한 대공황을 더 심각한 것으로 만든 책임이 부분적으로 이 관세법에 있다고 본다. 거래 품목의 종류가 크게 변했으므로 정확한 비교는 어렵겠지만 거듭되는 국제협약에 의하여 관세가 인하되어 왔음에도 불구하고 아직까지도 관세율은 아마 19세기보다도 높은 수준에 머물고 있을 것이다.

언제나 그랬던 것처럼 오늘날 관세는 옳지 못한 명분에는 어울리지 않을 만큼 좋은 명칭인 '보호'라는 이름으로 완곡하게 불리며 많은 지지를 받고 있다. 미국의 철강업자나 철강노동조합은 일본으로부터의 철강수입을 제한하도록 압력을 가하고 있다.

미국의 텔레비전 생산자들과 노동자들은 일본, 대만 및 홍콩으로부터 텔레비전과 그 부품수입을 제한하는 '자율규제협정'을 체결하도록 미국의회에서 로비활동을 했다. 그밖에도 섬유나 신발류, 소, 설탕 등 수많은 제품의 생산자들은 해외에서 유입되는 '불공정'한 경쟁에 대하여 불평하면서 미국정부가 자기네들을 '보호'해줄 것을 요구하고 있다. 물론, 어떤 그룹도 적나라한 이기적인 근거만으로 자기들의 입장을 주장하지는 않는다. 어떤 그룹이나 예외 없이 '모두의 이익'을 위해서, 국가의 안보를 위해서, 고용을 위해서라고 주장한다. 최근에는 수입제한정책의 전통적인 구실에 마르크와 엔에 대하여 달러를 강화해야 한다는 구실이 추가되었다.

경제적 측면에서 본 자유무역

소비자들의 의견은 지금까지 거의 표명된 적이 없었다. 그런데 소비자라는 특수 이익집단들이 최근 수년 동안 급속히 성장해 왔다. 그러나 소비자가 관세나 그 밖의 수입제한정책 때문에 가장 많은 희생을 당했지만 언론과 국회가 이러한 정책들을 제대로 공박해 본 일이 있는지 찾아내기 위해 뉴스매체나 국회의 청문회 기록을 뒤져보았자 아무런 기록도 찾아볼 수 없을 것이다. 소비자들의 대변자를 자처하는 그들 그룹은 제7장에서 고찰하게 되겠지만 전혀 다른 관심을 갖고 있는 것이다.

소비자 개개인의 주장은 상인과 제조업자, 그리고 거기에서 일하고 있는 사람들의 '이해에 얽힌 궤변'이라는 불협화음 때문에 전혀 들리지 않는다. 그 결과, 문제는 심각하게 왜곡된다. 예를 들면, 관세를 지지하는 사람들은 고용인들이 어떠한 일을 하고 있는가를 전혀 고려하지 않고 고용창출 자체만을 바람직한 것으로 간주한다. 이것은 분명한 잘못이다. 만약, 우리가 바라는 것이 고용만이라면 우리는 이를 얼마든지 만들어 낼 수 있다. 예를 들면, 사람들에게 구덩이를 파게하고 다시 이를 메우도록 시킨다든지 아니면 쓸데없는 일을 시키기만 하면 된다. 때로는 일 그 자체가 보상이다. 그러나 대부분의 경우에는 일한다는 것은 우리가 원하는 것을 손에 넣기 위하여 지불해야 되는 대가이다. 우리의 목적은 단순한 고용이 아니라 생산적인 고용이며 그 고용은 소비할 수 있는 좀 더 많은 재화와 용역을 의미한다.

별로 반박된 일이 없는 또 하나의 오류는, 수출은 좋은 것이고 수입은 나쁘다는 것이다. 실상은 이와는 전혀 다르다. 우리는 우리가 해외에 수출하는 재화를 먹거나 입거나 즐길 수 없다. 우리는 중남미에서 건너온 바나나를 먹으며, 이탈리아 구두를 신고, 서독에서 만든 자동차를 운전하며, 일본에서 만든 텔레비전으로 여러 가지 프로를 즐긴다. 우리가 외국무역에서 얻는 이익은 바로 수입재화다. 수출은 수입품을 손에 넣기 위하여 지불해야 되는 대가이다. 애덤 스미스가 명확하게 본 바와 같이 한나라의 시민들은 자기들의 수출에 대한 대가로 가능한 많은 수입품을 취득하는 것, 또는 같은 말이겠지만 그 수입품에 대하여 가능한 적은 대가를 지불하는 것이 이익이다.

이들 잘못된 생각은 우리가 사용하는 그릇된 용어에 반영돼 있다. '보호'는 실제로는 소비자의 착취를 의미한다. '무역수지의 순조'라는 것은 실제로는 우리가 수입하는 것보다 더 많은 수출을 의미하는 것이고 우리가 외국에서 수입해온 재화보다 더 큰 값어치의 재화를 외국에 수출하는 것을 의미한다. 가계인 경우 더 많은 것에 대하여 더 적게 지불하기를 그 반대 경우보다 좋아한다. 그러나 그것은 외국무역에 있어서는 '무역수지의 역조'라고 하는 것이다.

관세를 지지하는 주장 가운데 일반대중에 대하여 감정적으로 호소하여 가장 큰 성공을 거둔 것은 미국 노동자보다 훨씬 낮은 임금으로 기꺼이 일하는 일본, 한국 및 홍콩의 노동자들에 의한 불공정한 경쟁으로부터 미국 노동자의 높은 생활수준을 보호할 필요가 있다고 하는 것이다. 이러한 주장은 무엇이 잘못된 것일까? 우리는 자국민의 높은 생활수준을 보호하기를 바라지 않는가?

이 주장에서 잘못된 것은 '고임금', '저임금'이라는 용어의 모호한 사용이다. 비싼 임금과 낮은 임금은 무엇을 의미하는 것일까? 미국의 노동자는 그 임금을 '달러'로 지불받으며 일본의 노동자는 '엔'으로 지불받는다. 달러로 지불되는 임금과 엔으로 지불되는 임금을 어떻게 비교하는가? 얼마만큼의 '엔'이 1달러와 같은 것일까? 이 환율을 결정하는 것은 무엇일까?

여기에서 하나의 극단적인 경우를 생각해 보자. 우선 360엔이 1달러와 같은 값이라고 하자. 수년 동안 지속된 이 환율, 실제환율 때문에 일본인들은 미국인들보다 더 적은 달러를 들여 텔레비전, 자동차, 철강, 대두콩, 보리, 우유, 그리고 아이스크림 등과 같은 모든 재화를 생산할 수 있다고 가정하자. 만약 자유무역이 실시되고 있다면 우리는 모든 재화를 일본에서 수입하려고 노력할 것이다. 이것이야말로 관세 지지자들이 우리에게 제시하는 극히 공상적인 이야기로 보인다. 우리는 일본제품의 홍수 속에 휩싸여 버리게 되고 어느 물건도 일본에 팔 수 없게 될 것이다.

두려움에 손을 들기 전에 분석을 일보 전진시켜 보자. 우리는 일본사람에게 어떻게 대가를 지불하는가? 우리는 그들에게 달러를 준다. 일본인들은 달러로 무엇을 하는 할까? 우리는 1달러 대 360엔의 환율에서 모든 물건이 일본에서 값이 싸다고 가정하였고 일본인이 미국시장에서 사고자 하는 것은 아무것도 없다고 가정한다. 만약 일본의 수출업자가 달러를 땅속에 묻어버린다거나 태워버린다면 우리 미국에는 상당히 유리할 것이다. 필요하다면 얼마든지 인쇄할 수 있고 더구나 생산비용이 극히 싼 달러 지폐를 주고 우리 미국인은 모든 종류의 재화를 손에 넣을 수 있기 때문이다. 그때 달러인쇄산업은 우리의 유일한 수출산업이 되고, 미국인은 믿어지지 않을 정도로 훌륭한 수출산업을 보유하게 될 것이다.

물론, 실제에 있어서 일본 사람은 땅에 묻어버리거나 태워버릴 무용한 종잇조각을 얻기 위해 유용한 재화를 팔려하지는 않을 것이다. 일본 사람도 미국 사람과 마찬가지로 그들의 노동의 대가로 보다 가치 있는 것을 원할 것이다. 만일 1달러 당 360엔의 환율수준에서 모든 상품 값이 미국보다 일본에서 싸다면 미국의 수출업자들은 자기 소유의 달러를 처분하여 1 대 360의 환율로 보다 저렴한 일본상품을 사려 할 것이다. 그러나 누가 달러화를 사려 할 것인가? 일본의 수출업자에게 관련되는 것은 역시 일본 내의 모든 사람에게도 관련이 되는 것이다. 1달러로 미국에서 구입가능한 양보다 일본에서 360엔으로 더 많은 상품을 구입할 수 있다면 어느 누가 1달러를 360엔으로 교환해 주려고 할 것인가? 만약 일본의 수출업자들이 미국의 수출업자 소유의 달러화를 360엔으로 사려하지 않는다는 사실을 발견하게 되면 일본 수출업자들은 달러당 엔의 가격을 낮추어서 판매하려 할 것이다. 그리하여 달러 대비 엔화의 가격은 300엔, 250엔, 그 다음에는 200엔으로 내려갈 것이다. 역으로 보면 어느 주어진 수준의 엔화를 사기 위해서는 더욱 많은 달러화가 필요하게 될 것이다. 일본재화는 엔화로 표시되어 있으므로 달러화로 표시된 가격은 올라갈 것이다. 역으로 미국의 재화는 달러화로 표시되어 있으므로 어느 수준의 엔화로 살 수 있는 달러화의 액수가 클수록 미국상품은 엔화로 표시하게 되면 더욱 저렴하게 된다. 대략 엔화로 표시된 달러화의 가격은 일본사람이 미국에서 구매하는 재화의 달러화의 가치와 미국사람이 일본에서 구매하는 재화의 달러화의 가치와 얼추 비슷하게 될 때까지 계속 떨어질 것이다.

그러한 새로운 가격수준에서 달러화를 주고 엔화를 사려던 사람들은 그들에게 달러화를 받고 엔화를 팔려는 사람이 있음을 알게 된다.

그러나 물론 실상은 이러한 가설적인 예보다 훨씬 복잡하다. 미국과 일본뿐만 아니라 그 밖의 많은 국가들이 무역을 하며 이러한 무역은 우회적 방향을 취하는 경우가 흔하다. 일본사람은 그들이 획득한 달러화를 브라질에서 소비하며, 브라질 사람들은 독일에서, 그리고 독일 사람들은 미국에서 소비하는 무한하고 복잡한 과정을 밟을 수 있다. 그러나 원칙은 동일하다. 즉, 어느 나라 사람이든 달러화를 사장시키기보다는 먼저 유용한 상품을 구입할 목적으로 사용하려 한다.

또 다른 복잡한 문제는 달러화와 엔화가 재화와 용역을 구입하기 위해서 뿐만 아니라 외국에 투자하거나 외국에 증여하기 위해서도 사용된다는 사실에서 발생한다. 19세기 내내 미국은 거의 매년

무역수지에서 적자를 냈다. 이 무역수지 적자는 미국에게 좋은 것이었다. 외국인들은 미국에 자본투자를 원했다. 영국은 재화를 생산하여 미국에 수출했다. 그 대가로 그들이 받은 것은 달러 지폐가 아니라 장래에 원금을 이자와 합하여 지불한다는 채권이었다. 영국사람들은 그 채권을 훌륭한 투자라고 보았으므로 그들의 재화를 기꺼이 수출하였던 것이다. 대체로 그들의 판단은 옳았다. 그들은 저축에서 다른 방법으로 얻을 수 있었던 것보다 더 높은 수익을 얻었다. 반면에 미국은 다만 미국 내의 저축에만 의존하여 발전할 수 있었던 것보다 더 빠르게 외국인 투자에 의하여 발전할 수 있게 되었다.

20세기에 들어와 사태는 역진되었다. 미국의 시민들은 그들의 자본을 국내에서 운용하는 것보다 해외투자를 함으로써 더 많이 벌 수 있다는 사실을 발견하였다. 그 결과 미국은 채권 또는 그와 유사한 부채증서를 받고 그들의 재화를 수출하였다. 제2차 세계대전 후 미국정부는 마셜 플랜 혹은 외국원조의 형태로 외국에 증여하였다. 미국은 또한 그들이 더욱 평화스러운 세계를 위하여 기여하고 있다는 믿음의 표현으로 해외에 상품과 용역을 수출하였다. 이러한 정부의 증여는 민간의 증여(즉 자선단체, 전도활동단체에 대한 교회의 지원 그리고 해외에 거주하는 친척에게 행하는 증여를 포함하는)를 보완하는 것이었다.

이러한 극단적이고 가설적인 경우에 의하여 제시된 결론은 위에서 본 복잡한 사정들에 의해서도 변경되지는 않는다. 가설적 세계에시뿐만 아니라 실제의 세계에서도 엔, 마르크 혹은 프랑화로 표시된 달러화의 가격이 자발적 거래에 의하여 자유시장에서 결정된다면 국제수지 문제는 발생하지 않는다.

고임금을 받는 미국의 노동자들이 외국의 저임금 노동자들에 의한 불공정한 경쟁에 때문에 위협을 받는다는 것은 사실이 아니다. 물론, 신제품과 개량된 제품이 해외에서 개발된다거나 또는 외국생산자들이 그러한 제품을 더욱 저렴한 가격으로 생산할 수 있게 된다면 어떤 노동자들은 피해를 입을 수도 있다. 그러나 그것은 새롭고 개량된 생산물을 개발하거나 저렴한 비용으로 생산하는 방법을 발견한 미국 내의 다른 회사가 어떤 노동자 그룹에 미치는 영향과 조금도 다르지 않다. 실제로 이는 시장경쟁에 불과할 뿐이며 미국 노동자들의 높은 생활수준을 이루게 하는 주요한 원천이다. 만약 미국인이 활력 있고 능동적이며 기술혁신적인 경제시스템의 혜택을 원한다면 노동의 유연성과 조정 필요성을 받아들여야 한다. 물론 이러한 조정의 과정을 수월하게 하는 것이 바람직하며 우리는 이를 위해 실업보험 등 많은 제도를 채택하여 왔다. 그러나 경제의 신축성이 파괴된다면 그것은 황금알을 낳는 거위를 죽이는 것과 마찬가지의 결과를 가져오므로 이는 경제체제의 신축성을 파괴하지 않고 성취되어야 할 것이다. 어쨌든 무엇을 하든 간에 우리는 외국무역과 국내교역을 공평하게 다루어야 할 것이다.

수입과 수출을 결정하는 요인은 무엇인가? 현재 미국 노동자의 생산성은 일본 노동자의 생산성보다 높게 나타난다. 미국 노동자의 생산성이 얼마나 더 높은가는 결정하기 어려우며 이에 대한 평가도 다양하다. 미국 노동자가 일본 노동자에 비하여 평균적으로 약 1.5

배의 생산성을 갖는다고 가정하자. 그러면 미국인의 임금은 일본인이 그것에 비해 약 1.5배의 구매력을 갖게 된다. 그러므로 1.5배 이하의 일을 하는 곳에 미국 노동자들을 고용한다는 것은 낭비다. 150년 전 경제학자의 전문용어로는 이것은 "비교우위의 원리"라는 것이다. 비록 모든 제품을 생산하는 데 있어서 일본보다 좀 더 효율적이라 하더라도 우리가 모든 제품을 생산하는 것은 이익이 되지 않을 수도 있다. 우리는 미국이 가장 훌륭하게 생산할 수 있고 또한 비교우위가 가장 큰 상품에 집중하여야 할 것이다.

평범한 예를 들면, 만약 변호사가 자기의 비서보다 2배의 속도로 타자를 칠 수 있다고 비서를 해고해야 할까? 만약 그 변호사가 타이피스트보다 2배의 빠른 타이프를 칠 수 있는 능력을 갖고 있지만 비서에 비하여 변호사로서의 능력을 5배 갖고 있는 경우라면 그 변호사는 법을 맡고 그의 비서는 타자를 치는 것이 변호사나 비서를 위해서 나은 일이 될 것이다. 외국정부가 자국의 생산자들에게 제공하는 보조금은 그들이 미국에서 생산비 이하의 가격으로 제품을 판매할 수 있게 하므로 "불공정한 경쟁"을 야기하는 또 하나의 원인이 된다고 한다. 실제로도 그렇지만 외국정부가 보조금을 지불한다고 가정해 보자. 누가 손해를 보며 누가 이익을 얻을 것인가? 외국정부는 보조금을 지불하기 위하여 국민으로부터 세금을 거둬들여야 한다. 국민이 보조금을 내는 것이다. 미국 소비자들은 이익을 얻는다. 즉 자동차, 텔레비전 그리고 그 밖의 모든 외국정부의 보조금을 받은 외국제품을 보다 저렴하게 수입할 수 있는 것이다.

우리는 이와는 역의 관계인 대외원조계획에 대하여 불평해야 할 것인가? 미국이 외국에 대하여 마샬 플랜 원조(나중에 대외원조로 됨) 형태로 재화와 용역을 수출하는 것은 고귀하고, 다른 나라가 미국에게 간접적 증여의 형태, 즉 생산비 이하로 재화와 용역을 수출하는 것은 고귀하지 않단 말인가? 외국의 시민들이 불평하는 것은 당연하다. 그들은 미국 소비자를 위하여 또는 자국 내의 보조금을 받는 기업의 경영자 혹은 거기서 일하는 시민들을 위하여 낮은 생활수준을 감수해야 한다. 의심할 바 없이 그러한 보조금이 돌발적으로 혹은 불규칙하게 도입된다면 그 보조금을 받는 제품과 동일한 제품을 생산하는 미국기업의 경영자와 노동자들은 타격을 받을 것이다. 그러나 이는 기업활동에 종사하는 한, 흔히 발생할 수 있는 위험이다. 또 기업은 횡재를 주는 사태에 대해 결코 불평하지도 않는다. 자유기업체제는 이윤 혹은 손실이 발생하는 체제이다. 이미 앞에서 보았듯이 그러한 변화에 대한 조정을 완화하기 위한 조치는 국내와 외국무역에 공정하게 적용되어야 한다.

어쨌든 교란이란 일시적인 것이다. 만약 어떠한 이유에서든 일본이 철강에 많은 보조금을 지불하기로 결정하였다고 가정하자. 만약, 추가적인 관세수입규제가 없다면 미국의 철강수입은 급격하게 늘어나 철강제품 가격이 하락하고 미국의 철강생산량이 감소하여 철강산업에서 실업이 늘어날 것이다. 또 한편으로는 철강으로 만든 제품가격이 내려간다. 그리고 그러한 제품을 구입하는 사람은 다른 데에 사용할 수 있는 여분의 돈을 갖게 될 것이다. 이들 제품에 대한 수요는 증대하고 그 제품을 생산하는 기업의 고용은 늘 것이다. 물론, 철강산업에서 발생한 실업자를 다른 기업이 흡수하는 데는 시간이 걸릴 것이다. 그러나 이미 일자리를 잃은 다른 산업의 노동자들이 새로운 일터를 얻을 수도 있다. 결과적으로 고용의 감소는 발생하지 않고 산출생산량이 늘어날 수도 있다. 왜냐하면 철강생산 노동자들이 다른 제품 생산에 고용될 수 있기 때문이다.

한편 문제의 일면만을 보는 똑같은 오류가 고용을 늘리기 위해서는 관세를 부과하여야 한다는 주장에도 있다. 예를 들어 섬유에 관세를 부과한다면 국내 섬유산업의 생산과 고용은 증대할 것이다. 그러나 외국의 섬유생산업자들은 미국에다 더 이상 그들의 제품을 판매할 수 없으므로 결과적으로 그들의 달러소득도 줄어들 것이다. 따라서 외국인들의 미국상품구매력이 낮아지고 그 결과 미국의 수출은 관세의 부과로 인해 이미 낮아진 미국의 수입과 균형을 이루게 될 것이다. 섬유산업의 고용은 증대하나 수출산업에서의 고용은 반대로 감소할 것이다. 그리하여 생산성이 보다 낮은 산업으로 고용의 이동이 일어나 결국 총생산은 감소하게 될 것이다.

국방을 위해서는 국내 철강산업의 번창이 필요하다는 안전보장의 관점에서 관세가 필요하다는 주장도 더 나은 근거가 없기는 마찬가지다. 국가방위 목적으로 미국에서 사용되는 철강의 양은 전체소비량의 작은 부분을 차지할 뿐이다. 그리고 완전한 자유무역을 실시한다고 해서 미국 철강산업이 파괴된다는 것은 상상할 수 없는 일이다. 공급원과 연료뿐만 아니라 판매시장이 가깝다는 이점만으로도 미국의 철강산업은 문제가 없다. 실제로 외국과 경쟁하는 것이 정부의 비호 아래 있는 것보다 더욱 강하고 효율적인 철강산업을 만들 것이다. 아주 극단적인 경우 모든 철강제품을 외국에서 사는 것이 저렴하다고 가정해 보자. 이때 안전보장을 위해 선택 가능한 방법은 여러 가지 있다. 철강을 쌓아놓을 수도 있다. 철강은 상대적으로 보관하기 위한 넓은 장소가 필요 없으며 또한 부패하는 재화가 아니므로 그것은 간단한 일이다. 군함을 유지하는 것처럼, 필요한 경우 생산을 위하여 철강소를 보전할 수 있다. 그밖에 여러 가지 다른 방법이 있을 수 있다. 철강회사는 새로운 제철소를 건설하기 전에 가장 효율적이고 경제적인 선택을 위하여 여러 건설방식과 입지를 검토한다. 그러나 미국 철강산업은 안전보장의 이유로 보조금을 받아야 한다는 여러 주장에도 불구하고 아직까지도 국가안보를 위한 선택적 방법에 따르는 비용의 견적서를 제출한 일이 없다. 그러한 견적서를 제출하기 전에 국가안전보장을 이유로 보조금을 주장하는 것은 산업이기주의를 정당화하는 것에 불과하다.

철강회사의 이사들과 노동조합의 간부들이 안전보장론을 주장할 때, 그들의 진실성을 의심할 수는 없다. 그러나 그 진실성은 과대평가된 미덕일 뿐이다. 우리는 모두 자신에게 유익한 것이 국가에도 이롭다고 설득할 능력이 있다. 철강업자들이 국가의 안보를 구실 삼아 그러한 주장을 한다는 점을 불평할 게 아니라 우리가 그들에게 속아 넘어간다는 것을 알아야 한다.

한편 달러를 일본의 '엔', 독일의 '마르크' 그리고 스위스의 '프랑'으로 표시할 때, 그 가치가 하락하는 경우 반드시 방어를 해야 한다는 주장은 옳은 것인가? 이는 전적으로 인위적인 문제이다. 만약 환율이 자유시장에서 결정된다면 수급이 일치되는 수준에서 결정된다. 그 결과로 엔화로 표시한 달러가 미국의 재화와 일본의 재화의 생산비용에 상응하는 수준 이하로 일시적으로 떨어질 수도 있다. 그러면 사람들은 달러화를 구입하여 가격이 올라갈 때 이익을 얻기 위하여 잠시 동안 그 달러화를 보유하려 할 것이다. 이때 미국제품의 엔화 표시가격이 하락하여 미국의 수출이 늘고, 일본제품의 달러 표시 가격은 상승하여 일본상품 수입이 감소하게 된다. 이런 이유로 달러화에 대한 수요가 늘어 달러화의 엔화환율을 조정하게 된다. 달러화의 가격이 자유롭게 결정된다면 그것은 다른 재화의 가격과 똑같은 기능을 수행할 수 있을 것이다. 즉, 달러화의 가격은 정보를 전달하며 그 정보에 대응하여 행동케 하는 유인을 준다. 왜냐하면 그것은 시장활동에 참가하는 사람의 소득에 영향을 미치기 때문이다.

그렇다면 왜 달러화의 약세에 대하여 그렇게 격한 논의들이 있는가? 왜 국제통화위기는 반복적으로 발생하는가? 이에 대한 가장 직접적인 이유는, 환율이 자유시장에서 결정되지 않는다는 사실에 있다. 즉, 각국의 중앙은행은 자국통화 가치를 지키기 위해 대규모로 개입해 왔다. 그러한 과정에서 자국만의 돈을 대량으로 잃었다(미국의 경우, 1973년에서 1979년 말까지 약 20억 달러에 이른다). 더욱 중요한 것은 가격의 기능을 저해시켜 왔다는 사실이다. 중앙은행이 한 것은 궁극적으로 환율에 영향을 미치는 경제적 힘에는 아무런 영향을 주지도 못하면서 다만 일시적으로 인위적 환율을 유지하는 데만 성공했다는 것이다. 그 결과 기본적 경제력에 대응하여 점진적으로 조정하는 것을 방해하고 조그만 괴리를 중대한 혼란으로 발전시키고 결국에는 주요한 환율 '위기'를 야기했다.

그러면 왜 정부는 외환시장에 개입하여왔는가? 그 이유는 환율이 국내 경제정책을 반영하기 때문이다. 미국의 달러화는 일본의 엔, 독일의 마르크 혹은 스위스의 프랑화에 비하여 약세였는데 이것은 다른 나라에 비하여 미국의 인플레이션이 심했기 때문이다. 인플레이션은 달러화의 구매력이 점점 감소하는 것을 의미한다. 해외에서도 역시 달러의 구매력이 감소하기 때문에 일본, 독일 그리고 스위스가 달러에 대하여 그들 통화를 더 적게 바꾸려 한다면 우리가 놀라야 할까? 그러나 정부는 정책실패를 숨기거나 상쇄하기 위해서 극단적인 일도 서슴지 않는다. 인플레이션을 일으키는 정부는 환율을 조작하려 한다. 실패하는 경우에는 국내의 인플레이션을 탓한다. 사실은 환율하락의 원인이 그 반대인데도 말이다.

자유무역과 보호무역주의에 관한 과거 수 세기 동안의 방대한 문헌 자료 가운데 관세를 지지하는 주장은 오직 3가지뿐이다.

첫째는 이미 언급한 국가안보이론이다. 그러한 주장은 특정관세를 합리화하고 때로는 비경제적인 생산설비 유지를 정당화시켜 준다. 이러한 가능성에 대한 주장을 넘어서 관세 혹은 특정 무역규제가 국가의 안전보장을 촉진시킬 수 있다는 구체적 사례를 보이려면 여러 가지 선택 가능한 수단에 대한 비용을 비교·검토하여 결국 관세가 가장 적은 비용이 든다는 것을 증명해야 한다. 그러한 비용의 비교는 실제로 거의 이루어지지 않고 있다.

둘째는 유치산업보호론인데, 이는 알렉산더 해밀턴이 『제조업보고서』에서 전개한 것이다. 즉, 우선 창업기와 성장기를 통하여 지원을 받는다면 세계시장에서 대등한 조건으로 경쟁할 잠재력이 있는 산업이 있다고 가정해보자. 그 잠재력 있는 산업을 초창기 동안 보호하여 성숙하게 하고 그리하여 자립할 수 있게 하기 위해서는 일시적 관세는 정당화될 수 있다고 주장한다. 그러나 설사 그 산업이 일단 터를 잡으면 그 후에는 성공적으로 경쟁할 수 있다 하더라도 그 자체가 관세를 정당화하지는 못한다. 소비자 입장에서 본다면 관세를 부과한다는 것이 사실상 보조금을 주는 것과 같기 때문에 초기에 그 산업을 지원할 가치가 있는 것은 다음의 경우뿐이다. 즉, 제품가격이 세계시장 가격보다 낮거나 그밖에 다른 이익을 실현하여 최소한 그 보조금을 되돌려 받을 수 있는 경우이다. 그런 경우에도 보조금이 과연 필요한 것인가 재고해봐야 한다. 장래에 만회할 수 있다는 기대가 있기 때문에 초기의 손실을 감수할 수 있는 것 아닌가? 어차피 기업이란 초기에 손실을 경험한다. 이는 새로운 산업이건 기존 산업이건 마찬가지이다. 아마도 초기 투자가 그 사회전체를 위해서는 가치가 있음에도 불구하고 새로운 참여자들이 초기 손실을 만회하지 못하는 데는 몇 가지 특별한 사정이 있는 듯하다.

유치산업보호론은 연막과 같다. 소위 유치산업이란 결코 성장하지 않는다. 한 번 부과되면 관세는 폐지되지 않는다. 뿐만 아니라 유치산업보호론은 일시적인 보호가 주어질 경우만 등장하고, 생존할 수 있도록 하기 때문에 진정한 산업에 사용되는 경우는 거의 없다. 태어나지 않은 유치산업은 대변자가 없다. 정치적 압력을 가할 수 있는 오래된 산업을 위하여 관세를 정당화하는 데 이 주장은 사용되고 있다.

관세를 지지하는 세 번째의 주장은 「근린궁핍화론」이다. 한 상품의 주요생산국이거나 두세 나라와 함께 시장점유율을 좌지우지할 수 있는 나라는 독점적 지위를 이용하여 가격을 올릴 수 있다(OPEC이 명확한 최근의 사례이다). 가격을 직접 올릴 수도 있고 수출세(수출관세)를 인상할 수도 있다. 그러한 세금을 부과한 나라의 이익은 다른 나라에 대한 비용보다 적을 수도 있으나 그 나라의 입장에서 보면 이익이다. 마찬가지로 주요 구매자인 국가(경제학의 전문용어로서는 '수요독점국')는 부당하게 낮은 가격을 강요하여 이익을 얻을 수도 있다. 그렇게 하는 방법 중의 하나가 수입품에 관세를 부과하는 것이다. 판매국의 순수익은 그 재화의 가격에서 관세를 뺀 것이다. 그러므로 이것은 낮은 가격으로 구입하는 것과 같다. 실제로 관세를 지불하는 것은 외국인이다(실제의 예는 생각할 수 없다). 이러한 민족주의적 접근방법은 타국의 보복 가능성이 크다. 더욱이 유치산업보호론과 마찬가지로 정치적 압력이라는 것이 독점으로부터 얻을 수 있는 혜택을 무색케 하는 그런 관세구조를 만드는 경향이 있다.

네 번째의 주장은 알렉산더 해밀턴에 의하여 주장되어 오늘날까지 내려온 것으로서 다른 모든 국가가 자유무역을 실시한다면 그것은 좋은 것이지만 그렇지 못할 경우, 미국이 자유무역을 실시해서는 안 된다는 것이다. 이 주장은 논리적으로나 실제적으로나 타당성을 갖지 못한다. 국제무역에 제재를 가하는 나라는 우리에게 피해를 입힌다. 그러나 제재를 가하는 나라들 역시 손해를 본다. 위에서 언급한 3가지 경우를 제하더라도 만일 무역제한을 한다면 타국에 피해를 줄 뿐만 아니라 자국도 피해를 입는다. '매저키즘'과 '새디즘'을 경쟁시키는 것은 도대체가 분별 있는 국제경제정책이 될 수 없는 것이다. 이러한 종류의 보복적 제한은 제한조치를 감소시키기는커녕 오히려 더욱 늘리는 방향으로 이끌어왔다.

미국은 위대한 국가이며 자유세계의 지도자이다. 미국의 소비자와 홍콩, 대만의 중국인 노동자를 희생시켜 미국 섬유산업을 보호하기 위하여 홍콩, 대만의 섬유수출쿼터제를 강요하는 것은 떳떳하지 못한 일이다. 미국은 한편으로 일본이 철강과 텔레비전 수상기의 대미수출을 자율규제하도록 정치적·경제적 영향력을 행사하면서도 또 한편으로는 자유무역의 미덕에 관하여 열변을 토한다. 우리는 완전한 자유무역으로 나가야 하며 그것도 순간적이 아니고 일정기간 – 예를 들면 5년간 – 미리 정한 속도로 진행되어야 한다.

국내외를 막론하고 자유라는 이상을 설파하는 데 있어 완전한 자유무역보다 더 나은 수단은 없다. 외국산 상품에 대해 수입제한조치를 가함으로써 자유기업의 발전을 저해하면서 다른 한편으로는 경제원조라는 이름으로 다른 나라들을 도와줌으로 사회주의를 도와주고 있다는 등등의 고민을 할 필요 없이 미국은 일관성 있고 원칙적 자세를 고수할 수 있다. 세계를 향해 이렇게 선언할 수 있다.

"미국은 자유를 믿으며 또 이를 실천하려고 한다. 우리는 타국에 대하여 자유무역을 강제할 수는 없다. 그러나 모든 나라에게 동등한 조건으로 완전한 협력을 제공할 수 있다. 미국의 시장은 관세나 기타 수입제한 없이 세계 모든 나라에 개방되어 있다. 미국 시장에 팔 수 있고 팔고 싶은 것을 팔라. 미국에서 살 수 있고 사고 싶은 것을 사라. 이렇게 되면 각 개인 간의 협력이라는 것이 세계적으로 더구나 무상으로 실현될 것이다."

정치적 측면에서 본 자유무역 옹호론

상호의존성은 근대사회의 보편적 특징이다. 본질적인 경제분야에는 일련의 가격과 다른 가격 간에, 한 산업과 다른 산업 간에, 그리고 한 나라와 다른 나라 간에도 상호의존성이 존재한다. 보다 넓은 사회에 경제활동과 문화적·사회적 및 자선적 활동 사이에도 상호의존성이 있으며 사회조직에도 경제적 제도와 정치적 제도 간에 그리고 경제적 자유와 정치적 자유 간에도 상호의존성이 존재한다.

국제적 영역에서도 마찬가지로 경제적 제반제도는 정치적 제반제도와 상호 관련되어 있다. 국제간의 자유무역은 마치 국내의 자유거래가 신앙, 태도 그리고 이해관계가 서로 다른 개인 간에 조화를 이루게 하듯이, 문화와 제도가 서로 다른 국가 간에도 조화로운 관계를 맺게 한다.

자유무역 세계에서는 국내 자유경제와 마찬가지로 거래는 개별 경제주체 - 예를 들면 개인, 기업 혹은 자선단체 등 - 사이에 이루어진다. 거래의 조건은 거래에 관련된 모든 당사자 간 합의에 의하여 이루어진다. 만약 이익이 되지 않는다면 거래는 일어나지 않는다. 그 결과 각 당사자의 이해관계는 조정되며 충돌이 아닌 협동이 이루어진다.

그러나 정부가 개입하는 경우 상황은 매우 달라진다. 즉, 국내에서 기업들은 정부보조금을 직접 혹은 관세나 그 밖의 다른 제한조치를 통해 간접적으로 받으려 한다. 또한 그들은 다른 기업이 불리하도록 정치적 압력수단에 의지함으로써 자신의 수익성이나 존립을 위협하는 경쟁기업의 경제적 압력을 회피하려 한다. 어떤 정부가 자국기업을 위하여 개입하면 타국의 기업은 외국정부의 정책에 대응하기 위하여 자국정부에 원조를 요청하게 된다. 민간기업 간 분쟁이 나중에는 정부 간 분쟁으로 변질 확대된다. 이리하여 모든 무역분쟁은 정치문제가 된다. 정부고관들이 무역회의를 주관하기 위해 세계를 돌아다니지만 각국 간의 충돌은 심각해진다. 이런 가운데 각 나라의 시민들은 국제회의의 결과에 실망하게 되고 자기들이 더 불리하게 되었다고 느끼게 된다. 이리하여 협동보다는 충돌이 생긴다.

역사적으로 보아 '워털루' 전쟁에서 제1차 세계대전에 이르기까지의 100년간은 자유무역이 각국 간의 관계에 미친 훌륭한 사례를 제공해 주고 있다. 영국은 당시 세계의 지도국가였으며 100년간 거의 완전한 자유무역을 실시했다. 그 밖의 다른 나라, 특히 미국을 포함한 서유럽제국 역시 다소 다른 형태이기는 하나 유사한 정책을 채택하였다. 그 당시 사람들은 어디에 거주하든, 즉 같은 나라에 살든 혹은 다른 나라에 살든 상관없이 대체로 자유롭게 재화를 사고팔았다. 아마도 오늘날의 우리에게 더욱 놀라운 것은 당시 사람들은 여권과 반복적인 세관검사 없이도 유럽전체와 대부분의 나머지 국가를 자유롭게 여행할 수 있었다는 사실일 것이다. 그들은 또한 자유롭게 이민갈 수 있었으며 많은 나라로, 특히 미국으로는 자유롭게 입국하여 영주권과 시민권을 획득할 수 있었다.

그러한 결과 '워털루' 전쟁에서 제1차 세계대전까지의 100년간은 인류역사를 통하여 서구제국간에 가장 평화스런 시대 중의 하나였다. 다만 보불전쟁이나 '크리미아' 전쟁과 같은 소규모 전쟁이 흠이었다. 물론 미국의 내전 - 남북전쟁 - 은 노예제도라는 미국을 정치적·경제적 자유로부터 괴리시켰던 사안에 기인하는 전쟁으로 평화시대의 오점이긴 하다.

현대세계에 관세와 그 밖의 유사한 국제무역에 대한 제한조치는 각국 간의 충돌을 일으키는 원인이 되어왔다. 그러나 더 심각한 충돌의 원인은 '히틀러'의 독일, '무솔리니'의 이태리, '프랑코'의 스페인과 같은 집산주의와 특히 러시아와 그 위성국가, 그리고 중국과 같은 공산주의 국가가 경제에 깊이 개입하는 것이었다. 관세나 이와 유사한 무역제재는 가격시스템에 의해 전달되는 신호를 왜곡시킨다. 그러나 최소한 개인이 그런 왜곡된 신호에 자유롭게 반응할 수 있는 여지는 남아 있게 된다. 그러나 집산주의는 사회에 보다 깊은 영향을 미치는 명령요소를 도입하였다.

시장경제체제와 집산주의경제체제 간에 완전히 자유로운 민간거래는 불가능하다. 어느 한 측은 필연적으로 정부의 관리가 대표가 된다. 이런 경우에 정치적 고려는 피할 수 없지만 자유시장경제국 정부가 자국 시민이 집산주의정부와 직접 거래를 할 수 있도록 최대한으로 행동의 자유를 허용해 준다면 마찰을 최소한으로 줄일 수 있을 것이다. 집산주의제국과의 무역을 증대시키기 위해 무역을 정치적 무기나 책략의 수단으로 사용하려 한다면 이는 불가피한 정치적 마찰을 일으킬 뿐이다.

자유국제무역과 국내경쟁

국내에서의 경쟁의 정도는 국제무역협정과 밀접한 관계가 있다. 19세기 말 트러스트와 독점에 대한 대중의 불만이 커지자 주상업위원회가 설립되었고 「셔먼 반독점법」이 채택되었으며 그 후 이 법은 경쟁을 촉진시키기 위한 여러 다른 입법조치로 보강되었다. 이러한 조치들은 상반된 결과를 낳았다. 어떤 면에서는 경쟁을 증대시키는 데 공헌하였으나 다른 면에서는 정반대의 영향을 미쳤다.

그러나 비록 그러한 조치가 지지자의 모든 기대에 부합된다 하더라도 국제무역에 대한 일체의 장애를 철폐하는 것만큼 효과적으로 국내 경쟁을 보장할 수는 없다. 미국에는 3개의 주요 자동차생산업자가 있어(그 가운데 하나는 도산의 위기에 있다) 독점가격의 위험이 있으나. 세계의 자동차생산회사를 미국의 '제너럴 모터스', '포드', 그리고 '크라이슬러'와 경쟁을 시켜서 미국 소비자의 애호를 받도록 한다면 독점가격의 위험이라는 망령은 사라질 것이다. 어떠한 분야도 기본적으로는 이것과 똑같다. 관세 혹은 다른 형태로 정부가 알게 모르게 지원하지 않고는 어떤 나라에서 독점이 발생한다는 것은 불가능하다. 더욱이 전 세계적인 규모로 독점을 행사한다는 것은 거의 불가능하다.

'드 비어스'의 다이아몬드 독점은 불가능을 가능으로 성공시킨 유일한 예이다. 이러한 예를 제외하면 정부의 직접적인 지원 없이 독점을 장기적으로 존속시킨 예는 찾아볼 수 없다. 아마도 OPEC과 고무·커피카르텔이 이러한 좋은 예가 될 것이다. 그러나 정부지원을 받은 카르텔도 장기적으로 지속되지 못하였다. 그러한 카르텔은 국제경쟁의 압력 아래 무너졌으며 OPEC 역시 이러한 운명에 처해 있음이 확실하다. 자유무역이 지배하는 세계에서는 국제카르텔이 훨씬 신속하게 사라져 갈 것이다. 심지어 세계적인 무역규제 하에서도 미국은 자유무역에 의존하여 필요하다면 일방적으로라도 국내에서 발생 가능한 독점의 위험을 완전하게 배제할 수 있을 것이다.

중앙집권적 경제계획

저개발국들을 여행할 때마다 그 나라의 지식인들이나 많은 서구 지식인들이 어떤 사실에 관하여 가지고 있는 생각과 그러한 사실의 실체적 본질 간에 너무나 큰 간격이 있다는 것에 자주 놀라곤 한다.

어느 곳에서나 지식인들은 자유기업자본주의와 자유시장은 대중을 착취하는 수단인 반면, 중앙집권적 경제계획은 후진국을 급속한 발전으로 이끌 수 있는 미래의 필연적 추세라는 점을 당연시한다. 이와 관련해서, 우리는 인도의 한 명망 있고 크게 성공한 기업가 – 외양으로 보아 마르크스주의자들이 추한 자본가들의 전형이라 할 만한 – 가 인도의 상세한 중앙집권적 경제계획에 대한 비판이라고 스스로 정확하게 단정한 설명에 대한 반응으로 우리 중의 한 사람에게 표출한 심한 비판을 잊을 수기 없다. 그는 분명힌 이조로 인도와 같이 가난한 나라의 정부는 수입, 국내생산과 투자의 배분을 직접

통제하지 않으면 안되며 – 이는 암암리에 자신의 부의 원천인 이러한 모든 분야에서의 특권을 자기에게 공여해야 한다는 뜻을 시사하는 것인데 – 이는 사회적 우선순위가 개인의 이기적 욕구에 앞서야 한다는 원칙을 보장하기 위하여 필수적 항목이라는 것이다. 그 기업가는 결국 인도나 다른 지역에 있는 교수들이나 지식인들의 견해를 그대로 읊어댄 것이었다.

그러나 현실은 전혀 딴판이다. 개인의 자유가 상당히 존재하고 시민의 물질적 안락을 어느 정도 향상시킬 수 있으며 장차 더 잘 살 수 있다는 희망이 보편화되어 있는 나라에서는 언제나 경제활동이 주로 자유시장을 통하여 이루어진다는 것을 깨닫게 된다. 국가가 시민의 경제활동을 세밀하게 관리하는 나라, 즉 중앙집권적 경제계획이 지배하는 나라에서는 언제나 시민들은 정치적인 속박에 직면하고, 낮은 생활수준을 감수해야 하며, 자신의 운명을 결정할 능력을 갖지 못한다. 그러한 경우 나라 자체는 번영하고 인상적인 기념비적 성과를 이룩할 수 있을지도 모른다. 특권 계급은 최대한의 물질적 안락을 향유할 수도 있다. 그러나 일반시민들은 국가를 위한 수단에 불과하며 그들을 유순하게 하고 어느 정도 생산성 있게 부리는 데 필요한 수준 이상의 대우는 받지 못한다.

가장 명백한 예는 동독과 서독의 대조에서 볼 수 있다. 원래 그들은 한 나라였으며 전쟁의 운명에 의하여 분단이 되었다. 같은 문화와 혈통, 기술수준, 그리고 지식을 지닌 사람들이 두 지역에서 살고 있다. 그러나 어느 쪽이 번영하였는가? 어느 쪽이 자국의 시민을 가

두기 위하여 벽을 쌓았는가? 어느 쪽이 무장한 경비병을 배치하고 맹견, 지뢰, 그리고 그 밖의 엽기적 시설을 사용하여 그 벽의 다른 쪽에 있는 자본주의라는 지옥을 향하여 공산주의라는 천국을 떠나려는 용감하고 결사적인 시민들의 생명을 건 모험을 좌절시켰는가?

그 벽의 한편에서는 밝게 빛나는 거리와 상점이 즐겁고 분주한 행인들로 가득 차 있으며 온 세상 물건이 다 있다. 수많은 다양한 영화관과 오락시설도 있다. 그들은 다양한 의견을 게재한 신문과 잡지를 자유롭게 구입할 수 있다. 또한 그들은 주위의 시선을 의식하지 않고서도 어떤 문제이든 다른 사람과 혹은 낯선 사람과도 자유롭게 대화할 수 있다. 한편, 동독을 여행하기 위해서는 줄을 서서 약 1시간 기다린 후 서류를 작성하고 여권을 되돌려 받고 수백 피트를 걸어 그 벽의 다른 한편에 도달해야 했다. 그곳의 길은 텅 빈 것 같고 도시는 잿빛에 생기가 없으며 상점의 진열장은 한산하고 건물은 지저분하다. 전쟁 중에 파괴된 거리는 30년 이상이 지났어도 아직 복구되지 않았다. 단기간 동독을 방문하는 동안 유일하게 유쾌하고 활력이 있는듯한 인상을 주는 곳은 오락장이었다. 1시간 정도의 동독 여행은 왜 정부당국이 그러한 벽을 쌓지 않으면 안 되었나 하는 의문에 대한 충분한 답을 주었다.

패전하여 황폐화한 서독이 10년도 안 되어 유럽에서 가장 강력한 경제국으로 떠오른 것은 일종의 기적이다. 그것은 자유시장체제의 기적이었다. 경세학자인 '무트비히 에르하르트 Ludwig Erhard'는 당시 서독의 경제상이었다. 1948년 6월 20일 일요일에 그는 오늘날의 독일 마르크화인 새로운 통화를 도입함과 동시에 임금과 물가에 대한 모든 통제를 철폐하였다. 일요일의 그러한 조치에 대하여, 그는 일요일은 불·영 그리고 미국 점령당국의 휴일이었기 때문이라는 말을 즐겨 사용하였다. 그 당시 점령군들은 통제를 지지하는 입장이었기 때문에 만약 점령군사령부가 업무 중일 때 그러한 조치를 하였다면 그의 명령은 취소되었을 것이라고 확신하였다. 그가 단행한 재정책은 마법과 같은 힘을 발휘하였다. 수일 내에 상점은 상품으로 가득 찼으며 몇 개월 이내에 서독경제는 활황으로 접어들었다.

심지어 똑같은 공산국가인 러시아와 유고슬라비아조차 동·서독의 경우처럼 극적이지는 않지만 역시 대조를 이룬다. 러시아는 중앙당국에 의해 엄격하게 관리되는 나라다. 러시아는 사유재산과 자유시장의 원칙을 완전히 배제할 수는 없었다. 그러나 러시아는 가능한 한 그 범위를 한정시키려 노력하였다. 유고도 처음에는 같은 노선에서 출발하였다. 그러나 '티토' 아래의 유고가 '스탈린'의 러시아와 관계를 끊은 후 유고는 진로를 크게 바꿨다. 유고는 아직 공산주의 국가이지만 사려 깊게 지방분권화와 시장력의 활용을 촉진하고 있다. 대부분 농지는 사유화되었으며 거기에서 생산되는 농산물은 상대적으로 자유로운 시장에서 판매된다. 5인 미만 피고용인의 소기업은 개인이 소유, 운영하는 것이 가능하다. 그러한 소기업은 특히 공예품과 관광산업 분야에서 번창한다. 대기업은 노동자들의 협동조합에 의하여 운영되고 있는데 그것은 비효율적 조직이긴 하지만 그래도 최소한 개인이 책임을 맡고 자주성을 발휘할 수 있는 어느 정도의 기회는 제공해 준다. 유고의 주민은 자유스럽지 않다. 그들의 생활수준은 주변국가인 오스트리아나 다른 유사한 서구제국에 비하여 낮다. 그러나 우리처럼 러시아에서 유고로 오는 관심 깊은 여행객들에게는 유고는 러시아에 비해 천국으로 보인다.

중동지역의 경우, 이스라엘은 사회주의 이념과 정책, 그리고 정부의 광범한 경제 개입에도 불구하고, 주로 외국무역 덕분에 시장부문에 활기가 있다. 이 나라 정부의 사회정책이 경제성장을 감속시켰음에도 불구하고 시민들은 이집트 시민에 비해 보다 많은 정치적 자유와 높은 생활수준을 누리고 있는데, 현재 이집트는 광범한 정치권력의 중앙집중화로 고통받고 있으며 경제활동을 심하게 통제하고 있다.

극동지역의 경우, 민간시장에 많이 의존하고 있는 한국, 말레이시아, 싱가포르, 대만, 홍콩 그리고 일본은 번영을 누리고 있다. 이들 나라의 국민들은 희망으로 가득 차 있다. 여기에서는 폭발적인 경제발전이 진행 중이다.

이러한 현황을 가장 적절하게 나타내주는 것이 이들 나라의 1인당 연간 국민 총생산인데 1970년도 후반에 이들의 국민소득은 최저가 말레이시아의 700달러였고 최고가 일본의 5,000달러였다. 이와는 대조적으로 중앙집권적 계획경제에 대폭 의존하고 있는 인도, 인도네시아 그리고 중국은 경제적 침체와 정치적 억압을 경험하고 있다. 이들 나라의 1인당 국민소득은 250달러 이하였다.

중앙집권적 계획경제를 지지하는 지식인층은 마오쩌둥 사후에 새로운 지도자들이 중국의 후진성을 크게 문제시하고 과거 25년간 중국의 부진한 경제발전상을 자탄하기 전까지만 해도 마오쩌둥주의 하의 중국에 대하여 찬사를 아끼지 않았다. 중국을 근대화시키기 위한 새로운 지도자들의 구상 중 하나는 가격과 시장이 더 큰 역할을 할 수 있도록 하는 것이다. 이 방법은 유고슬라비아만큼 수준이 낮은 현 중국경제에서 상당한 효과를 나타낼 것이다. 그러나 경제활동에 대한 정치적 통제가 엄격하고, 사유재산권이 극히 한정된 범위로 제한되는 한, 발전의 성과는 아주 제한적일 것이다. 더욱이 한정된 정도나마 민간의 이니시어티브라는 요정을 압제의 병bottle에서 해방시킨다면 조만간에 권위주의체제를 지양하는 반동적인 움직임 같은 정치적 현상이 나타날지도 모른다. 공산주의가 붕괴하고 시장체제로 대체될 가능성은 극히 희박하지만 극단적인 낙관주의적 입장에서 보면 그러한 가능성을 완전히 배제할 수는 없다. 이와 유사한 예로 만약 연로한 '티토'가 죽는다면 – 이미 죽었지만 – 정치적 불안정을 경험하게 될 것이며 그 결과 보다 큰 전제주의를 지향하는 반동적인 움직임이 나타날 수도 있으며, 훨씬 가능성은 적지만 현존하는 집산주의체제가 붕괴될지도 모른다.

여기 보다 상세하게 검토하고 넘어갈 필요가 있는 특별한 예는 1947년 독립을 달성한 이후의 30년간의 인도와 현재가 아닌 1867년 명치유신을 달성한 이후 30년간의 일본의 경험을 대조해 보는 일이다. 경제학자나 사회학자들은 일반적으로 물리학의 분야에서 가설을 검증할 때 매우 중요한 역할을 하고 있는 통제된 실험을 거의 할 수 없다. 그러나 경제학에서는 경험적인 사실의 비교분석이 경제체제의 차이에 대한 중요성을 검증에 있어서 통제된 실험과 매우 유사한 역할을 해왔다.

양국 간에는 약 80년간의 시차가 있다. 그러나 다른 모든 점에 있어서는 우리가 비교하는 특정 기간의 초기에 있어 인도와 일본은 서로 매우 유사한 환경 아래에 있었다. 두 나라는 고대 문명과 고도로 발달된 문화를 가지고 있었다. 또한 그들은 고도로 구조화된 신분제도를 갖고 있었다. 일본은 다이묘(봉건영주)와 농노라는 봉건제도를 가지고 있었고, 반면에 인도는 '브라만'을 정점으로 하고 불가촉천민을 최저변에 두는, 영국인이 「예정된 카스트 제도」라 부른 엄격한 신분제도가 있었다.

일본과 인도는 정치적·경제적·사회적 제반제도에 있어 급격한 변화를 가능하게 하는 정치적인 일대 변혁을 경험했다. 두 나라에서는 유능하고 헌신적인 지도자들이 정권을 잡았다. 그들은 자국에 대한 민족주의적 자부심으로 충만하였으며 자국을 강대국으로 전환시키기 위해 경제침체를 극복하고 급속한 경제성장을 이루고자 하는 결의에 차 있었다.

양국이 지닌 대부분의 차이점에서 일본보다는 인도가 훨씬 유리한 형편이었다. 일본을 지배하던 봉건체제는 일본을 외부 세계와 완전히 고립시켰다. 당시 일본의 국제무역 접촉은 1년에 단 한 척의 '네덜란드' 배로 제한되었다. 일본 체재가 허용된 서구인들은 '오사카'의 작은 특별지역에만 거주할 수 있었다. 300년 이상의 강제적인 국제적 고립 때문에 일본은 외부의 돌아가는 사정을 거의 몰랐고 과학과 기술적인 면에서 서구제국에 훨씬 뒤졌으며 중국어 이외의 외국어를 읽고 쓸 수 있는 사람이 거의 없었다. 이에 비하면 인도는 훨씬 운이 좋은 나라였다. 그들은 제1차 세계대전까지만 하더라도 고도의 경제성장을 구가하고 있었다. 그러한 경제성장은 영국으로부터 독립을 위한 투쟁의 결과, 양차대전 중에 침체로 바뀌었으며 다시 일어나지 못했다. 교통을 개선하여 전에는 정기적으로 발생하였던 국지적인 기근이라는 화를 종식시킨 상태였다. 많은 지도자들은 서구 여러 나라, 특히 영국에서 교육을 받았다. 영국의 통치가 고도로 훈련되고 교육을 받은 관료와 근대적인 공장 그리고 훌륭한 철도망을 남겼다. 1867년 당시의 일본에는 이런 것은 하나도 없었다. 인도는 그 당시 서구에 비교하여 기술적으로 뒤지고 있었지만 그 정도는 1867년의 일본과 당시의 선진제국 사이의 격차에 비한다면 훨씬 적은 것이었다.

　인도의 자연자원 역시 일본에 비하여는 훨씬 우수하였다. 일본이 가지고 있는 유일한 천연자원은 바다뿐이었고 이것이 교통을 용이하게 하고 풍부한 어류를 공급하는 원천이었다. 그 밖의 면에 있어서도 인도의 국토는 일본의 9배에 달했고 그 대부분이 상대적으로 평지였고 이용가능했다. 반대로 일본의 국토는 대부분이 산지였다. 해안을 따라서 좁은 주변부분만이 거주와 경작이 가능한 지역이었다. 결국, 일본은 자립 이외에는 달리 도리가 없었다. 어떤 외국자본도 일본에 들어오지 않았고, 자본주의 세계의 외국정부나 재단들도 일본에 대한 증여나 저리 차관을 제공하기 위한 컨소시엄을 구성하려 하지 않아서 일본은 자국의 경제발전을 자기자본에 의존할 수밖에 없었다. 그러나 이런 가운데 일본에게 행운이 찾아왔다. 명치유신 후 초기 수년간 유럽의 실크생산고는 크게 감소하였다. 이는 일본이 다른 방법보다 실크 수출을 통하여 더 많은 외화를 벌게 하였다. 이를 제외하면 우연한 혹은 조직적인 자본의 원천이었던 것은 전혀 없었다.

이에 비해 인도의 환경은 훨씬 좋았다. 인도는 1947년 독립을 이룬 이래 세계 각국으로부터 막대한 양의 자본을 증여받았으며, 오늘날도 계속해서 받고 있다.

1867년의 일본과 1947년의 인도의 거의 똑같은 주변환경에도 불구하고 도달한 결과는 아주 다른 것이었다. 일본은 봉건적인 사회구조를 해체하고 사회적·경제적 기회를 모든 시민에게 확대하였다. 일본의 다수 일반국민들의 생활수준은 급속하게 개선되었으며, 이는 일본의 인구가 폭발적으로 증가하는 가운데에서 이루어졌다. 일본은 국제정치 무대에서 인정받는 열강의 하나가 되었다. 일본은 개인의 인간적이고 정치적인 자유를 완벽하게 실현하지는 못하였지만 그러한 방향으로 커다란 전진을 이룩하였다.

그러나 인도는 어떠했나? 그들은 자국의 '카스트' 제도를 사회적 장해요인으로서 배제하려 하였지만 구호에만 그쳤을 뿐 아직도 실제로는 조그만 진전도 없다. 부유한 소수자와 빈곤한 다수자 사이의 소득과 부의 격차는 더욱 넓어지기만 할 뿐 좁혀지지를 않는다. 80

년 전의 일본처럼 인구는 폭발적으로 증가하였지만 국민 1인당 총생산은 늘어나지 않고 거의 정체상태에 있었다.

실제로 인구의 3분의 1에 해당하는 최빈곤층의 생활수준은 아마도 떨어졌으리라 추정된다. 영국의 지배가 끝난 직후 인도는 자국이 세계에서 가장 거대한 민주주의 나라라고 과시하였다. 그러나 얼마 안 가서 언론과 보도의 자유를 제한하는 독재정권으로 전락하였으며 또다시 그러한 사태가 재발할 위험성이 실재하고 있다.

일본과 인도의 이러한 결과적 차이를 무엇으로 설명할 것인가? 이러한 문제를 전문적으로 관찰해온 사람들은 사회제도와 인류학적 특징의 차이를 지적하고 있다. 종교적인 '타부', '카스트' 제도, 그리고 운명론적 철학 같은 것들이 인도 주민을 전통의 속박 속에 가두었다고 주장한다. 인도인은 진취적이지 못하고 게으르다고 그들은 주장한다. 대조적으로 일본인은 근면하고 정력적이며 외국으로부터의 영향에 대응하기 위하여 노력한다. 또한 자신들의 필요에 따라 밖에서 배운 것을 믿을 수 없으리만큼 잘 응용할 수 있는 교묘한 재간이 있다고 칭찬을 듣는다.

일본인에 대한 이런 묘사는 오늘날에도 정확하게 들어맞을지 모른다. 그러나 1867년의 일본인은 그렇지 않았다. 그 당시 일본에 살았던 한 외국인 거주자는 일본인을 다음과 같이 묘사하였다.

"일본이 장차 부유해지리라고는 생각지 않는다. 기후를 제외한 유리한 자연의 혜택이 없다는 사실과 나태와 쾌락의 탐닉이 그

러한 부의 가능성을 배제시킨다. 일본인은 행복한 사람들이지만 현재의 조그만 것에 만족한다면 많은 것을 달성할 수는 없을 것이다."

다른 사람은 또 이렇게 썼다.

"일본에서는 서구에서 수립되고 인정된 원칙들이 원래 지녔던 미덕과 활력을 상실하고 치명적으로 타락과 부패의 길로 향하게 되는 것 같다."

마찬가지로 인도인에 관한 묘사 역시 오늘날에도 대부분의 인도인에게는 정확한 듯하다. 그러나 그 인도인 중 타지역으로 이민을 간 사람의 경우는 정확하지 못하다. 많은 아프리카 국가, 그리고 말레이반도, 홍콩, 피지, 파나마, 아주 최근에는 영국에서 인도인들은 급속하게 성공한 기업가이며 때로는 기업가 계층의 중심적 위치를 차지하기도 한다. 이들은 자주 경제발전을 시동·촉진시키는 원동력이 되어왔다. 인도 내부에서도 정부의 통제를 벗어날 수 있었던 곳에는 모두 기업가정신, 기업가의 추진력과 기업가의 진취성이 존재한다.

여하튼 경제적·사회적 발전은 일반대중의 속성이나 행동에 의존하지는 않는다. 대부분의 나라에서 극소수의 사람들이 발전의 속도를 결정하고 발전의 방향을 결정한다. 아주 급속하고 성공적으로 경제발전을 이룬 나라에서는 기업가정신과 진취성을 지닌 소수의 개인들이 일반대중의 선두에 서서, 추종자들에게 따라올 수 있는 기회를 주고 다수의 노동자가 생산성을 증대할 수 있게 하였다.

그렇게 많은 외국의 관찰자들이 개탄하고 있는 인도국민의 특성은 인도가 진보를 못하게 한 원인이라기보다는 오히려 그 결과를 반영한다. 나태와 기업가정신의 결핍은 근면한 노동과 위험부담에 대한 보상이 이루어지지 못하는 경우에 더욱 팽배하게 된다. 인도의 운명론적 철학은 정체에 대한 적응의 결과로 나타나는 것이다. 인도는 1867년 이후에 일본이 경험했던 경제발전이나 제2차 세계대전 이후 독일과 일본이 그랬던 것처럼 경제발전을 촉발하고 뒷받침할 수 있는 자질을 갖춘 사람들이 부족한 것은 아니다. 우리가 생각하는 인도의 진짜 비극은 급속하게 번창하고 활력에 가득 차 있고 지속적으로 번영하고 자유사회로 발전할 수 있었음에도 불구하고 아직도 절망적 빈곤에 허덕이는 사람들로 가득한 준대륙으로 남아 있다는 사실이다.

우리는 최근에 경제체제가 어떻게 사람들의 특성에 대하여 영향을 미치는가를 보여주는 흥미 있는 예를 보게 되었다. 공산당이 중국 본토에서 정권을 잡은 직후 중국 대륙에서 홍콩으로 들어온 피난민들은 홍콩의 급속한 경제발전을 촉발시켰으며 진취성, 기업가정신, 검약 그리고 근면한 노력 등에 대하여 합당한 평판을 받았다. 최근 중국으로부터의 해외 이주 자유화에 따라 새로운 이민의 유입이 나타났는데 이들은 동일한 민족이며 기본적으로 동일한 문화적 전통을 가진 사람들이었지만 30년간의 공산당 지배하에서 자라난 사람들이었다. 우리는 이들을 고용한 몇몇 회사에서 최근에 이민 온 이 사람들이 이전에 홍콩으로 온 중국인들과는 아주 다르다는 말을 들었다. 이 새로운 이주자들은 조금도 창의력을 보이지 않았으며 자신들의 업무에 대해 제대로 파악하지도 못한다. 그들은 게으르고 비협조적이었다. 홍콩의 자유시장에서 몇 년 지내고 나면 그런 태도는 크게 변할 것이라는 사실은 분명하다.

그렇다면 1867년부터 1897년까지 30년간의 일본과 1947년부터 현재까지의 인도의 경험 간의 차이점을 어떻게 설명할 수 있을까? 이러한 설명은 동독과 서독, 이스라엘과 이집트, 대만과 중국의 차이에 대한 설명과 똑같은 방식으로 행해질 수 있다고 믿는다. 일본은 당시의 영국을 모델로 하여 자발적인 상호협력과 자유시장에 주로 의존하였다. 반면에 인도는 (독립) 당시의 영국(제2차 세계대전 후 노동당정권하의 영국)을 모델로 하여 중앙집권적 경제계획에 의존하였다.

일본의 명치정부는 일본의 경제발전과정에 여러 가지 방법으로 개입하여 중요한 역할을 하였다. 명치정부는 기술훈련을 위하여 다수의 일본인들을 해외에 파견하였다. 또한 해외로부터 외국인 전문가를 초빙하였다. 명치정부는 여러 산업분야에서 시험공장을 세우고 기타의 산업분야에 수많은 종류의 보조금을 지원하였다. 그러나 일본정부는 그 당시 투자총액이나 방향, 산업구조를 통제하고자 시도하지는 않았다. 국가는 군사력을 위하여 필수적이라고 판단한 조선과 제철산업에 대해서만 상당한 관심을 견지하고 있었다.

정부는 이러한 산업이 민간기업에 매력적이지 못하고 대규모의 정부보조금을 필요로 했으므로 이들 산업을 보유, 유지시켰다. 이러한 보조금은 일본의 (제한된 가용) 자원의 고갈을 초래했다. 이런 보조금은 일본 경제발전을 촉진시키기보다는 오히려 방해하였다. 결국 명치유신 후 최초의 30년간 국제협정에 따라 5% 이상의 관세 부과가 금지되었다. 이러한 제한은 당시로서는 분노의 대상이었지만 일본에게는 확실한 행운이 되었다. 국제협정이 폐기된 이후 관세는 인상되었다.

이에 비해 인도는 아주 다른 정책을 채택하고 있다. 인도의 지도자들은 자본주의와 제국주의를 동의어로 보고 어떠한 희생을 치르더라도 회피하여야 할 대상으로 간주하고 있다. 그들은 상세한 투자계획을 열거한 일련의 소련식 5개년 계획에 착수하였다. 일부 생산 분야는 정부 몫으로 남겨 놓았고 다른 분야에서는 민간기업의 운영을 허용하기도 했지만 이를 5개년 계획과의 부합되는 경우로 제한하였다. 관세와 수입할당제가 수입을 제한하며 보조금이 수출을 통제한다. 자급자족이 인도에서는 하나의 이상이다. 이들 정책수단은 외환부족을 초래한다. 그 결과 정부는 비효율성과 특혜의 주요 원천이 되는 외환에 대한 상세하고도 광범위한 통제를 택하지 않을 수 없게 된다. 임금과 물가도 통제된다. 공장을 건설하거나 기타의 투자를 하려면 정부의 인가가 필요하다. 세금이 법적으로는 모든 부문에 보편적으로 부과되고 상당히 누진적이지만 실제로는 탈세가 이루어지고 있다. 밀수, 암시장, 모든 종류의 불법 거래가 세금관련법의 전반적 권위를 손상시키지만, 중앙집권적 계획경제의 경직성을 어느 정도 상쇄시키고 소비자의 긴급한 욕구충족을 가능케 함으로써 쓸모 있는 사회적 역할을 수행하였다.

시장에 대한 의존은 일본에서 그동안 감추어졌던 에너지와 재능을 분출시켰다. 이는 기득권이 변화를 가로막는 것을 방지했다. 또한 자유시장에 대한 의존은 일본의 경제발전이 효율이라는 엄격한 기준을 충족시키도록 만들었다. 반면에 인도정부는 통제에 의존하여 개인의 창의성을 좌절시키고 쓸모없게 만들었다. 정부의 통제는 기득권을 보호하여 변화의 물결을 억제시킨다.

일본과 인도 두 나라 가내직물공업과 공장직물공업에서 있었던 경험이 정책의 차이를 설명한다. 1867년의 일본과 1947년의 인도에서는 광범위한 가내공업으로 섬유를 생산하고 있었다. 일본에서는 외국과의 경쟁이 국내 실크 생산에 아무런 영향도 미치지 않았다. 그것은 아마도 유럽지역의 흉작이 상대적으로 일본의 우위성을 강화시켜 주었기 때문일 것이다. 그러나 외국과의 경쟁이 이루어지자 면직물의 가내수공업적 생산과 수직기手織機 면직물 생산이 고사했다. 그리하여 일본의 근대적 섬유공업이 발전하게 되었다. 초기에는 일본 섬유공업은 조잡한 저급제품만을 생산하였으나 점점 질적 개선을 이루어 주요한 수출산업으로 성장하였다.

인도에서는 전해지는 바에 의하면 대량 공장생산으로 전환이 용이하도록 수동식 년식에 대하여 정부가 보조금을 시급하고 판매시장을 보장했다. 공장제 생산은 차차 증대되고 있었으나 수직면공업을 보호하기 위하여 공장생산은 의도적으로 통제되고 있었다. 이러한 보호는 수공업부문의 확대를 초래하였다. 그에 따라 1948년과 1978년 사이에 수동직기는 대략 두 배로 늘었고 오늘날 전 인도의 수천 개 마을에서 수동직기 소리가 이른 아침부터 늦은 저녁까지 들려오고 있다. 수직공업이 다른 공업과 같은 조건으로 경쟁을 한다면 전혀 나쁠 것이 없다. 일본에서는 아주 작지만 번창하는 수직공업이 아직도 남아있다. 이 수직공업으로 고급 실크 또는 다른 직물을 제조한다. 인도에서는 수직공업이 정부의 보조금으로 번영을 누리고 있다. 결과적으로 수직공업에 종사하는 사람들이 자유시장에서 얻을 수 있는 소득보다 더 높은 소득을 얻을 수 있도록 그들보다 나을 것도 없는 사람들에게 세금을 부과한다.

19세기 초기에는 영국도 일본이 그보다 수십 년 후, 인도가 백년 후에 직면하였던 것과 똑같은 문제에 직면했었다. 동력직기가 번창일로에 있던 수직공업의 파탄을 초래했다. 수직공업의 상황을 조사하기 위하여 왕실조사위원회가 설립되었다. 위원회는 인도가 채택했던 정책 즉, 수직공업에 대한 정부의 보조금 지불과 제품 판매시장 보장정책을 분명히 검토한 바 있다. 그러나 위원회는 그 정책이 바로 인도에서 그대로 발생했던 수직업자의 과잉이라는 기본적 문제점을 더욱 악화시킬 것이라는 사실 때문에 그 정책의 채택을 거부하였다. 영국은 일본과 똑같은 해결책을 채택하였는데 이러한 결정은 단기적으로는 어려움이 많았지만 궁극적으로는 시장의 힘이 작용하도록 하는 좋은 결실을 가져온 정책이 되었다.[7]

일본과 인도의 대조적인 경험은 흥미로운 것이다. 그들의 경험은 두 개의 생산방법이 서로 다른 결과를 가져올 뿐 아니라 추구하는 목적과 채택된 정책 사이에는 상관관계가 없다는 것을 극명하게 보여주기 때문이다. 자국의 국력과 영광을 강화하는데 헌신하고 개인의 자유에 가치를 두지 않았던 명치明治정부의 목표는 실제로 그들이 채택했던 정책보다는 제2차 세계대전 후 인도가 채택했던 정책과 더 잘 어울리는 것이었다. 독립 후 인도의 새 지도자들 - 개인의 자유에 대한 열렬한 헌신자들 - 의 정치목표는 그들이 실제로 채택했던 정책보다는 명치일본의 정책목표에 더 부합하는 것이었다.

3

통제와 자유

비록 중앙집권적 계획경제를 채택하지는 않았지만 미국은 과거 50년간 경제에 대한 정부의 역할을 상당히 확대시켰다. 정부의 개입은 경제적 측면에서 볼 때 엄청난 비용을 부담하는 일이었다. 우리의 경제자유에 대한 제한은 과거 2세기 동안 계속되어 온 경제발전을 종식시킬 위험성이 있다.

정부의 개입은 정치적 측면에도 비싼 대가를 치러왔다. 이는 또한 우리 사회의 인간의 자유를 크게 제한하기도 하였다.

미국은 본질적으로 자유로운 나라로서 세계에서 가장 자유스러운 주요 국가의 하나이다. 그러나 에이브러햄 링컨은 그의 유명한 "분열된 의회"라는 연설에서 다음처럼 말하고 있다.

"분열된 집은 서 있을 수 없습니다.... 나는 그 집이 무너지리라

기대하지 않고 오히려 분열이 종식되기를 기대합니다. 결국 미합중국으로 통합을 이룰지 그렇게 되지 못할지의 문제입니다."

링컨은 노예제도를 언급하고 있었다. 그의 예언자적인 말은 경제에 대한 정부개입의 문제에도 적용된다. 의회의 분열이 계속 진행된다면 분열된 미국이 집산주의 쪽으로 기울어질지도 모를 일이다. 다행히도 미국인들이 그러한 위험을 인식하고 정부의 거대화 추세를 중단시키고 역전시키고자 결심하였다는 증거들이 늘어가고 있다.

우리는 현상을 유지하려는 경향이 있다. 특히 일련의 작은 점진적 변화에 의하여 현재의 상황이 형성되었을 때 이러한 상황을 있는 그대로 기정사실로 인정하고 세상사의 자연스런 상태로 인식하고자 하는 경향이 있다. (사소한 계기가 축적되어 형성되는) 누적효과가 얼마나 강력한가를 평가하는 것은 어려운 일이다. 현 상황에서 벗어나 신선한 안목으로 상황을 파악하기 위해서는 상상 이상의 노력이 필요하다. 그러한 노력은 해볼 만한 가치가 있다. 노력의 결과는 충격이라고는 할 수 없어도 놀라울 것이다.

경제적 자유

경제적 자유의 본질은 우리들 자신의 소득의 사용방법, 소득 중 얼마만큼을 우리 자신을 위해서 쓸 것인가, 어떤 항목에 쓸 것인가,

얼마만큼 어떤 형태로 저축할 것인가, 얼마만큼 누구에게 줄 것인가에 등등을 선택할 수 있는 자유를 의미한다. 현재 미국인 소득 40% 이상을 연방정부, 주정부, 그리고 지방정부가 우리들 국민을 대신하여 사용하고 있다. 필자는 한때 새로운 국경일의 설치를 제안한 바 있는데 그것은 "개인독립기념일로서 그 날은 정부의 경비를 충당하기 위한 일을 중단하고 우리들 자신의 필요와 욕구에 따라 제각기 개별적으로 선택한 물건 값을 치르기 위하여 일을 시작한 날을 말한다."[8]

1929년에는 이 국경일이 에이브러햄 링컨 출생일(2월 12일)이었을 것이며 오늘날에는 현충일인 5월 30일이 될 것이며 만약 현재와 같은 미국정부의 역할 확대 추세가 지속된다면 1988년경에 가서는 개인독립기념일이 미국의 독립기념일인 7월 4일이 될 것이다.

정부가 우리를 대신하여 우리 소득 가운데 얼마를 쓰고 있는가에 대하여 이야기하고자 한다. 우리는 국민소득의 40% 이상에 달하는 금액을 정부가 사용케 하는 정치적 결정 과정에 참여하고는 있다. 이러한 결정을 내릴 때 다수결의 원칙은 필요하고 바람직한 방법이기는 하다. 그러나 다수결의 원칙은 슈퍼마켓에서 물건을 구입할 때 우리가 행사하는 자유와는 전혀 다른 종류의 것이다. 미국 국민이 매년 투표소에 들어갈 때 그들은 특정한 사안에 대해 투표하는 것이 아니라 기껏해야 일괄적인 정책의 틀을 대상으로 투표를 하였다. 그 결과 당신 자신이 다수파에 속한다면 당신은 자신이 찬성하거나 아니면 반대하지만 득실을 계산해 볼 때 덜 중요하다고 생각되는 사안들을 받아들이게 될 것이다. 일반적으로 투표자가 투표할 때 생각했던 것과는 다른 결과에 직면하게 되는 것이다. 불행히도 소수파에 속한다면 다수파의 의견에 따르는 것 외에는 다른 도리가 없으며 그게 아니면 다음 기회를 기다리는 수밖에 없다. 이에 반하여 슈퍼마켓에서 특정상품에 투표(선택)할 때는 자기가 투표한 것과 똑같은 것을 얻게 되며 그 밖의 모든 사람도 마찬가지이다. 다수의 원칙이라는 투표방식은 의견의 일치 없이 순응할 것을 요구하지만 시장은 순응이 없는 진정한 의견의 일치가 가능하게 한다. 가능한 한, 순응이 꼭 필요한 결정에 대하여는 투표의 방법을 사용하는 것이 바람직하다.

소비자로서 세금을 지불하고 남은 소득을 어떻게 쓸 것인가를 선택할 경우에도 우리는 결코 자유스럽지 못하다. 인공감미료나 레이트릴을 구매할 수 있는 자유가 없으며 조만간 사카린의 경우도 그렇게 될 것이다. 의사들도 우리의 병 치료에 가장 효과적이라고 평가하는 대다수의 약품을, 그것이 비록 외국에서도 널리 사용되고 있다고 할지라도, 자유로이 처방할 수가 없다. 당분간은 자동차의 좌석 벨트를 맬 것인가 아닌가를 선택할 자유는 있을지라도 의자에 벨트가 없는 자동차를 살 수 있는 자유는 없는 것이다.

경제적 자유의 또 하나의 본질은 자기 소유의 자원을 자기 가치관에 따라 사용할 수 있는 자유이며 즉, 이러한 자유는 엄격한 자발적인 기준에 따라 행농하고 타인을 강압하기 위하여 힘에 의존하지 않는 한, 자유스럽게 직업을 선택하고, 어떤 사업활동에도 참여하고, 어떤 사람들과도 사고 팔 수 있는 자유를 말한다.

오늘날 변호사, 의사, 치과의사, 배관공, 이발사, 장의사나 기타 많은 직업을 갖기 위해서는 우선 반드시 정부의 허가나 면허증을 얻어야 한다. 또한 사용자와 근로자 간에 초과근로 조건에 상호 합의하더라도 합의된 조건이 정부관료가 정한 규칙이나 규정에 맞지 않으면 자유롭게 초과근무를 할 수 없다.

은행의 설립, 택시영업이나 전기 및 전화 서비스의 판매업, 철도, 버스, 항공사업의 운영도 정부의 인가 취득 없이는 역시 자유스럽지 못하다.

자본시장에서의 자금조달의 경우에도 증권거래위원회SEC가 요구하는 여러 가지 서류양식을 작성하여 제출하지 않거나 증권거래위원회가 사업계획서를 보고 어떤 투자가라도 올바른 정신으로는 사업에 투자하려 하지 않는다고 판단하고 인가하지 않는다면 마음대로 할 수 없다. 위원회의 인가를 얻기 위하여서는 10만 달러 이상의 비용이 드는데, 이는 미국정부가 지원해야 한다고 공언하고 있는 소기업 발전을 분명히 위축시키게 된다.

재산을 소유할 수 있는 자유는 경제적 자유의 또 하나의 본질적 요소이다. 실제로 우리 사회는 사유재산권이 광범위하게 인정되고 있다. 미국인의 반 이상은 주택을 소유하고 있다. 기계, 공장 기타 생산수단의 소유는 상황이 아주 다르다. 미국인은 미국 사회가 자유기업사회이며 자본주의사회라고 생각한다. 그러나 법인기업의 소유권을 기준으로 보면 미국 사회는 약 46% 정도가 사회주의이다. 당신이 어떤 회사의 1%를 소유하고 있다는 사실은 기업이윤의 1%를 받을 권리가 있으며 그 기업 손실의 1%에 대해서 책임을 부담하되 책임의 한도로 당신이 소유한 주식 1%의 전체가액을 넘지 않음을 의미하는 것이다. 1979년의 연방법인 소득세는 연간 10만 달러 초과소득의 경우 46%인데 이는 1979년 이전 수년간의 48%에서 인하된 것이다. 연방정부는 기업의 이윤 중 매 1달러당 46센트를 획득할 권리가 있으며 또한 매 1달러의 손실에 대해서도 46센트를 책임지게 되는데 후자의 경우는 그러한 손실을 상쇄시킬 수 있는 누적잉여금이 있어야 한다. 미국의 연방정부가 회사업무에 직접 투표할 권한을 부여해 주는 방식은 아니지만 모든 기업의 46%를 소유하고 있다.

경제적 자유에 대한 제한을 상세히 서술하지 않고 열거만 하더라도 이 책보다 훨씬 두꺼운 책이 만들어질 것이다. 위에서 제시한 예는 경제적 자유에 가해지는 제한이 얼마나 확대되고 있는지만을 시사하기 위한 목적으로 열거되었을 뿐이다.

인간적 자유

경제적 자유에 대한 제한은 일반적 자유는 물론 의사표시나 언론보도와 같은 분야의 자유에까지도 불가피하게 영향을 미친다. 1977년 당시의 식유가스협회 부회장이었던 리 그레이스Lee Grace가 쓴 서신에서 발췌한 부분을 한 번 검토해 보자. 이것은 그가 에너지 입법에 관하여 기술했던 서신이다.

"귀하께서 아시는 바와 같이 1,000입방피트의 에너지 가격보다 더욱 중요한 문제는 헌법수정조항 제1조의 수호, 즉 언론자유에 대한 보장입니다. 마치 빅 브라더가 우리 어깨 너머로 자세히 관찰하듯이 정부의 규제가 커짐에 따라 거짓과 잘못된 행위에 대항하여 기업인이 진리와 신념을 떳떳이 주장하지 못하고 소극적이 되어 가고 있습니다. IRS의 회계감사, 관료주의적인 억압 혹은 정부기관으로부터 당하는 고통 등이 언론의 자유를 약화시키는 강력한 무기가 되고 있습니다.

「유 에스 뉴스 앤드 월드 리포트」지 1977년 10월 31일 자 '워싱턴 소문'란에서 미국의 석유산업 지도자들이 에너지성 장관 제임스 슐레진저로부터 다음과 같은 최후통첩을 받았다고 주장하였습니다. '행정부의 원유세 제안을 지지할 것, 그렇지 않으면 보다 강화된 통제와 나아가서는 석유회사의 분할 추진사태에 직면하게 될 가능성이 있음.'"

그레이스의 판단은 석유회사 간부들의 공적인 행동으로 인해 사실로 충분히 확인되었다. '헨리 잭슨' 상원의원이, 의회에 출석한 일단의 석유업계 중역들에게 추잡한 이윤을 추구하고 있다고 호되게 비난하였지만, 그중 누구 하나도 이를 반박하거나 회의장을 떠나 더 이상의 인신공격을 피하지도 않았다. 석유회사 중역들은 석유회사경영에 대한 현행 연방정부통제의 복잡한 구조나 카터 대통령이 제안한 정부개입의 주요 확대조치에 대하여 개인적으로는 강한 반대의견을 나타내지만 공개적으로는 정부통제의 목적을 인정하는 부드러운 발언을 하고 있다.

카터 대통령이 실시한 임금과 물가의 소위 자율규제가 인플레이션을 극복할 수 있는 바람직하거나 유효한 방법이라고 생각하는 기업인은 거의 없다. 그러나 실제로 기업인들이나 기업들은 하나하나 줄지어 순차적으로 자율규제에 대하여 듣기 좋은 말만 하고, 장점을 찾아 칭송하고 협력을 약속하였다. 전직 하원의원이며 백악관 관리, 몇몇 장관직을 역임했던 도날드 럼스펠드 같은 소수의 인사들만이 그러한 정책을 공공연히 비난할 수 있는 용기를 가졌다. 한편 무뚝뚝한 80대 노인인 '조지 미니George Meany' 전 미국노동조합총연맹 AFL-CIO 회장도 이들 (비판자)그룹에 가담하였다.

사람들이 자유롭게 발언하는 데 따르는 비용 - 인기저하와 비판이라는 비용뿐이라면 - 을 부담해야 한다는 점은 너무나 당연한 일이다. 그러나 그 비용은 합리적이어야 하며 균형을 벗어난 것이어서는 안 된다. 유명한 연방 대심원 판결문의 표현을 빌리자면 언론의 자유에 대한 '억압효과the chilling effect'가 발생해서는 안 된다. 그러나 최근에 기업의 중역들에 대한 억압효과가 있었다는 데에는 거의 의심의 여지가 없다.

이러한 억압효과가 기업경영진에게만 발생한다고 볼 수는 없다. 억압효과는 우리 모두에게도 발생한다. 필자는 학계 분위기를 가장 속속들이 알고 있다. 경제학이나 자연과학분야의 많은 동료들이 국립과학재단에서 연구비를 받고 있으며 인문과학분야는 국립 인문과학재단에서, 그리고 주립대학에서 강의를 맡은 사람들은 모두 봉급의 일부를 주 정부에서 받고 있다. 우리는 국립과학재단이나 국립인문과학재단, 그리고 조세수입으로 고등교육을 재정적으로 원조하는 것은 모두 바람직하지 않으므로 이를 폐지해야 한다고 믿고 있다. 이러한 주장은 분명히 대학사회에서는 소수의견이겠지만 소수는 공개적 선언을 통하여 그러한 효과를 응집시키는데 있어서 그 어떤 그룹보다도 훨씬 큰 역할을 할 수 있다.

신문은 뉴스의 주요 취재원으로서 뿐만 아니라 매일 매일의 운영문제에 있어서도 정부에 크게 의존하고 있다. 영국에서의 놀랄만한 실례를 생각해 보자. 영국의 유명 신문인 「런던 타임스」가 수년 전 어느 날, 신문의 내용에 영향을 미치려는 노동조합의 의도를 기사화하려는 했다가 노동조합 중 하나에 의해 신문발행을 저지당한 일이 있었다. 그 결과로 발생한 노동쟁의는 신문발행을 완전히 중단시켰다. 문제가 된 노동조합들은 정부로부터 특별면책 권한을 부여받았으므로 그러한 힘을 행사할 수 있었다. 영국의 전국신문기자조합은 신문기자에 대하여 클로즈드 숍Closed Shop제도를 강요하고 비조합원을 고용한 신문에 대해 불매위협을 가하였다. 우리가 신봉하는 자유의 원조인 영국에서 이러한 사태가 발생한 것이다.

종교의 자유와 관련해서 미국에 있는 애미쉬 교파의 농민들이 연방정부에 사회 보장세를 납부하고 사회보장 혜택 받기를 신앙상의 이유로 거부하였기 때문에 집과 재산을 연방정부에 압류당하였다. 종교단체에서 운영하는 교회 학교 학생들은 의무교육법을 위반하여 태만 학생이란 명목으로 소환되었다. 그 이유는 그 학교 교사들이 정부가 규정한 조건을 만족하는 교원자격증명서를 갖고 있지 못하였기 때문이었다.

지금까지 열거한 예들은 수박 겉핥기에 불과하지만 자유는 무엇보다 중요하며 생활의 일부에서 자유를 억압당하면 다른 면의 자유에도 제한적 영향을 미친다는 기본명제를 잘 설명해 주고 있다.

자유가 절대적일 수는 없다. 우리는 상호의존적인 사회에서 살고 있다. 우리의 자유에 대하여 어떤 제한이 가해지는 것은 자유에 대한 더 나쁜 다른 제한을 회피하기 위하여 필요한 것이다. 그러나 우리는 지나치게 자유에 제한을 가해 왔다. 오늘날 우리에게 절실한 것은 자유를 제한하는 사유를 추가시키는 일이 아니라 제한사유를 배제하는 일이다.

제
3
장

대공황의 해부

1929년 중반에 시작된 공황은 미국에 미증유의 경제적 재앙을 안겨 주었다. 명목국민소득은 1933년에 반감했으며, 광공업생산은 3분의 1이나 감소하고 실업률은 노동인구의 25%라고 하는 공전의 수준에 달했다. 다른 나라에서도 대공황의 참화는 마찬가지였다. 대공황이 퍼져나감에 따라 다른 나라에서도 저생산, 고실업, 굶주림과 비참한 상황이 만연하였다. 대공황은 독일에서 아돌프 히틀러를 독재자로 키웠으며 드디어는 제2차 세계대전을 준비시킨 꼴이 되었다. 일본에서는 야망의 대동아공영권 건설에 몰두하고 있던 군벌을 강화했다. 또 중국대륙에서는 통화파탄으로 인플레이션을 가속시키고 드디어는 장개석 정권의 붕괴와 공산당의 등장을 초래하였다.

대공황은 사고방식에도 큰 영향을 미쳐, 자본주의는 본질적으로 불안정한 체제이며 심각한 경제위기로 끊임없이 고통을 받을 뿐인

허약한 제도라고 믿게 했다. 그 사고방식이란 정부의 적극적인 역할이 강조되고 무질서한 민간기업이 초래하는 경제적 불안정을 상쇄시키기 위해 정부는 경제에 개입하지 않으면 안 되며, 경제적 안정을 달성하는 평형축으로서 정부가 기능해야 한다는 것이었다. 이제 와서 명백해진 바와 같이 민간기업이 행해야 할 역할과 정부가 행해야 할 역할에 관해 일반대중의 생각이 이와 같이 변화했다는 사실이 그 후 지금까지 계속되고 있는 정부의 급속한 팽창, 특히 중앙정부의 확대를 가져온 촉매제였다.

대공황은 경제에 관한 전문가들의 견해에도 중대한 변화를 일으켰다. 금융정책만이 경제적 안정을 촉진하기 위한 유효한 정책이라고 하는 오래된 신념, 특히 1920년대에 강력한 지지를 얻었던 이 주장은 대공황에 의한 경제 붕괴로 말미암아 사멸되고 말았다. 경제학자의 대부분은 180도 전환하여 '통화는 중요하지 않다'고 믿게 되었다. 20세기가 낳은 위대한 경제학자의 한 사람인 존 메이나드 케인스는 이를 뒷받침할 새로운 이론을 제공하였다. 케인스혁명은 경제학자의 마음을 사로잡았을 뿐만 아니라 정부개입의 확대를 정당화하는 매력 있는 이론과 구체적인 처방을 제공하였다.

일반대중과 경제학자의 생각을 이와 같이 뒤집어 놓은 것은 실제로 일어난 사실에 대한 오해 때문이었다. 당시에는 극히 소수의 사람만 인식하고 있었던 이 사실은, 지금 밝혀진 바로는 다음과 같은 것이었다. 즉 그때 공황은 민간기업의 실패에 기인한 것이 아니고 당초부터 정부의 책임영역이었던 분야에 있어 정부가 범한 과오에 의해서 야기된 것이었다. 미국헌법 제1조 8절에 의하면 미국정부는 '화폐를 주조하고 그 가치를 보장하고 외국주화의 가치를 규제할' 의무가 있다. 불행하게도 이 통화관리부문에서 정부의 실패는 제9장에서 상세하게 논하는 바와 같이 단순히 역사적 사건에 그치는 것이 아니고 오늘날에도 여전히 살아 있는 문제인 것이다.

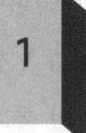

연방준비제도의 기원

경기후퇴가 시작되고 5개월 후인 1907년 10월 21일 당시 뉴욕에서 세 번째로 컸던 신탁은행인 니커보커 신탁은행은 자금부족에 직면했으며 그 다음날에는 '신용을 잃은 은행에 예금주들이 돈을 찾으려고 몰려옴'에 따라 문을 닫을 수밖에 없었다.

이 일시적인 폐점은 1908년 3월에 가서야 풀렸다. 니커보커 신탁은행이 문을 닫자 뉴욕시의 여타 신탁은행에도 예금인출요구가 쇄도하였으며 그 후 같은 사태가 전국적으로 퍼졌다. 이와 같은 '금융공황'은 19세기 중에 빈번히 발생했던 것과 같은 유형이었다.

일주일도 채 안 되어 미국 내 모든 은행이 '예금지급을 제한'하지 않을 수 없게 되었다. 즉, 각 은행은 예금인출요구에 대해 현금지급이 불가하다는 공고를 내걸었다. 수많은 주에서는 주지사나 주 법무장관이 예금지불제한에 대해 법적 승인조치를 취했으나 여타 주에서는 예금지불제한이 주은행법의 명백한 위반인데도 불구하고 사실상 용인된 상태로 개점휴업의 양상을 보였다.

이와 같은 예금지불제한조치는 확실히 은행의 도산을 최소한으로 줄이고 예금인출 쇄도를 종결시키는 데 성공하였다. 그러나 이 조치는 기업활동을 크게 위축시킬 수밖에 없었다. 또 주화와 지폐 등 현금의 심각한 부족을 야기했을 뿐 아니라 나무로 만든 5센트 동전 등과 같은 법화에 대한 대용통화의 통용을 초래하였다. 현금 부족이 최고에 달했을 때에는 100달러의 현금을 손에 넣기 위해서는 적어도 104달러의 예금을 잃어야만 했다. 예금지불제한조치와 공황은 다 함께 직접적으로는 신뢰감과 기업활동의 효율적인 운용에 끼친 영향을 통해서, 그리고 간접적으로는 통화량의 감소를 통해서 미국이 그때까지 경험해 보지 못한 심각한 불황을 초래하였다.

그러나 이 경기후퇴의 심각한 국면은 단시일에 끝났다. 1908년 초에는 예금지급을 재개할 수 있었으며 수개월 후에는 경기회복이 시작되었다. 경기후퇴는 불과 13개월밖에 지속되지 않았고 그 중 심각한 기간은 불과 그 반에 지나지 않았다.

이 극적인 경기후퇴 덕분에 1913년에는 연방준비법(중앙은행법)이 입법되었다. 경기후퇴로 통화와 금융분야에서 어떤 제도적 장치가 갖추어져야만 한다는 정치적인 필요성이 절실하게 부각되었기 때문이었다.

시어도어 루스벨트 대통령이 이끄는 공화당 정권은 통화위원회를 설립하고 저명한 공화당 상원의원인 넬슨 알드리치를 위원장으로 선출했다. 그 후, 월슨 대통령의 민주당 정권시대에는 저명한 민주당 하원의원이며 후에 상원의원을 역임한 카터 글라스에 의해 통화위원회의 권고를 수정하고 재구성하여 연방준비제도로 하여금 오늘에 이르기까지 미국의 가장 중요한 통화당국의 역할을 하게 하였다.

그런데 '예금인출쇄도'나 '공황'이나 '예금지급제한'이라는 말은 도대체 무슨 뜻인가? 우리들이 이런 것들 때문이라고 생각하고 있는 것과 같은 경제에 대한 심각한 영향은 왜 일어나는 것일까? 또 연방준비법의 초안자는 1907년과 같은 사태의 재발을 어떻게 막겠다는 것인가?

은행에 대한 예금인출쇄도는 그 은행의 예금자 대부분이 일제히 자기의 예금을 현금으로 인출하려고 시도하는 것이다. 이와 같은 예금인출소동은 은행이 지급불능이거나 지급의무를 이행할 수 없을 염려를 자아낼만한 소문이나 사실에 의해 일어난다. 누구나 다 자기의 예금부터 먼저 건져보려는 시도인 것이다.

지급불능에 이른 은행이 다른 경우보다도 더 빨리 도산하는 이유는 자명하다. 문제는 왜 예금인출쇄도를 책임질 수 있고 또 지불능력이 충분한 은행까지도 파산시키지 않으면 안 되는가 하는 것이다. 이에 대한 답을 이해하는 것이 어려운 것은, 영어로 '예금$_{deposit}$' 이라는 것은 본래 '보관'을 의미하기 때문이다. 예금은 은행에 대한 예금지급청구권을 나타낸다. 현금을 은행에 '예금'하면 은행은 이 돈을 예금자가 지급을 요구할 때까지 안전하게 금고에 보관해 줄 것으로 기대된다고 해도 이상할 것이 없다. 그런데 실제로 은행은 전혀 이런 일은 하지 않고 있다. 만약 은행이 실제로 그렇게 했다 하면 은행은 예금에 대한 이자지불은 말할 것도 없고 그 많은 경비를 조달하기 위해 어디서 이익을 얻을 수 있단 말인가? 은행은 예금된 현금 중에서 작은 일부를 '지급준비금'으로 금고에 넣어 둘 수도 있다. 그러나 대부분의 예금은 누군가 타인에게 대출되며 그 대가로 이자를 청구하든가, 아니면 수익증권의 매입(투자)에 사용하는 것이다.

만일 대부분 사람과 마찬가지로, 당신이 현금이 아닌 다른 은행이 발행한 수표를 예금한다면, 예금을 받은 은행은 금고에 보관할 현금을 받은 게 아니다. 은행이 무엇을 손에 넣었는가 하면 그 수표를 발행한 다른 은행에 대한 현금지급청구권 뿐이다. 더구나 보통의 경우, 은행은 그 현금지불청구권을 행사하지도 않는다. 왜냐하면 다른 은행도 자기 은행에 대해 그에 상응하는 현금지급청구권을 가지고 있기 때문이다. 그 결과, 모든 은행은 예금 100달러에 대해 불과 몇 달러의 현금밖에는 금고에 놓아두지 않는다. 이것이 '부분준비제도'인 것이다. 이 제도는 모든 예금자가 언제라도 자기의 예금을 인출할 수 있다고 하는 믿음이 있는 한, 따라서 꼭 필요한 경우가 아니면 예금을 인출하지 않는 한에는 아주 잘 운용된다. 일반적으로 새로 예금되는 예금액은 인출되는 금액과 비슷하게 맞아 떨어진다. 때문에 일시적으로 발생하는 예금과 인출의 차액을 메우기 위해서는 소액의 지급준비금으로도 충분한 것이다. 그러나 모든 예금자가 일제히 예금을 인출하고자 하는 경우에는 상황은 급변한다. 혼잡한 극장에서 누군가가 '불이야' 하고 외쳤을 때, 모든 사람이 출구로 쇄도하는 것처럼 '공황'이 발생한다.

물론 어떤 한 은행에만 예금인출쇄도가 있을 경우에는 다른 은행으로부터 차입을 하든가, 혹은 자기 은행의 채무자에게 대출금을 상환토록 요구해서 대처할 수도 있다. 대출금의 반환을 요구받은 채무자는 타 은행으로부터 자금을 인출하여 부채를 갚을 수 있을 것이다. 그러나 만약 예금인출쇄도가 모든 은행에 퍼진다면 이와 같은 방법으로는 해결할 수 없다. 모든 예금자의 예금지급요구에 응할만한 현금을 은행은 갖고 있지 않다. 뿐만 아니라 모든 은행에 광범하게 퍼진 인출쇄도에 대해서는 보유하고 있는 현금을 축내는 방식으로서는 - 신속하게 일반 대중의 신뢰를 회복하고 그래서 현금이 다시 은행에 입금되지 않는다면 - 오히려 더 많은 예금감소만을 초래할 뿐이다. 예를 들어 1907년 중 각 은행은 예금 100달러에 대해 평균 12달러의 현금을 준비금으로서 가지고 있었다. 만일 은행이 예금에 대한 지급준비금의 비율을 그대로 유지하고자 한다면, 예금 1달러가 현금으로 인출되어 은행금고로부터 예금자들의 벽장 속으로 숨어들 때마다 7달러의 예금을 감소시켜야 한다. 따라서 민간의 현금퇴장이 현금인출쇄도를 유발하고 이것이 다시 통화량의 감소를 초래하게 된다. 뿐만 아니라 이 사태가 단기간에 수습되지 않을 경우에 통화공급량의 감소가 은행과 기업에 타격을 주는 것도 이 때문이다. 즉 예금인출쇄도가 일어났을 때, 개별은행은 대출금 상환을 독촉하고 신규대출뿐만 아니라, 기 대출금의 기간연장을 거부하여 예금인출요구에 응해보려고 필사의 노력을 경주할 것이다. 그러나 차입자는 다 함께 기댈 곳을 잃게 되며 따라서 은행은 도산하고 기업이 망하게 된다.

어차피 일어난 공황이라면 어떻게 중지시킬 수 있을까? 아니 그보다도 어떻게 하면 공황의 발생을 예방할 수 있을까? 공황을 막는 방법의 하나는 1907년에 채택된 방법, 즉 각 은행이 일제히 예금지급을 제한하는 것이다. 당시 각 은행은 개점휴업상태로서 예금지불요구에 대해서 현금지불을 거절하기로 은행 간에 상호합의하고 있었다.

대신 이들 은행은 계정상의 이체로서 대신하였다. 즉, 자기 은행의 예금자가 발행한 수표를 지급할 때 현금을 주는 대신 그 예금자의 예금구좌에서 동일한 액수만큼을 인출하여 동 그 수표소지인의 거래은행 구좌에 입금시키는 방식을 썼던 것이다. 자행의 예금자가 타행의 예금자에 대해 발행한 수표나 타행의 예금자로부터 자행의 예금자에게로 발행된 수표는 물론 통상적인 방식인 '어음교환소'를 통해서 결제되었다. 즉, 당행의 예금으로 받은 타행수표(타점권)와 타행에 예금된 당행수표를 상쇄하였다. 통상의 어음교환소를 통하는 절차와 다른 점이 있다면 그것은 자행의 타행에 대한 부채액과 타행의 자행에 대한 부채액과의 차액을 보통 때와 같이 현금으로 결제한 것이 아니고 약속어음으로 가름한 점이다. 은행의 현금지불은 예금인출요구에 대해서가 아니고 임금지급이나 이와 비슷한 긴급한 목적의 경우에만 그것도 고객에게만 공급되었다. 물론, 이러한 고객으로부터 다소의 현금예입이 없는 바도 아니었다. 이러한 방법을 취한다 하더라도 은행이 도산할 가능성은 있었고 실제로 도산한 은행도 있었다. 그러나 그러한 은행은 '불건전한 은행'이었으며 건전한 자산을 가지고 있는 은행은 다만 그것을 현금화할 수 없다는 이유만으로 도산하지는 않았다. 시간이 지남에 따라 공황은 진정되고 은행에 대한 일반의 신뢰가 회복되었으며 은행은 예금인출쇄도의 재발 없이 예금인출요구에 응할 수 있었다. 이 방법은 정도를 많이 벗어난 조치였음에는 틀림없으나 금융공황을 진정시키는 데 성공하였다.

공황을 진정시키는 또 하나의 방법은 건전한 은행의 자산을 신속히 현금자금화 하는 것이다. 이 방식은 다른 은행의 현금자산을 축내는 방식에 의해서가 아니고 현금의 추가공급에 의한 방식이다. 말하자면 조폐공사의 인쇄기를 돌리는 것인데, 실제로 그렇게 하지 않을 수 없었던 것이 사실이다.

연방준비은행법에는 그러한 권한이 명시되어 있다. 예금지불제한으로 발생하는 일시적인 혼란방지를 위해서도 연방준비은행은 화폐를 찍어낼 수 있는 것이었다. 이 법률에 의해 설립된 12개의 지역 연방준비은행은 워싱턴의 연방준비제도 이사회의 감독을 받아서 상업은행에 대한 '최후의 신용공급자'로서의 기능을 하도록 되어 있다.

각 연방준비은행의 이와 같은 자금 공급은 연방준비은행권을 발행·공급하든가, 아니면 각 은행이 연방준비은행이 가지고 있는 '지급 준비예금계정'에 대기貸記하는 부기회계상의 마술에 의해 이루어졌다. 이들 12개의 연방준비은행은 영국중앙은행Bank of England이나 여타국의 중앙은행에 해당하는 '은행의 은행'으로서의 역할을 담당하도록 설립된 것이다.

초기에 12개 연방준비은행은 대부분의 경우, 상업은행에 대해서 직접 대출하는 것을 주 임무로 생각하였다.

상업은행의 자산, 특히 상업은행이 기업에 대해 대출할 때에 받아둔 약속어음을 담보로 대출하는 것이었다. 상업은행은 기업이 발행한 약속어음을 '할인 방식'으로 대출하는 것이 보통이며 이때 약속어음의 액면금액보다 적은 금액을 기업에 지불한다. 이때 할인금액은 상업은행이 대출에 부과한 이자에 해당한다. 연방준비은행은 상업은행이 가져오는 이와 같은 할인 약속어음을 '재할인'하여 자금을 공급하고 이자에 해당하는 할인료를 제한다.

시간이 흐름에 따라서 이와 같은 재할인보다는 '공개시장조작', 즉 재정증권의 매매가 통화량을 조절하는 중요한 방법으로 등장하였다. 민간으로부터 재정증권을 매입하면서 연방준비은행은 수중에 있는 것이든 새로 인쇄한 것이든 연방준비은행권을 지급하든가 아니면 상업은행이 연방준비은행에 대해 가지고 있는 예금계정에 입금시키는 부기상의 절차에 의해 지급이 이루어진다. 이때 상업은행 자신이 증권을 파는 경우도 있고 또는 상업은행에 예금구좌를 가지고 있는 사람이 파는 경우도 있을 것이다. 이렇게 해서 공개시장조작으로 공급된 현금과 예금은 상업은행의 지급준비금으로 쓰이며 이 추가된 예금지급준비액의 승수배만큼 상업은행 전체로서는 예금을 늘릴 수 있게 된다. 현금과 상업은행의 연방준비은행 예치금을 합한 것이 고성능화폐highpowered money라든가 리저브 베이스 monetary base라고 불리는 것은 이 때문이다.

연방준비은행이 증권을 팔 경우에는 반대로 상업은행의 리저브는 감소하고 신용공급은 축소하게 된다. 최근까지만 해도 연방준비은행이 현금과 예금을 창출할 수 있는 능력은 연방준비제도가 보유하는 금괴의 총액에 의해 제한되어 있었다. 이러한 제한은 이제는 사라졌으며 연방준비제도의 운영을 맡고 있는 사람들의 양식과 재량을 제외하고는 어떤 유효한 제한도 존재하지 않는다.

연방준비제도는 설립 이래 계속 목적달성에 실패하였으나 1934년에는 공황을 방지하는 유효한 방법을 드디어 채택하였다. 즉 연방예금보험회사가 설립되고, 예금의 손실을 일정액까지 보전하게 되었다. 이 보험제도로 말미암아 예금은 안전하다고 하는 신뢰를 예금자에게 줄 수 있었고, 건전치 못한 은행의 도산과 재무구조의 악화가 다른 은행까지도 피해를 주는 예금인출사태를 미연에 방지할 수 있었다. 관람객들이 가득히 들어찬 극장에서 이들은 불이 날 염려가 없다는 확신을 가진 것이었다.

1934년 이후에도 은행의 도산은 얼마든지 있었고 개별은행에 대한 예금인출쇄도도 있었다. 그러나 그 이전에 있었던 것 같은 구식의 은행공황은 다시는 볼 수 없게 되었다.

비록 부분적이고 효과적이지 못하긴 했으나 금융공황을 방지하기 위한 이러한 예금보증은 이미 그 이전부터 상업은행 스스로 채택한 바 있었다. 즉, 어떤 특정은행이 재무구조가 악화했다든가 또는 어떤 은행이 위험하다고 하는 소문 때문에 예금인출이 쇄도했을 때 다른 은행들이 자발적으로 단결해서 문제된 은행의 예금자에 대해 그 예금액을 보증하기 위하여 자금을 염출한 적이 가끔 있었다. 이런 방법은 소문이 무성하던 공황을 미연에 방지하기도 하고 또 이미 저질러진 공황을 속히 중지시키기도 했다. 그러나 실패도 많았다. 지원은행 간에 합의가 이루어지지 못했던가, 아니면 지원활동에도 불구하고 예금자들의 신뢰회복이 너무 더뎌서 실패한 경우도 있었다.

특히 이와 같은 극적이고도 중요한 실패의 예는 본 장 후편에서 상세하게 검토하도록 하자.

초기의 연방준비은행제도

연방준비제도는 유럽에서 제1차 세계대전이 발발한 수개월 후인 1914년 말부터 업무를 개시했는데, 이 전쟁은 연방준비제도의 역할과 중요성을 극적으로 변화시켰다. 연방준비제도가 설립된 때, 세계 금융의 중심지는 영국이었다. 그 당시 세계는 금본위제였는데 스털링(영국화폐)본위제였다고 말해도 무방할 정도였다.

연방준비제도는 첫째는 금융공황을 회피하는 한편 상업활동을 촉진하기 위해, 둘째는 정부 은행으로서의 역할을 위해 설립되었다. 그 당시만 하더라도 금본위제도라는 세계적인 체제 내에서의 역할에 대해서만 생각할 뿐이었으며 따라서 이 금본위체제 외적인 사건에 대한 대응수단만을 고려했었지, 체제 자체를 수정한다든가 국제금융제도를 어떻게 한다고는 아무도 생각하지 못했다.

그러나 제1차 세계대전이 끝났을 때 미국은 영국을 대신하여 세계금융의 중심지가 되었고 세계는 사실상 달러본위제 하에 놓이게 되었으며 전후에 비록 전전보다는 약화되었지만 부활한 금본위제하에서도 사정은 마찬가지였다. 연방준비제도는 제도 밖의 충격에 소극적으로 대응하는 정도의 미미한 존재가 아니라 세계의 금융구조를 형성해 가는 주요하고 독립적인 힘을 갖게 되었다.

제1차 세계대전 중 특히 미국이 참전한 후에는 좋은 의미에서나 나쁜 의미에서나 연방준비제도의 위력이 두드러지게 되었다. 그때까지의 모든 전쟁에서나 또 그 후의 전쟁에서도 그랬던 것처럼 연방준비제도는 전비조달을 위한 화폐인쇄기의 역할을 담당했다. 그러나 연방준비제도는 이전에는 볼 수 없던 다소 복잡하고 알기 어려운 방식을 택하였다. 연방준비은행이 재무성으로부터 국채를 매입할 때, 문자 그대로 화폐인쇄기를 움직여 연방준비은행권을 인쇄하고 그것으로 대금을 지급하는 경우도 다소는 있었으나 대부분의 경우에는 연방준비은행이 재무성의 연방준비은행 예금계정을 통해서 신용을 공여하는 방식으로 국채매입자금을 지불하였다. 그리고 재무성은 연방준비은행 예금구좌에서 자금을 인출하여 물품대금을 지급할 때에 국고수표를 이용하였다. 이 수표의 수취인이 자기 거래은행에 예금한 다음 이를 받은 은행이 연방준비은행에 예금하면 연방준비은행에 있는 재무성의 예금계정으로부터 상당액이 상업은행의 예금계정으로 이체되고 그 결과, 이들 상업은행의 지급준비금이 늘어났다. 싱업은행은 이렇게 하여 늘어난 지급준비금을 국채매입자금으로 사용하던가, 국채를 매입할 수 있도록 고객에게 대출함으로써 대출규모를 확대할 수 있었던 것이다. 이러한 우회 경로를 통해서 재무성은 신규로 창출된 통화를 손에 넣고 전비를 지불할 수 있었다.

그러나 통화량의 증대는 그 대부분이 현금보다도 오히려 상업은행에 예치되어 있는 예금증가라는 형태를 취하였다. 이와 같이 통화량의 증대과정이 복잡하게 되었다고 해서 인플레이션의 방지에 도움이 되지는 않았으나 덕분에 통화량을 쉽게 조정할 수 있었고 또 무엇이 실제로 일어나고 있는가를 은폐할 수 있었기 때문에 일반국민은 인플레이션에 대한 공포를 다소 덜 느끼게 되었다.

연방준비제도는 제1차 세계대전이 끝난 후에도 통화량을 급속히 계속 늘리고 인플레이션을 조장하였다. 그러나 이 단계에 있어 그렇게 창조된 여분의 통화는 정부지출을 위해서가 아니고 민간기업의 활동을 지원하기 위해 사용되었다. 제1차 세계대전을 통해서 발생한 인플레이션 전체의 3분의 1은 실은 전후 더구나 전비를 충당하기 위한 정부의 재정적자가 해소된 후에 발생하였다. 늦게나마 연방준비제도는 이 과실에 눈을 돌렸다. 그리고 단기간이긴 하나 과잉반응으로 1920년부터 21년의 심한 불황을 초래하기도 하였다.

1920년대는 실로 준비제도의 전성기였다. 이 수년간의 준비제도는 경제가 경기후퇴의 징후를 보일 때에는 통화공급 증가율을 크게 하고 반대로 경제가 너무 급속하게 확대되기 시작할 때에는 감소하여 균형을 유지시키는 평형축으로서의 역할을 효과적으로 수행하였다. 그때에도 준비제도가 경제변동을 방지했다고는 할 수 없으나 그것을 완화시키는 데에 공헌하였다. 그 뿐 아니라 준비제도의 정책이 긴축과 경기진작의 균형을 유지시켜서 인플레이션이 발생하지 않았다. 이와 같이 안정된 금융정책과 경제의 제반환경으로 말미암아 급속한 경제성장이 이루어졌다. 이렇게 하여 새로운 시대가 도래되었다고 외쳤으며 연방준비제도의 민첩한 정책 덕분으로 경기변동은 과거의 것이 되었다고 널리 찬양받게 되었다.

1920년대의 이와 같은 성공의 대부분은 뉴욕의 은행가이자 뉴욕연방준비 은행의 최초의 총재가 되었으며, 1928년 불의의 죽음으로 그 자리를 내놓았던 벤자민 스트롱 덕분이었다. 그가 죽기 전까지 있던 뉴욕연방준비 은행은 대내외적으로 연방준비정책의 중요한 원동력이었고 벤자민 스트롱은 의심할 바 없는 중심인물이었다. 그는 비범한 인물로서 연방준비제도 이사회의 한 멤버에 의하면 "천재이며, 은행가 중에서 해밀턴에 해당하는 인물"이라는 평가를 받았다. 준비제도 중의 누구보다도 스트롱은 준비제도의 내외를 불문하고 타 금융지도자의 신뢰와 지지를 얻고 있고 자기의 견해를 사람들에게 납득시키는 박력과 그것을 실행으로 옮기는 용기가 있었다.

스트롱의 죽음은 준비제도 내의 권력투쟁에 불을 붙였으며 심각한 결말을 초래하게 되었다. 스트롱 전기의 저자는 다음과 같이 기술하고 있다.

"스트롱의 사망으로 인해 연방준비제도는 진취적 기상과 사람들이 받아들일 수 있는 리더십의 중심을 잃고 말았다. 연방준비제

도이사회는 더 이상 워싱턴의 연방준비은행에 리더십을 맡길 수는 없다고 결정했다. 그렇다고 해서 이사회 자체가 진취적으로 그 역할을 수행할 수는 없었다. 준비제도 이사회는 여전히 약하고 분열되어 있었다. … 그리고 뉴욕연방준비은행 뿐 아니라 타 준비은행의 대부분이 이사회의 리더십에 회의적인 태도로 일관했다.… 이리하여 연방준비제도는 우유부단하고 정체된 상태에 빠져들었다."[9]

당시는 누구도 예상하지 못했지만 이 권력투쟁은 민간시장으로부터 정부로, 그리고 지방정부와 주정부로부터 워싱턴의 연방정부로 권력이 급속하게 이전해 가는 최초의 사건이 되었다.

대공황의 내습

일반적으로 알려진 바에 의하면 대공황은 1929년 10월 24일 '암흑의 목요일'에 주가폭락으로 뉴욕 주식시장이 붕괴된 때에 시작되었다. 그 후 몇 번인가 엎치락 뒤치락은 있었으나 1933년은 마침내 1929년의 고점 대비 거의 6분의 1이라는 엄청난 주가 폭락이 발생했다.

이 같은 주식시장의 붕괴는 확실히 중요한 사건이었는데 그것이 대공항의 시작은 아니었다. 미국의 경기는 주식시장 붕괴 2개월이나 전인 1929년 8월에 정점에 달하고 그 후 급속히 하락하기 시작했다. 주식시장의 붕괴는 점진적으로 내리누르는 경제적 곤란의 중압과 도저히 유지될 수 없을 정도로 불어나 버린 투기라는 거품에 구멍이 난 것이었다.

물론, 주식시장이 일단 붕괴하면 새로운 시대가 도래한다는 희망에 사로잡힌 기업가나 기타 많은 사람들에게 불확실성을 만연시키기 마련이다. 뿐만 아니라 소비자와 기업가 모두의 소비의욕에 찬물을 끼얹으며 비상시에 대비하여 유동성준비로 현금을 챙기려고 하는 욕망을 높인다.

주식시장의 붕괴가 초래한 이와 같은 경기하강효과는 그 후 연방준비제도의 정책오도때문에 더 악화되었다.

주시시장붕괴 직후 뉴욕연방준비은행은 스트롱 시대에 익힌대로 즉각적이고 독자적인 판단에 따라 이 충격을 흡수하기 위해 국·공채를 매입하고 그래서 은행의 지급을 증대시켰다. 이 덕택에 상업은행도 주식시장 관련 기업에 대해서 추가로 대출이 가능해졌으며 동시에 이들 기업과 주식시장의 붕괴로 피해를 받은 기타 기업으로부터 주식 채권 등을 매입함으로써 기업에 대한 충격을 완화시킬 수 있었다. 그러나 스트롱은 이미 죽었다. 그리고 연방준비제도이사회는 지금이야말로 스스로의 리더십을 확립하고 싶다고 생각했다. 이 사회는 뉴욕연방준비은행에 규제를 가하기 위해 즉각 행동했으며 뉴욕연방은행은 이에 굴복하였다. 그 후 연방준비제도가 취한 행동은 1920년대 초기의 경기후퇴기에 취한 통화정책과는 완전히 다른 것이었다.

즉 연방준비제도이사회는 경기후퇴의 영향을 완화하기 위해 통화공급을 통상의 경우보다 훨씬 증대시키는 것이 아니라, 1930년대 기간 중 통화량을 점진적으로 감소토록 내맡겼다. 1930년 말부터 1933년 초에 걸쳐 통화량이 거의 3분의 1이나 격감한 것에 비교한다면, 1930년 10월까지의 통화량 감소는 미미한 것으로 보인다. 그것은 불과 2.6%의 감소율밖에 되지 않았다. 그러나 이 감소율은 그 이전의 예에 비해보면 상당히 큰 것이었다. 실제 그것은 극히 소수의 예외를 제하면 그때까지의 경기후퇴기 중에서도 가장 큰 폭이었다.

주식시장붕괴의 여파와 1930년 1년간에 걸친 통화량의 점감이 어울려 극히 심각한 경기후퇴가 야기되었다. 이 경기후퇴가 만약 1930년 말이나 1931년 초에 끝났다고 하더라도(만약 금융공황이 발생하지 않았다면 그렇게 되었을지도 모르지만) 역사상 가장 심각한 경기후퇴의 하나였을 것임은 틀림없다.

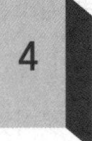

금융공황

　그렇다 해도 최악의 사태는 아직 오지 않았다. 경기후퇴는 심각하긴 했으나 1930년 가을까지는 은행이 어려워지거나 예금인출소동이 일어나지는 않았다. 미국 중서부와 남부에서 일어난 일련의 은행 도산이 은행에 대한 신뢰를 실추시키고 그것이 광범한 예금인출·현금요구 쇄도로 반전하면서 이 경기후퇴의 성격이 극적으로 바뀌었다.

　예금인출이라고 하는 전염병은 마침내 미국금융의 중심지인 뉴욕에까지 퍼졌다. 합중국은행The Bank of United States이 문을 닫은 1930년 12월 11일이 결정적인 날이었다. 이 은행의 도산이야말로 그때까지의 어떤 은행파산보다도 큰 충격이었다. 더구나 이 은행은 평범한 상업은행에 불과했지만 그 이름 때문에 국내외에서는 국립은행으로 인식됐다. 그 때문에 이 은행의 도산은 신뢰도에 특히 심각한 타격을 주었다.

합중국은행이 이같이 중대한 역할을 하게 된 것은 우연이었다. 미국의 은행제도는 분권화되어 있었고 통화량은 감소하는 대로 내버려두고 은행 도산에 대해서도 적극적인 대책을 쓰지 않았던 연방준비은행제도의 정책이 마침내는 하잘것 없는 은행의 도산으로 다른 큰 은행에 대한 예금인출쇄도를 불러일으켰다. 가령 합중국은행이 그 때 도산하지 않았다고 하더라도 다른 은행이 분명히 도산하고 예금인출쇄도사태가 파급되어 은행공황을 불러일으켰을 것이 틀림없다. 합중국은행의 도산 자체도 우발적인 것이었다. 그 은행은 건전한 은행이었다. 이 은행이 공황의 최악 시기에 파산한 후에도 결과적으로는 예금 1달러에 대해 83.5센트의 비율로 현금을 예금자에게 지급했다. 만약, 그 은행이 초기의 일시적인 위기를 극복할 수 있었다면 틀림없이 예금자에게 한 푼의 손해도 끼치지 않았을 것이다. 합중국은행이 위험하다는 소문이 퍼지기 시작했을 때 뉴욕주은행 관리국장, 뉴욕연방준비은행 및 뉴욕은행어음교환소는 예금보험 보증금을 제공하던가, 동 은행을 타 은행과 합병시키던가 하는 어떤 구제방법을 논의하려고 하였다. 과거 공황 시에도 이러한 방식을 취하는 것이 보통이었다. 합중국은행이 폐쇄되기 이틀 전까지만 하더라도 이와 같은 노력이 틀림없이 성공하리라고 믿을 만 했다.

그런데 그 계획은 주로 합중국은행이 갖는 특수한 성격과 은행가에 팽배해 있던 동 그 은행에 대한 편견이 회가 되어 실패로 끝났다. 합중국은행이라고 하는 이름은 이민자를 끄는 데 큰 힘이 되었는데 그 때문에 타 은행의 시샘을 받게 되었다. 더 큰 영향을 미친 것은 이 은행이 유태인에 의해 소유·경영되고 유태인 사회를 주요한 서비스 대상으로 삼고 있다는 것이었다. 이 은행은 미국에서 유태인이 소유하고 있던 얼마 안 되는 은행 중의 하나였는데 당시의 미국 은행업계는 출신 좋고 사회적 지위가 높은 귀족들의 독무대였다. 이와 같은 이유로 합중국은행 구제안 중의 하나인 다른 은행과의 합병계획에서도 합병대상은행이 유태인에 의해 소유·경영되고 있던 뉴욕시의 은행들이었던 것은 결코 우연이 아니었다.

이 구제안은 결국 최후의 순간에 뉴욕어음교환소가 협정안에서 손을 뗀 것이 원인이 되어 햇볕을 보지 못했다. 동 협회가 손을 뗀 큰 이유는 소문에 의하면 은행업계 지도자의 몇 명인가가 반유태주의자였기 때문이라고 한다. 은행가를 소집한 최후의 회합으로 당시의 뉴욕주 은행관리국장 조셉 A. 브로우드릭은 무언가 그들의 노력을 얻고자 최후의 노력을 했는데도 결국 실패하였다. 후에 브로우드릭은 법정에서 다음과 같이 증언하였다.

"합중국은행은 몇 천 명이라는 차입자를 안고 있었고 많은 영세상인, 특히 유태인 상인에게 영업자금을 대출해 주고 있었다. 이 은행이 폐쇄되면 이 은행에 기대고 있던 많은 사람들이 파산하게 될 것이 틀림없다고 나는 생각했다. 더욱이 은행을 폐쇄하면 적어도 10개 이상의 뉴욕 시내은행이 파산할 뿐만 아니라 저축은행에까지 영향을 끼칠 우려가 있다고 경고하였다. 그 뿐만 아니라 그 영향은 뉴욕 이외 지역에까지도 미칠지 모른다고 나는 모두에게 말하였다.

바로 2, 3주일 전만 하더라도 우리들이 뉴욕의 큰 민간은행 중 2개나 구제하고 이를 위해 필요한 자금을 선뜻 조달했던 사실을 상기시켰었다. 또 8년 전에도 뉴욕 최대의 신탁은행을 구제하기 위하여 합중국은행을 돕는 데 필요한 자금의 몇 배나 되는 자금을 내놓은 일이 있지 않았는가 하고 말하였다. 물론 그때에도 최종적인 구제안이 결정되기까지는 의견의 격돌이 없었던바 아니었으나 결국은 구제할 수 있지 않았던가 하고 모두에게 과거를 상기시켰다. 나는 합중국은행에 대한 구제안의 파기가 최종적인 결정인가를 확인하였다.

모두들 그렇다고 확인하였다. 그래서 나는 뉴욕의 은행사상 가장 큰 세기적인 실책을 범하고 있다고 경고하였다."[10]

합중국은행의 폐쇄는 그 소유주와 고객 모두에게 비극적인 것이었다. 은행주 두 사람은 재판에 회부되어 기술적인 법률위반 밖에 없다고 인정받았음에도 불구하고 유죄판결을 받고 복역하게 되었다. 예금자는 최종적으로는 예금의 대부분은 돌려받을 수 있었으나 그것은 수년 후의 일이었다. 합중국은행 파산이 미국 전체에 끼친 영향은 더 심각했다. 예금의 안전에 불안을 느끼게 된 예금자들은 이미 시작되어 있던 간헐적인 예금인출소동에 가담하기 시작하였다. 그 때문에 은행은 줄도산하고 1930년 12월 한 달 동안만 하더라도 352개나 되는 은행이 도산하였다.

만약 당시 연방준비제도가 아직 탄생되지 않았고 그 상황에서 동일한 일련의 은행예금인출이 일어났다고 하면 틀림없이 1907년과 같은 방법, 즉 예금 지불제한이 있었을 것이다. 만약 그렇게 했다면 1930년 후반의 수개월 간에 실제로 있었던 것보다도 더욱 극단적인 조치였음에는 틀림없었을 것이다. 그러나 예금지불의 제한에 의해 건전한 은행으로부터의 준비금(현금) 유출은 방지되었을 것이고 1907년의 예금지불제한조치가 당시 은행 도산을 신속히 끝내게 한 것과 마찬가지로 1931년부터 1933년에 일어난 일련의 은행 도산은 거의 확실하게 방지되었을 것이 틀림없다. 1908년의 니커보커 신탁은행이 그랬던 것처럼 합중국은행도 업무를 재개할 수 있었을 것이다. 공황이 끝나고 은행에 대한 신뢰가 회복되면 경기가 1931년 초부터 회복될 수 있었을 것이다. 마치 1908년에 그랬었던 것처럼 말이다.

연방준비제도의 존재는 이와 같은 극적인 방법의 채택을 방해했다. 즉, 직접적으로는 연방준비은행제도로부터 필요한 경우 차입할 수 있다는 사실 때문에 주요한 은행들에 대한 관심이 적었던 탓이다. 또 간접적으로는 사회 일반이, 특히 은행가에서 금융공황이라고 하는 것과 같은 사태에는 연방준비제도가 언제라도 대처해 주는 이상, 예금지불제한과 같은 조치는 이미 불필요하다고 잘못 믿고 있었던 것이었다.

물론, 준비제도가 대규모적인 공개시장조작을 행하고 정부채를 매입해 주었다면 예금지불제한보다 더욱 좋은 해법을 제공할 수 있었다. 이와 같은 유가증권매입이 실제로 행해졌다면 상업은행은 예금인출요구에 대응할 만한 충분한 현금을 공급받을 수 있었을 것이고 연쇄적인 은행도산을 방지했거나 은행파산을 대폭적으로 감소시켰을 것이며 따라서 민간의 예금인출쇄도도 줄고 통화량의 격감도 방지할 수 있었음에 틀림없다. 그러나 불행히도 연방준비은행제도가 취한 정책은 애매모호하고 소극적인 것이었다. 대부분의 경우, 준비제도는 사태를 방관하고 공황이 악화되는 그대로 방치하였다. 이것이 그 후 2년간에 반복해서 취한 준비제도의 기본적인 정책이었다.

1931년 봄, 제2의 금융공황이 발생했을 때도 사정은 마찬가지였다. 1931년 9월 영국이 금본위제를 포기했을 때 연방준비제도가 취한 정책은 정말 가관이었다. 연방준비제도는 이미 2년간이나 심각한 경기후퇴가 계속되고 있었음에도 불구하고 그때까지의 역사상 가장 높은 수준으로 금리(재할인율)를 인상했다. 연방준비제도가 취한 이 같은 정책은 영국이 금본위제를 파기함에 따라 발생할지도 모를 금유출을 방지할 목적으로 취한 것이었다. 그러나 금리의 급격한 인상은 미국경제에 심각한 디플레이션 효과를 초래하였다. 은행과 기업 모두에게 어려운 시련을 안겨주었을 뿐이었다. 연방준비제도는 공개시장조작으로 통화의 급격한 감소를 진정시키고 초긴축으로 허덕이는 경제에 활력을 불어넣을 수 있었다. 그러나 연방준비은행은 아무 조처도 취하질 않았다.

1932년에 이르러서야 미국의회의 강한 압력에 밀려 비로소 대규모의 공개 시장매입정책에 손을 댔다. 이 정책으로 말미암은 효과가 나타나려고 할 때 의회가 휴회하고 준비제도는 갑자기 이를 중지해 버렸다.

이 비참한 이야기의 마지막 에피소드는 일련의 은행도산에 의해 촉발된 1933년의 은행공황이었다. 이 1933년의 금융공황은 정권교체기의 정치 공백기간 때문에 더욱 심각해졌다. 즉, 전 대통령인 허버트 후버는 재선에 실패하고 1932년 11월 8일에는 새로운 대통령에 선출된 프랭클린 D 루스벨트가 실제로 취임하기 위해서는 1933년 3월 4일까지 기다려야 했다. 이런 상황으로 후버는 차기대통령 루스벨트의 협력 없이는 극단적인 조치나 정책을 취할 의사가 없었고, 루스벨트는 또 그 나름 취임하기까지는 어떠한 일이라도 책임지기를 거부하였다.

금융공황이 뉴욕의 금융가에 퍼져감에 따라 연방준비은행제도 자체도 공황심리에 휩쓸려 버렸다. 뉴욕연방준비은행 총재는 후버 대통령에게 그의 임기가 끝나는 날에 전국적인 은행휴일을 선포하도록 제안하였으나 실패했다. 그래서 준비은행은 뉴욕어음교환소 가맹은행 및 뉴욕주 은행관리국장과 공동으로 뉴욕주의 레만지사에게 1933년 3월 4일, 즉 루스벨트의 대통령 취임식 날을 기해서 뉴욕주의 은행휴일을 선언토록 하였다. 이 선언으로 상업은행과 함께 뉴욕연방준비은행도 문을 닫았다. 이와 같은 정책결정은 다른 주에서도 채택되었고 3월 6일에는 신임 루스벨트 대통령에 의해 전국적인

은행휴일이 선언되었다.

이래서 상업은행에 의한 예금지급제한조치 같은 불행한 사태를 방지하기 위해 설립된 연방준비제도 그 자체가 상업은행과 함께 예금지급제한에 가담하여 문을 닫음으로서 미국사상 지금까지 볼 수 없었던 광범하고 완전한, 그리고 경제적으로 더할 수 없이 파괴적인 예금지급제한조치를 기록하고 말았다. 후버가 그의 회고록에 말하고 있는 다음과 같은 탄식에 공감하지 않을 수 없다.

"경제난국 시기에 연방준비제도이사회는 국가가 의지할 수 없는 지극히 무력한 갈대라고 밖에는 달리 결론지을 수 없었다."[11]

1929년 중반기 경기가 절정을 맞이하고 있을 때 미국에서 약 25,000개의 상업은행이 성업 중이었으나 1933년 초에는 18,000개 감소하였다. 더욱이 루스벨트 대통령에 의해 실시된 10일간의 은행휴일이 끝난 때에 영업을 허가받은 은행은 12,000개가 안 되었고 그 후 추가로 영업허가를 받은 은행은 불과 3,000개에 불과했다. 따라서 25,000개이던 은행 중 1만 개에 가까운 은행이 4년 공황 기간 중 도산과 합병·파산으로 없어진 것이다.

통화량도 마찬가지로 극적인 감소를 보였다. 민간 화폐보유액과 예금이 1929년의 3달러 가치에서 1933년에는 2달러만이 남았을 뿐이었다. 진례 없는 통화파탄이라 하지 않을 수 없는 것이다.

진실과 주장

　이러한 사실은 오늘날 의문의 여지가 없다. 그러나 존 메이너드 케인스를 포함해서 당시의 식자에게 이 사실이 알려지지도 않았고 알 수도 없었다는 사실은 강조해 두어야 하겠다. 어쨌든 이제까지 설명한 이러한 사실에 관해서 여러 가지로 다른 해석이 가능하다. 통화파탄이 경제공황의 원인이었는가 그렇지 않으면 결과였는가? 연방준비제도는 통화파탄을 막을 수 있었을까 그렇지 않으면 많은 사람이 믿고 있었던 것 같이 연방준비제도가 최선을 다했다 해도 금융공황은 피할 수 없었을까? 대공황은 미국으로부터 시작하여 해외로 퍼져나간 것인가? 그렇지 않으면 반대로 해외에서 발생한 여러 가지 요인이 미국의 경기후퇴를 심각한 대공황으로 전환시켰던 것인가?

원인인가 결과인가

연방준비제도 스스로는 대공황의 과정에서 자기가 행한 역할에 잘못이 있다고는 전혀 생각하지 않았다. 연방준비제도가 자기의 행동을 정당화하는 능력은 대단한 것이었다. 1933년의 『연차보고』에서 다음과 같이 주장하고 있으니 말이다.

"대공황의 과정을 통해 발생한 막대한 현금수요를 연방준비은행은 충분히 충족시킬 수 있었으며, 이와 같은 연방준비은행의 능력을 통해서 미국의 통화제도가 얼마나 효과적이었던가를 증명하고 있다. 만약 연방준비제도가 그와 같은 적극적인 공개시장조작을 실시하지 않았다면 대공황이 얼마나 더 악화했을지는 알 수 없었다."[12]

통화파탄은 경제공황의 원인이기도 하고 그 결과이기도 하였다. 통화파탄은 어디까지나 연방준비은행의 정책실패에 기인하는 것이었으며 그 결과로 그렇지 않았을 경우보다 더욱 경제공황을 악화시켰다. 그러나 일단 발생한 경제공황은 통화파탄을 더욱 악화시키게 마련이다. 온건한 경제후퇴 하에서라면 '우량대출'이었을 것도 심각한 경제공황 하에서는 '불량대출'일 수밖에 없는 것이다. 채무불이행(부도)으로 말미암아 대출해 준 은행이 타격을 입고 이것이 예금자를 불안하게 하여 예금인출을 촉발한다. 기업의 도산, 생산의 저하,

실업의 증대, … 이 모든 것이 불확실성을 고조시키고 위기의식을 부채질하였다. 그리고 많은 사람이 자산을 가장 유동성이 높고 가장 안전한 형태인 통화, 결국 현금으로 바꾸고 싶다는 생각을 굳혔다. 이러한 '피드백'은 경제제도의 본래의 특징인 것이다.

이제 와서 분명해진 것은 연방준비제도는 금융공황을 방지할 법적 임무가 있었을 뿐만 아니라 연방준비법에 의해 부여된 권한을 현명하게 행사했었다면 실제로 이것을 방지할 수 있었다는 사실이다. 준비제도를 변호하는 사람들은 준비제도의 그와 같은 행동에 관해 여러 가지로 변명을 해왔다. 그러나 그 어느 한 가지도 자세히 검토해 보면 문제가 없는 것이 없고 연방준비제도를 세운 선각자들이 그 임무로 생각하고 있던 것을 수행하지 못 한 실패를 정당화 하지 못한다. 준비제도는 금융공황을 방지하기 위해서 필요한 권한을 가지고 있을 뿐 아니라, 그 권한을 어떻게 사용하면 좋은가 하는 것도 알고 있었다. 1929년, 1930년, 1931년에 뉴욕 연방준비은행은 준비제도이사회에 대해서 여러 번 대규모적인 공개시장조작(매입)의 실행을 강력하게 요구했었다. 이것만이 연방준비제도가 실행해야 할 정책이었는데, 준비제도는 이를 실행치 않았다. 뉴욕 연방준비은행의 제안이 각하되었던 것은 뉴욕 연방은행의 제안이 틀렸기 때문도 아니고 실행 불가능했기 때문도 아니었다. 오직 준비제도 내부의 권력투쟁 때문이었다. 결국 타 연방준비은행도, 워싱턴의 연방준비제도이사회도, 뉴욕 연방준비은행의 리더십을 수용하지 않았기 때문이다. 뉴욕 연방준비은행의 주도권을 대신한 것은 연방준비제도이사회의 혼란과 우유부단한 리더십이었다. 준비제도 밖에서도 올바른 정책 수단을 호소하는 경우가 몇 번인가 있었다. 일례로 일리노이주 출신 하원의원 A. J. 새버드는 하원에서 다음과 같이 발언했던 것이다.

"연방준비제도이사회는 금융계와 상업계의 경제적 곤란을 해결하는 데에 필요한 충분한 힘을 지니고 있다고 나는 주장한다."

또 학계에서도 몇 사람인가의 준비제도 비판자가 있었다. 예를 들면 후에 필라델피아 연방준비은행 총재가 된 칼 보프는 새버드와 같은 의사를 표명했다. 또한 1932년의 공개시장조작정책이 의회의 강한 압력으로 인해 연방준비제도이사회의 회합에서 당면정책으로 채택될 때에 재무장관으로 당연직 연방준비제도이사였던 오그덴 L. 밀스는 공개시장매입조작을 지지하는 이유를 다음과 같이 말하였다.

"70%의 금을 보유한 거대한 중앙은행이 이와 같은 상황에서 어떠한 적극적인 정책을 실행하지 않고 단지 사태를 방관하고 있는 것은 생각할 수도, 허용될 수도 없는 일이었다."

그러나 그 이전 2년간이나 그 후 3개월 후 연방의회가 폐회하자마자 연방준비제도가 취한 것은 영락없이 이 허용될 수 없는 정책이 있고 1933년 3월에 금융공황 최후의 그리고 최악의 사태를 맞이한 때도 마찬가지였다.[13]

제3장 대공황의 해부

대공황은 어느 나라로부터 시작되었는가?

　대공황이 미국으로부터 세계의 여러 나라로 퍼졌다는 결정적인 증거는 당시 금의 국제적 이동에서 찾아볼 수 있다. 1929년에 미국은 금본위제여서 미국정부는 금의 평가액인 1온스당 20달러 67센트로 금을 매각 혹은 매입하고 있었다. 다른 대부분의 나라는 소위 금환본위제였고 이 제도에서 자국통화도 금 1온스당 얼마라는 식의 금 평가를 정하도록 되어 있었다. 이들 통화의 금 평가액 또는 금의 공정가격을 달러 평가로 나누어주면 1달러 당 얼마라는 식의 달러에 대한 환율이 결정된다. 이들 금환본위제를 채택하고 있던 나라들은 그 공정가격으로 금을 자유롭게 매매하는 경우도 있었고 실제로는 자유로운 매매를 회피하는 경우도 있었다. 그러나 어떠한 경우라 하더라도 이들 나라는 달러를 자유롭게 매매함으로써 달러에 대한 자국통화 교환율인 환율을 금 평가에 의한 공정환율 수준으로 유지하고자 하였다. 이 제도에서는 가령 미국의 거주자나 달러 보유자가 해외에서 지출(또는 대출, 증여)하고자 하는 금액이, 달러 수취인이 미국에서 지출(또는 대출, 증여)하고자 하는 금액보다 많을 경우에는 그 차액만큼의 잉여달러를 금으로 바꾸고자 할 것이다.

　그 결과 금은 미국으로부터 다른 나라로 유출(수출)되게 된다. 이와 반대의 경우, 즉 달러 보유자가 해외에서 소비(혹은 대출, 증여)하기 위해 수중에 있는 달러를 외국통화로 교환하고자 했던 액수 이상으로 외국통화의 보유자가 미국에서 달러를 소비(혹은 대출, 증여)하고자 하는 경우에는 그들도 자국의 중앙은행으로부터 공정환율로 필요한 달러를 구입하게 된다. 그때 그들 나라의 각 중앙은행은 미국에 금을 송금하여 필요한 달러를 조달하고 있었다(물론 실제에는 금의 이와 같은 이전은 대부분의 경우, 바다를 건너 금을 문자 그대로 송금한 것은 아니다. 외국중앙은행이 보유한 금의 대부분은 뉴욕 연방준비은행의 금고에 보관되어 있어 소유국마다 '팻말'을 붙여 취급하게 되어 있었다. 금의 이전은 미국 월 스트리트 근처의 리버티가 33번지에 있었던 그 은행의 지하실 깊숙이 보관되어 있는 금괴를 담은 용기의 팻말을 바꾸는 식으로 처리했다).

그런데 대공황이 가령 해외에서 일어나고 미국경제는 잠시 동안 호경기 상태를 계속하고 있었다고 하자. 이 경우에는 해외 여러 나라의 경제상태가 악화하는데 따라 이들 나라에 대한 미국의 수출은 감소할 것이고 한편 외국의 제품 값은 하락하기 때문에 이들 나라로부터 미국의 수입은 늘어났을 것임이 틀림없다. 그 결과 외국사람들이 미국에서 사용하고자 하는 것보다도 많은 액수의 달러가 해외에서 사용(혹은 대출, 증여)되어 미국으로부터의 금의 유출이 일어날 것이다. 그리고 이와 같은 금의 해외유출은 연방준비제도의 금 준비를 감소시키고 그 결과 준비제도는 통화량을 감소시켰을 것이다.

이것이 고정환율제도하에서 디플레이션(혹은 인플레이션) 압력이 한 나라로부터 타국으로 전해지는 경로다. 만약 당시에 금의 유출이 이러한 경로를 거쳐서 일어나고 있었다면 연방준비제도는 당시의 긴축성책이 해외로부터의 압력에 대응한 결과라고 정당하게 주장할 근거가 될 것이다.

그런데 이번에는 대공황이 미국으로부터 시작되었다고 생각해 보자. 그렇다면 달러 보유자가 해외에서 사용하고자 하는 달러 총액은 감소할 것이고 타국의 사람들이 미국에서 사용하고자 하는 달러 총액은 증가할 것이기 때문에 우선 미국으로 금이 유입될 것임이 틀림없다. 그 결과 여러 나라들은 자국의 통화량을 감소시키지 않을 수 없게 되고 이리하여 미국의 디플레가 이들 나라로 파급되었을 것이다.

그러면 사실은 이들 중 어떤 것일까? 사실은 아주 명백하다. 1929년 8월부터 1931년 8월에 걸쳐, 즉 대공황 최초의 2년간에 미국의 금 보유량은 증가하고 있었던 것이다. 이것만이 대공황의 선두에 서 있었던 것은 미국이었다는 것을 나타내는 결정적인 증거다. 만약 연방준비제도가 금본위제의 게임의 법칙rule of the game에 따라 정책을 수행했다고 하면 금 유입에 대응해서 통화량을 늘려야 했다. 그런데 실제로는 반대로 통화량을 감소시켰다.

물론 공황이 일단 시작되고 그것이 다른 나라들에 파급된 후에는 반대로 이들 나라로부터 불황의 영향이 환류하게 마련이다. 이는 어떤 경제라도 복잡한 구조를 갖게 되면 피할 수 없는 피드백 효과의 한 예에 불과한 것이다.

그런데 이러한 세계적인 불황의 선두에 섰다고 해서 그 나라가 언제까지고 선두일 리는 없는 것이다. 프랑스는 1928년에 프랑을 과소평가한 환율로 금본위제에 복귀함으로써 그 결과 금 보유량은 대폭적으로 늘어나 있었다. 따라서 프랑스는 폭넓은 정책을 취해 미국으로부터의 디플레 압력을 완화시키는 정책을 얼마든지 취할 수 있었다. 그런데 프랑스는 반대로 미국보다도 더욱 심한 긴축정책을 택하고 그 결과 금 보유량을 더욱 늘리기 시작했을 뿐만 아니라 1931년 말 부터는 미국으로부터 금을 매입하기까지 하였다. 프랑스는 이래서 불황의 선두주자가 되었는데 그 대가로 얻은 것이라곤 불황의 장기화였다. 미국경제는 1933년 3월에 금 수출을 금지했을 때를 전후하여 불황의 바닥(저점)을 찍은 반면, 프랑스는 1935년 4월까지 경기가 하강을 계속하였던 것이다.

준비제도에 미친 효과

연방준비제도이사회가 뉴욕 연방준비은행의 제대로 된 조언을 무시하고 견지한 그 잘못된 금융정책이 뉴욕 연방은행 및 타 연방은행과의 권력투쟁에 있어 연방준비제도이사회에게 완전한 승리를 안겨준 것은 역사의 아이러니라고 아니할 수 없다. 민간은행을 포함한 민간기업(사경제)이 실패했다는 신화나 또는 자유시장(경제)은 원래가 불안정하다든지, 또 그래서 정부에게 더욱 큰 권력을 쥐어주어야만 한다는 이러한 신화들은 결국 새로운 정치적 풍토를 낳았고 그 덕택에 연방준비제도이사회의 지역연방준비은행에 대한 영향력은 더욱 커졌다.

이와 같은 권력의 이행을 상징하는 사건의 하나는 연방준비제도

이사회가 재무성 빌딩 내에 있던 사무소로부터 콘스티튜션거리(헌법가)에 스스로 신축한 웅장한 그리스 사원 같은 건물로 이사한 것이다(그 후 이 건물 주위로는 더 큰 건물들이 들어섰다). 이러한 권력이행의 결정판은 연방준비제도이사회의 명칭과 연방준비은행의 장의 명칭을 바꾼 것이었다.

중앙은행에서 권위 있는 지위·직함은 사장president이 아니고 총재governor다. 1913년부터 1935년에 걸쳐 연방준비은행의 장은 '총재'라고 불렸는데 '연방준비제도이사회'라고 불리던 워싱턴 본부에서는 이사회의 의장만이 '총재'라고 불리고 이사회의 다른 멤버의 명칭은 단순한 '연방준비제도이사회 이사'였다. 1935년의 은행법은 이 모든 것을 바꿨다. 지금은 연방준비은행의 장은 '총재' 대신 '사장'이라고 불리게 되었고, 또 '연방준비제도이사회'라고 하는 간단한 이름은 실은 정확하게는 '연방준비제도총재회의'라고 하는 긴 이름으로 변경되었다. 그 이유는 오로지 이사회의 멤버 전원을 '총재'라고 부르기 위해서였다.

그러나 불행하게도 이와 같은 권력과 위신을 키우거나 총재실을 으리으리하게 꾸몄다고 해서 금융정책상의 실적이 향상된 것은 아니었다. 1935년 이래 연방준비제도는 1937년부터 1938년에 걸쳐서 심각한 경기후퇴를 촉발하였고, 제2차 세계대전 중과 전쟁 직후의 인플레이션, 그리고 그 후의 인플레이션과 실업이 서로 상하로 움직이고 반복되는 청룡열차와 같은 경제를 이끌었다. 인플레는 정점을 맞이할 때마다 이전의 기록을 갱신했으며, 저점의 물가수준도 마찬가지로 그 이전의 저점을 웃도는 경향을 보였다. 또 평균실업률도 점진적으로 높아지고 있었다.

물론 연방준비제도는 1929년부터 1933년에 걸쳐 저지른 것과 같은 잘못, 즉 금융공황을 일으키기도 하고 더구나 이를 부채질하기도 하는 것과 같은 짓은 그 후에는 하지 않았다. 그러나 이번에는 통화량을 부당하게 급속히 증대시켜, 이전과는 반대로 인플레이션을 촉진했다. 그뿐 아니라 연방준비제도의 정책은 극단적인 실수를 하여 시계추처럼 극에서 극으로 정책을 변경함으로써 때로는 경미한, 때로는 극심한 경기후퇴와 호황을 계속 불러일으켰다. 연방준비제도는 그러나 적어도 한 가지 점에 관해서 늘 완전하게 시종일관 한 주장을 계속했다. 즉, 연방준비제도는 어려운 문제가 일어날 경우에는 자기의 지배력이 닿지 않는 외부의 불가피한 영향 탓으로 돌렸고 무엇이든 잘된 일은 모두 자기의 공으로 돌렸다. 이렇게 하여 연방준비제도는 민간경제가 불안정하다고 하는 신화를 더욱 공고히 했으나 연방준비제도의 행태나 금융정책은 오늘날 경제적 불안정을 만들어 내는 중요한 원천이 바로 정부라는 진실을 하나하나 증명해 보이고 있을 뿐이다.

제 4 장

요람에서 무덤까지

1932년의 대통령선거는 미국에서 하나의 정치적 분기점이었다. 공화당 대통령 후보자로서 재선을 노리는 허버트 후버는 심각한 공황이라는 무거운 짐을 떠맡고 있었다. 100만 명이라는 많은 사람이 실업 상태에 놓여있었다. 당시 상황을 대변하는 전형적인 이미지는 빵을 구하려고 줄 서 있는 사람들 또는 길모퉁이에서 사과를 팔고 있는 실업자들이었다. 통상 있을 수 있는 경기후퇴를 파국적인 대공황으로 전락시킨 그릇된 통화정책에 대한 책임은 독립기관인 연방준비제도가 져야 했으며, 대통령도 한 나라의 최고 통치자로서의 책임을 면할 수는 없었다. 국민은 당시 경제제도를 신뢰하지 않았다. 대중은 절망에 빠져 있었다. 그들은 다시 재기하여 빈곤으로부터 탈출할 수 있다는 약속을 바라고 있었다.

뉴욕의 카리스마적 지사인 프랭클린 델러노 루스벨트는 민주당 대통령 후보였다. 루스벨트는 희망과 낙관을 설파한 참신한 인물이었다. 당연한 일이지만 그는 과거의 정책을 바탕으로 선거운동을 전개하였다. 그는 자신이 대통령에 선출되면 정부의 낭비를 줄이고 재정을 균형화시킨다고 약속하였으며, 후버정권에서 발생한 재정지출의 낭비와 재정적자의 확대를 비판하였다. 그와 동시에 루스벨트는 대통령선거에 앞서서 그리고 선출되고 난 뒤 실제의 취임에 이르기까지의 기간에 뉴욕주의 알바니에 있는 주지사공관에서 보좌관 그룹과 정기적인 회합을 가졌다. 이 그룹이 그 후 루스벨트의 '브레인 트러스트brain trust'라고 불렸다. 이들은 대통령 취임 후에 취할 정책을 입안하였는데, 이에 기반해서 루스벨트가 민주당 대통령 후보 수락연설에서 미국 국민들에게 약속한 '뉴딜' 정책이 탄생했다.

1932년의 대통령 선거는 좁은 의미의 정치적 관점에서 보아도 하나의 분기점이었다. 즉, 1860년부터 1932년에 걸쳐 72년 동안이라는 기간 중에 공화당은 56년 동안 대통령직을 보유하였고, 민주당은 16년간 보유하였다. 1932년부터 1980년까지의 48년간의 통계는 뒤바뀌었다. 민주당은 32년 동안 대통령직을 보유하였고, 공화당은 16년간 보유하였다.

1932년 대통령 선거는 실로 더 중요한 의미에서도 하나의 분기점이었다. 이 선거에서 정부의 역할에 대한 일반국민의 인식과 정부에 부여된 실제적 역할에 중대한 변화가 나타났다.

그것이 어느 정도로 큰 변화였던가는 다음의 간단한 통계수치를 보면 알 것이다. 미국 건국 이래 1929년에 이르기까지 연방정부, 주

정부 및 지방정부 등 모두를 포함한 정부의 재정지출은 주요 전쟁시를 제외하고는 국민소득의 12%를 초과한 적이 없었다. 재정지출의 3분의 2는 주정부와 지방정부의 지출이었다. 연방정부의 지출은 국민소득의 3%나 혹은 그 이하인 것이 전형적이었다. 그런데 1933년 이후 정부지출은 국민소득의 20% 이하가 된 적이 한 번도 없었고, 오늘날에는 40%를 넘고 있으며, 또 그 3분의 2는 연방정부의 지출이다. 실로 제2차 세계대전이 끝난 후 대부분의 시기는 냉전 또는 본격적인 전쟁 시기였다. 그러나 1946년 이후부터는 비군사 지출까지도 국민소득의 16% 이하가 된 적은 없었고 지금도 얼추 국민소득의 3분의 1에 이르고 있다. 연방정부의 지출만도 국민소득 전체의 4분의 1 이상이며, 비군사 목적의 지출만도 국민소득의 5분의 1을 넘고 있다. 이와 같은 기준에서 볼 때 미국경제에서 차지하는 연방정부의 역할은 과거 반세기 동안 약 10배로 증가한 셈이 된다.

루스벨트는 1933년 3월 4일 대통령에 취임하였다. 이때는 경제가 불황의 밑바닥에 달한 때였다. 대부분의 주가 은행휴업을 선언하고 그 문을 닫게 했다.

루스벨트도 대통령에 취임한 이틀 후에 전국의 모든 은행에 휴업령을 내렸다. 그러나 루스벨트는 대통령 취임연설에서 "진정으로 우리가 두려워해야 하는 것은 두려움 그 자체뿐이다"라고 선언하면서 희망의 메시지를 전달하였다. 그리고 그는 곧바로 정열적으로 입법활동 계획에 착수했다. 미국 의회의 저 『백일동인』의 특별회기가 바로 그것이다.

루스벨트의 브레인 트러스트 멤버들은 주로 대학에서, 특히 컬럼비아대학 출신이었다. 그들은 이미 대학에서 경험 지적 분위기의 변화를 정책에 반영하고 있었다. 당시 학계의 분위기는 개인의 책임, 자유방임주의 그리고 분권화되고 한정된 정부에 대한 신념으로부터 사회적 책임과 집권화된 강력한 정부에 대한 신념으로 변화하고 있었다. 생산수단의 소유와 운영을 정부에 맡기더라도 재산의 극심한 변동으로부터 개인을 보호하고 '전체의 이익'을 위하여 경제를 통제하는 것이 정부가 해야만 하는 기능이라고 그들은 확신하고 있었다. 이 두 가지의 사조는 1887년에 간행된 에드워드 벨러미의 유명한 소설 『뒤돌아보면서』에 이미 나타나 있었다. 이 소설은 립 밴 윙클과 같은 유형의 인물이 1887년에 잠이 들었다가 2000년에 눈을 뜨니 완전히 다른 세계를 발견한다는 환상적 유토피아 소설이다. 립 밴 윙클을 놀라게 한 유토피아가 지옥의 1880년대로부터 어떻게 하여 예언의 날 1930년대에 나타나게 되었는지를 그의 새로운 친구들이 「뒤돌아보면서」 잠에서 깨어난 그에게 설명하여 준다. 이 유토피아 사회는 「요람에서 무덤까지」 복지가 약속되고(우리가 자주 접하는 '요람에서 무덤까지'라는 말은 이때 처음 사용된 것이다.) 연장된 일정기간동안 모든 사람에게 부여된 국민개병제도compulsory national service와 함께 상세한 정부계획까지 포함하는 것이었다.[14]

대학의 지적인 분위기를 경험한 루스벨트의 보좌관들은 대공황을 자본주의의 실패라고 생각하고 정부가(특히 중앙정부가) 적극적으로 개입하는 것이 적절한 치유책이라고 굳게 믿었다. 생각이 좁고 이

기적인 '실리추종자economic royalists'가 지금까지 함부로 써온 권력을 지금은 자비심 깊은 공무원이나 사심 없는 전문가가 맡아야 한다는 것이다. 루스벨트가 최초로 행한 대통령 취임연설을 인용하자면 "이기적인 실리추종자는 지금 우리 문명의 사원에 자리 잡고 있는 높다란 성좌에서 도망가 버렸다"는 것이다.

루스벨트가 채택한 정책을 입안하면서 보좌관들은 학계뿐만 아니라 비스마르크의 독일, 페이비언의 영국 및 그 중간노선을 택한 스웨덴의 초기경험을 이용할 수 있었다.

1930년대에 출현한 뉴딜이 이들 사상을 반영한 것은 분명하다. 뉴딜은 경제의 기본구조를 개혁하고자 하는 정책 요강을 포함하고 있었다. 그 가운데 어떤 것은 대법원의 위헌 판결을 받고 폐기되지 않으면 안 되었는데, 그 가운데 눈에 띄는 것이 국가부흥국NRA과 농업조정국AAA이다. 오늘날까지 그대로 있는 것은 증권거래위원회, 국가노동관계위원회, 전국적 최저임금제이다. 뉴딜은 또한 재앙에 대한 보장, 특히 사회보장OASI(노인과 유족에 대한 보험) 실업보험, 공적인 생활보조 등을 마련하는 정책 요강을 포함하였다. 이 장에서는 이들 정책수단과 그에 따른 파생적 정책progeny을 논의하기로 한다.

뉴딜 정책은 대공황으로 빚어진 비상사태를 해결하고자 하는 엄밀히 말하면 일시적으로 의도한 정책들을 포함하기도 하였다. 이러한 잠정적 정책 몇 가지는 정부의 정책이 항상 그러했듯이 항구적인 것이 돼 버렸다.

그 중에서 가장 중요한 잠정적인 정책은 고용진흥국의 '고용창출사업"make work" projects'이었다. 그것은 민간자연보호단을 조직하여 취업하지 못한 젊은이를 국립공원이나 산림지대를 개선하는데 활용하는 것과 극빈자를 연방정부가 직접 구호하는 사업이었다. 그 당시 이들 정책들은 유익한 기능을 하였다. 경제적 곤란이 거대한 규모로 퍼져 있었다. 무엇인가를 즉시 실시하여 그 곤란에 고통받고 있는 국민들을 돕고, 그들에게 희망과 신뢰를 회복하여 주는 일이 매우 중요하였다. 이 정책들은 갑자기 고안해 낸 것이어서 의심할 여지도 없이 불완전하고 낭비적인 면이 있는 것이었지만 당시의 상황을 생각하면 충분히 이해될 수 있으며, 또한 불가피한 것이었다. 어쨌든 루스벨트 행정부는 경제난국을 벗어나고 국민들의 신뢰를 회복하는데 상당한 성공을 거두었다.

제2차 세계대전은 한편 뉴딜 정책의 기반을 크게 강화하면서도 뉴딜정책을 중단시켰다. 전쟁은 정부 예산을 거대하게 키웠으며 국민의 경제생활의 상세한 부분까지 정부가 일찍이 볼 수 없을 정도로 통제하게 하였다. 물가와 임금은 정부의 행정명령에 따라 통제되었으며 소비재는 배급되고, 어떤 종류의 민간재 생산은 정부가 금지시켰다. 원료와 최종소비재도 배급되었고 수출과 수입도 관리되었다.

실업자의 감소와 거대한 군수물자의 생산이 미국을 '민주주의의 병기공장'화시켰고 독일과 일본이 무조건 항복하게 만들었다. 이 모든 것들이 '무계획적인 자본주의'보다 더 효율적으로 경제체제를 운영하는 정부의 능력을 과시하는 것으로 이해되었다. 제2차 세계대전이 끝나고 제정된 최초의 주요한 법률 가운데 하나는 1946년의 고용법이었다. 이 고용법은 '최대의 고용, 산출량, 구매력'을 유지시키는 것에 대한 정부의 책임을 밝히고 있으며, 결과적으로 보면 케인스의 정책을 입법화한 것이었다.

전쟁이 일반 국민들의 태도에 끼친 영향은 대공황의 영향이 거울에 반사된 이미지였다. 대공황은 자본주의가 불완전하며, 전쟁에는 중앙집권적 정부가 효율적이라는 인식을 일반대중에게 확신시켜 주었다. 그러나 이 두 결론은 모두 잘못된 것이다. 대공황은 정부의 실패로 인해서 발생한 것이며 결코 민간기업의 실패로 인한 것이 아니었다.

전쟁에 관련해서는, 그것은 거의 모든 시민이 공감하여 큰 희생이라도 기꺼이 감수하려는 단 하나의 중요한 목적을 위해 정부가 잠정적으로 통제경제를 강력히 실시하는 것이다. (막연한 정의이기는 하지만) 전시의 경제통제는 정부가 다양하고 변화무쌍한 시민의 목적으로 빚어진 '대중의 이익'을 증진시키기 위하여 경제를 항구적으로 통제한다는 것과는 전혀 다른 것이다.

전쟁이 끝날 무렵 중앙정부의 경제계획은 마치 닥쳐오는 미래의 물결처럼 보였다. 어떤 이들은 이 결과를 평등하게 분배받는 풍요의 세계를 알리는 여명으로 여겨 열광적으로 받아들였다. 한 편, 이는 폭정과 비참한 길로 인도하는 이정표로 파악한 우리를 포함한 많은 사람들에게는 아주 두렵게 느껴졌다. 그러나 한편의 희망도 다른 한편의 두려움도 지금까지 현실화되지는 않았다.

정부의 규모는 크게 팽창되어 왔다. 그러나 공업, 금융업과 상업의 국유화가 끊임없이 확대됨과 함께 생기는 세분화된 중앙집권적 경제계획의 형태가 많은 사람들이 두려워했던 것처럼 정부의 팽창과 더불어 싹트지는 않았다. 실제로는 상세한 경제계획이 종말을 고하는 경험을 하였다. 그 이유는 경제계획이 공표된 목적을 달성하는 데 성공하지 못했기 때문이며 또한 경제계획이 자유의 개념과 충돌했기 때문이었다. 이와 같은 충돌은 영국정부가 국민의 직업을 통제하려고 한 시도에서 아주 명백하게 드러났다. 일반 대중의 반발이 정부의 이러한 시도를 포기하게 하였다. 산업의 국유화는 영국에서 또 스웨덴, 프랑스, 미국 등에서도 너무 비효율적이었으며 큰 손실을 낳았다. 따라서 오늘날 더 이상의 국유화가 바람직하다고 생각하는 사람들은 극히 일부의 완고한 마르크스주의자뿐이다. 한때 많은 사람들이 국유화가 생산효율을 증대시킨다고 믿었지만, 이제는 환상 속으로 사라져 버렸다. 그러나 지금도 국유화가 여전히 발생하고 있다. 미국의 여객철도수송이나 화물수송, 영국의 레일란드 자동차, 스웨덴의 제철이 그러하다. 그러나 오늘날의 국유화는 전혀 다른 이유에서 이루어지고 있다. 즉, 시장여건으로 보아 없어질 수밖에 없는데도 소비자가 그 서비스를 정부 보조로 유지하여 줄 것을 바라기 때문이다. 또는 수익성이 없으면서도 노동자들이 일자리를 잃을까 두려워하기 때문이기도 하다. 심지어 국유화를 지지하는 사람들조차도 국유화를 필요악으로 밖에 보지 않는다.

 계획과 국유화의 실패에도 불구하고 끊임없는 정부비대화의 압력을 제거하지는 못하였다. 다만 비대화의 방향만을 바꾸었을 뿐이다. 정부의 팽창은 이제 복지정책의 형태와 규제의 형태 2가지를 취하고 있다.

알렌 윌리스Allen Wallis가 약간 다른 맥락에서 지적한 바와 같이 사회주의는 "생산수단의 사회화를 지지하는 이론이 지난 백 년 동안에 하나씩 분쇄되고 지금은 생산물의 사회화를 추구하고 있다고 볼 수 있다."[15]

복지 분야에서 정부의 팽창이 최근 20~30년 동안, 특히 린든 존슨 대통령이 1964년 "빈곤과의 전쟁"을 선언한 후부터 폭발적 상태에까지 이르렀다. 사회보장제도, 실업보험제도 및 정부의 사회보호 제도라는 뉴딜정책은 새로운 계층을 포괄할 정도로 모두 확대되었다. 지불액이 증가되었으며 그리고 의료보험medicaid, 식비보조제도 food stamps, 기타 수많은 정책이 추가되었다. 공공주택건설과 도시재개발사업이 확대되었다. 오늘날에는 문자 그대로 수백 가지의 복지 및 소득재분배정책이 존재한다. 1953년에 수립된 보건·교육·후생국은 그때까지 흩어져있던 많은 복지정책을 통합하기 위해 설립했는데, 당초의 예산액이 20억 달러, 즉 국방비 지출의 5% 미만이었다. 그러나 25년 후인 1978년에는 예산액이 1,600억 달러로서 육·해·공군 3군의 유지를 위한 총지출보다도 1.5배나 커졌다. 이것은 세계에서 세 번째로 큰 예산이었으며 이를 능가하는 것은 미국정부의 총예산과 러시아의 총예산뿐이다. 보건·교육·후생국은 미국의 구석구석까지 침투하여 서내한 세국을 관리하였다. 미국의 피고용자 100명 중에 1명 이상이 보건·교육·후생국이라는 제국에서 직접 적으로

제4장 요람에서 무덤까지

는 이 기구를 위하여 또 이 기구가 맡고 있는 정책을 위하여 일하고 있었다. 그러나 이 정책은 주정부와 지방정부에 의하여 관리되었다. 우리 모두가 지금은 이 기구의 활동에 의해서 어떤 영향을 받고 있는 것이다(1979년 말 보건·교육·후생국은 문교성과의 분리로 분할되었다).

폭발적 복지 활동의 결과에 대한 불만이 광범위하게 번져갔으며 이를 더욱 확장해야만 된다는 지속적 압력 - 표면적으로 모순된 이 두 현상 - 에 대하여 아무도 반대하지 않았다.

정책이 표방하고 있는 목적은 모두 고귀한 것이었다. 그러나 결과는 실망이었다. 사회보장 지출은 급속히 증가했으며 이 제도는 더욱 심각한 재정난에 빠졌다. 공공주택공급이나 도시재개발사업은 빈곤한 자가 이용할 수 있는 주택의 수를 늘리기는커녕 오히려 이를 감소시켰다. 고용이 증대했음에도 생활보조금을 받는 사람들의 수는 점점 많아지기만 했다. 복지 정책이 부정과 부패로 가득 찬 '잡동사니'가 되어 버렸다는 점에는 누구나 동의하는 것 같다. 정부가 의료비의 비율을 점점 늘려갔지만 환자나 의사 모두 의료비의 급상승과 비인간적 의료 활동에 대하여 불평을 하고 있다. 교육에 있어서도 정부개입이 증대하면 할수록 학생들의 성적이 떨어져 갔다(제6장 참조).

목적이 훌륭했던 이 정책이 실패를 거듭한 것은 결코 우연이 아니다. 이것은 단순히 정책집행이 잘못된 결과만은 아니다. 실패는 좋은 목적을 달성하기 위해 적절치 못한 수단을 사용한데서 온 것이며 그 원인은 뿌리가 깊다.

복지정책이 실패했음에도 복지사업을 증대하라는 압력은 커가기만 했다. 복지정책의 실패는 의회가 필요한 자금의 집행에 인색했기 때문이라고 주장하고 예산의 증대를 요구하고 있다. 또한 특정한 복지정책으로부터 특정한 이익을 얻는 사람들은 그 정책을 확대하도록 압력을 가하고 있다. 이 가운데 특히 가장 중요한 것은 복지정책 때문에 생긴 거대한 관료기구이다.

오늘날 복지제도에 대한 매력적인 선택적 대안은 최저생계비 수준을 지켜주는 네거티브 소득 세제negative income tax의 도입이다. 이 제안은 정파가 다른 모든 개인과 집단에 의하여 광범한 지지를 받아 왔다. 지난날 3명의 미국 대통령들이 변형된 복지정책을 제안한 바 있으나 그것이 가까운 장래에는 정치적으로 실현될 것으로 보이지는 않는다.

현대복지국가 출현

 오늘날 대부분의 사회에서 흔히 실시되고 있는 복지정책이 대규모로 도입된 최초의 근대국가는 '철의 재상' 비스마르크의 지도아래 새로 건국된 독일제국이었다.
 1880년대 초기 그는 포괄적인 복지기구를 도입하여 사고나 질병, 노후에 대한 보험을 노동자에게 제공하였다. 비스마르크의 동기는 사회의 하위층에 대한 온정주의적 관심과 빈틈없는 정치적 배려의 복합체였다. 비스마르크의 정책은 새로이 출현한 사회민주당의 정치적 인기를 약화시키기 위함이었다. 원래가 전제주의적이고 귀족주의적인 제1차 세계대전 당시 독일이라는 국가, 요즘 유행하는 말로 말하면 우익 독재주의 국가가 사회주의나 좌익과 결부하여 생각할 수 있는 복지정책을 도입하려고 시도한 것이 역설적이라고 생각될지 모른다. 그러나 비스마르크가 취하고 있는 정치적인 동기를 고려하지 않더라도 귀족주의 신봉자나 사회주의 신봉자 어느 쪽이나 모두 중앙집권적 통치를 신봉한다. 그 어느 쪽이나 다 자발적인 협력보다는 명령에 의한 통치가 옳다고 믿는다. 귀족주의와 사회주의가 다른 것은 누가 지배해야만 하는가에 관한 것이다. 바꾸어 말하면 지배를 담당해야 할 엘리트는 태어난 가문으로 인해서 결정되어야 할 것인지 능력에 따라 선출된 전문가에 의해서 결정되어야 할 것인가 하는 점만이 다를 뿐이다. 이들 모두가 선언하고 있는 것처럼 그들은 '일반 대중'의 복지증대를 원하고 있으며 자신들이야말로 '공익'이 무엇인지를 안다고 믿고 보통 사람들보다도 이 문제를 훨씬 잘 해결할 수 있다고 확신한다. 그렇기 때문에 그 어느 쪽이나 다 온정적인 철학을 공언하고 있다. 그런데도 실제로 권력을 쥐면 이들 그룹의 어느 쪽이나 다 '일반복지'라는 명목 아래 실제로는 자신이 소속한 계급의 이익을 밀고 나아간다.

1930년대에 채택한 미국의 사회보장정책의 직접적인 선례는 1908년에 영국이 입법화한 노인연금법이며, 또한 1911년에 입법화된 국민보험법이었다. 노인연금법은 일정 금액 이하로 수입이 감소한 70세 이상의 노인에게 과거 소득에 따라 매주 연금을 지불할 것을 결정했다. 이 연금제도는 전적으로 기부금에만 의존하지 않았으며, 그러한 의미에서 아주 직접적인 구제제도였다. 대영제국에서 몇 세기 동안 어떤 형태로든지 존재하고 있던 빈민구제법의 확대가 가능히였다. 그러나 다이시A. V. Dicey가 지적한 바와 같이 노인연금법과 예전의 빈민구제법 사이에는 근본적으로 다른 점이 있다.

노인연금법은 이 법의 표현을 빌리면 "연금을 수령한 사람이 어떠한 시민권도 그 밖의 권리나 특권도 빼앗기는 것이 아니며 권리의 행사를 정지당할 수도 없다." 때문에 이 연금을 받는 것은 수령자의 권리라고 보는 것이다. 실제로 이와 같은 조약을 읽으면 새로운 노인연금법이 예전의 빈민구제법과 어느 정도 다르게 되었는가를 잘 알게 된다. 이 법이 제정되고 나서 5년이 지난 뒤에 이 법에 대하여 그는 다음과 같이 기술하였다.

「이 법에 따르면 빈민이기 때문에 구제자금을 받는다고 해도 국회의원에 대한 선거의 투표권은 의연히 지속되고 있다고 규정하고 있다. 그러나 규정으로 인하여 영국인 전체가 진정으로 이익을 얻었는가 아닌가에 대해 분별 있는 사람이라면 틀림없이 의문을 갖고 있을 것이다.」[16]

오늘날 만약 정부자금을 받는 것이 투표권 상실을 의미한다면, 투표권을 갖고 있는 사람이 한 사람이라도 남아 있을지를 발견하기 위하여서는 현대판 디오게네스Diogenes(그리스의 퀴닉파 철학자)가 환히 밝힌 램프를 들고 그들을 찾아 나서야 할 것이다.

국민 보험법은 "다음 두 가지 목적달성을 목표로 하고 있다. 그 첫째는 영국에서 고용된 사람은 누구나 다 16세부터 70세에 이르기까지 병에 대해 보험이 적용된다는 것, 바꾸어 말하면 의료보험의 적용을 받는 일이며, 두 번째 목적은 이 법에 명시된 직업에 종사하

는 사람들이 실직하면 이 보험이 적용된다는, 즉 실직하고 있는 기간에 경제적 지원을 받는 것이다.[17]

앞서 말한 노인연금제도와는 달리 이 국민보험제도는 갹출제도에 기초를 두고 만들어졌다. 이 제도는 그 자금의 일부는 사용자 측에서 다른 일부는 노동자 측에서 나머지 일부는 정부 측에서 갹출한다.

이 제도는 갹출제도에 기초를 두고 있으며 또한 보험의 대상이 질병이나 실업이라는 예기치 못했던 사태라는 점에서 노인연금법보다도 훨씬 오래된 빈민구제법과는 큰 차이가 있는 법률이었다. 이점에 관하여 다이시는 다음과 같이 기술하고 있다.

국민보험법으로 국가는 새롭고 어려운 의무를 떠맡게 되었으며, 근로자들에게는 새롭고 폭넓은 권리가 양도되었다. 1908년 이전에 부유한 사람이나 가난한 사람이 건강 보험에 들 것인가 아닌가는 본인의 판단에 자유로이 맡겨진 문제였다. 그때까지는 본인이 보험에 가입하는 문제는 검은 양복을 입을 것인지, 갈색 양복을 입을 것인지의 문제와 마찬가지로 국가에서 전혀 관계하지 않았기 때문이다.
그런데 지금의 국민보험법은 국가에게, 결과적으로는 의원들이 납세자에게 예상한 것보다도 훨씬 무거운 책임을 장기간에 걸쳐 선가하게 될 것이다.…실업보험은 일자리를 잃어 발생하는 여러 가지 불행에 대하여 책임질 의무가 국가에 있다는 것을 사실상

국가가 인정한 것이다.…국민보험법은 사회주의의 교리에 합치하는 것이지 자유주의와는 도저히 합치할 수 없을 뿐만 아니라, 1865년의 급진주의도 용납할 수 있는 것이 아니었다.[18]

이와 같이 초기 영국의 복지정책은 비스마르크의 복지정책과 마찬가지로 귀족사회와 사회주의가 서로 유사함을 입증하고 있다. 1904년 윈스턴 처칠은 보수당, 즉 귀족들의 당을 탈당하여 자유당으로 바꾸었다. 로이드 조지 정권의 각료인 처칠은 사회개선운동을 위한 입법에서 지도적인 역할을 했다. 자유당은 반세기 전까지는 대외적으로 자유무역 대내적으로는 자유방임을 지지한 당이었다. 50년 전과는 달리 당시 처칠은 당을 바꿨다고 원칙까지 바꿀 필요는 없었다. 더욱이 이 당적변경은 일시적인 것으로 끝났다.

어쨌든 처칠이 추진한 사회입법은 그 범위나 종류가 다르다고 해도 기본적으로는 소위 보수당 급진주의자의 영향 아래 19세기에 채택된 온정주의적이고 간섭주의적인 '공장법'의 전통 위에 세운 것에 불과했다. 소위 보수당의 '급진주의자'[19]란 그 많은 인재가 귀족 가운데서 동원된 인물뿐이며 노동계급의 이익을 돌봐주어야 할 의무도 귀족에게 있다는 사고방식을 받아들인 사람들이었다. 노동계급의 동의와 지지를 얻지 않으면 공장법을 추진할 수 없고, 이 입법을 위해서 강압적인 방법을 사용해서는 안 된다고 확신하고 있는 사람들이었다.

오늘날의 영국이 이처럼 형성된 것은 마르크스와 엥겔스의 사상

보다도 19세기의 보수당 원칙에 큰 영향을 받았다고 해도 결코 과언이 아니다.

　루스벨트 대통령의 뉴딜에 영향을 준 또 하나 요인은 1936년에 간행된 칠드 후작의 저작 『중도를 걷는 스웨덴』이었다. 스웨덴은 1915년 노인연금을 강제의무제도로 제정했다. 이 제도는 누구나 67세를 넘으면 소득상태에 관계없이 연금을 지불하도록 한 것이다. 다만, 연금의 규모는 각 개인이 이 제도에 지불한 금액에 따라 결정되는 것이다. 지불되는 연금액에 다시 정부자금이 추가되었다.

　노인연금제도에 뒤이어 실업보험이 실시되었고, 다시 스웨덴은 산업의 국유화를 추진하고 공공주택정책과 대규모의 소비자 협동조합도 추진하였다.

복지국가의 결과

오랫동안 복지국가의 성공 예로 자주 거론되는 영국과 스웨덴에서 실제로는 곤란한 문제들이 점점 더 늘어났다. 두 나라 국민의 불만은 더욱 높아졌다.

영국은 늘어만 가는 정부지출을 지원하기가 점점 더 곤란해졌다. 세금이 국민 불만의 주요한 원인이 되었다. 더욱이 인플레이션의 영향으로 이러한 불만은 배가되었다. 국민보건보험은 영국이 복지국가라는 이른바 왕관을 장식했던 빛나는 보석과 같은 것이었다. 노동당 정권이 이룬 업적 가운데 하나인 이 국민보건보험 제도는 점점 곤란한 사태에 부딪치고 있음을 영국의 일반 대중의 상황 속에서 잘 찾아볼 수 있다. 병원에서 파업이 빈발하고, 비용은 계속 늘어나고, 차례를 기다리는 환자의 줄은 점점 길어져 가는 등 어려움이 광범하게 퍼져가고 있었다. 이리하여 점점 많은 사람들이 개인이 운영하는 병원, 의사 및 요양원을 찾게 되었다. 민간의료부문은 영국의 보건산업부문 가운데에 작은 부분에 지나지 않지만 급속한 성장을 이루어 갔다.

영국의 실업은 인플레이션이 높아지면서 함께 늘었다. 그 결과 영국 정부는 이젠 완전고용을 약속할 수 없게 되고, 이 약속을 취소할 수밖에 없었다. 이러한 사태들의 밑바닥에는 영국의 노동생산성과 실질소득성장률의 정체라는 상황이 자리 잡고 있었고 유럽대륙 이웃나라에 비하여 영국은 경제적으로 점점 후퇴해가고 있다. 이런 상황에 대한 영국국민의 불만은 1979년에 마가렛 대처가 정부 자체를 대폭 변화시킬 것을 약속하여 보수당이 결정적인 다수파를 차지했을 때 극적으로 표면화됐다. 스웨덴의 상황은 영국에 비하면 아직도 훨씬 나은 편이다. 스웨덴은 두 차례의 세계대전으로부터 벗어날 수 있었으며 더욱이 중립을 지킨 덕분으로 커다란 경제적 이익을 올릴 수 있었다. 그럼에도 불구하고 스웨덴도 최근에는 영국과 똑같은 어려움을 겪어왔다. 높아가는 인플레이션과 날로 늘어가는 실업, 높은 세율에 대한 국민의 반감, 그 결과 가장 유능한 사람들이 해외로 이주하였으며, 여러 가지 복지정책에 대한 국민의 불만이 증대하였다. 스웨덴에서도 유권자가 이와 같은 불만을 총선거에서 드러내었다. 1976년 총선거에서 유권자가 사회민주당의 지배를 종결하고 몇몇 당이 연립정권을 세웠다. 그러나 그때까지도 스웨덴의 정책 방향은 기본적으로 아무 변화도 발생하지 않았다.

뉴욕시는 미국에서 선의의 목적달성을 위하여 노력하면 할수록 그 결과가 어떤 것인가를 가장 극적으로 나타내주는 예이다. 뉴욕시는 미국에서 가장 강력한 복지정책주도형의 지역사회이다. 뉴욕시의 재정지출은 인구 비례로 따져 보더라도 미국의 어떤 시보다도 많으며 시카고시의 배나 된다. 뉴욕시를 이끌어온 철학은 로버트 와그너R. Wagner 전 시장 1965년 예산교서에 다음과 같이 나타나 있다. "뉴욕시 주민의 기본적인 욕구를 충족시켜야 한다고 생각한다면 우리의 정책을 제약하는 재정 문제가 발생하지 않게 해야 한다"고 선언하였다.[20] 와그너와 그의 후임자들은 계속해서 '기본적인 욕구'를 너무 넓게 해석했다. 더 많은 돈, 더 많은 복지사업, 보다 많은 세금으로 해결하려는 사고방식은 마침내 실패에 봉착하게 되었다. 그러나 와그너 시장은 넓은 의미의 해석은커녕 좁은 해석으로서의 '시민의 기본적인 욕구'를 만족시키지 못하고 재정파국으로 이어졌다. 뉴욕시는 파산 직전에 놓여있었는데 연방정부와 뉴욕주의 원조에 힘입어 겨우 파산을 면할 수 있었다. 그 때문에 뉴욕시는 자기의 정책에 대한 관리권을 잃고 뉴욕 주정부와 연방정부의 피보호자가 되어 시정은 엄격한 감독을 받게 되었다.

뉴욕시민들은 그들의 문제가 외적 요인 때문이라고 주장하여 이들을 비난하려고 하였다. 그러나 켄 아울레타Ken Auletta가 최근 저서에 쓴 것처럼

"뉴욕시는 거대한 시립병원이나, 거대한 시립대학을 세운다거나, 대학의 수업료를 계속 무료로 한다거나, 누구라도 대학에 입학시

키는 개방입학제도를 만들어 낸다거나, 예산의 제약을 무시한다거나, 미국에서 가장 누진도가 높은 세율을 실시한다거나, 상환 가능성에 대한 전망도 없이 차관을 증대한다거나, 중산계층의 주택에 시 당국이 보조금을 베풀고 엄격한 집세 통제를 한다거나, 시의 공무원에게 풍부한 봉급이나 연금이나 수당을 지급한다거나 하여야 하는 등의 피치 못할 사정이 있었던 게 아니다."

아울레타는 또 다음과 같이 비꼬아서 말을 했다.

"뉴욕시 관리는 부의 재분배에 대한 자유주의적 동정과 이념적 약속에 몰려 엉뚱하게도 수많은 과세기준을 재정립하고, 수천 가지의 고용기회를 시외로 밀어내 버리고 말았다."

고 빈정대었다.[21]

한 가지 다행이었던 것은 뉴욕시가 통화발행권을 갖고 있지 않았다는 점이었다. 그래서 뉴욕시는 인플레이션을 세금을 거두어들이는 방법으로 활용할 수 없었고 이로 인해 최악의 날이 오는 것을 연기할 수 있었다. 그러나 불행하게도 뉴욕시는 스스로 자신의 문제에 정면으로 맞서는 대신 뉴욕주와 연방정부에 원조를 호소하는 것으로 끝냈다.

계속하여 이와 같은 몇 가지 예를 상세하게 살펴보자.

사회보장

연방정부 수준에서의 주요한 복지정책은 노인, 유가족, 장애자, 그리고 건강보험을 포함한 사회보장제도이다. 한편, 이 제도는 1964년에 베리 골드워터가 발견한 바와 같이 어떠한 정치가도 접근할 수 없는 성역이었다. 그럼에도 불구하고 이 제도야말로 각 방면으로부터 불평의 표적이 되었다. 사회보장제도하에서 원조를 받아 온 사람은 그 금액이 어느 정도의 생활 수준을 유지하기에는 불충분하다고 불평했다.

그러나 사회보장세를 지불한 사람들은 이것이 몹시 무거운 부담이라고 불평했다. 사용자 측은 노동자 한 사람을 고용하는데 필요한 비용과 노동자가 일을 해서 얻는 순이익과의 사이에 이 사회보장세라는 쐐기가 끼어있기 때문에 그 결과로 실업이 필연적으로 발생한다고 불평했다. 납세자들은 사회보장제도의 미지급 부채가 수조 억 달러에 달하고 있으며 현재 자기들이 고액의 세금을 내도 이 문제가 풀리지 않는다고 불평했다. 이 모든 불평은 정당한 것이다!

사회보장과 실업보험 제도란, 근로자 대중이 정년 후에 또는 일시적으로 실업했을 때를 대비해서 1930년대에 제정된 것이지 자선사업이 아니었다. 공공생활보조 정책은 경제적으로 어려움에 빠진 사람들에게 보조금을 주려고 도입하였으나 사회보장제도가 이 정책을 대신했으며, 정책 입안 시에는 고용이 개선되어 감에 따라 이 정책은 점차로 소멸되리라 기대하고 있었다. 이 생활보조정책과 사회보장제도도 발족 당시에는 소규모의 것이었으나 그 후에 우후죽순처럼 성장해 갔다. 사회보장제도가 공공생활 보호 정책으로 대두될 징조가 전혀 나타나고 있지 않았다. 지금은 지출 규모나 수익자 수에서 최고에 달해 있다. 1978년에 정년자, 질병자, 실업자, 의료서비스를 받아야 하는 사람들 그리고 유가족에게 지불되는 사회보장 지출의 총액은 1,300억 달러 이상으로 커지고 수익자 수가 4,000만 명을 넘었다.[22] 이 가운데 공공생활보호정책에 따른 원조가 400억 달러에 이르고, 그 수익자의 수는 1,700만 명 이상으로 증가하였다.

다룰 수 있는 범위 내에서 논의하기 위하여 여기에서 사회보장제도의 주요한 구성 부분, 즉 노년 및 유족연금에만 한정하여 다루기로 한다. 공공생활보조정책에 관해서는 항을 달리해서 다루기로 하자.

사회보장제도는 1930년대에 제정되어 많은 사람들에게 오해를 일으키는 명칭과 기만적인 광고를 통해 장려되었다. 명칭창작과 기만적인 광고에 종사했던 민간기업은 연방공정거래위원회가 엄중한 질책을 했을 것임에 틀림없다. 예를 들면 1977년까지 해마다 『여러분의 사회보장』이라는 제목의 작은 책들이 보건·교육·후생국의 승인 없이 수백만 부나 출간되었다. 그 모든 책의 겉장에 씌어 있던 다음과 같은 문장은 어떻게 이해해야 할까?

"사회보장제도의 기본적인 사상은 매우 간단하다. 근무기간 중에 근로자, 사용자, 자영업자들은 사회보장을 위한 보험료를 납

부한다. 이 보험료는 특별신탁 기금으로 공동 출자된다. 근로자가 정년이 되거나, 불행히 병에 걸리거나, 사망하여 수입이 정지 또는 감소했을 때는 매월 연금이 지급되며 근로자의 가족은 상실한 소득의 일부를 대신 얻게 된다."[23]

이것은 조지 오웰 식의 모순된 사상을 동시에 지니고 있는 '두 개의 혀'와 닮은 말이다. 사회보장을 위한 원천징수세는 '기여금'이라고 불리워진다(즉, 오웰의 『1984년』[24] 이라는 제목의 저서의 어구를 빌리자면 "강제는 이제야말로 자발이다"라고 할 수 있겠다).

신탁기금이 매우 중요한 역할을 모두 다한 것처럼 마술을 부리고 있다. 실제로는 오랜 기간에 걸쳐 신탁기금은 극히 소액에 불과했다(노인과 병자에 대한 보험금이라는 명목으로 1978년 6월 현재 320억 달러밖에 없으며 현행 지출률로 따져서 1년 동안 지출할 비용의 절반도 못되었다). 그리고 그 신탁기금은 정부의 한 부처가 다른 부처에 지불약속을 이행할 금액에 지나지 않는다. 사회보장제도에 가입되어 약속받은 노령연금의 현재가치(이미 정년을 맞은 사람과 그렇지 않은 사람을 포함한다.)는 수천억 달러이다. 앞에서 기술한 작은 책자가 주장하고 있는 표현을 정당화하기 위해서는 이 수천억 달러의 신탁기금을 필요로 한다(다시 오웰의 말을 빌리면 "작은 것은 큰 것이다"로 되기 때문이다).

앞에서 말한 팸플릿을 읽으면 근로자가 받은 '연금수혜'는 근로자 자신이 지불한 '기여금'으로 해결하는듯한 인상을 받게 된다. 그런데 사실은 현재 사람들에게서 징수한 사회보장세는 이미 정년을 맞은 사람들이나 그 부양가족 내지 유족에 대한 연금으로 지불하기 위해 이미 사용되었다. 어떠한 의미에서도 신탁기금 명목으로 된 것은 전혀 축적되어 있지 않다(오웰식의 말투를 빌리자면 이제야말로 "나는 너다"가 된 것이다).

오늘날 사회보장기여금을 납부하고 있는 근로자가 퇴직했을 때에 신탁기금에서 '연금수혜'를 받을 수 있다는 보장은 어디에도 없다. 이와 관련한 유일한 보장은 장래의 세금 납부자의 의지 - 현재 세금 납부자를 위해 세금을 내겠다는 - 에 달렸다. 동의해 줄 수 없는 다음 세대에 강요하고 있는 일방적인 '세대 간의 협정'은 '신탁기금'과는 거리가 먼 것이다. 그것은 소위 '행운의 편지'와 아주 흡사한 것이다.

보건·교육·후생국의 현재 배포되고 있는 것을 포함한 모든 팸플릿에서 "미국의 근로자 10명 중에 9명과 그 가족이 사회보장정책으로 보호를 받고 있다"고 주장하고 있다.[25]

상호 모순된 2개의 사상을 갖고 있는 말투이다. 10명 가운데 9명이 하고 있는 일은, 일하지 않는 사람들이 받는 연금을 마련하려고 사회보장기여금을 납부하고 있는 것뿐이다. 어떤 근로자가 민간연금제도에 보험료를 납부할 때 자기 자신을 보호할 수 있다는 관점에서 본다면 모든 근로자는 자기 자신이나 가족을 위해서 어떠한 "보호도 받고 있지 않다"는 것이다. 근로자가 이러한 제도 아래 보호를 "획득하고 있다"는 깃은 사회보장 "연금수혜"에 필요한 행정상의 수속을 만족시켜주려는 정치적 의미만 있을 뿐이다. 현재 연금을 받은 사람들은 자기가 납부한 기여금이 다른 사람이 자기를 대신하여 빌려준 기여금의 보험계리사 계산의 현재가치보다 더 많은 금액을 받고 있다. 이에 대해서 현재 사회보장기여금을 납부하고 있는 젊은 사람들은 자기가 납부하고 있는 보험료나 다음 세대가 납부해 줄 보험료의 보험계리 상의 수치보다도 적은 금액밖에 받지 못한다는 사실이 오늘날 와서 비로소 확실해졌다.

사회보장제도는 어느 면으로 보아도 개인이 기여금을 납부하면 보험계리사의 계산만큼 연금을 받을 것이라는 보험과는 비슷한 점이 없다. 사회보장제도를 강력히 지지하고 있는 사람들까지도 이 제도 하에서 사람들이 납부하는 개별기여금과 받는 연금수혜금액과는 관계가 매우 희박하다는 사실을 인정하고 있다.[26] 사회보장제도는 오히려 이전지출을 위한 특별세와 특별사업으로 이해하여야 한다.

놀라운 사실은 정치적 신조에 관계없이 사회보장제도를 조세제도로 혹은 지급제도로 그 자체를 지지하는 사람이 한 사람도 없다는 사실이다. 이리하여 이 두 개의 제도를 분리해서 제안되었다면 그 어느 쪽도 채택되지 않았을 것이 확실하다.

먼저 조세제도의 측면을 생각해 보자. 최근 실시되고 있는 소폭의 개정안(소득에 근거하여 되돌려주는)을 제외하면 사회보장보험료율은 임금이 어떤 최대한도의 금액이 되기까지는 같은 보험료율을 적용한다. 이것은 보험료가 실제로 저소득자에게 높은 율로 부과되는 역진세율제도가 되고 있다는 것이다. 이는 '고용'에 부과하는 조세이며, 경영자에게는 노동자를 고용할 동기를 잃게 하고 노동자에게는 일자리를 찾을 의욕을 잃게 한다.

수혜 조치의 측면을 살펴보면 연금 수혜액 규모는 수혜자가 지불한 금액 혹은 그의 재정 상황에 의해 결정되지 않는다. 연금 수혜액은 이미 납부한 보험료에 대한 공평한 보상도 없으며 빈곤한 자를 돕기 위한 유효한 방법도 아니다. 납부한 보험료와 연금수혜액의 사이에는 하나의 연관이 있는 것만은 사실이다. 그것은 기껏 해서 두 가지를 결합시킨 것을 보험이라고 부르는 데에 대하여 외관상 하나의 신빙성을 주기 위한 「무화과 잎」에 불과하다. 보험자가 받는 「연금수혜」 금액은 갖가지 우발적인 상황에 의해 결정되고 있다. 만약 어떤 사람이 우연히 사회보장의 대상이 되는 산업에서 일하는 경우에는 연금을 받지만, 반대로 연금대상이 되지 않는 산업부문에서 일하면 연금을 받을 수가 없다. 연금대상산업이긴 하지만, 몇 분기밖에 일을 안 했다면 아무리 가난해져도 전혀 연금을 받을 수가 없다. 한 번도 일한 적이 없는 여성이라도 최대한의 연금을 받을 자격을 갖고 있는 남성의 아내나 미망인이면 자기 자신이 일하여 연금자격을 획득한 여성과 같은 금액을 받을 수 있다. 65세가 넘으면 계속 일하려고 결심한 사람이 평균 이상의 소득을 얻는다면 연금을 전혀 받을 수 없을 뿐만 아니라, 다시 보험료까지 납부하게 된다. 공정한 대우는커녕 모욕까지 받는 결과가 된다. 왜냐하면 그 사람은 한 푼도 받을 수 없는 연금을 위하여 보험료를 납부해야하기 때문이다. 이렇게 우연히 결정되는 예는 이 제도 속에 무한히 존재하고 있다.

사회보장제도를 조세제도로 고려할 경우 이를 받아들이는 사람은 아무도 없다. 또 이를 지급제도로 고려해 보아도 찬성할 사람이 한 사람도 없다. 그런데 이 두 가지를 사회보장정책으로 일원화하는 바람에 뉴딜이 달성한 위대한 업적의 하나로 널리 인정받게 되었다. 용납되지 않는 2가지 제도를 하나의 사회보장정책으로 통합하는 것보다 상상에 의한 통합이 위대한 승리를 거둔 예는 찾아보기 힘들 것이다.

　사회보장제도에 관한 문헌을 철저히 조사하다 보니 이 정책을 옹호하기 위해 있었던 논쟁을 보고 충격을 받을 수밖에 없었다. 자기 아이들, 친구, 동료 앞에서 결코 거짓말을 하지 않는 사람, 더욱이 개인적인 중요한 관계에서는 우리 모두가 은연중에 그를 신뢰하는 사람이 사회보장제도에 관해서는 거짓견해를 선전했다. 그들의 지성을 생각해 보아도 또한 그들이 자기들의 생각과는 다른 생각을 하는 사람들과 대결한다는 사실을 놓고 보아도 그와 같은 허위 선전을 사심 없이 의도하지 않고 한 행위라고 믿기는 어렵다. 분명히 그들은 자신을 사회의 엘리트 그룹이라고 자처하고 있으며 일반 대중을 위하여 무엇이 더 좋은가를 일반 대중보다도 잘 알고 있다고 확신하고 있다. 일반 대중을 위하여 좋은 법률을 가결하도록 투표자에게 납득시킬 책임과 의무를 갖고 있는 엘리트가 자신들이며 그 책임과 의무를 다하기 위해 심지어는 유권자를 속여도 좋다고 생각하고 있다.

　사회보장제도의 재정상의 문제는 다음의 간단한 사실로부터 발생한다. 즉 이 제도로 연금을 받는 사람들의 수는 점점 늘어나며, 이 연금을 지급하기 위하여 보험료를 내는 근로자의 수보다도 계속 빠른 속도로 늘어나고 있다는 사실이다. 1950년 연금 수혜자 한 사람을 위해 17명이 일하고 사회보장보험료를 부담하고 있었다. 그것이 1970년에는 다만 3명만이 일을 했고, 이러한 경향이 계속되면 21세기 초기에는 2명만이 일을 하게 될 것이다.

앞의 설명이 시사하고 있는 바와 같이 사회보장정책은 젊은 세대에서 연로한 세대로 소득을 강제 이전한다는 것을 의미한다. 어느 정도의 소득 이전은 인류 역사를 통하여 발생해 왔다. 즉, 젊은 세대가 연로한 부모나 친척을 부양했던 것이다. 실제로 인도와 같이 유아사망률이 높은 많은 가난한 나라에서는 노후 부양책으로 자식을 많이 갖기를 원했고 그것은 높은 출생률과 대가족의 주된 원인이 되었다. 현재의 사회보장제도가 초기형태의 이러한 제도와 다른 점은, 사회보장제도는 강제적이고 비인격적인데 비하여 초기 방법은 인간들의 자발적인 의사에 기초를 두고 이루어졌다는 점이다. 대개 도덕적 책임은 개인의 문제이지 사회의 문제는 아니다. 자식이 양친을 돕는 것은 의무가 아니고 애정이다. 그런데 이제는 젊은 세대가 강제와 두려움 때문에 남의 양친을 부양하기 위하여 헌금하게 된다. 초기에는 소득의 이전이 가족의 유대를 강화시켰다. 오늘날 강제에 의한 소득의 이전은 가족의 유대를 약화시키고 있다.

젊은 세대에서 늙은 세대로 소득 이전을 하고 있는 이상, 현행 사회보장제도는 보다 빈곤한 사람으로부터 부유한 사람에게로 소득이 이전되고 있음을 뜻한다. 이 제도에서 연금수혜율이 저임금을 받는 사람에게 유리한 것처럼 되어 있는 것도 사실이다. 그러나 이 효과는 다른 효과에 의해서 상쇄되는 경향이 있으며 결국에는 완전히 소멸되어 버린다. 즉, 빈곤한 가정 출신의 자녀들은 상대적으로 이른 나이에 일을 시작하며 그 결과 여러 가지 세금도 일찍부터 납부하기 시작하는 경향이 있다. 이에 대하여 고소득층의 자녀들은 훨씬 늦은 나이에 일을 시작한다. 더욱이 인생이 끝나는 시점에서는 평균적으로 말하여 저소득층의 사람이 고소득층의 사람보다도 짧은 인생을 보낸다. 이것들을 종합한 뒤에 나오는 순 효과는 빈곤한 사람들이 사회보장세를 장기간에 걸쳐 부담하면서도 부유한 사람들보다도 연금을 받는 기간이 짧다는 것이다.

이 잘못되고 어긋난 효과는 사회보장제도의 다른 몇 가지 특징에 의하여 더욱 강화되고 있다. 연금수령액에 대한 소득공제는 수익자의 다른 소득이 많을수록 유리하다. 65세부터 72세(1982년부터는 70세까지만)의 사람들에 대한 연금지급 제한은 근로기간 중에 발생하는 근로소득만을 기초로 하고 있으며, 그 외의 다른 소득은 그 규모가 어쨌든 관계가 없다. 예를 들면 어떤 사람이 주식배당소득 100만 달러가 있다고 하더라도 이것으로 그 사람의 사회보장 연금수혜권이 실격되지는 않는다. 그러나 근로 기간 중에 연간 4,500달러 이상의 임금이나 봉급을 받으면 2달러씩 소득이 증대할 때마다 연금은 1달러씩 감액된다.[27]

이들 모든 것은 사회보장제도가 「디렉터의 법칙Director's Law」을 잘 따르고 있음을 보여주고 있다. 즉, '공공지출은 주로 중산계층을

위한 것이며, 가난한 자와 부유한 자가 비용을 크게 부담'하는 것이다.[28]

공적부조

복지정책의 난맥상을 논의하는 것은 사회보장제도를 논의하는 것보다도 훨씬 더 단순할 수 있다. 그 이유는 이 문제에 관해서는 의견이 더 일치되어 있기 때문이다. 미국의 현행 복지제도의 결점은 널리 인정되고 있다. 갈수록 풍요로워지지만 구호대상자명부는 늘어나고 있다. 거대한 관료기구는 대중에게 봉사하기보다는 주로 서류를 뒤적거리는데 몰두한다. 일단 사람들이 구호대상자명단에 오르면 여기서 빠져나오기 어렵다. 미국은 두 계급 즉, 구호를 받는 계급과 구호를 부담하는 계급으로 점점 양분되고 있다. 구호를 받는 사람들은 소득을 벌어들일 자극유인이 거의 없다. 구호금액은 지역에 따라 크게 다르고, 따라서 사람들은 남부와 농촌 지역에서 북부, 특히 도회지로 이주해 가려고 한다. 구호를 받고 있거나 받은 적이 있는 사람들은 구호를 받은 적이 없는 사람들(이른바 근로 빈민)과 설령 경제 수준이 같을지라도 다른 취급을 받는다. 곳곳에서 벌어지는 부패와 부정, 갖가지 구호금으로 사들인 캐딜락을 타고 돌아다니는 복지 '여왕'에 관한 유명한 기사들은 거듭거듭 대중의 분노를 자극한다.

복지제도에 대한 불평이 늘어남에 따라 불평의 대상이 되는 제도의 종류도 늘어났다. 빈민을 돕기 위해 시행되어온 연방정부의 제도는 100가지 이상이 잡다하게 존재하고 있다. 그 주요한 것을 보면 사회보장, 실업보험, 노인의료보험, 저소득자 의료보조, 아동부양가정 보조, 소득보상보조, 식량표 등이다. 그 외에 대다수 사람들이 한 번도 들어본 적이 없는 잡다한 제도들이 많이 있다. 예를 들면 쿠바 난민보조, 여성·유아·아동 특별식량보조, 유아집중간호사업, 집세보조, 도시의 쥐잡기, 혈우병종합치료센터 등이다. 중복되는 제도도 많다. 어떤 가정들은 엄청나게 많은 제도들을 어떻게 해서든지 잘 활용하여 받아낸 보조금으로 미국의 평균소득보다 월등히 높은 소득을 올린다. 다른 가정들은 무지나 무관심으로 이 제도들을 이용하여 실질적인 곤궁을 덜지 못한다. 그러나 각 제도를 운영하기 위해서는 관료기구가 필요하다.

게다가 사회보장의 명목으로 연간 1,300억 달러 이상이 지출되는데 이 중 연간 약 900억 달러가 이 제도들에 지출되고 있으며, 이것은 1960년 지출액의 10배에 달하는 것이다. 이것은 분명히 과잉정책이다. 조사통계국에 따르면 1978년의 이른바 빈곤수준은 비농촌 4인 가족의 경우, 약 7,000달러이고 이 빈곤수준 이하의 가족 구성원은 약 2,500만 명에 달할 것으로 추산된다. 이것은 엄청나게 부풀려진 것이다. 왜냐하면 이 통계는 각 가정의 화폐소득만을 기초로 하여 분류하고 있기 때문이다. 즉, 소유하고 있는 주택, 정원, 식량표, 저소득자 의료보조, 공공주택 등과 같은 현물소득은 완전히 무시했기 때문이다. 몇몇 연구에 따르면 이러한 누락분을 계산에 넣으면 조사통계국의 추정치는 2분의 1내지 4분의 3이나 감소한다는 것이다.[29] 그러나 설령 조사통계국의 추정치를 이용하더라도 이것은 빈곤수준 이하의 사람에 대해 복지제도들에서 1인당 3,500달러, 또는 4인 가족당 1만 4,000달러가 지출되고 있다는 것을 의미한다. 즉 이는 빈곤수준 그 자체의 약 2배에 달하는 것이다. 이 자금들이 그대로 '빈민'에게 간다면 가난한 사람은 남아있지 않게 되며 이들은 적어도 안락하게 잘 사는 축에 들 것이다.

분명히 이 자금의 대부분이 빈민에게 가지 않는다. 일부는 매력적인 보수체계로 거대한 관료기구를 유지하기 위한 관리비로 빨려 들어가고 있다. 일부는 상상력을 다 펼쳐보아도 도저히 빈곤하다고 볼 수 없는 사람들에게 가고 있다. 이런 사람들은 가령 식량표나 다른 어떤 형태로 보조받는 대학생이라든가, 소득이 넉넉히 있는데도 주택보조금 등 우리가 상상할 수 있는 것보다도 훨씬 다양한 형태로 보조를 받는 가정들이다. 일부는 복지사기꾼들에게 가고 있다.

그러나 이 제도들에 관하여는 적어도 다음과 같은 점은 지적해야 한다. 사회보장 수혜자의 평균소득과는 달리 이 막대한 금액에 의해 보조금을 받는 사람들의 평균소득은, 이러한 제도들을 유지하기 위하여 세금을 납부하는 사람들의 평균소득보다는 아마도 낮을 것이라는 점이다. 다만, 이 점은 확실히 그렇다고 주장할 수는 없다. 마틴 앤더슨Martin Anderson은 다음과 같이 주장하고 있다.

"우리의 복지제도는 매우 비효율적인 면이 있을지도 모른다. 사기의 수준이 매우 높을지도 모른다. 운영의 질이 형편없을지도 모른다. 제도들이 서로 중복될지도 모르며, 불공평한 면이 많이 있을지도 모른다. 그리하여 일할 금전적 유인이 실제로 없을지도 모른다. 그러나 지금 우리가 한 걸음 물러서서 엄청난 규모의 복지제도들을 두 개의 기본적인 기준, 즉 실제로 도움이 필요한 사람들을 전부 포함하고 있는지, 그리고 이들이 받는 도움이 적당한 금액인지를 기준으로 하여 판단한다면 전반적인 상황은 극적으로 변한다. 이들 두 개의 기준으로 판단할 때 우리의 복지제도는 눈부신 성공을 거두어 왔다."[30]

주택보조금

정부의 주택공급제도는 뉴딜 시대에 소규모로 시작하여 그 이후 급속히 확대되었다. 1965년에는 주택·도시개발부라는 내각의 부가 신설되었다. 이 부서는 현재 약 2만 명의 직원을 거느리고 연간 100억 달러 이상을 지출하고 있다. 연방주택제도는 특히 뉴욕주와 뉴욕시에서 주와 시정부 제도에 의해 보완되었다. 이 제도들은 저소득가정을 위한 정부의 주택건설에서 시작되었다. 제2차 세계대전 후에는 도시개발제도가 추가되었고 많은 지역에서 '중산층'도 공공주택의 수혜자가 되었다. 최근에는 '집세보조' 즉, 민간사유주택 임대료에 대한 정부의 보조금 지불제도가 추가되었다.

이 제도들은 원래 목적과 견주어 보면 명백한 실패였다. 지어진 주택보다 많은 주택이 헐렸다. 집세보조 아파트를 구한 가정은 혜택을 받았다. 자기의 집이 헐리고 이에 대신할 집이 지어지지 않아 보다 초라한 주택으로 이사하지 않을 수 없게 된 가정은 사정이 더 어려워지게 되었다. 공공주택제도가 시작되었을 때보다 오늘날 미국의 주택은 나아졌고 보다 널리 보급되었다. 그러나 이것은 정부의 보조금에도 불구하고 민간기업을 통해 이루어진 것이다.

공공주택들 그 자체가 종종 빈민굴이 되고 범죄, 특히 청소년 범죄의 온상이 되었다. 가장 극적인 사례는 세인트 루이스시의 프루이트이고 공공주택사업Pruitt-Igoe Public Housing Project이었다. 이것은 53에이커(약 6만 5,000평)에 달하는 거대한 아파트 단지로 디자인부문 건축상을 받은 것이었다. 그랬던 것이 그 일부를 폭파해버리지 않을 수 없을 정도로 못쓰게 되었다. 그 시점에는 2,000호의 주택단지 가운데서 600호에서만 사람이 거주하고 있었으며, 사람들은 이 사업이 마치 도시의 전쟁터 같았다고들 했다.

우리는 1968년 로스앤젤레스의 왓츠지역을 둘러볼 때 생긴 일을 잘 기억하고 있다. 우리는 노동조합의 지원으로 잘 운영되고 있던 '자조사업' 책임자의 안내를 받고 있었다. 그때 우리가 그 지역의 몇몇 아파트의 매력에 대하여 말하자 그 사람은 갑자기 화난 듯이 말했다. "저건 왓츠에서 발생한 최악의 시데입니다. 지게 공공주택이지요" 그는 이렇게 말을 이어갔다. "거의 복지혜택만 사는 결손가정들만이 모여 있는 단지에서 자라나는 소년들이 어떻게 훌륭한 인격과 가치관을 계발하리라고 기대하겠습니까?" 그는 또한 공공주택단지들이 청소년 범죄에 미치는 영향에 대해, 그리고 거의 결손가정 어린이들로 채워진 지역학교들에 미치는 영향에 대해 개탄하였다.

최근 우리는 뉴욕시의 남브롱크스의 '노동부가 소유권sweat-equity' 주택사업의 책임자에게서 공공주택에 대해 비슷하게 평가하는 말을 들었다. 많은 건물들이 임대료 규제로 내버려졌고 다른 건물들은 폭동으로 파괴되어 이 지역은 마치 공습으로 불타버린 도시 같다. '노동부가 소유권' 그룹은 이 지역의 버려진 건물들을 자신들의 노력으로 재건하여 입주할 수 있도록 하는 공사에 착수하였다. 처음에 이들은 약간의 민간보조금 형태로 외부지원을 받았을 뿐이다. 보다 최근에는 이들은 정부로부터도 어느 정도의 지원을 받아오고 있다.

그 책임자에게 어째서 그의 그룹이 그냥 공공주택으로 이사하지 않고 고생스런 길을 택했는가를 물었더니 그의 대답은 우리가 로스앤젤레스에서 들은 것과 같았다. 다만, 그는 자기의 주택을 스스로 지어 소유하게 되면 이 사업에 참여한 사람들이 자기의 집에 대해 긍지를 갖게 되어, 그 집을 제대로 유지하게 된다고 비꼬는 투의 대답을 덧붙였다.

이 '노동부가 소유권' 그룹이 받은 정부 지원의 일부는 '종합고용훈련법Comprehensive Employment and Training Act'에 의한 노동자들의 서비스였다. 이 사람들은 종합고용훈련법에 따라 정부로부터 보수를 받았고 여러 가지 공공사업에 배정되어 여기서 받은 훈련을 통해 민간부문 일자리를 얻게 되기를 바라는 그런 사람들이었다. 우리를 안내해준 사람에게 '노동부가 소유권' 그룹은 이 종합고용훈련법에 따른 노동자들의 도움과 그 대신 이들에게 지출되는 자금 중에 어느 편을 택할 것인가 물었더니 그는 전혀 주저하지 않고 자기들은 자금 쪽을 택할 것이라고 대답했다. 우리가 둘러본 공공주택사업에서 매우 분명하게 드러난 무관심, 쓸모없다는 의식, 지겨워하는 느낌과는 대조적으로, 대체로 자조사업에서 나타난 자립의식, 독립심과 활력을 보는 것은 마음 든든한 일이었다.

뉴욕시의 '중산층' 주택보조사업은 중산층 가정이 시에서 빠져나가지 않게 하려고 정당화하고 있지만 사정은 매우 다르다. 널찍하고 호화로운 아파트들을 '중산층'이라고 부르기엔 너무나 부유한 가정들에 보조금이 딸린 집세로 임대해주는 것이다. 이 아파트들은 평균 1개월에 200달러 이상의 보조를 받고 있다. '디렉터의 법칙 Director's law'이 여기서도 작용하는 것이다.

도시재개발은 슬럼 즉, '도시의 해충'을 제거하려고 채택되었다. 정부는 재개발 대상 지역의 구입과 정지작업에 보조금을 주었고 정지된 토지의 많은 부분을 인위적으로 낮은 가격으로 민간 개발업자에게 양도하였다. 도시재개발은 주로 중산층 및 상류층 백인이 거주하게 될 집 한 채를 짓기 위해 주로 흑인이 거주하던 집 네 채를 헐어버렸다.[31] 본래 그 집에 살던 사람들은 어디론가 다른 곳으로 이사를 하지 않을 수 없었으며, 그 지역을 번번이 '황폐화된' 지역으로 전락시켰다. 이 사업은 몇몇의 비판자들이 붙여놓은 이름처럼 '슬럼 이동', '흑인 이동'이라는 이름이 제격이다.

공공주택과 도시재개발의 주된 수혜자들은 빈곤한 사람들이 아니었다. 오히려 수혜자들은 공공주택을 위해 구입했거나 도시재개발 지역에 있는 토지의 소유자들, 재개발로 없어져 버린 저임대료 주택 대신 지어진 값비싼 아파트나 단독주택에 거주할 수 있게 된 중산층 내지 상류층 가정들, 도시지역에 지어진 쇼핑센터의 개발업자와 거주자들, 도시재개발사업을 이용해 주변지역을 개선할 수 있었던 대학이나 교회 같은 기관들이었다.

최근의 월스트리트저널지가 사설에서 주장한 바와 같이,

"연방공정거래위원회는 정부의 공공주택 정책들을 살펴본 다음 이 정책들이 순수한 이타주의 이상의 어떤 것에 의해 추진되고 있음을 발견했다. 이 위원회의 직원들이 작성한 정책개요 보고서는 이 정책의 주요 추진력은 주택사업으로 돈을 버는 사람들 즉, 청부업자, 은행가, 노동조합, 원자재 공급자 등에게서 나온다는 점을 확인하고 있다. 주택이 건축되고 나면 정부와 이들 다양한 고객층은 이에 대해 관심을 덜 갖는다. 그리하여 연방공정거래위원회는 연방의 정책에 따라 건축된 주택의 질에 대한 불평, 즉 지붕에 비가 샌다거나 배관공사가 불완전하다던가, 기초가 나쁘다던가하는 불평을 접수해 오고 있다."[32]

한편 의도적으로 철거되지 않은 곳에서조차 값싼 임대 주택은 집세 규제 및 이와 비슷한 조치들 때문에 나빠졌다.

의료

의료는 정부의 역할이 폭발적으로 증대해 가고 있는 최신 복지 분야이다. 주 정부 및 지방정부 그리고 정도는 덜하지만 연방 정부는 공중위생(위생설비, 전염병 등)에 있어서 그리고 병원시설의 제공에 있어서 오랫동안 그 나름대로 역할을 다해왔다. 이에 더하여 연방정부는 군인과 재향군인을 위해서 의료를 제공해 왔다. 그러나 1960년 당시 민간인(즉 군인과 재향군인을 제외한)의 건강을 목적으로 한 정부지출은 50억 달러 이하 곧 국민소득의 1%를 조금 넘는 것이었다. 1965년 저소득자·장애인 의료보장제도가 도입된 이후 정부의 보건비지출은 급속히 늘어나 1977년에 680억 달러 곧 국민소득의 약 4.5%에 이르렀다. 총 의료비지출에서 차지하는 연방정부의 비중은 1960년 25%에서 1972년 42%로 거의 배로 증가했다. 연방정부가 한층 더 큰 역할을 맡아야 한다는 외침은 계속되고 있다. 카터 대통령은, 비록 재정의 제약 때문에 제한된 형태로 이기는 하지만, 국민건강보험을 지지하였다. 에드워드 M. 케네디 상원의원에게는 이와 같은 제약이 전혀 없다. 그는 미국 시민의 보건에 대한 정부의 선석인 책임을 즉시 법제화하는 것을 지지한다.

정부지출 추가에 못지않게 민간건강보험이 급속히 확대되었다. 1965년에서 1977년까지 총 의료지출이 국민소득에서 차지하는 비중은 배가되었다. 의료설비도 확대되었지만 이러한 지출만큼 급속도로 되지는 않았다. 그 결과 의료수가와 그리고 의사들과 의료서비스 종사자들의 소득이 필연적으로 급격히 상승하였다.

정부는 의료 수속을 규제하고 의사들과 병원들이 청구하는 수가를 억제하도록 노력함으로써 이에 대응하였다. 그리고 정부는 마땅히 그렇게 해야 하는 것이다. 만일 정부가 납세자들의 돈을 쓴다면, 그 지출의 결과에 관심을 갖는 것은 마땅하고 옳은 일이다. 비용을 부담하는 사람은 자기 생각대로 지시를 내리는 법이다. 만일 현재의 추세가 계속된다면 의료가 필연적으로 사회화되는 결과가 초래될 것이다.

국민건강보험은 그 명칭이 사람들에게 오해를 불러일으키는 또 하나의 사례이다. 이러한 제도하에는 가입자의 납부액과 그가 받을 자격이 있는 수혜액의 보험 통계적 가치 사이에는 연간보험에 있는 것 같은 그런 관계는 없다. 더욱이 그것은 의미 없는 말마디인 '국민건강'을 보장하는 것이 아니라 미국 거주자들에게 의료서비스를 제공하는 것을 목적으로 하고 있는 것이다. 그 지지자들이 사실상 제안하고 있는 것은 사회화된 의료제도이다. 스웨덴의 저명한 내과 교수이자 유명한 스웨덴 병원의 내과 과장인 군나 비외르크Gunnar Biörcuk 박사가 기술한 바와 같이,

"수천 년 동안 의료가 행해진 상황은 환자가 의사의 '고객'이자 사용자였다. 오늘날 국가는 자신이 어떤 형태로든 사용자, 곧 의사가 업무를 수행해야 할 조건들을 규정하는 자라고 주장한다. 이 조건들은 근로시간, 보수 및 품질보증약품에 국한되지 않을 수도 있다. … 그리고 결국 그런 것들에 국한되지 않을 것이다. 즉 이 조건들은 환자·의사 관계의 전 영역에 파고들 것이다.…만일 오늘 전쟁에서 이기지 못한다면 내일은 싸워야 할 전쟁 자체가 없어지게 될 것이다."33)

의료사회화, 이것의 지지자들이 명분에 알맞은 이름을 붙여주자면 이렇게 불러야 할 것이다. 지지자들은 전형적으로 영국을, 그리고 최근에는 캐나다를 그 성공사례로 든다. 캐나다의 경험은 충분히 검증되었다고 하기엔 너무 일천한 것이며 – 신임자들은 대개가 철저한 개혁을 하고 싶어 하기 마련이나 – 이미 불평이 일어나고 있다. 영국의 국민건강보험British National Health Service제도는 이미 30년 이상 운영되어 오고 있으며 그것이 어떠한 결과를 가져왔는가는 매우 확실히 드러나고 있다. 그런 이유로 영국 대신에 캐나다가 사례로 제시되어온 것이다. 영국의 의사인 막스 개몬Max Gammon 박사는 5년 동안 영국 건강보험제도를 연구하였다. 1976년 보고서에서 그는 이렇게 기술하였다. "국민건강보험제도는 실제로 영국의 모든 의료서비스의 국가 재징 부담과 전달관리를 중앙집권화시켰나. 영국에서 지난 200년 이상 발전되었던 의료수입과 전달의 자영체제가 거의 전부 없어졌다. 기존의 의료체제가 재편되어 사실상 보편화되었다."

그는 또한 이렇게 기술하였다. "국민건강보험제도가 실시된 처음 13년 동안 영국에서 신설된 병원은 한 곳도 없었고 1976년 현재 영국의 병상 수는 국민건강보험제도가 들어선 1948년 7월보다 줄어들었다."[34]

그리고 우리는 그 병상들의 3분의 2는 1900년 이전에 민간의료와 민간자금에 의해 세워진 병원들에 있는 것들이라고 덧붙일 수 있다.

개몬 박사는 자신의 조사를 통해 그 자신이 관료적 대치론이라고 명명한 이론을 발표했다. 즉 어떤 조직이든 관료화하면 할수록 쓸모없는 일이 쓸모 있는 일을 대치하는 정도가 더욱 더 커진다는 것 - 곧 하나의 파킨슨 법칙의 확대판이다. 그는 1965년부터 1973년까지의 영국의 병원서비스를 들어 이 이론을 설명한다. 이 8년 동안 전체 병원관계자는 그 수가 28% 증가하였고 관리 및 사무직원은 51% 증가했다. 그러나 일일 사용 평균 병상 수로 계산한 산출액은 실제로 '감소하였다'. 그리고 개몬 박사가 서둘러 지적한 바와 같이, 그것은 결코 병상을 사용할 환자가 부족하기 때문이 아니었다. 항상 병상대기자 명단에 약 60만 명이 있었다. 건강보험상 선택사항이거나 연기할 수 있는 수술을 받기 위해서는 많은 사람들이 여러 해를 기다려야 했다.

의사들은 영국 건강 보험 제도를 피하고 있다. 영국의 의과대학 졸업생의 약 3분의 1에 달하는 의사들이 매년 영국에서 다른 나라들로 이주하고 있다. 최근 순수민간의료업, 민간건강보험, 그리고 민간병원과 요양원들이 급격히 성장하고 있는 것은 건강보험제도에 대한 불만이 빚어낸 또 다른 결과이다.

미국에 의료사회화를 도입해야 한다고 주장하는 두 가지 주요 논거가 제시되고 있다. 첫째는 의료비가 대다수 미국인들이 감당할 수 없을 만큼 높다는 것이고, 두 번째는 사회화는 어떻게 해서든지 비용을 감소시킬 것이라는 것이다. 두 번째 논거는 즉시 폐기될 수 있는 것이다. - 적어도 어떤 활동을 민간기업보다 정부가 해나가는 것이 더욱 경제적이라는 것을 보여주는 실례가 발견될 때까지는. 첫 번째 논거에 대해서 보자면, 국민들은 어떤 식으로든 비용을 지불해야 하는 것이다. 단지 문제가 되는 것은 이들이 그것을 자기명의로 직접 지불하느냐, 아니면 자기들의 봉급과 수당에서 상당부분을 공제하는 정부 관료들의 중개를 통해 간접적으로 지불하느냐 하는 것이다.

어떠한 경우에든 통상적인 의료비는 대다수 미국가정이 충분히 감당할 수 있는 범위 내에 있는 것이다. 민간보험제도는 엄청나게 커다란 비용이 소요되는 불의의 사태에 대처하는 데 이용될 수 있다. 이미, 모든 병원비의 90%가 제3자 지불을 통해 치러지고 있다. 물론 불의의 고통을 겪는 경우들이 생길 수 있고 민간이든 공공이든 어떤 도움을 주는 것도 당연히 바람직한 일이다. 그러나 고통받는 소수의 사람들을 돕기 위해 온 국민을 속박하는 상황으로 몰아넣는 것은 정당화되지 않는다.

다른 것들과 비교해보면, 민간과 정부의 총 의료지출은 주택건설비의 3분의 2에 못 미치고 자동차 구입비의 4분의 3정도이다. 주류 및 담배 구입비의 단지 2.5배에 지나지 않는데, 이것이 의료비 청구서에 덧붙여질 것은 뻔한 노릇이다.

우리의 견해로는 의료사회화를 찬성할 만한 어떠한 논거도 없다. 오히려 정부는 의료부문에서 이미 지나치게 커다란 역할을 수행하고 있다. 그 역할을 더 이상 확대하는 것은 환자들과 의사들과 보건 종사자들의 이익에 배치되는 것이다. 제8장 '노동자를 보호하는 것은 누구인가?'에서는 의료의 또 하나의 측면, 즉 의사면허제도와 이 제도가 미국 사회의 권력과 어떠한 관계가 있는지에 대해 논의한다.

3

복지국가에 대한 그릇된 생각

이 모든 정책들은 무엇 때문에 모두 그렇게도 실망스러운 것이 었는가? 정책의 목적은 확실히 인도주의적이고 고상한 것이었다. 어째서 그러한 목적이 달성될 수 없었을까?

새 시대의 동이 틀 무렵에는 모든 것이 잘 될 것 같았다. 수혜대 상자들은 적고 재원을 조달할 납세자들이 많았다. 그리하여 개개 인이 적은 액수를 부담하여 도움이 필요한 소수에게 상당한 혜택을 제공하였다. 복지정책이 확대되어 감에 따라 그 수는 달라졌다. 오 늘날에는 우리 모두가 한쪽 호주머니에서 꺼낸 돈을 - 또는 그 돈으 로 살 수 있는 그 어떤 것 - 을 다른 쪽 호주머니에 집어넣고 있을 뿐 이다.

돈의 쓰임새를 간단히 분류해보면 이 과징이 어째서 바람직하지 않은 결과를 가져오는지 분명해진다. 돈을 쓸 때, 우리는 자신이나 타인의 돈을 쓰게 된다. 그리고 그때 우리는 자신이나 그 어떤 타인을 위해 돈을 쓴다. 이처럼 두 쌍으로 이루어진 대안들의 조합을 구하면 네 가지 가능성이 생기는데, 그것을 다음의 간단한 표로 요약할 수 있다.[35]

〈표〉에서 조합 I은 자기의 돈을 자기를 위해서 쓰는 경우이다. 가령 슈퍼마켓에서 쇼핑을 한다고 하자. 우리는 분명히 가능한 한 절약도 하고 쓰는 돈 대비 가능한 한 많은 가치를 얻기도 하려는 강한 유인을 갖는다.

〈표〉 돈의 지출

돈의 소유자	지출대상	
	나	타인
나	I	II
타인	III	IV

조합 II는 자기의 돈을 타인을 위해 쓰는 경우이다. 크리스마스나 생일선물을 사려고 쇼핑을 한다고 하자. 그 경우 우리는 조합 I의 경우와 마찬가지로 가능한 한 절약하려는 유인은 갖고 있지만, 적어도 선물을 받을 사람의 기호를 기준으로 판단한다면 쓰는 돈 대

비 최대한의 가치를 얻어내려는 똑같은 유인은 갖고 있지 않다. 이 경우 물론, 우리는 상대방이 좋아할 것을 사주고 싶은 것만은 사실이다. 그렇게 하는 것이 상대방에게 흡족한 인상도 주고 또 시간과 노력도 그다지 많이 들어가지 않는다면 말이다(만일 우리의 주된 목적이 선물을 받는 상대방이 돈에 대해 가능한 한 많은 가치를 얻어내게 하려는 것이라면, 그에게 선물 대신 현금을 주어 우리의 조합 II식 지출을 상대방의 조합I식 지출로 바꾸려고 할 것이다).

조합 III은 타인의 돈을 자기를 위해서 쓰는 경우이다. 가령 회사 접대비로 점심을 먹는 경우이다. 그때에는 점심비용을 될 수 있는 대로 싸게 하려는 강한 유인을 갖고 있지 않다. 그러나 돈의 가치에 합당한 것을 얻으려는 강한 유인을 갖는다.

조합 IV는 타인의 돈을 또 다른 누군가를 위해 쓰는 경우이다. 우리는 회사 접대비로 다른 사람의 점심 식사비를 지불한다. 이때에는 비용을 절약하려는 유인도, 손님이 매우 크게 인정해 줄 점심을 사려고 애쓸 유인도 별로 갖지 않는다. 그러나 우리가 그 사람과 함께 점심을 먹는다면, 이것은 조합 III과 조합 IV의 혼합이며, 필요하다면 우리는 상대방의 기호를 희생시키면서 자기의 기호를 만족시키려는 강한 유인을 갖는다.

복지정책은 모두 조합 III이나 IV에 속한다. 가령 자기 마음대로 써도 좋은 현금보조가 있는 사회보장제도는 조합 III에 해당하고, 공공주택의 경우는 조합 IV에 속한다. 조합 IV의 정책들도 조합 III의 한 측면이 있다는 것을, 즉 이 정책 담당 관료들이 점심에 한 몫 끼어 드는 것을 빼고서는 말이다. 그런데 조합 Ⅲ의 정책들은 모두 그 수혜자 가운데 관료들이 들어있다.

우리의 견해로는 복지지출의 이러한 특징들이 이 정책들에 결함이 발생하는 주요한 원인이다.

의원들은 어떤 타인의 돈을 지출하기 위해 투표한다. 이 의원들을 선출하는 유권자들은 어떤 의미에서는 자기의 돈을 자기를 위해 쓰기 위해서 투표하지만, 이것은 조합 Ⅰ의 지출과 같은 직접적 의미에서는 아니다. 어느 개인이 지불하는 세금과 그가 투표로 지지한 지출 용도와의 관계는 극히 먼 것이다. 실제로 유권자들은 의원들과 마찬가지로 의원이 직접 찬성표를 던지는 그리고 유권자가 간접적으로 찬성표를 던지는 정책들을 위해 지불하는 주체는 타인이라고 보는 경향이 있다. 정책을 관리하는 관료들도 남의 돈을 지출하고 있다. 지출액이 폭발적으로 늘어나는 것이 하나도 이상할 것이 없다.

관료들은 다른 사람의 돈을 또 다른 사람을 위해 지출하고 있다. 이들이 수혜자들에게 가장 유익하게 돈을 지출하게 하는 유인이 있다면, 그것은 오로지 인간적인 호의일 뿐이다. - 이기심이라는 훨씬 더 강력하고 믿을 만한 동기가 아니다. 따라서 지출이 낭비되고 효과를 보지 못하는 것이다.

그러나 이것이 전부가 아니다. 다른 사람의 돈을 손에 넣으려는 유혹은 강하다. 복지정책을 관리하는 관료들을 포함해 많은 이들이 타인의 돈이 또 다른 타인에게 가도록 하기보다 자기 자신을 위해 손에 넣으려고 노력할 것이다. 부패에 가담하고 사기를 치려는 유혹이 강하고 언제나 이를 뿌리치거나 벗어나게 되지는 않는다. 사기를 치려는 유혹을 뿌리치는 사람들은 합법적인 수단을 써서 돈을 자기들 쪽으로 향하게 할 것이다. 이들은 법률이 자기들에게 유리하게 제정되도록, 규정이 자기들이 혜택을 볼 수 있게 되도록 로비할 것이다. 복지정책을 담당하는 관료들은 봉급과 부수입의 인상을 밀어붙일 것이고 복지정책이 확대될수록 그것을 얻어내기가 쉬워질 것이다.

정부지출을 자기들 쪽으로 돌려놓으려는 사람들의 노력은 분명히 드러나지는 않을지 모르지만 두 가지 결과를 가져온다. 첫째, 그것은 어찌하여 그토록 많은 정책들이 원래 의도한 대로 빈곤층에게 혜택을 주기보다는 중산층과 고소득층에게 혜택을 주는 경향이 있는지를 설명해준다. 가난한 사람들은 시장에서 인정해 줄 기술도 없을 뿐만 아니라 기금을 획득하려는 정치적 쟁탈전에서 이길만한 기술도 없다. 실로 이들은 어쩌면 경제적 시장에서보다 정치적 시장에서 더 불리한 입장에 처해 있을 것이다. 복지법안을 입법화하는 것을 도와주었을 선의의 개혁가들이 일단 자신들의 다음 개혁문제로 넘어가고 나면, 가난한 사람들은 혼자 힘으로 꾸려나가야 하며 이들은 이용 가능한 기회들을 활용하는 데 있어서 이미 보다 큰 능력을 보여준 집단들을 거의 언제나 당해내지 못하게 될 것이다.

두 번째 결과는 이전 수혜자들이 받는 순 혜택은 총이전액보다 적을 것이라는 것이다. 타인의 돈 100달러를 낚아채는 일이라면 그것을 손에 넣기 위해 100달러까지는 자기 돈을 써도 손해 볼 것이 없다. 의원들과 규제 당국에 로비를 할 때 발생하는 비용, 정치 운동이나 그 밖의 수많은 명목을 위한 헌금은 순전한 낭비이며 이를 지불하는 납세자에게 해를 끼칠 뿐 어느 누구에게도 혜택을 주지 못한다. 이러한 비용을 총이전액에서 빼야 순혜택을 얻게 되는데, 때로는 이러한 비용이 총이전액보다 커서 순혜택이 아니라 손실이 발생할 수도 있음은 물론이다.

보조금을 따내려는 노력이 가져오는 이러한 결과들은 지출규모를 증대시키고 복지정책을 추가시키려는 압력이 왜 가해지는지를 설명하는 데에도 도움이 된다. 최초의 정책들이 그것들을 발의한 선의의 개혁가들이 내건 목적을 달성하지 못하면, 이들은 아직 정책이 충분하지 못했기 때문이라고 결론짓고 정책들을 추가하려 할 것이다. 이들은 복지정책을 담당하는 관료가 되는 것을 생애의 직업으로 꿈꾸는 사람들과 복지정책 자금을 빼낼 수 있다고 믿는 사람들을 모두 자기들 편으로 끌어들인다.

조합Ⅳ의 지출은 관련된 사람들을 타락시키는 경향도 있다. 그러한 정책들은 모두 어떤 사람들로 하여금 다른 사람들을 위해 무엇이 좋은가를 결정할 수 있는 입장에 처하게 한다. 그 결과 한 집단에게는 거의 하느님과 같은 권능을 지녔다는 느낌이, 그리고 다른 집단에게는 어린이와 같은 의타심이 스며들게 한다. 수혜자들의 자립능력, 자기 자신이 결정할 능력은 그것을 사용하지 않음으로써 위축되어 버린다. 돈을 낭비할 뿐만 아니라 의도한 목적을 달성하지 못하고, 그 최종결과는 품위 있는 사회를 결속시키는 도덕적 구조도 악화시키게 된다.

조합 Ⅲ이나 Ⅳ식의 지출이 가져오는 또 하나의 부산물도 이와 똑같은 효과를 갖는다. 자발적인 선물은 그만두고, 우리가 어떤 타인의 돈을 쓸 수 있는 방법은 정부가 그렇게 하고 있듯이 그것을 가져가는 것뿐이다. 힘을 사용하는 것은 복지국가의 핵심이다. 그것은 좋은 목적을 타락시키는 경향이 있는 나쁜 수단이다. 그것은 복지국가가 우리의 자유를 그토록 심각하게 위협하는 이유이기도 하다.

무엇을 해야 할 것인가

기존 복지정책들은 대부분 입법화되지 않았어야 했다. 만약 그렇게 되었더라면 오늘 이들 정책에 의존하고 있는 많은 사람들이 국가의 피보호자로 남아있지 않고 자립적인 사람들이 되었을 것이다. 단기적으로는 이것이 저임금의 매력적이지 못한 일자리를 받아들일 수밖에 없는 그런 사람들에게는 냉혹한 것처럼 보였을 것이다. 그러나 장기적으로는 훨씬 더 인도적이었을 것이다. 그러나 복지정책이 존재하는 한 그것을 하룻밤 사이에 간단히 폐지하여 버릴 수는 없다. 우리는 현재 상황으로부터 우리가 바람직하다고 생각하는 상황으로 원활하게 넘어가기 위한 방도가 필요하다. 즉 복지정책에 의존하고 있는 사람들에게 원조를 주면서, 동시에 이들이 복지수혜자 명부로부터 임금수령자 명부로 순조롭게 넘어가도록 도와주어야 한다.

그러한 과도기적 정책이 제안되어 왔다. 그것은 개인의 책임감을 높이고 국가를 두 계급으로 갈라놓는 것을 끝내고 정부지출로, 현행의 거대한 관료 기구도 축소하고 그리고 동시에 모든 사람에게 안전망을 확보해 줌으로써 아무도 경제적 곤궁에 허덕일 필요가 없게 해 줄 수 있는 것들이다. 불행하게도 이러한 정책들의 법제화는 현재로서는 유토피아를 꿈꾸는 것 같다. 이데올로기적, 정치적, 재정적인 면에서 너무 많은 기득권이 앞을 가로막고 있다. 그럼에도 불구하고 과도기적 정책의 중요 요소를 개괄하여 보는 것은 가치 있는 일이라고 생각한다. 이는 가까운 장래에 그것이 채택될 것이라는 기대에서가 아니라 우리가 지향하는 방향에 대한 비전, 즉 점진적 변화를 이끌어 줄 수 있는 비전을 제시하기 위해서이다.

그 정책은 두 개의 핵심요소를 지니고 있다. 첫째, 현행 복지제도를 개혁하는 것인데 이는 잡다한 각종 정책들을 현금에 의한 소득보상, 즉 「정(正)의 소득세」와 관련된 「부(否)의 소득세」라는 포괄적인 단일정책으로 대체하는 것이다. 둘째, 이미 이루어진 약속은 이행하면서 그리고 점진적으로 사람들에게 자신의 은퇴 이후를 준비하도록 요구하면서 사회보장을 해체하는 것이다.

이러한 포괄적인 개혁은 비효율적이고 비인도적으로 수행되는 현재의 복지체제를 보다 효율적이고 인도적인 것으로 만들 것이다. 이것은 사람들에게 왜 도움이 필요하게 되었는지를 따지지 않고 모든 사람들에게 최소한의 소득을 보장해 주면서 동시에 그들의 독립심, 혹은 그들의 형편을 개선하려는 유인을 가능한 한 해치지 않을 것이다.

「부의 소득세」의 기본 구상은 우리가 「정의 소득세」제도의 중요한 특징을 숨기고 있는 연막을 꿰뚫어 보기만 하면 간단히 파악할 수 있다. 현행의 소득세제도 하에서 일정 한도의 소득은 이에 대한 세금을 납부하지 않고 그대로 수령할 수 있다. 정확한 금액은 가족 수, 연령, 공제항목을 어떻게 사용하는가에 달려있다. 이 금액은 여러 요소로 구성되는데, 개인공제, 저소득 공제, 표준공제(이는 최근 영zero소득계층 금액으로 새로 이름 붙여졌다), 일반 세액공제항목에 해당하는 금액, 그리고 아마 개인소득세를 마음대로 요리하는 루브 골드버그 Rube Goldberg같은 류 천재들이 덧붙이는 또 다른 항목들이 그것이다. 여기서 논의를 간단히 하기 위하여 이 기초공제액을 보다 간단한 영국식 개념인 개인공제personal allowances라고 부르기로 하자.

만약 당신의 소득이 공제액보다 크다면 당신은 그 초과 부분의 크기에 따른 누진율로 소득세를 내야 한다. 당신의 소득이 공제액보다 작다면 어떻게 될까? 현행 체제하에서는 사용하지 않은 공제액은 일반적으로 아무런 가치가 없다. 당신은 단지 세금을 내지 않을 뿐이다.[36]

만약 당신의 소득이 2년 연속 당신의 공제액과 동일하다면 당신은 2년 연속으로 세금을 내지 않는다. 당신이 2년 동안의 소득을 모두 합하면 위와 같은 소득이었지만 첫 번째 해에 그 반 이상을 벌었다고 가정해보자. 그러면 그 해에는 소득이 공제액보다 많은, 즉 정의 세금납부소득을 벌었으므로 세금을 낸다. 그 다음 해에는 공제액이 소득보다 많은, 즉 부의 세금납부소득을 벌었지만 사용하지 않은 공제액으로부터 당신은 아무런 혜택도 받지 못하는 것이 보통이다. 따라서 2년간 동일한 소득을 벌었을 때에 비해 이 경우 결국 세금을 더 내게 된다.[37]

부의 소득세제에서는 그 사용하지 않은 공제액의 일부를 정부로부터 받는다. 만일 이 금액이 정의 소득세율과 같다면 2년간 당신이 낸 세금 총액은 그 2년간 당신의 소득이 어떻게 나누어지느냐에 관계없이 동일하게 된다.

당신의 소득이 공제액보다 크다면 당신은 세금을 내게 되며 납부액은 소득의 다양한 항목에 부과되는 세율에 따라 결정된다. 당신의 소득이 공제액보다 적다면 보조금을 받게 되며 그 액수는 사용하지 않은 다양한 공제액에 돌아갈 보조금 교부율을 따른다.

우리가 제시한 예에서 보듯 부의 소득세제는 소득의 변동을 고려하지만 그것이 주요 목적은 아니다. 그 주요 목적은 모든 가족에게 최소한의 소득을 보장하는 간단명료한 수단을 제공하고, 동시에 거대한 관료기구를 피하고, 상당한 정도의 개인 책임을 유지하며, 개인들로 하여금 보조금을 받는 대신에 일을 하여 돈을 벌어서 세금을 내도록 하는 유인을 계속 살려두려는 것이다.

구체적인 숫자를 가지고 예를 들어보자. 1978년에 65세 이상을 제외한 4인 가족에 대한 기초공제액은 7,200달러였다. 부의 소득세제가 존재하여 사용하지 않은 공제액에 대한 보조금 교부율이 50%

였다 하자. 이 경우 소득이 없는 4인 가족은 3,600달러의 보조금을 받을 자격이 있다. 만약 가족 중 누군가가 직장을 잡아 소득이 있다면 정부로부터 받는 보조금은 줄지만 가족 전체의 총소득, 즉 보조금 더하기 벌어들인 수입은 증가한다. 만약 벌어들인 수입이 1,000달러면 보조금은 3,100달러로 줄지만 총소득은 4,100달러로 올라갔을 것이다. 실제로, 벌어들인 수입은 보조금 감소와 가족소득 증가로 나뉘었을 것이다. 가족의 벌어들인 수입이 7,200달러가 되면 보조금은 영으로 떨어졌을 것이다. 이것이 분기점이며 이 수준에서는 그 가족은 보조금도 받지 않고 세금도 내지 않았을 것이다. 만약 벌어들인 수입이 그 이상으로 올라가면 그 가족은 세금을 내기 시작했을 것이다.

여기서 우리는 보조금이 매주, 격주, 매월 지불되어야 하는가, 신고서를 어떻게 조사해야 하는가 등의 구체적인 행정상의 문제를 상세하게 설명할 필요는 없다. 이들 문제들에 대해서는 철저한 연구를 거쳐 상세한 안이 개발되어 의회에 제출되었다고 말하는 것으로 충분하다. 이에 대해서는 나중에 다시 다루게 될 것이다.

부의 소득세 제도는 이것이 현행의 수많은 복지정책을 대체해야 비로소 우리가 현재 가지고 있는 복지제도에 대한 만족할 만한 개혁이 될 것이다. 그렇지 않고서 기존의 잡다한 복지정책에 덧붙여서 이 제도를 도입한다면 그것은 도움보다는 해가 될 것이다.

만약 기존 복지정책들을 대체한다면 그것은 엄청난 이익을 가져다 줄 것이다. 이것은 특히 빈곤 문제에 초점을 맞추고 있다. 이는 수혜자에게 가장 유익한 형태, 즉 현금으로 도움을 준다. 이 제도는 포괄적이다. 이는 수혜자가 노인이거나 장애인이거나 환자이거나 어느 특정 지역에 거주하거나 또는 그 밖의 현행의 복지정책에서 수혜자가 되기 위해 필요한 수많은 특정자격들과는 무관하게 적용된다. 이는 단지 수혜자가 소득이 적기 때문에 도움을 준다. 이는 납세자가 부담하는 비용을 명시적으로 보여준다. 빈곤을 덜어주기 위한 여느 조치들과 마찬가지로 이것도 도움을 받은 사람들이 스스로 자신을 도우려는 유인을 줄인다. 그러나 보조율이 적당한 수준으로 유지된다면 그러한 유인을 완전히 없애지는 않는다. 자기가 추가로 벌어들인 돈은 항상 지출할 수 있는 돈이 늘어나는 것을 의미한다.

마찬가지로 중요한 것은 부의 소득세제도가 현재 수많은 복지정책을 담당하고 있는 거대한 관료기구를 불필요하게 한다는 것이다. 부의 소득세제도는 현행 소득세제도에 그대로 끼어들어갈 수 있으며 그것과 함께 운영할 수 있다. 이 제도는 모든 사람들이 소득세 신고서식을 작성하도록 하므로 현행 소득세하의 탈세를 감소시킬 것이다. 어느 정도 인원이 추가로 필요하겠지만 그 수는 현재 복지정책을 운영하기 위해 고용된 숫자와는 비교도 할 수 없다.

거대한 관료기구를 해체하고 보조금제도를 조세제도에 편입시킴으로써 부의 소득세 제도는 담당 행정관료들이 다른 사람들의 생활을 좌우하는 비도덕적인 현재의 상황을 없앨 것이다. 이는 또한 주민을 두 계급, 즉 돈을 내는 사람과 공적자금의 지원을 받는 사람들로 갈라놓는 현 상황을 해소하는데 도움이 될 것이다. 분기점과

세율을 적정수준으로 유지함으로써 이 제도는 현행제도보다 훨씬 비용이 적게 들 것이다.

부의 소득세 제도에서도 이런 저런 이유로 가사를 꾸려나갈 수 없는 일부 가정들에 대해서는 여전히 개인적인 보조가 필요할 것이다. 그러나 만일 소득 유지부담이 부의 소득세로 처리된다면 그러한 보조는 민간의 자선활동에 의해 제공될 수 있다. 현행 복지제도의 가장 커다란 비용 중의 하나는 그것이 가정의 기초를 위태롭게 하고 파괴할 뿐만 아니라 민간 자선활동을 가로막는다는 것이다.

비록 정치적으로는 실현 가능성이 없을지 모르나 이 아름다운 꿈인 부의 소득세 제도 아래서 사회보장제도는 어떻게 될 것인가?

우리들 생각에는 최선의 해결책은 부의 소득세제도를 법제화하면서 동시에 이미 약속한 의무를 제외하고는 사회보장을 점차 해체하는 것이다. 그러기 위해서 다음과 같은 일들을 해야 할 것이다.

1. 급여세제도payroll tax를 즉시 폐지할 것
2. 현행의 사회보장 제도로 이미 법으로 자격이 주어진 모든 기존 수혜자에 대해서는 약정된 금액을 계속 지불할 것
3. 이미 보험료를 완납한 모든 근로자에게 현재까지의 지불금액과 소득에 따라 현행법규가 규정하는 한도액까지 정년무능유족 연금청구권을 줄 것. 다만 그때 현행 급여세제도가 폐지되어 이후 지불하지 않게 되는 사회보상보험료분을 현재가치로 환산하여 이것을 지불할연금에서 감액할 것. 이때 근로자

는 장래연금의 형태로 받을 것인가 혹은 장래 수령하게 될 수혜액의 현재가치와 같은 금액을 국채로 받을 것인가를 선택할 수 있도록 할 것
4. 보험료를 아직 완납하지 않은 근로자에 대해서는 본인 혹은 본인의 사용자가 지금까지 지불한 보험료의 총액과 같은 원금을(국채 형태로) 근로자에게 교부할 것
5. 이후 더 이상의 어떠한 연금축적도 종결하여 개인들로 하여금 그들이 원하는 대로 정년을 대비하도록 할 것
6. 위의 2, 3, 4항을 위하여 필요한 재원은 일반적인 세수입과 국채발행으로 마련할 것

이러한 과도기적 정책은 미국 정부의 진정한 의미의 부채를 절대로 늘리지 않는다. 오히려 이것은 장래의 수혜자들에 대한 약속을 정지시켜 그 부채를 감소시킨다. 이는 단지 현재 숨겨져 있는 정부의 부채를 드러낼 뿐이다. 현재 장기공채가 아닌 것을 장기공채로 바꾸는 것이다. 이러한 조치들은 현재의 사회보장운영에 필요한 기구들의 대부분을 당장 해체할 수 있게 해준다.

사회보장제도를 점차 해체시키면 현재의 고용감소 효과를 제거하게 되고 따라서 이는 국민소득이 현재보다 늘어나게 되는 것을 뜻하게 된다. 이는 개인저축을 증대시키고 따라서 더 높은 자본형성과 훨씬 더 빠른 소득증가율을 가져올 것이다. 이는 또한 민간 연금제도의 발전 및 확장을 자극하고 그리하여 많은 근로자들의 안전망도

확충하게 될 것이다.

정치적으로 실현 가능한 것은 무엇인가?

이것은 멋진 꿈이지만 불행히도 현재로서는 입법화될 가능성은 전혀 없다. 닉슨, 포드, 카터, 이 세 사람의 대통령은 부의 소득세 요소를 포함한 정책을 고려하거나 제안한 적이 있다. 매 번 모두 정치적 압력으로 말미암아 이들은 기존의 여러 정책들을 대체하기보다는 그것들에 추가된 정책을 제안하였다. 매 경우마다 보조율은 너무 높아서 수혜자들이 일을 해서 돈을 벌려고 하는 유인은 설령 있다 해도 아주 적었다. 이와 같은 잘못된 부의 소득세 제도는 전체 시스템을 개선하지 못하고 악화시켰다. 현행 복지제도에 대한 대안으로 부의 소득세를 최초로 제안한 것은 바로 필자들이었지만, 필자들 중 한 사람은 닉슨 대통령이 제안한 가족보조안[38]에 대해 의회에서 반대 증언을 했다.

받아들일 만한 부의 소득세 제도에는 정치적 장애가 있으며, 이들은 서로 연관되어 있다. 이중에 보다 분명한 것은 현행 제도에 대한 기득권층의 존재이다. 즉, 이 제도의 수혜자와 현행 제도로 혜택을 받고 있다고 여기는 주 정부 및 지방정부 공무원들, 특히 이 제도의 운영을 담당하고 있는 복지 관료이냐.[30] 널 분명한 상애는 기존의 기득권층을 비롯해, 현행 복지제도의 개혁을 지지하는 사람들이 추구하는 목표들이 서로 충돌하는 것이다.

마틴 앤더슨Martin Anderson이 "급진적 복지 개혁"의 불가능성에 관한 장에서 탁월하게, 언급하고 있는 바와 같이,

> 모든 급진적 복지 개혁안은 정치적으로 매우 민감한 다음 세 가지 문제점을 지니고 있다. 첫째는 그 개혁안이 예를 들어 4인 가족의 경우에 어느 정도의 기본적인 수혜수준을 제공해 주어야 하는가이다. 둘째는 그 안이 수혜자가 일자리를 구하거나 더 벌려고 하는 유인에 어느 정도 영향을 미치는 가이다. 셋째는 납세자들에게 어느 정도의 추가비용을 발생시키는 가이다.
> …그 개혁안이 정치적으로 실현되려면 복지 수혜자에게 적절한 수준의 지원을 제공해야 하고, 일하고자 하는 강력한 유인을 담고 있어야 하며, 비용면에서 적정한 수준이어야 한다. 그리고 이 세 가지는 동시에 이뤄져야 한다.[40]

이들 세 가지 목표들 간의 충돌은 '적절한', '강력한', '적정한'이란 표현, 특히 '적절한'이라는 표현에 담긴 내용에 기인한다. 만약 '적절한' 지원수준이 현재의 수혜자들이 여러 가지 현행 제도들로부터 받는 것보다 개혁된 제도들로부터 적게 받는 사람이 있더라도 아주 적다는 것을 의미한다면 '강력한'이라던가 '적정한'이라던가 하는 표현이 어떻게 해석되더라도 세 가지 목표를 모두 동시에 달성하는 것은 불가능하다. 그렇지만 앤더슨이 말하는 대로, "적어도 가까

운 장래에는 의회가 수백만의 복지 수혜자가 받는 액수가 실제로 줄어들게 하는 복지개혁은 그 어떠한 것도 통과시킬 수 없다."

앞에서 실례를 들어 소개한 간단한 부의 소득세에 대해 생각해 보자. 즉 4인 가족의 분기점은 7,200달러, 보조금 교부율은 50%이었다. 이는 다른 소득원이 전혀 없는 가족에 3,600달러가 지급됨을 의미한다. 보조율 50%는 일을 하도록 하는 꽤 강력한 유인을 준다. 이 비용은 현재의 복합적인 복지지도의 비용보다 훨씬 적다. 그러나 지원수준은 오늘날 정치적으로 받아들일 수 없는 것이다. 앤더슨이 말하고 있는 바와 같이 "현재(1978년 초) 미국 4인의 전형적인 복지수혜가족은 매년 약 6,000달러의 서비스와 현금을 받을 자격을 갖는다. 뉴욕주와 같이 높은 복지자금을 지급하는 주에서는 상당수의 복지수혜가족이 7,000달러에서 1만 2,000달러 혹은 그 이상의 보조를 받고 있다."[41]

만약 분기점 7,200달러를 유지하려면, 6,000달러라는 "전형적인" 수치조차도 보조율 83.3%가 필요하다. 그러한 보조율은 일하고자 하는 유인을 심각하게 해치기도 하고 막대한 비용을 추가시키기도 한다. 이는 탈출구가 없는 악순환이다. 다수의 현행 제도로부터 현재 보조를 많이 받는 많은 사람에게 지출을 줄이는 것이 정치적으로 실현가능하지 않는 한 앤더슨이 옳다. "급진적 복지 개혁을 이루기 위한 모든 정치적 필요조건을 동시에 충족시킬 수는 없다."[42]

그러나 오늘 정치적으로 실현가능하지 않은 것이 내일 정치적으로 가능할 수도 있다. 정치학자 및 경제학자들이 정치적으로 가능한 것을 예측하는데 보인 실적은 저조하다. 그들의 예측이 경험과는 맞지 않는 일이 되풀이해서 일어났다.

　필자들이 존경하는 위대한 스승 프랭크 나이트Frank H. Knight 교수는 리더를 선두로 하여 V자형 대형을 이루어 날아가는 오리들을 예로 들어 리더십에도 여러 가지 유형이 있다는 것을 설명하기를 좋아하였다. 그분은 리더는 계속하여 앞으로 가고 있는데 그 뒤를 따르는 다른 오리들은 이따금 다른 방향으로 날아간다고 하곤 했다. 리더가 주위를 둘러보고 아무도 따르지 않는 것을 알면 날아가서 다시 V자형의 선두자리를 차지한다. 그것은 리더십의 한 가지 형태이며 의심할 여지없이 워싱턴에서 가장 많이 나타나는 형태이다.

　필자들의 제안들이 현시점에서 정치적으로 실현 가능하지 않다는 견해를 받아들이면서도, 점진적인 개혁으로 이끌어 가는 이상으로서 뿐만 아니라 그것들이 조만간 정치적으로 실현가능하게 되기를 희망하면서 필자들은 될 수 있는 한 충분히 제안사항들의 개요를 설명하였다.

결 론

최근까지 보건·교육·후생국의 지배를 받아온 제국은 최근에 와서 매년 우리의 돈을 우리의 「건강」에 점점 더 많이 지출했다. 주요 성과는 그저 의료 및 보건 서비스의 비용만을 증가시켰을 뿐이며 이에 걸맞게 의료의 질을 개선시키지는 못했다. 교육에 대한 지출은 급격히 증가하고 있다. 그런데도 교육의 질은 저하일로에 있다는 것이 일반적인 견해이다. 인종통합을 위한 자금지출이 늘어나고 엄격한 통제가 가해져 왔지만 우리 사회는 점점 더 분열하는 것 같다.

매년 수십억 달러가 복지에 지출되고 있지만, 미국 시민의 평균 생활수준이 역사 이래 가장 높아진 시대에 복지 원조를 받고 있는 사람들의 명단은 늘고 있다. 사회보장예산은 막대하지만 사회보장 사업은 심각한 재정난에 빠져 있다. 젊은 세대는 노인들에게 돌아갈 보조금을 해결하기 위해 높은 세금을 납부해야 한다고 불평한다. 그러나 노인들은 자신들이 기대했던 생활수준을 유지할 수 없다고 불만이다. 이들의 주장은 모두 일리가 있다. 우리의 노인들이 결코 자선의 대상이 되지 않도록 하려고 입법한 정책은 복지명부에 오른 노인들의 숫자를 늘렸다.

보건·교육·후생국 자체계산에 의하면 매년 사기, 남용, 낭비 때문에 손실되는 돈은 5만 달러 이상의 주택을 10만 호 이상을 짓고도 남을 액수라는 것이다.

낭비는 고민거리다. 그러나 이것은 그토록 거대한 규모로 성장해버린 온정주의적 정책들의 해악들 중에서 가장 작은 것이다. 이 정책들의 커다란 해악은 우리 사회구조에 끼치는 영향이다. 이 정책들은 가족을 약화시키고, 일하고 저축하고 혁신하고자 하는 유인을 감퇴시키고, 자본축적을 감소시키며, 우리의 자유를 제한한다. 이러한 사실들이야말로 이 정책을 평가하는 근본적인 기준들이 되어야 한다.

제 5 장

빗나간 평등

'평등', '자유' - 독립선언에 나와 있는 이 말들은 도대체 정확히 무엇을 의미하는 것일까? 이 말들이 표현하고 있는 이상을 우리가 현실생활에서 실현할 수 있을까? 자유와 평등은 서로 모순되지 않는 것일까? 양자는 서로 충돌되는 관계에 있는 것일까?

독립선언이 있기 훨씬 이전부터 이러한 질문들이 미국 역사에서 중심적인 역할을 수행하였다. 이러한 문제에 대답하려는 노력의 과정 속에서 여론의 지적풍토가 형성되었고 피비린내 나는 전쟁이 유발되었으며 정치적·경제적 제도에 주요한 변화가 생겨났다. 이러한 노력은 아직도 계속하여 우리의 정치적 논쟁을 지배하고 있다. 이것은 우리의 과거의 역사를 형성했듯이 미래의 역사도 만들어 갈 것이다.

건국 초기의 수십 년 동안 평등이란 하느님 앞에서의 평등을 뜻했다. 그리고 자유란 자신의 생활을 만들어 가는 자유를 뜻했다. 독립선언과 노예제도 간의 심각한 갈등이 무대의 중앙을 차지하였다. 그 갈등은 결국 남북전쟁에 의해 해결되었다. 그 후 논쟁은 다른 차원으로 옮겨졌다. 평등이란 어느 누구도 자기의 목적을 추구하기 위하여 자신의 능력을 사용하는 데에 있어서 어떠한 자의적인 장애에 의해서도 방해받아서는 안 된다는 의미에서 점차 '기회의 평등'으로 이해되었다. 이것이 오늘날에도 대다수의 미국 시민들이 이해하는 평등의 우선적인 의미이다.

하느님 앞에서의 평등이나 기회의 평등이나, 그 어느 것도 자신의 생활을 만들어 가는 자유와 서로 전혀 충돌되지 않는 것이었다. 오히려 완전히 반대였다. 평등과 자유는 동일한 기초적인 가치관 – 모든 개인은 그 자신이 궁극적인 목적으로 간주되어야 한다는 가치관 – 의 양면이었다.

그런데 최근 수십 년 동안 미국에서는 매우 다른 의미의 평등, 즉 '결과의 평등'이라는 것이 출현하였다. 모든 사람이 동일한 수준의 생활이나 소득을 누려야 한다는 것이며 경주의 결승점에 나란히 들어와야 한다는 것이다. 결과의 평등은 명백히 자유와 충돌된다. 그것을 촉진시키려는 노력은 정부를 한층 거대화하고 정부로 하여금 우리의 자유를 제한하게 하는 주요한 원천이 되어온 것이다.

하느님 앞에서의 평등

토마스 제퍼슨Thomas Jefferson이 일찍이 33세의 나이에 "모든 사람은 태어나면서부터 평등하다"고 하였을 때, 그 자신이나 동시대 사람들도 이 표현을 문자 그대로 이해하지는 않았다. 그들은 '사람들'이 육체적인 특징이나 감정적인 반응의 방식이나 생리적·지적 능력에 있어서 평등하다고는 생각하지 않았다. 토마스 제퍼슨은 매우 뛰어난 사람이었다. 그는 26세의 나이에 몬티첼로Monticello(이태리어로 '작은 산'을 의미한다)에서 자기 집을 아름답게 설계하여 건축공사를 감독하고 심지어는 작업도 손수 한 것으로 알려져 있다. 그의 생애를 통틀어 보건대, 제퍼슨은 발명가이자 학자이자 저술가이자 정치가였으며, 버지니아주지사 뿐만 아니라 미국의 대통령이 되었고 프랑스 주재 대사가 되었으며, 비지니이대학교를 창설히기도 하였던 만큼, 도저히 범상한 사람이었다고는 말하기 어렵다.

토마스 제퍼슨이나 그 시대 사람들이 생각하던 '평등'의 의미가 무엇이었던가를 알아내는 실마리는 독립선언에 나오는 그다음 구절에서 찾을 수 있다. "(모든 사람은) 창조주로부터 양도할 수 없는 일정한 권리를 부여받았다. 그중에는 생활, 자유 및 행복추구가 포함되어 있다." 즉, 사람은 하느님 앞에서 평등하다는 것이다. 모든 사람은 그 자신으로서 귀중하며, 존재 그 자체가 귀중한 것이다. 그는 양도할 수 없는 권리, 다른 어느 누구도 결코 침해할 수 없는 권리를 갖는다. 그는 자기 자신의 목적을 달성하기 위해 헌신할 권리, 단순히 어떤 다른 사람의 목적을 촉진시키기 위한 도구로 이용되지 않을 권리를 지니고 있는 것이다. '자유'는 평등을 정의하는데 포함되는 일부분이며 결코 평등과 충돌되는 것이 아니다.

하느님 앞에서의 평등 – 인격적 평등[43] – 은 사람들은 어느 누구도 서로 동일하지 않다고 하는 바로 이 이유 때문에 중요한 것이다. 사람들은 각자 서로 다른 가치관, 서로 다른 취향, 서로 다른 능력을 갖고 있는 만큼 각자가 서로 매우 다른 인생을 보내고 싶어 하기 마련이다. 인격적 평등은 사람들이 그렇게 할 권리를 존중받아야 하며 어떤 다른 사람의 가치관이나 판단에 따라 강요받아서는 결코 안 된다는 점을 강조한다. 제퍼슨은 어떤 사람들은 다른 사람들보다 뛰어나며 또 엘리트가 있다는데 전혀 의심을 품지 않았다. 그러나 그렇다고 해서 그들이 다른 사람들을 지배할 권리를 부여받은 것은 아니다.

만약 엘리트가 자기 의사를 다른 사람들에게 강요할 권리를 갖고 있지 않다면, 어떤 다른 집단도 - 설사 다수 집단이라도 - 그럴 수 없는 것이다. 모든 사람은 다른 사람의 비슷한 권리를 침해하지 않는 한, 자기 자신에 대한 지배자가 되기로 되어 있다. 같은 시민으로부터, 그리고 외국의 위협으로부터 이러한 권리를 보호하기 위하여, 그리고 다수파라고 해도 멋대로 지배할 수 없도록 하기 위해 정부를 세운 것이다.

제퍼슨이 자신의 비명에 새겨 기억되었으면 하던 업적이 3가지 있다. 그것은 신앙의 자유에 대한 버지니아주의 법률(소수파를 다수파의 지배로부터 보호하려고 입안된 미국 권리장전의 전신)과 독립선언을 기초한 것과, 버지니아대학교를 설립한 것이다. 제퍼슨과 동시대 사람들에 의해 기초된 미국 헌법의 초안자들이 목표로 한 것은, 국가를 지키고 국민의 일반적 복지를 증진시킬 수 있을 만큼 강력한 중앙정부를 수립하되, 동시에 중앙정부의 지배로부터 개개의 시민을 보호하고 주정부를 분리시킬 수 있도록 그 권력을 충분히 제한하는 것이었다. 정부에 대한 광범위한 참여라는 의미로는 분명히 민주주의적이었지만, 다수결의 원칙이라고 하는 정치적 의미로는 분명히 그렇지 않았던 것이다.

이와 마찬가지로 저 유명한 프랑스의 정치 철학자이자 사회학자인 알렉시 드 토크빌Alexis de Tocqueville은 1830년대에 장기간에 걸쳐 미국을 방문한 후 집필한 그의 고전적인 저서『미국에서의 민주주의』에서 미국의 두드러진 특징은 다수결의 원칙이 아니라 평등이라는 것을 다음과 같이 지적했다.

「미국은 건국 당초부터 귀족주의적 요소가 약한 상태였다. 게다가 그것이 오늘날의 시점에서는 정말로 파괴되지는 않았으나 전적으로 무력하게 되어버린 만큼 이것이 사건의 진전에 어느 정도라도 영향을 미치리라고는 거의 생각할 수 없다. 이와는 대조적으로 민주주의적인 원리는 시간이 흘러감에 따라, 그리고 여러 가지 사건이 발생하고 입법화가 이루어져 감에 따라 점차 강력한 힘을 얻게 되어, 이제는 지배적인 것일 뿐만 아니라 전능한 것이 되었다. 어떤 특정 가문이나 기업에 의한 지배도 없다…
그리하여 미국은 그 사회상황에서 하나의 매우 눈부신 현상을 나타내고 있다. 거기서는 세계의 다른 어느 나라보다도 또는 인류의 역사가 기억을 간직한 그 어느 시대보다도 국민은 그 재산과 지성의 관점에서 볼 때 더욱 평등해 보이며, 바꾸어 말하면 그 힘에 있어서 더욱 평등하게 보인다.[44]」

그는 자신이 관찰한 대부분의 것에 대해서 감명을 받았지만, 그렇다고 해서 아무 비판 없이 감명만 받은 것은 결코 아니며, 민주주의가 지나치게 그 도를 넘어서게 되면 시민의 덕목을 침식할지도 모른다는 점을 우려하였다. 그가 말한 바와 같이,

「평등에 대한 남자답고 정당한 열정이 있어 인간으로 하여금 한껏 강하고 존경을 받고 싶어하도록 부추긴다. 이러한 열정은 비천한 사람들을 높은 지위로 끌어 올리는 경향이 있다. 그러나 인

간의 마음속에는 또한 평등에 대한 타락한 취향이 있어 약한 사람들이 강한 사람들을 자신들의 수준까지 끌어내리지 않고는 못 배기도록 하며 인간으로 하여금 자유를 지닌 불평등보다 노예 상태에서의 평등을 택할 수밖에 없도록 만든다.」[45]

최근 수십 년 동안 미국의 민주당이 제퍼슨과 그 시대 사람들 대다수가 민주주의에 대한 최대의 위협이라고 생각한 바로 그러한 정부의 권력을 강화하는 중요한 도구로 이용되어 온 사실은, 말의 의미가 변화하고 있음을 뚜렷하게 증명하는 것이다. 게다가 민주당의 제퍼슨이 자유와 동일시하였고 토크빌이 민주주의와 동일시하였던 '평등'의 개념과는 거의 정반대되는 '평등'의 개념을 내세워 정부의 권력을 증대하려고 노력해 왔다.

물론, 미국을 건국한 사람들의 실제 행동이 그들이 만든 이념과 항상 부합하지는 않았다. 이러한 언행 불일치의 가장 명백한 예는 노예제도이다. 토마스 제퍼슨 자신도 죽는 날(1826년 7월 4일)까지 노예를 소유하고 있었다.

그는 노예제도에 대해 거듭 고민한 끝에 자신의 메모와 서신 속에서 노예제도를 폐지할 계획을 시사했지만, 그러한 계획을 공식으로 제안하거나 노예제도에 대해 반대 운동을 전개한 적은 한 번도 없었다.

그가 기초한 독립선언이 그가 그토록 심혈을 기울여 세운 국가에 의해 여지없이 짓밟히거나, 아니면 노예제도가 폐지되거나 하지 않으면 안 되는 상황이었다. 건국 초기의 수십 년 동안 노예제도를 둘러싼 논쟁이 고조되었던 것은 별로 놀라운 일이 아니다. 이 논쟁은 결국 내란으로 끝나게 되었으며 이때 에이브러햄 링컨이 게티스버그 연설에서 말한 바와 같이 "자유에 의해 잉태되고 모든 사람은 태어나면서부터 평등하다고 하는 명제를 위해 바쳐진 나라가… 오래 존속할 수 있을 것인가"가 시험대에 올랐던 것이다. 이 나라는 존속하게 되었지만, 그것은 생명과 재산과 사회적 응집력 면에서 엄청난 대가를 치른 뒤에 비로소 가능하였던 것이다.

기회의 평등

일단 남북전쟁에 의해 노예제도가 폐지되고 인격적 평등 - 하느님과 법 앞에서의 평등 - 의 개념이 점차 실현돼감에 따라 지식인들의 토론에서나 정부와 민간의 정책에서 사람들은 다른 개념 - 기회의 평등 - 을 한층 더 강조하게 되었다.

문자 그대로의 기회의 평등 - 모든 사람들이 '완전히 같은 기회를 갖는다'는 의미의 평등 - 은 불가능한 것이다. 어떤 아이는 시각장애를 갖고 태어나는가 하면 다른 아이는 그렇지 않다. 어떤 아이는 부모가 복지후생에 깊은 관심을 갖고 교양과 이해의 바탕을 마련해 주는가 하면, 다른 아이는 부모가 방탕하고 낭비만 한다. 어떤 아이는 미국에서 태어나는가 하면, 다른 아이는 인도나 중국, 혹은 러시아에서 태어난다. 아이들이 태어날 때에 맞게 되는 기회란 결코 같지 않으며 또한 이러한 기회를 결코 완전히 동일하게 할 수도 없는 것이다.

인격적 평등과 마찬가지로 기회의 평등도 문자 그대로만 이해해서는 안 된다. 그 본래의 의미는 아마 프랑스 혁명 당시 프랑스인들이 사용하던 표현에 가장 잘 나타나 있다고 볼 수 있는데 '능력에 따라 열리는 인생une carriere ouverte aux les talents'이 바로 그것이다. 사람들이 자신들의 능력에 맞춰 각자 자기 나름대로 가지고 있는 가치관에 따라 추구하게 되는 지위를 달성하는데 어떤 자의적인 장애도 허용되어서는 안 된다. 가문이나 국적이나 피부색이나 종교나 성별이나 그밖에 어떤 당치 않은 특징도 인간에게 열리는 기회를 결정해서는 안되며 오직 그의 능력만이 그렇게 할 수 있는 것이다.

이렇게 이해하면 기회의 평등이란 인격적 평등, 즉 법 앞에서의 평등이 무엇을 의미하는가를 보다 상세하게 표현하고 있는데 지나지 않는다. 그리고 인격적 평등과 마찬가지로 기회의 평등이 의미 있고 중요한 것은 사람들의 유전적, 문화적인 특징이 서로 다르고 이에 따라 서로 다른 인생을 바라고 그것을 추구할 수 있다는 바로 그 이유 때문이다.

인격적 평등과 마찬가지로 기회의 평등도 자유와 전혀 모순되지 않는다. 오히려 그것은 자유의 본질적인 구성요소이다. 만일 어떤 사람들이 자신들이 그럴만한 자격을 갖추고 있는 인생의 어떤 특정 지위를 얻으려고 하는데, 단순히 인종적인 배경이나 피부색이나 종교를 이유로 그것이 거부된다면 그것은 그들의 '생활, 자유 및 행복의 추구'에 대한 권리를 침해하는 것이다. 그것은 기회의 평등을 부정하고, 더 나아가서 어떤 사람들의 이익을 위해 다른 사람들의 자유를 희생한다.

모든 이상이 그러하듯, 기회의 평등도 완전히 실현하기는 불가능하다. 그것이 가장 심각하게 벗어나 있는 것은 의심할 나위 없이, 특히 남부에서의 흑인들의 경우이지만 북부에서도 마찬가지였다. 그렇지만 흑인과 그 밖의 집단들에게 사정이 엄청나게 나아지기도 했다. '인종이 뒤섞인 나라melting pot(미국의 별칭)'라는 개념 그 자체가 기회의 평등이라는 목적을 반영한 것이었다. 마찬가지로 초등, 중등 및 고등 수준에서의 '무료' 교육의 확대도 그런 것이었다 - 비록 이러한 발전이 다음 장에서 보듯이 순수한 축복만은 아니었지만.

남북전쟁 이후 국민 대중이 전반적으로 받아들인 가치체계에서 기회의 평등이 우선적인 자리를 차지했음은, 특히 경제정책에 명백히 나타나 있다. 당시의 표어는 자유기업, 경쟁, 자유방임이었다. 모든 사람은 거래의 당사자가 동의하는 한, 자유롭게 어떤 사업에 발을 내딛거나 어떤 직업에 종사하거나, 어떤 재산을 구입할 수 있었다. 각자 성공하면 이익을 올리고, 실패하면 손실을 입었다. 어떠한 자의적 장애도 있어서는 안 되었다. 가문이나 종교나 국적이 아니라 실적이 시금석이 되었다.

당연한 결과로 나타난 것이 문화적 엘리트로 자처하는 많은 사람들이 저속하다고 비웃어 버리는 물질주의의 발전이었는데, 그것은 만능의 위력을 지닌 돈과 재산을 성공의 상징이자 증표로 중시하였다. 토크빌이 지적한 대로, 이러한 것을 중시하는 풍조는 이 사회가 봉건·귀족사회의 전통적 기준, 즉 가문과 혈통을 받아들일 의사가 별로 없음을 반영하는 것이었다. 그리하여 실적은 이에 대한 명백한 대안이 되었고 재산의 축적은 실적을 측정할 때 가장 손쉽게 사용할 수 있는 기준이 되었다.

또 하나의 당연한 결과로 나타난 것은 말할 것도 없이 인간의 활력을 막대하게 방출시켜 미국을 더욱 더 생산적이고 동적인 사회, 사회이동이 일상다반사인 사회로 만든 것이었다. 이 밖에 또 하나의 당연한 결과로 나타난 것은 어쩌면 놀랄만한 일일지도 모르지만 자선활동의 폭발이었다. 이 폭발은 부의 급속한 성장으로 가능해진 것이다. 이것은 구체적으로 비영리병원이나 개인의 기부로 설립된 대학이나 빈민구제를 목적으로 한 다양한 자선단체의 모습으로 나타났으며, 그것은 특히 기회의 평등을 촉진할 것을 포함하는 이 사회의 지배적인 가치관에 근거한 것이었다.

물론 다른 분야에서와 마찬가지로 경제활동 분야에서도 실제가 이상과 항상 합치하는 것은 아니었다. 정부는 미미한 역할밖에는 하지 못했다. 기업은 아무런 커다란 장애도 만나지 않았고, 19세기 말에는 경쟁에 대한 사적인 장벽을 제거하기 위해 특히 셔먼 반독점법 Sherman Anti-trust Act과 같은 적극적인 정부의 조치가 채택되었다. 그러나 다양한 사업이나 직업에 종사할 수 있는 개인의 자유를 방해하여 오던 법률 외적인 관습은 여전히 남아 있었으며 사회적 관습에 의하여 좋은 가문에서 태어나 개신교를 믿는 백인에게 특별한 이익이 부여돼 온 것은 의심할 나위가 없었다. 그러나 이런 특권을 별로 누리지 못한 다양한 집단의 사회적·경제적 지위가 급속히 상승하고 있는 것은 이러한 장애가 결코 극복할 수 없는 것은 아니었다는 사실을 증명한다.

정부의 조치에 관하여는, 자유시장에서 크게 벗어난 분야는 외국무역이었던 바, 알렉산더 해밀턴은 『제조업에 관한 보고』에서 국내 산업을 위한 보호관세를 미국적 방식의 중요한 일면으로 신성시하였다. 보호관세는 철저한 기회의 평등과 서로 모순되는 것이었으며(제2장 참조), 동양인은 예외였지만, 제1차 세계대전까지는 통례로 되어 있었던 이민의 자유와도 정면으로 모순되는 것이었다. 그러나 그것은 국방상의 필요성을 근거로 하여 또 평등은 국경 안에서만 통용된다는 전혀 다른 이유를 근거로 하여 정당화될 수 있었다. 그러나 이러한 부당한 근거를 내세워 정당화하려는 것은 오늘날 매우 다른 평등의 개념을 주장하고 있는 대다수의 사람들도 마찬가지일 것이다.

결과의 평등

바로 그 다른 개념이 '결과의 평등'인데, 이것은 이번 세기에 들어와 사람들의 지지를 얻게 되었다. 이것은 처음에는 영국과 유럽대륙에서 정부의 정책에 영향을 미쳤다. 그리고 이것은 과거 반세기 동안 미국의 정책에도 점차 영향을 미치게 되었다. 일부 지식인들의 사회에서는 '결과의 평등'이 바람직하다는 것이 종교적 신앙의 한 대목이 되었다. 모든 사람이 경주의 결승점에 나란히 들어와야 한다는 것이다. 『이상한 나라의 앨리스』에 나오는 도도가 말했듯이, "모두 이겼다. 모두 상을 받아야지"라는 것이다.

이 개념에서도 다른 두 가지 개념에서처럼 '평등'이란 문자 그대로 '동일성'으로 이해해서는 안 된다. 모든 사람이 연령이나 성별이나 그 밖의 육체적인 성질의 차이에도 불구하고, 식품이나 의류 등 각개의 품목을 동일한 분량으로 할당받아야 한다고 주장하는 사람은 아무도 없다. 목표는 오히려 '공평'이라는 훨씬 더 막연한 개념으로, 그것을 정확히 정의하는 것은 불가능하지는 않더라도 정말로 어려운 것이다. '모든 사람에게 공평한 몫'이라고 하는 현대적 표어는 '필요에 따라 모든 사람에게, 능력에 따라 모든 사람에게서'라는 칼 마르크스Karl Marx의 표어를 대신하는 것이다.

이러한 평등의 개념은 다른 두 가지와는 근본적으로 다르다. 인격적 평등이나 기회의 평등을 증진시키는 정부의 정책은 자유를 증진시키는 반면 '모든 사람에게 공평한 몫'을 달성하려는 정부의 정책은 자유를 축소시킨다. 만일 사람들이 무엇을 손에 넣어야 할 것인가를 '공평'이라는 기준에서 결정하기로 한다면, 무엇이 '공평'한가는 누가 결정하는가? 도도에게 이구동성으로 던져진 질문처럼 "근데 누가 상을 주지?"

'공평'이란 일단 '동일성'을 벗어나면 객관적으로 결정될 수 없는 개념이다. '공평'이란 '필요'와 마찬가지로 보는 사람에 따라 달라진다. 만일 모든 사람이 '공평한 몫'을 가져야 한다면, 어떤 사람이나 어떤 집단이 무엇이 '공평한 몫'인가를 결정해야 하며, 그렇게 되면 이들은 자기들이 결정한 바를 다른 사람들에게 강요하여 자신들의 '공평한 몫'보다 많이 가진 사람들로부터 빼앗아 적게 가진 사람들에게 줄 수 있어야만 한다. 그러한 결정을 내리고 강요하는 사람들이 그러한 결정의 대상이 된 사람들과 평등한가? 우리는 '모든 동물들은 평등하지만, 어떤 동물이 다른 동물보다 더 평등한' 곳인 조지 오웰의 『동물농장』에 있는 것이나 아닐까?

더구나 만일 사람들이 손에 넣는 것이 그들이 만들어 내는 것에 의해서가 아니라 '공평'에 의해 결정된다면 '상품'은 어디서 오는 것일까? 노동하고 생산하게 할 유인이 무엇이 있을까? 누가 의사가 되고 누가 변호사가 되고 누가 쓰레기 수거원이 되며 누가 거리의 청소부가 될 것인가는 어떻게 결정할까? 사람들이 자기에게 맡겨진 역할을 받아들여 능력에 따라 수행하리라고 무엇이 보장하는가? 의심할 나위 없이, 오로지 힘만이 또는 힘의 위협만이 그렇게 해 줄 것이다.

핵심이 되는 점은, 단순히 실제가 이상과 다를 것이라는 것만은 아니다. 물론, 그것은 다른 두 가지 평등의 개념과 마찬가지로 다를 것이다. 오히려 문제는 '공평한 몫'의 이상 또는 그것의 선구격인 '필요에 따라 모든 사람에게'라고 하는 이상과 '인격적 자유'의 이상은 근본적으로 서로 충돌된다는 점이다. 이 충돌은 '결과의 평등'을 사회조직의 지배원리로 삼으려고 한 사람들을 괴롭혀왔다. 그 최종적 귀결은 항상 공포의 지배였다. 러시아나 중국 그리고 최근의 캄보디아가 이러한 사실을 명백하고 설득력 있게 보여 준다. 그리고 이 같은 공포에 의해서조차도 결과가 평등화되지는 않았다. 어떤 경우에나, 어떤 기준에서 보더라도 광범한 불평등이 지속되고 있다. 즉, 지배자와 피지배자 간의 권력뿐만 아니라 물질 생활수준에 있어서도 불평등이 지속되고 있는 것이다.[46]

결과의 평등을 내세워 서구제국이 취한 훨씬 온건한 정책들도 정도만 덜 했지 결국 같은 운명에 봉착하고 말았다. 이러한 정책들도 개인의 자유를 제한했다. 그리고 그 목적을 달성하지도 못했다. '공평한 몫'이 무엇인가를 일반적으로 받아들일 수 있도록 정의하거나 사회의 구성원들이 '공평'하게 대우받고 있다는 만족감을 갖도록 하는 건 불가능한 것으로 판명되었다. 결과의 평등을 실현하려는 새로운 시도가 있을 때마다 불만은 오히려 커질 뿐이었다.

결과의 평등을 추구하고자 하는 운동의 배후에 있는 도덕적 열정은 주로 어떤 어린이가 단지 어쩌다 부유한 부모 아래 태어났다는 이유만으로 다른 어린이보다 큰 이익을 누려야 한다는 것은 불공평하다는 널리 신봉되고 있는 신념에서 유래한다. 물론 이것은 불공평하다. 그러나 불공평은 다양한 형태를 취할 수 있다. 불공평은 채권·주식·가옥·공장과 같은 재산의 상속이라는 형태를 취할 수 있고 음악적 재능이나 신체적 능력이나 수학적 천재성과 같은 재능의 상속이라는 형태를 취할 수도 있다. 정부의 정책에 의한 개입은 재능의 상속에 대해서보다는 재산의 상속에 대한 것이 보다 용이하다. 그러나 윤리적인 관점에서 볼 때 이 두 형태의 상속 간에 어떤 차이가 있는가? 그런데도 재산의 상속에 대해서는 많은 사람들이 분개하지만 재능의 상속에 대해서는 그렇지 않다.

같은 문제를 부모의 관점에서 생각해 보자. 부모가 원한다면 자기 자녀에게 일생동안 높은 소득을 확보하게 해 줄 수 있는 방법은 여러 가지가 있다. 부모는 자녀에게 장래에 높은 소득이 기대되는 직업을 확보할 수 있는 교육을 받게 하거나, 자녀가 봉급생활자가 되었을 때 보다 많은 수입을 얻을 수 있도록 사업기반을 닦아주거나, 혹은 재산을 남겨서 그 재산에서 나오는 소득으로 보다 잘 살게 할 수도 있다. 부모가 자녀를 위해 그 재산을 사용하는 데 이 세 가지 방법 간에 어떠한 윤리적인 차이가 있는가? 또는 납세 후 소득이 있다고 할 때, 국가에서 부모가 방탕한 생활에 쓰는 것은 허용하고 자녀에게 물려주는 것은 허용하지 말아야 할까?

이와 관련된 윤리적인 문제는 미묘하고 복잡하다. 이는 '모든 사람에게 공평한 몫'이라는 극히 단순한 공식에 의해서 해결되는 것이 아니다. 사실 그것을 진지하게 받아들인다면, 음악적 재능이 뒤떨어진 어린이에게는 타고난 재능 부족을 보충해주기 위해 보다 많은 음악적 훈련을 받게 해야 할 것이며, 반대로 탁월한 음악적 재능을 타고난 어린이에게는 좋은 음악적 훈련을 받을 수 없도록 해야 할 것이고 그 밖의 타고난 다른 개인적 재능에 대해서도 모두 이와 마찬가지로 해야 할 것이다. 이 방법은 재능이 뒤떨어진 어린이에게는 공평할지도 모르나 재능이 뒤떨어진 어린이의 훈련을 위한 비용을 벌기 위해 일하지 않으면 안 되는 사람들에게나 또는 타고난 재능을 연마함으로써 얻게 될지도 모를 이익을 박탈당하는 사람들에게는 물론이고 재능이 있는 어린이에게도 공평한 것인가?

인생이란 결코 공평하지 않다. 자연이 만들어 놓은 것을 정부가 시정할 수 있다고 믿는 것은 그럴싸한 것이다. 그러나 우리들이 개탄해 마지않는 불공평 바로 그것으로부터 얼마나 많은 혜택을 보고 있는가를 인식하는 것도 역시 중요하다.

마르레느 디트리히Marlene Dietrich가 우리 모두의 선망의 대상인

각선미를 타고났다거나, 무하마드 알리Muhammad Ali가 위대한 권투선수가 될 기술을 타고난 것은 공평하다고는 할 수 없다. 그러나 다른 한편으로 생각하면, 수백만 명이 마르레느 디트리히의 각선미를 감상하거나 무하마드 알리의 권투시합을 보며 즐길 수 있었던 것은 그런 사람을 태어나게 한 자연의 불공평 덕택이었다. 만일 모든 면에서 각자가 모두 똑같다면 이 세상은 어떤 세상이 되었을까?

무하마드 알리가 하룻밤에 수백만 달러나 번다는 건 확실히 불공평한 일이다. 그러나 설사 지금 평등이라는 추상적인 이상을 추구하는 나머지, 무하마드 알리가 하룻밤의 권투시합 혹은 그 준비를 해오던 날들에 대해 미숙련 노동자가 하루의 부두노동으로 얻을 수 있는 대가 밖에 허용받지 못한다면 그의 시합을 보고 즐긴 사람들에게는 한층 더 불공평한 일이 아닐까? 그렇게 하는 것이 가능하였을지도 모르지만, 그 결과는 사람들에게 무하마드 알리의 시합을 관전할 기회를 주지 않았을 것이다. 만일 그가 미숙련 부두노동자와 같은 보수밖에 받을 수 없다면, 과연 그가 시합에 앞서 혹독한 훈련과 절제생활을 감내할 의사가 있거나 그가 보여준 그런 시합을 보여줄 의사가 있다고 생각할 수는 없다.

이 공평이라는 복잡한 문제의 또 다른 측면은 예컨대 하룻저녁 바카라 노름에서 운에 맡긴 승부를 생각해 보면 명백해진다. 이 노름을 하는 사람들은 저녁에 같은 수의 칩을 가지고 시작하지만, 노름이 진행되어감에 따라 각자의 칩수는 불평등하게 될 것이다. 하룻저녁의 노름이 끝났을 때, 어떤 사람은 많이 땄을 것이고 어떤 사람은 많이 잃었을 것이다. 평등의 이상을 내세워 딴 사람이 잃은 사람에게 칩을 돌려주도록 해야 할까? 그러면 노름의 재미는 완전히 사라져 버릴 것이다. 심지어 잃은 사람들까지도 그러고 싶지 않을 것이다. 하룻저녁만이라도 그러고 싶을지도 모르지만 따거나 잃거나 간에 그들이 노름을 시작했을 때와 아주 똑같은 상태로 끝나버릴 것이라는 것을 안다면 이 노름을 또 하려 할까?

이 예는 우리가 얼핏 생각할 수 있는 것보다 한층 더 긴밀하게 현실 세계와 관계된다. 우리는 누구나 매일매일 모험이 따르는 결정을 내린다. 때로는 커다란 모험이 따르는 결정이다. 예컨대 어떤 직업을 택할 것인가, 누구와 결혼할까, 집을 살 것인가 말 것인가, 큰 투자를 할까 말까 하는 결정이 그런 것들이다. 그러나 대개는 사소한 모험이 따르는 결정이다. 예컨대 어떤 영화를 보러 갈까, 자동차가 오는데도 길을 건널 것인가, 어느 채권을 살 것인가 하는 결정들이 그런 것들이다. 어느 경우나 문제는 어떤 모험을 할 것인가를 누가 정하느냐 하는 것이다. 그리고 그것은 그 결정의 결과에 대해 누가 책임질 것인가에 달려 있다. 만일 우리가 결과에 대한 책임을 진다면, 우리가 결정을 내릴 수 있다. 그러나 만일 다른 사람이 그 책임을 진다면 우리는 그가 결정을 내려도 괜찮다고 할 것인가? 또는 괜찮을 것인가? 만일 당신이 누군가를 대신해 그 사람의 돈을 가지고 바카라 노름을 할 때 어떤 결정을 내릴 것인가에 대해 당신에게 무제한으로 맡겨줄 것인가? 혹은 무제한으로 맡겨줘야 할 것인가? 그 사람은 분명히 당신에게 어떤 재량의 한도를 두지 않을까? 그 사람은 당신이 지켜야 할 어떤 규칙을 정해주지 않을까? 또 이와 아주 다른 예를 들자면, 만일 정부(즉, 당신과 같은 납세자)가 당신 주택의 홍수피해복구비용을 부담한다면, 당신은 홍수의 위험이 있는 곳에 주택을 복구할까, 말까를 자유로이 결정해도 괜찮을까? 개인적인 결정에 대한 정부의 개입이 '모든 사람에게 공평한 몫'을 추구하는 운동과 보조를 맞춰 강화되어 온 것은 결코 우연이 아니다.

사람들이 스스로 선택하는 – 그리하여 대체로 자신들이 내린 결정의 결과에 대해 책임을 지는 – 체제가 우리의 역사를 거의 일관하여 온 것이다. 이 체제야말로 헨리 포드Henry Ford 가문, 토마스 알바 에디슨Thomas Alva Edison가문, 조지 이스트만George Eastman가문가나, 존 디 록펠러John D. Rockefeller가문, 제임스 캐쉬 페니James Cash Penney 가문들에게 과거 200년에 걸쳐 우리 사회를 발전시키도록 한 유인을 부여한 체제이다. 이것이야말로 다른 사람들로 하여금 이들 야심만만한 발명가와 산업의 선구자들이 착수한 위험천만한 기업에 필요한 모험 자본을 출자하도록 한 유인을 부여한 체제이다. 물론, 이 과정에서 실패한 사람도 많이 있었고, 어쩌면 성공한 사람보다는 실패한 사람이 많았을지도 모른다. 그들의 이름을 우리는 기억하지 못한다. 대개의 경우 그들도 위험을 뚜렷이 의식하고 있었다. 그들은 자신들이 성공하든 실패하든 운명에 맡기고 한번 해보고 있다는 것을 알고 있었다. 그리하여 성공하거나 실패하거나 간에 그들이 기꺼이 운명에 맡기고 한번 해보았기 때문에 사회 전체에 이익이 되었던 것이다.

이 체제가 만들어 낸 경제적 번영은 전적으로 새로운 제품이나 서비스를 개발하거나 또는 제품이나 서비스를 생산하거나 그것을 널리 퍼뜨리는 새로운 방법을 개발해서 이뤄졌다. 그 결과로 늘어난 사회 전체의 부와 향상된 일반 대중의 복지는 기술혁신자들이 축적한 부의 수배에 달하는 것이었다. 헨리 포드는 큰 재산을 손에 넣었다. 그리고 국가는 저렴하고 믿을만한 교통수단과 대량 생산기술을 얻었다. 더구나 대개의 경우 개인 재산 대부분이 궁극적으로는 사회의 이익을 위해 헌납되었다. 록펠러 재단이나 포드 재단이나 카네기 재단은 수많은 민간자선단체 중에서 가장 유명한 몇몇 예에 지나지 않는 것들이며, 이들은 '기회의 평등'과 '자유'의 의미를 최근까지 알려진 바대로 살려 운영된 체제의 훌륭한 소산이다.

한 가지 단적인 예에서 보더라도 19세기부터 20세기 초에 걸쳐 얼마나 많은 자선활동이 쏟아져 나왔는지 알 수 있다. 「1880년대부터 1917년까지 시카고의 문화적 자선활동」을 다룬 책에서 헬렌 호로위츠Helen Horowitz는 다음과 같이 기술하고 있다.

세기의 전환기에 시카고는 자가당착적 충동으로 들끓던 도시였다. 즉, 이 도시는 산업사회의 기본적인 상품을 취급하는 상업중심지인 동시에 문화향상이라는 바람에 휘말리고 있던 지역사회였다. 한 평론가가 지적한 대로, 이 도시는 '돼지와 플라톤의 기묘한 결합'이었다.

시카고의 문화 향상 운동을 잘 나타내는 것은 1880년대부터

1890년대 초반에 걸쳐 이 도시에 세워진 수많은 거대한 문화기관들(미술학교, 뉴베리도서관, 시카고교향악단, 시카고대학교, 휠드박물관, 크레라도서관)이다.…

이러한 기관들은 이 도시의 하나의 새로운 현상이었다. 이러한 기관들을 건립하게 된 원래 동기야 어떻든, 그 기관들은 대체로 일단의 기업인들에 의해 조직되고 유지되고 관리되었다… 그러나 이 기관들이 개인적으로 후원되고 관리되기는 하였지만 시 전체를 위해 계획된 것이었다. 이 기관들의 이사들은 개인적으로 심미적이거나 학술적인 갈망을 만족시키기 위해서보다는 사회적 목표를 달성하기 위해서 이러한 문화적 자선활동에 착수했던 것이다. 그들의 관리력이 미치지 않는 사회제력의 폭발에 고심하며 이상주의적 문화 관념이 충만했던 이들 기업가들은 박물관이나, 도서관이나 교향악단이나 대학교를 세움으로써 자기들의 도시를 정화하고 시민적 르네상스를 일으킬 수 있을 것이라 생각했다.[47]

자선활동은 결코 문화기관에만 국한된 것은 아니었다. 호로위츠가 다른 곳에서 기술하고 있듯이 '수많은 다른 차원에서 일종의 폭발적 활동'이 일어났다. 그리고 이런 일은 시카고에서만 일어난 것은 아니었다. 오히려 호로위츠가 말하듯이, "시카고는 미국의 축소판과도 같았다."[48] 같은 시대에 제인 애덤스Jane Addams가 시카고에 헐 하우스Hull House를 세웠는데 이는 가난한 이들에게 문화와 교육을 보급하고 이들의 일상 문제를 돕기 위해 전국적으로 설립된 수많은 복지회관 가운데 최초였다. 병원이나 고아원이나 그 밖의 자선기관들이 같은 시대에 많이 설립되었다.

이처럼 자유시장체제와 광범한 사회적, 문화적 목표의 추구 사이에는 어떠한 모순도 존재하지 않는다. 또는 불우한 사람들에 대한 동정이 19세기에 행해진 것과 같은 개인적 자선활동의 형태를 띠거나 또는 20세기에 점점 더 늘어난 것과 같은 정부의 원조 형태를 띠거나 간에 어느 경우든지 그것이 다른 사람들을 돕고자 하는 희망의 표현일진대 이러한 동정과 자유시장체제 간에는 아무런 모순도 존재하지 않는다. 그러나 정부를 통해서 행해지는 다음의 두 가지 원조방식은 표면상으로는 같아 보일는지 모르지만 실은 큰 차이가 있다.

첫째 방식은 우리들 가운데 90%가 10%의 저소득층을 돕기 위해 우리들 자신에게 과세하자는 데 의견일치를 보는 것이며, 둘째 방식은 10%의 저소득층을 돕기 위해 최고소득층 10%에 과세하는 것을 나머지 80%가 투표로 결정하는 것이다. 이것은 A를 위해 D가 무엇을 해야 할 것인가를 B와 C가 결정한다는 윌리엄 그레이엄 섬너 William Graham Sumner의 유명한 예다. 첫째 방식은 불우한 사람을 돕는데 현명한 것일 수도 있고 그렇지 않은 것일 수도 있으며, 효과적인 것일 수도 있고 그렇지 않은 것일 수도 있다 - 그러나 이것은 기회의 평등과 자유, 이 양자에 대한 신념과 일치하는 것이다. 둘째 방식은 '결과의 평등'을 추구하며 자유에 완전히 배치되는 것이다.

4

결과의 평등을 지지하는 것은 누구인가?

　결과의 평등이란 목표는 지식인들 간에는 거의 종교적 신념에 가까운 것이 될 정도임에도 불구하고 또 정치가들의 연설과 법률의 전문을 화려하게 장식하는 것임에도 불구하고 이를 진정으로 지지하는 사람은 거의 없다. 말로는 지지한다지만, 정부의 행동이나 평등주의적 감정을 매우 열렬히 품고 있는 지식인들의 행동이나 일반 대중의 행동이나 똑같이 이와 배치되고 있다.

　정부의 경우를 본다면, 예컨대 복권이나 도박 관련 정책에서 그것이 명백히 드러난다. 뉴욕주, 특히 뉴욕시는 평등주의적 감정의 중심지로 널리 그리고 사실대로 알려져 있다. 그런데도 뉴욕 주 정부는 복권을 판매하고 있고, 경마의 장외마권 판매시설도 갖추고 있다. 뉴욕 주 정부는 대대적인 광고를 하여 시민들이 복권을 구입하고 경마에 돈을 걸게 유인한다 - 그것도 주 정부가 매우 커다란 이윤을 얻을 수 있게 하는 조건으로, 그러면서도 뉴욕 주 정부는 정부의 복권보다 훨씬 당첨율이 높은 '숫자' 도박numbers game을 금지하려 한다(특히 당첨금액에 대한 탈세가 보다 용이한 점을 고려하면 당첨률은 훨씬 높아진다). 평등주의적 감정의 본산지는 아니더라도 중심지라 할 수 있는 영국은 민간도박장을 허가하고 있고, 경마나 그 밖의 운동 시합에서의 도박을 허용하고 있다. 실제로 도박은 하나의 국민적 오락이며 정부의 주요한 재원이다.

지식인들의 경우는, 그토록 수많은 지식인들이 설파하고 있음에도 불구하고 그들 자신이 그것을 실천하지 못하고 있다는 게 가장 명백한 증거다. 결과의 평등은 솔선수범이 바탕이 되어야만 증진될 수 있다. 우선 당신이 말하는 평등의 의미가 무엇인지를 정확히 정해야 한다. 당신은 미국 내에서만 평등을 달성하고자 하는가, 몇 나라를 간추려 거기에서만 달성하고자 하는가, 아니면 세계 전역에서 달성하고자 하는가? 평등을 판단하는 기준은 1인당 소득인가, 세대당 소득인가, 연간 소득인가, 10년간 소득인가, 평생 소득인가, 화폐 형태만의 소득인가, 아니면 자기 주택의 임대가치나 가내용으로 재배된 식량 혹은 특히 가정주부처럼 금전적 보수를 대가로 하지 않는 가족이 해주는 서비스와 같은 비화폐적인 항목을 포함시킬 것인가, 육체적·정신적 약점이나 장점은 어떻게 고려할 것인가?

이러한 문제들을 당신이 어떻게 결정하든 간에, 당신이 평등주의자라면 자신이 생각하는 평등의 개념에 부합하는 화폐소득이 얼마쯤인가를 어림잡을 수 있다. 만일 당신의 실제 소득이 그보다 높다면, 그만큼만 당신이 갖고 나머지는 그 수준보다 낮은 사람들에게 나누어 줄 수 있다. 만일 당신의 기준이 - 대다수의 평등주의자들이 그래야 된다고 웅변으로 설파하듯이 - 세계 전역으로 확대 적용된다고 하면, 아마 1인당 200달러(1979년 가격)가 다소 못 되는 금액쯤이 대다수의 평등주의자들이 은연중에 웅변으로 설파하고 있는 것으로 생각되는 평등의 개념에 부합하는 것일 것이다. 그것이 세계 전체로 볼 때 대체로 1인당 평등소득이다.

어빙 크리스톨Irving Kristol이 명명한 '새로운 계급' - 정부관료들, 정부자금 지원을 받아 연구에 종사하고 있거나 정부자금으로 운영되는 '두뇌 은행think tank'에 몸 담고 있는 학자들, 수많은 소위 '공공이익'이나 '공공정책' 집단의 간부들, 산업에 종사하는 저널리스트들과 그 밖의 인사들 - 은 평등주의의 가장 열렬한 설교가들이다. 그러나 이들을 보면 퀘이커 교도들을 가리켜 "그들은 선을 행하려고 신세계에 와서 결국 유복하게 살게 됐다"라고 지나치기는 하지만 오래된 속담이 뚜렷이 생각난다. '새로운 계급'에 속하는 사람들은 대체로 사회에서 최고의 수입을 얻는다. 그리고 그들 가운데 대다수가 평등을 설파하고 그 실현을 위한 입법을 촉진하며 그 결과 제정된 법률의 실시에 관여하는 것이야말로 그러한 높은 소득을 획득하기 위한 효과적인 수단이라는 것을 간파하였다. 어느 누구라도 자신의 복지를 사회 전체의 복지로 생각하기 쉽다.

물론 어떤 평등주의자는 자신은 대양의 물 한 방울에 지나지 않아 다른 사람들이 모두 강제로 그렇게 하지 않을 수 없게 된다면 자신도 평등한 소득이라고 생각하는 만큼을 초과하는 소득을 기꺼이 재분배할 용의가 있다고 항변할지도 모른다. 강제로 그렇게 하지 않을 수 없게 되면 상황이 달라질 것이라는 이 주장은 한편으로는 옳지 못하다 - 비록 다른 이들이 모두 그렇게 하더라도 다른 사람들의 소득을 위한 그 자신의 특정한 기부액은 여전히 대양의 물 한 방울에 지나지 않는 것이다. 그가 유일한 기부자이든 또는 많은 기부자들 중 하나이든 간에 그가 개인적으로 기부하는 금액은 마찬가지일 것이다. 실제로 그것은 한층 더 값진 것일 것이다. 왜냐하면 그는 자신의 기부금이 자신이 적절한 수익자라고 생각하는 이들 가운데 가장 빈곤한 이에게 돌아가도록 목표를 세울 수 있기 때문이다. 다른 편에서 볼 때 강제로 그렇게 하지 않을 수 없게 되면 상황은 완전히 달라질 것이다. 즉, 그러한 재분배 행위가 자발적으로 이루어질 때 나타나는 사회의 성격은 재분배가 강제적으로 이루어질 때 나타나는 성격과는 확연히 다르다 - 그리고 필자들의 기준으로 본다면 전자가 후자보다는 훨씬 바람직한 것이다.

강제된 평등의 사회가 바람직하다고 믿는 사람들은 그들이 설파하는 바를 실천에 옮길 수도 있다. 이러한 사람들은 이 나라와 그 밖의 다른 나라에 있는 수많은 콤뮨commune에 참여할 수 있으며, 또는 새로운 콤뮨을 만들 수 있다. 그리고 물론, 그것은 그러한 방식으로 생활하고자 하는 어떠한 개별 집단도 그렇게 할 수 있는 자유를 누려야 한다는 인격적 평등 또는 기회의 평등 및 자유에 대한 신념과 완전히 일치한다. 결과의 평등에 대한 지지가 구두선口頭禪에 지나지 않는다는 필자들의 주장은 그러한 콤뮨에 참가하려 하는 사람들이 소수라는 사실과 지금까지 수립된 콤뮨이 취약하다는 사실을 볼 때 매우 타당한 것이다.

미국의 평등주의자들은 콤뮨이 소수이고 취약한 것은 콤뮨이 「자본주의」가 우세한 사회가 퍼붓는 비난과 그 결과 받게 된 차별을 반영하는 것이라는 사실에 이의를 제기할 수도 있다. 그것은 미국에서는 그럴지도 모르지만, 로버트 노직Robert Nozick[49]이 지적한대로 그렇지 않고 오히려 평등주의적 콤뮨이 높이 평가되고 소중히 여겨지는 나라가 하나 있다. 그 나라는 이스라엘이다. 키부츠Kibbutz는 유태인의 팔레스타인 정착 초기에 중심적 역할을 했고, 이스라엘에서 계속 중요한 역할을 하고 있다. 이스라엘 지도자들 가운데 대다수는 키부츠에서 배출되었다. 키부츠에 소속되면 비난을 받기는커녕 사회적 신분을 얻고 인정을 받는다. 누구에게나 키부츠에의 참여나 탈퇴가 자유로운데 키부츠는 생명력 있는 사회조직이 되었다. 그러나 오늘날에는 물론이고 과거 어느 때라도 이스라엘의 유태인 인구의 약 5%밖에는 키부츠에 소속되는 길을 선택하지 않았다. 이 비율은 불평등, 다양성 및 기회를 특징으로 삼고 있는 체제보다는 차라리 결과의 평등을 강제하는 체제를 자발적으로 선택하려는 사람들의 비율의 상한치로 볼 수 있다.

누진소득세제도에 대한 일반 대중의 태도는 더욱 복잡하게 얽혀 있다. 누진소득세제도가 없는 몇몇 주에서는 이를 도입하는 데 대하여 그리고 다른 주에서는 누진율을 인상하는 데 대하여 주민투표를 실시했는데 대개 부결되었다. 반면 비록 실제로는 누진율을 대폭 감소시켜 주는 여러 조항(탈출구)들을 규정하고 있기는 하지만, 적어도 법규상으로는 연방소득세의 누진율은 높다. 여기서 알 수 있듯이 일반 대중은 적어도 적절한 액수의 재분배 조세는 묵인한 것이다.

그러나 리노나 라스베이거스나 현재의 애틀란틱 시티의 인기는 일반 대중이 연방소득제도보다 더 좋아하는 것이 무엇인가를 「뉴욕 타임스」지나 「워싱턴포스트」의 사설이나 「뉴욕 서평지New York Review of Books」의 지면 못지않게 충실하게 보여주고 있다고 말해도 좋을듯하다.

5

평등주의적 정책의 결과

우리는 정책을 형성함에 있어서 공통의 지적·문화적 배경을 우리와 함께 하며 우리 가치관의 주요한 기원을 이루는 서구제국의 경험에서 배울 수 있다. 19세기에는 '기회의 평등'을 실현하기 위한 길을, 그리고 20세기에는 '결과의 평등'을 실현하기 위한 길을 개척한 영국은 아마도 가장 많은 것을 가르쳐 줄 것이다.

제2차 세계대전이 끝난 이래, 영국의 국내 정책은 보다 큰 결과의 평등을 추구하려는 노력이 지배해 왔다. 영국은 부유한 사람에게 거두어서 가난한 사람에게 주도록 계획된 조치를 계속 취해 왔다. 소득세율을 재산소득에 대하여는 최고율이 98%에 이르기까지, 그리고 근로소득에 대하여는 83%에 이르기까지 인상했고, 상속에 대하여는 한층 더 고율의 조세를 추가했다. 국가에서 제공하는 의료, 주택 및 그 밖의 복지서비스가 실업 및 노령에 대한 보조와 더불어 크게 확대되었다. 불행히도 그 결과는 몇 세기 동안 영국을 지배한 계급구조에 대하여 진정으로 분노를 느껴 마지않던 사람들이 의도한 바와는 매우 달랐다. 폭넓게 부가 재분배되기는 했지만, 최종적인 결과는 공평한 분배는 아니다.

그 대신 새로운 특권계급이 형성되어 오랜 특권계급을 대치하거나 보충했다. 새로운 특권계급이란 자신들의 직업을 확보하고 현직에 있을 때나 퇴직한 후에도 인플레이션에서 보호되는 관료들, 가장 억눌린 노동자들을 대표하고 있다고 자처하나, 실제로는 이 나라에서 가장 높은 봉급을 받고 있는 노동자들 - 노동운동의 귀족들 - 로 이루어진 노동조합들, 그리고 의회 및 관료기관에서 쏟아져 나온 법률이나 규칙이나 규정을 아주 교묘히 피해 가는 길을 알고 소득세 납부를 회피하여 재산을 세무당국의 손이 미치지 않는 해외로 빼돌리는 길을 아는 사람들인 새로운 백만장자들이다. 소득과 부는 광범하게 개편되었지만, 보다 큰 공평은 거의 이루어지지 않았다.

영국의 평등운동은 실패로 끝났다. 그 이유는 잘못된 조치들이 취해졌기 때문은 아니다 - 몇몇은 의심할 나위 없이 그러한 것이었지만, 그 이유는 그것들이 잘못 운영되었기 때문도 아니다 - 몇몇은 확실히 그랬지만, 또한 그 이유는 적당하지 않은 사람들이 그것들을 운영했기 때문도 아니다 - 의심의 여지없이 그러한 사람들이 몇몇 끼어는 있었지만, 평등운동이 실패한 것은 훨씬 더 근본적인 이유 때문이었다. 그것은 모든 인간의 가장 기본적인 본능 가운데 하나에 어긋나는 것이었다. 애덤 스미스의 말을 빌리면, "모든 사람은 자기 자신의 생활상태를 개선하기 위해 한결같고 변함없고 끊임없는 노력"[50]을 기울인다 - 그리고 여기에는 자신뿐 아니라 자녀와 손자의 생활상태도 포함될 수 있다. 스미스는 '생활상태'라는 표현에서 물질적 복지가 하나의 구성 요소임에는 틀림없지만 그것만을 의미한 것은 물론 아니었다. 그는 훨씬 더 광범한 개념을 생각했고, 그것은 인간이 자신의 성공 여부를 판단하는 기준으로 삼는 모든 가치관 - 특히 19세기에 자선활동을 폭발적으로 일어나게 한 그러한 사회적 가치관 - 을 포함하는 것이었다.

자신들의 가치관을 추구하려고 할 때 법률이 간섭하면 사람들은 이를 피해 나갈 길을 어떻게든 찾으려 할 것이다. 그들은 법률을 피하려 할 것이고, 지키지 않으려 할 것이며, 혹은 그 나라를 떠나려 할 것이다. 자신들이 찬성할 수 없는 목적을 위해 알지도 못하는 사람들에게 지급할 자금을 염출하려고 자신들이 생산하는 것 가운데 많은 분량을 포기하도록 강요하는 행위를 옳다고 하는 도덕률을 신봉할 사람은 우리 가운데 거의 아무도 없다. 법률이 대다수의 사람들이 도덕적이고 정당하다고 생각하고 있는 것에 배치될 때, 그들은 그 법률을 지키지 않으려 할 것이다 - 그 법률이 평등과 같은 고귀한 이상을 내세워 제정된 것이거나 또는 한 집단의 노골적인 이익을 위해 다른 집단을 희생시키면서 제정된 것이거나 간에, 사람들은 정의감이나 도덕심이 아니라 오로지 징벌에 대한 공포 때문에 법률을 지킬 것이다.

일단 사람들이 한 부류의 법률을 위반하기 시작하면, 법률에 대한 존경심의 결여는 모든 법률 심지어는 만인이 도덕적이고 정당하다고 생각하고 있는 것 - 폭력, 절도 및 파괴행위를 금하는 법률 - 에까지 필연적으로 확산되어 가기 마련이다. 믿기 어렵겠지만, 최근 수십 년간 영국에서 노골적인 범죄가 증가한 것은 평등운동이 초래한 결과 중의 하나일 가능성이 크다.

더욱이 바로 이 평등운동은 가장 유능하고 최고의 훈련을 받았으며 가장 활기에 찬 시민들 가운데 일부를 영국 밖으로 몰아 내버려, 결국 이들에게 자기들의 재능을 자기들의 이익을 위해 이용할 수 있는 보다 큰 기회를 제공한 미국과 그 밖의 국가들에 커다란 이익을 가져다 주었다. 마지막으로, 평등운동이 효율과 생산성에 미친 효과에 대해 과연 누가 의심할 수 있을까? 확실히 그것은 지난 수십 년 동안 영국의 경제성장이 인근 유럽제국이나 미국이나 일본이나 그 밖의 나라들보다 엄청나게 뒤떨어지게 된 주요한 이유의 하나이다.

우리 미국인들은 '결과의 평등'이라는 목표를 추진하는데 있어서 영국만큼 나아가지는 않았다. 그런데도 똑같은 결과 가운데 많은 것이 - 평등주의적 정책들이 그 목표를 달성하는 데 실패한 것을 비롯하여 어떠한 기준으로도 평등하다고 볼 수 없는 부의 개편, 범죄의 증가, 생산성과 효율을 저하시키는 효과에 이르기까지 - 이미 명백하게 나타나고 있다.

6

자본주의와 평등

세계 도처에 소득과 부의 커다란 불공평이 존재한다. 이런 불공평은 우리들 거의 모두의 마음에 거슬리는 것이다. 소수가 즐기고 있는 사치와 그 밖의 다른 사람들이 겪고 있는 뼈를 깎는듯한 빈곤을 대조해 보고서 마음이 움직이지 않을 사람은 거의 없다.

지난 세기에 자유시장 자본주의(필자들은 이 말을 기회의 평등으로 이해한다)는 이러한 불평등을 심화시켰고 이것은 부유한 자가 빈곤한 자를 착취하는 체제라고 하는 신화가 널리 퍼졌다.

이것만큼 진리와 동떨어진 것도 있을 수 없는 것 같다. 어디서든 자유시장 운영이 허용되어 온 곳, 어디서든 무언가 기회의 평등과 비슷한 것이 존재하여 온 곳에서는, 보통 사람도 전에는 꿈도 못 꾸던 생활수준을 달성할 수 있었다. 사유시장 운영이 허용되지 않은 사회보다 부자와 가난한 자의 격차가 큰 곳은 아무 데도 없으며, 또 그 사회보다 부익부빈익빈 현상이 더 심한 곳은 아무 데도 없다. 그것은 중세유럽의 봉건사회나 독립 이전의 인도나 오늘날의 대다수 중남미제국과 같이 상속된 신분이 지위를 결정하는 곳에서는 사실이다. 러시아나 중국이나 독립 이후의 인도와 같이 정부에의 접근이 지위를 결정하는 중앙계획사회에서도 이것은 마찬가지로 사실이다. 이것은 이들 세 나라 모두에서처럼 심지어 평등을 내세워 중앙계획이 도입된 곳에서조차 사실이다.

러시아는 두 계층의 국민들로 구성된 나라다. 하나는 관료, 공산당 간부, 기술자로 이루어진 소수의 상류특권계급이며 다른 하나는 그들의 증조부모에 비해 별로 나을 것이 없는 생활을 하는 다수의 일반 대중이다. 상류계급은 특수한 상점이나 학교나 각종 사치품을 가까이 할 수 있는 반면, 일반 대중은 기본적 생활필수품 외에는 거의 아무 것도 가질 수 없는 운명이다. 모스크바에서 우리가 본 대형 자동차의 값을 관광 안내인에게 물어보았을 때, 그에게서 이런 말을 들은 게 생각난다. 「아, 저건 판매용이 아닙니다. 저건 정치국원을 위한 것입니다.」 미국의 저널리스트들이 최근에 펴낸 몇 가지 책들은 상류계층의 특권적 생활과 일반 대중의 빈곤 간에 얼마나 큰 차이가 있는가를 매우 상세히 보여준다.[51] 보다 단순한 수준에서만 보아도 미국 공장에서보다 러시아 공장에서는 현장감독의 평균임금이 일반 노동자의 평균임금보다 몇 배나 큰 것이 눈에 확 띈다 - 그리고 그가 당연히 그러한 대우를 받을만하다는 것은 의심할 여지가 없다. 요컨대 미국의 현장감독은 해고당할까를 염려하기만 하면 되나, 러시아의 현장감독은 살해당할까를 염려해야 한다.

중국도 정치적 권력을 가진 사람들과 그 밖의 사람들 간에, 그리고 도시와 시골 간에, 또 도시의 일부 노동자들과 다른 노동자들 간에 소득격차가 큰 나라이다. 중국에 대해 통찰력 있는 어떤 연구가는

「1957년 당시 중국에서 부유한 지역과 빈곤한 지역간의 불평등은 아마도 브라질을 제외한 세계대국 가운데 어느 나라보다도 심각한 것이었다.」

고 기술하고 있다. 그는 다른 학자의 의견을 다음과 같이 인용하고 있다.

「이러한 예들은 중국의 산업임금구조가 다른 나라들에 비해 특히 더 평등주의적인 것은 아니라는 것을 시사한다.」

그리고 그는 중국에서의 평등에 관한 자신의 조사를 다음과 같이 결론짓는다.

「오늘날 중국의 소득은 얼마나 공평하게 분배될까? 확실히 대만의 소득이나 한국의 소득만큼 공평하게 되지 않는다.… 다른 한편으로는 중국에서의 소득분배는 분명히 브라질이나 남미제국에서보다는 공평하게 되어 있다…우리는 중국이 결코 완전한 평

능사회는 아니라고 결론지을 수밖에 없다. 사실 중국에서의 소득 격차는 흔히 '파시스트' 엘리트와 착취당한 일반 대중을 연상하게 되는 수많은 나라들에서 보다도 훨씬 심할지도 모른다.[52]」

산업발전이나 기계의 발달이나 현대의 모든 위대한 기적은 부유한 사람들에게는 상대적으로 거의 의미 없는 것이다. 고대 그리스의 부자들은 현대식 수도시설에서 거의 혜택을 입을 것이 없었을 것이, 물 나르는 하인들이 수도가 하는 일을 대신했기 때문이다. 텔레비전이나 라디오도 마찬가지였을거다 - 로마의 귀족들은 자기 집에서 일류 음악가들과 배우들의 공연을 즐길 수 있었고, 그뿐 아니라 일류 예술가들을 자기 집에 가신으로 상주시킬 수 있었다. 기성복이나 슈퍼마켓도 마찬가지였으리라 - 이런 모든 것들과 그 밖의 수많은 현대식 발전의 산물은 그들의 생활에 더해줄 것이 거의 없었을 것이다. 그들은 교통수단과 의학의 발전은 환영했겠지만, 그 밖의 것에 대해서는 서구의 자본주의가 이룩한 위대한 업적은 주로 일반 대중의 이익으로 돌아가는 것이었다. 이러한 업적 덕택에 전에는 부자와 권력층만의 특권적 전용물이었던 생활상의 여러 편리시설을 일반 대중도 이용할 수 있게 되었다.

존 스튜어트 밀John Stuart Mill은 1848년 다음과 같이 기술하였다.

「과연 이제까지 이루어진 기계적인 발명 덕분에 모두가 일상의 수고를 덜었는지는 의심스럽다. 그런 발명 때문에 전처럼 고된 일에 시달리는 질곡의 생활을 하는 인구가 더 많아졌고 재산을 모은 제조업자들과 그 밖의 사람들이 더 많아졌다. 그런 발명 덕분에 중산층은 보다 편안한 생활을 하게 되었다. 그러나 아직까지는 그런 발명 덕분에 인간의 운명에 커다란 변화, 즉 그 성질상 그리고 미래에 완성하게 될 그런 변화가 일어날 기미는 전혀 보이지 않았다.」[53]

오늘날 이렇게 말하는 사람은 아무도 없을 것이다. 선진공업국을 일주하여 찾아보더라도 뼈 빠지게 힘든 일을 하는 사람들이란 거의 운동 삼아 하는 사람들뿐인 것이다. 일상의 수고가 기계적 발명으로 덜어지지 않는 사람들을 찾아보려면 비자본주의 국가들, 즉 러시아나 중국이나 인도, 방글라데시나 유고슬라비아의 일부 지역으로 또는 아프리카나 중동, 남미의 가장 낙후된 자본주의 국가들로 또는 최근까지의 스페인이나 이태리로 가야 한다.

7

결론

    평등을 - 결과의 평등이라는 의미에서 - 자유보다도 앞세우는 사회는 결국 평등도 자유도 달성하지 못하게 될 것이다. 평등을 달성하기 위해 힘을 사용하면 자유가 파괴될 것이며, 좋은 목적을 위해 끌어들인 것일지라도 힘은 결국 자신의 이익을 증진시키기 위하여 그것을 사용하는 사람들의 손에 들어가게 될 것이다.

    한편, 자유를 제일로 하는 사회는 결국 다행스런 부산물로 보다 큰 자유와 보다 큰 평등 둘 다 달성할 것이다. 자유의 부산물이긴 하지만 보다 큰 평등은 우연한 것은 아니다. 자유 사회는 자신들의 목적을 추구할 수 있도록 사람들의 에너지와 능력을 풀어 준다. 자유 사회는 어떤 사람들이 다른 사람들을 자의적으로 억압하지 못하게 해준다. 또 어떤 사람들이 특권적 지위에 오르지 못하도록 하지는 않지만, 자유가 유지되는 한 그러한 특권적 지위가 제도화되지 못하도록 한다. 이러한 특권적 지위는 계속해서 유능하고 야심에 찬 다른 사람들의 공격을 받는다. 자유란 다양성뿐만 아니라 이동성도 의미한다. 그것은 오늘은 불리한 입장에 있는 사람이 내일은 특권을 가진 사람이 될 수 있는 기회를 주며 이러한 과정에서 최상층에서 최하층에 이르기까지 거의 모든 사람이 보다 충실하고 보다 풍족한 생활을 즐길 수 있도록 해준다.

제 6 장

학교교육, 무엇이 문제인가?

교육은 항상 '미국의 꿈'의 주요한 요소 중 하나였다. 청교도들이 거주하던 뉴잉글랜드 지역에서 학교가 처음에는 교회의 부속학교로, 후에는 비종교 기관이 인수받아 빠르게 설립되었다. 이어리 운하가 개통된 후에는 뉴잉글랜드의 암석 구릉지대를 떠나 중부의 비옥한 평원으로 이주해 간 농민들이 도처에 초·중고등학교뿐만 아니라 신학교나 대학까지 설립하였다. 19세기 후반에 대서양을 건너 미국에 이민 온 사람들은 거의 모두 교육을 갈망하고 있었다. 이들은 주로 주요도시나 대도시에 정착하고 거기서 자신들이 이용할 수 있는 교육 기회를 얻으려고 열심이었다.

처음에 학교는 사립이었으며 자발적으로만 입학했다. 정부는 처음에는 사립학교의 재정을 지원했으나 나중에는 공립학교를 설립하여 직접 운영함으로써 보다 큰 역할을 하게 되었다. 미국 최초의 의무교육법은 1852년에 메사추세츠주가 제정했으며 모든 주에서 이를 제정한 것은 1918년 이후였다. 그리고 정부의 학교관리는 20세기에 들어와서도 한동안은 주로 지방정부가 담당했다. 지방교육위원회에 의해 관리되는 구역 학교라는 것이 학교의 일반적인 형태였다. 그 후 이른바 개혁 운동이 특히 대도시에서 전개되었다. 이 운동은 각 학교 구역간에 인종적·사회적 구성의 차이가 확대되어 간다는 사실과, 전문 교육자가 보다 큰 역할을 수행해야 한다는 신념이 계기가 된 것이었다. 이 운동은 1930년대에 정부가 팽창하기도 하고 중앙 집권화하기도 하는 것이 모두 일반적인 경향이 되어감에 따라 새로운 기반을 구축하게 되었다.

우리는 모든 사람들에게 학교교육을 받을 수 있는 기회가 널리 개방되어 있다는 사실에 대해, 그리고 우리 사회에 새로 참여하게 된 이민들의 동화를 조장하고, 사회의 분열이나 불화를 방지하며 또 상이한 문화적·종교적 배경을 가진 사람들이 서로 조화를 이루며 함께 생활할 수 있도록 하는 데에, 공립학교교육이 커다란 역할을 수행해 온 데 대해 언제나 긍지를 지녀왔으며 이것은 매우 당연한 것이기도 했다.

그런데 불행히도 최근에 우리의 교육기록에 오점이 남게 되었다. 부모들은 자녀들이 받고 있는 학교교육의 질이 저하되고 있다고 불평한다. 수많은 부모들이 자기 자녀들의 신체적인 안전이 위험에 당면하고 있다는 것을 한층 더 불안하게 여긴다. 교사들은 학교의 분위기가 자주 학업을 방해하고 있다고 불평한다. 교실에서까지 자신의 신체적인 안전에 두려움을 느끼는 교사들이 점차 늘어가고 있다. 납세자는 학교교육비가 점점 늘어나서 불만이다. 학교가 학생들에게 일생을 살아가는 과정에서 부딪치게 되는 문제의 해결에 필요한 수단을 마련해 주고 있다고 주장하는 사람은 거의 없다. 학교가 동화와 협조를 강화하는 대신 일찍이 그토록 방지하고자 했던 바로 그런 사회분열의 원천이 되고 있다. 초·중고등학교교육의 질은 천차만별이다. 즉 주요 대도시의 몇몇 부유한 지역에서는 비할 바 없이 뛰어나며 많은 소도시나 농촌 지역에서도 우수하거나 그런대로 만족할 만한 수준이지만 주요 대도시의 도심지역에서는 믿기 어려울 만큼 낮다.

「흑인 저소득 가정의 아동에 대한 교육 – 아니 오히려 비교육이라고 해야겠지만 – 이야말로 의심할 나위 없이 학교교육 최대의 피해 분야이며 가장 처참하게 실패한 예이다. 빈곤하고 억눌린 사람이야말로 최대의 수익자였다는 것이 항상 학교교육의 공적 윤리였던 점을 생각하면 이것은 이중의 비극이다.」[54]

학교교육제도가 이미 앞에서도 살펴보았고 또 뒤에서도 살펴볼 매우 많은 문제들과 똑같은 병폐에 걸려 있는 게 걱정스럽다. 40여 년 전에 월터 리프먼Walter Lippmann은 이를 '과잉통치사회의 병'이라고 진단한 바 있다. 그에 따르면 "한정된 이성과 이기주의적 편견의 소유자인 인간이 무제한으로 권력을 휘두르면 곧 억압적이고 반동적이 되며 부패하게 된다.…따라서 진보의 불가결한 조건은 지도자들의 능력이나 덕망에 따라 그 권력을 제한하는 것이다"라는 오래된 신념이 "인간을 통치하기 위한 인간의 능력에는 어떠한 한계도 존재하지 않고 따라서 정부에 대해 어떠한 제한도 가해서는 안 된다."[55]는 새로운 신념으로 변했다고 한다.

학교교육의 이런 병폐는 수많은 부모들에게 자기 자녀들이 어떠한 학교교육을 받느냐에 대해서 자녀들이 다니는 학교를 선택하고 비용을 부담하는 직접적인 방법으로나 또는 지방 정치 활동을 통한 간접적인 방법으로나 어떠한 영향도 미칠 수 없게 했다. 그 대신 교육 권력은 전문 교육자에게 넘어갔다. 이 병폐는 학교의 중앙집권화와 관료화가 강화됨에 따라 특히 대도시에서 악화되었다.

민간시장제도는 초·중고등학교 수준에서보다 대학 수준에서 큰 역할을 수행해왔다. 그러나 이 부문이 과잉통치사회의 병에 면역이 된 것은 아니다. 1928년에는 사립대학보다 공립대학에 다니는 학생 수가 적었으나, 1978년에는 사립대학보다 공립대학에 다니는 학생 수가 거의 4배에 달하게 되었다. 학생들이 수업료를 부담하기 때문에 대학에 대해 정부가 직접 재정을 지원하는 방식보다는 정부가 학교를 운영하는 방식이 더 일반적이었다. 그렇다 하더라도 1978년에 정부의 직접적인 보조금은 공·사립을 합하여 전 대학의 총 고등교육비 지출의 반 이상에 달하였다.

정부 역할의 증대로 말미암아 초·중고등학교교육에서와 마찬가지로 대학 교육에서도 대개가 같은 역효과가 초래되었다. 그로 말미암아 헌신적인 교사들과 진지한 학생들이 모두 면학에 해롭다고 보는 분위기가 조성되었다.

초·중등교육 문제

건국 초기에 이미 도시뿐 아니라 거의 모든 마을과 농촌 지역에까지 학교가 설립되어 있었다. '공립초등학교common school' 운영이 수많은 주와 지방에서 법률로 의무화되었다. 그러나 이들 학교는 대개 학부모들이 부담하는 수업료에 의해 사적으로 그 재정을 충당했다. 부모들이 수업료를 부담할 수 없다고 생각되는 어린이들의 수업료를 부담하기도 하고 부모들이 부담하는 수업료를 보충하기 위해 일반적으로 지방이나 군이나 주 정부로부터 재정이 어느 정도 보충되기도 했다. 학교교육은 의무교육도 무상교육도 아니었지만 실제로는 보편교육이었다(물론, 노예는 제외되었다). 뉴욕주의 공립초등학교 장학관은 1836년도 보고서에서 다음과 같이 주장하였다.

「모든 것을 고려하면 공립초등학교와 사립 초중등학교에서 실제로 교육을 받고 있는 아동의 수는 *5세부터 16세까지 아동의 총수와 같다고 생각해도 좋다.*」[56]

확실히 주에 따라 사정은 달랐으나, 누가 보아도 경제 수준에 관계없이 (백인) 가정의 아동은 누구나 학교교육은 충분히 받을 수 있었던 것이다.

1840년대에 들어서자 다양하고 대체로 사립이었던 제도를 부모나 그 밖의 사람들이 수업료를 직접 부담하는 대신 그 비용을 세금에 의해 간접적으로 부담하는 학교인 이른바 무료학교제도로 전환시키려는 움직임이 나타났다. 학교교육 관련 정부 역할의 발전에 대해 광범위하게 연구한 웨스트E. G. West에 따르면 이 움직임은 불만을 가진 부모에 의해서가 아니라 「주로 교사와 정부 관리」[57]에 의해서 추진되었다. 무료학교를 위한 가장 유명한 개혁운동가는 『브리태니커 백과사전』에 실려있는 그의 생애에 관한 해설에서 '미국 학교교육의 아버지'라고 불리고 있는 호러스 맨Horace Mann이었다.[58] 맨은 1837년 설립된 매사추세츠주 교육위원회의 초대 위원장으로 부임한 이후 12년에 걸쳐 정부가 재정을 부담하며 전문교육자가 관리하는 학교제도를 실현하기 위해 정력적인 운동을 전개했다. 그의 주장의 요지는 교육은 극히 중요한 것이므로 정부는 모든 아동을 교육시킬 의무가 있으며, 학교는 비종교적이어야 하고 종교적이거나 사회적이거나 인종적인 배경에 따라 차별하지 말고 모든 아동들을 받아들여야 하며, 보편적이고 수업료를 내지 않는 학교교육을 통하여 아동들이 자기 부모들의 빈곤에서 비롯되는 장애를 극복해 나갈 수 있게 해야 한다는 것이다. "매사추세츠주 교육위원회에 제출한 위원장 보고서에서 맨은, 교육은 훌륭한 공공투자였으며 산출을 증대시켰다고…거듭 천명하였다."[59] 이러한 주장이 모두 공공이익이라는 기치를 내걸고 전개되었지만, 교사들과 관리자들 대다수가 공립학교 운동을 지지한 것은 주로 편협한 이기주의에서 비롯된 것이었다. 그들은 부모들 대신에 정부가 자신들에 대한 직접적인 봉급지급자가 되면 자신들의 직업이 더욱 안정되고 자신들의 봉급 지급이 더욱 확실해지며 자신들의 영향력이 더욱 강력해지리라고 생각했다.

맨이 주장한 바와 같은 제도는 "많은 어려움과 줄기찬 반대에도 불구하고… 그 주요 골자가 19세기 중반에 가서는 완성되었다."[60] 이후 오늘에 이르기까지 아동들은 대개 공립학교에 다녔다. 극소수만이 가톨릭교회나 다른 종파의 교회에서 운영하는 이른바 사립학교에 다녔다.

학교교육제도의 근간이 유독 미국에서만 사립에서 공립으로 전환된 것은 아니었다. 실제로 어떤 권위자는 '교육은 국가의 책임이어야 한다는 견해가 점진적으로 통념화된 것이' 19세기의 일반적 경향 속에서도 '가장 중요한 것'으로 "20세기 후반의 모든 서구제국의 교육에 있어서도 여전히 영향을 미치고 있었다"[61]고 기술했다. 자못 흥미로운 것은 이 경향이 1808년에 프러시아에서, 그리고 같은 시기에 나폴레옹 치하의 프랑스에서 시작되었다는 사실이다. 영국은 미국보다도 늦었다. '자유방임이라는 마력 때문에 (영국은) 국가가 교육문제에 개입하는 것을 허용하기까지 오랫동안 주저하였다.' 그러나 마침내 1870년에 공립학교 제도가 수립되었다. 그렇지만 초등학교교육은 1880년에 가서야 의무화되었으며 수업료가 전반적으로 폐지된 것도 1891년에 들어서였다.[62] 영국도 미국과 마찬가지로 학교교육은 정부가 떠맡기 이전에 거의 보편화되어 있었다. 웨스트 교수는 영국에서도 정부가 떠맡게 된 것은 미국에서와 마찬가지로 부모들보다는 교사들과 관리자들 및 선의의 지식인들의 압력에 의한 것이었다고 설득력 있게 주장했다. 그는 정부가 떠맡음으로써 학교교육의 질과 다양성이 저하되었다고 결론을 내린다.[63]

교육은 사회보장과 마찬가지로 권위주의적이며 사회주의적 철학에서 볼 수 있는 공통의 요소에서 영향을 받은 또 다른 예의 하나이다. 귀족주의적이고 권위주의적인 프러시아와 제정프랑스는 교육의 국가 관리를 개척한 선구자였다. 미국과 영국 그리고 나중에 프랑스 공화국에서는 사회주의적 성향을 띤 지식인들이 자국에서 교육의 국가관리를 지지한 주요 인사들이었다.

미국에서 공립학교 제도가 수립됨으로써 자유시장의 바다에 사회주의의 섬이 출현한 셈이 되었지만, 그것이 지식인들 사이에 시장이나 자발적 교환에 대한 불신감이 일찍이 나타난 결과를 반영한 것이라고 볼 수 있는 타당성은 극히 적다. 대체로 그것은 단지 사회가 기회의 평등이라는 이상에 부여한 중요성을 반영한 데 지나지 않는다. 호러스 맨과 그 동료들은 마음속 깊은 곳에 있는 바로 그러한 감정을 일깨울 수 있었기 때문에 자신들의 개혁 운동을 성공시킬 수 있었다.

말할 나위도 없이 공립학교 제도는 '사회주의적'인 것으로가 아니라 단순히 '미국적'인 것으로 간주되었다. 그 제도가 어떻게 운영되느냐 하는 것을 결정하는 데 가장 중요한 요소는 그것의 분권화된 정치구조였다. 미국 헌법은 연방정부의 권력을 매우 큰 폭으로 제한하였기 때문에 연방정부는 전혀 중요한 역할을 할 수 없었다. 각 주 당국은 대개 학교교육의 관리를 지방의 지역사회나 읍이나 소도시나 대도시의 각 구역에 일임했다. 행정당국이 학교교육 제도를 어떻게 운영하는가를 부모들이 엄격히 감시함으로써 경쟁의 역할이 부분적으로 수행되었고 부모들이 함께 갖고 있는 어떠한 요구사항이라도 충족된다는 것이 확실하게 되었다.

대공황 이전에 이미 상황은 변하고 있었다. 학구는 통합되었으며 교육 구역은 확대되었고 전문교육자들은 점점 더 커다란 권한을 부여받게 되었다. 대공황 이후 정부, 특히 중앙정부의 장점에 대해 지식인들이 무절제하리만큼 신뢰를 갖는 데 일반 대중이 합세하게 되자 교실이 하나뿐인 작은 학교나 지방교육위원회는 크게 줄어들었다. 그러한 권한은 지방의 지역 사회로부터 보다 큰 조직체인 시나 군이나 주로, 그리고 최근에는 연방정부로 급속히 옮겨졌다.

1920년에 지방자치단체의 자금이 공립학교 총수입의 83%를 차지했고 연방정부의 보조금은 1% 미만이었다. 1940년에는 지방자치단체의 부담금이 68%로 감소했다. 현재는 2분의 1 미만이다. 나머지 금액은 주에서 대부분을 부담했다. 즉 1920년에는 16%, 1940년에는 30%, 그리고 현재는 40% 이상을 부담하고 있다. 연방정부의 부담율은 아직 작지만 급속히 늘어나고 있다. 즉 1940년에는 2% 미만이던 것이 현재는 약 8%에 달한다.

전문교육자들의 등장으로 부모들의 영향력은 약화되었다. 더욱이 학교에 맡겨진 기능도 변화하여 왔다. 학교는 여전히 읽기·쓰기·산수를 가르치며 보편적 가치관을 전해주어야만 한다는 것이다. 그러나 오늘날에는 학교가 이뿐만 아니라 그 기본적 임무와는 별로 관계 없는 사회이동이나 인종통합이나 그 밖의 목적을 촉진시키기 위한 수단으로 여겨지고 있다.

제4장에서 막스 개몬Max Gammon 박사가 영국의 의료보험제도에 관하여 연구한 후에 개발한 「관료적 대치의 이론」에 대해 언급한 바 있다. 그의 말에 따르면, "관료제도에서… 지출증대는 이와 맞먹을 만큼의 산출을 감소시킬 것이다. 그러한 제도는 경제 우주에 있어서 말하자면 '블랙 홀black hole'과 같은 것으로 자원을 흡수함과 동시에 '방출된' 생산을 축소시키는 작용을 한다."[64]

그의 이론은 미국에서 공립학교 제도의 관료화나 중앙집권화가 강화됨으로써 초래되는 효과에 그대로 적용된다. 1971~1972학년도에서 1976~1977학년도에 이르기까지 5년간 미국의 모든 공립학교의 전문직원의 총수는 8% 증가하였고 학생 1인당 비용은 명목상 58%(인플레이션에 대한 조정을 하고 나면 11%) 증대하였다. "투입은 분명히 늘었다."

학생 총수는 4% 줄었고 학교 수도 4% 줄었다. 더구나 학교교육의 양보다 질이 한층 더 심하게 떨어졌다는 주장에 대해 이의를 제기할 독자는 거의 없을 것이다. 이런 사정은 표준화된 시험에서 나타난 학생들의 성적이 떨어지고 있는 것을 보아도 확실히 알 수 있다. "산출은 분명히 줄었다."

투입단위당 산출이 감소하는 것은 관료화와 중앙집권화가 강화되고 있는 조직에 그 원인이 있는 것일까? 몇 가지 증거에 의하면 1970~1971년에서 1977~1978년에 이르는 7년간에 학구의 수는 17% 줄었다 - 중앙집권화의 장기적 경향을 계속 강화시키면서, 한편 관료화에 대해서 보면, 자료입수가 가능한 이보다 좀 이전(1968~1969년에서 1973~1974년까지)의 5년간에 학생 수는 1% 늘었는데 전문직원의 총수는 15% 늘었고 교사는 14% 늘었지만 "장학관은 44%나 늘었다."[65]

학교교육 문제는 단지 학구가 점차 커져 왔다거나 평균적으로 보아 모든 학교가 보다 많은 학생을 받아들이게 되었다는 단순한 규모의 문제는 아니다. 결국 산업에서는 흔히 규모야말로 결국 효율을 상승시키고 비용을 절감시키며 질을 향상시키는 원천임이 판명되었다. 미국의 산업발전은 경제학자들이 '규모의 경제'라고 부르는 대량생산방식을 도입한 데에 크게 힘입은 것이었다. 왜 학교교육은 이와 달라야만 하는 것일까?

아니 그렇지 않다. 다른 것이 있다면 그것은 학교교육과 그 밖의 활동과의 차이가 아니라 소비자가 선택할 자유를 가지고 있는 제도와 생산자가 권력을 휘두르는 자리에 앉아 있어서 소비자는 거의 아무 말도 할 수 없는 제도와의 차이이다. 소비자에게 선택할 자유가 있으면 기업은 소비자가 품질이 좋거나 가격이 싸기 때문에 택하게 되는 품목을 생산할 때 비로소 규모를 증대시킬 수 있다. 더구나 어느 기업이라도 규모가 크다는 것만으로 소비자가 그 가격이 그만한 가치가 있다고 보지 않는 제품을 소비자에게 떠맡길 수는 없다. 제너럴 모터스사의 거대한 규모는 그 회사가 번성하는 데 아무런 장애도 되지 않았다. 이에 비해서 W. T. 그랜트사의 거대한 규모는 그 회사의 도산을 막지 못했다. 소비자에게 선택할 자유가 있는 한, 규모는 효율이 뒷받침될 때 비로소 존속할 수 있는 것이다.

정치 제도에 있어서는 일반적으로 규모의 크기는 소비자의 선택할 자유에 영향을 미친다. 소규모 지역사회에서는 시민들 개인이 대규모 지역사회에서보다 행정당국이 하는 일을 강력히 통제할 수 있다고 느끼고 있으며 또 실제로도 그렇다. 그는 무엇을 사거나 사지 않거나를 결정할 때와 같은 선택할 자유는 가질 수 없을는지 모르나 적어도 어떤 사태가 일어나는가에 대하여 영향을 미칠 수 있는 많은 기회를 갖고 있다. 더욱이 소규모 지역사회가 많은 경우에는 그는 어느 곳에서 살 것인가를 선택할 수 있다. 물론, 그것은 많은 요소들이 관련되는 복잡한 선택이다. 그러나 그렇게 되면 지방정부가 시민들에게 그들이 납부하는 세금에 상응하는 가치가 있다고 생각하는 서비스를 제공하지 않으면 안 되며 그렇지 않으면 정부가 바뀌든지 납세자가 다른 곳으로 이주해 가버리든지 하게 되는 것이다.

권력이 중앙정부의 수중에 있을 때는 상황이 매우 달라진다. 시민들 각 개인은 멀리 떨어져 있고 비인격체인 정부 당국을 거의 통제할 수 없다고 느끼며 실제로도 그러하다. 다른 지역사회로 이주해 갈 수 있는 가능성이 여전히 있기는 하지만 그것은 훨씬 더 제한되어 있는 것이다.

학교교육에서는 부모와 자녀는 소비자이며 교사와 학교 관리자는 생산자이다. 학교교육의 중앙집권화는 단위를 대규모화시키고 소비자의 선택능력을 감소시키고 생산자의 힘을 키웠다. 교사나 관리자나 노조 간부가 우리와 다를 바는 전혀 없다. 그들도 부모로서 학교제도가 훌륭하게 되기를 바랄 것이다. 그러나 교사로서, 관리자로서, 또 노조 간부로서 그들이 가지고 있는 이해관계는 그들이 부모로서 가지고 있는 이해관계나 그들이 가르치고 있는 아동들의 부모들이 가지고 있는 이해관계와는 다른 것이다. 그들의 이익은 중앙집권화나 관료화를 강화시킴으로써 증대될 수 있겠지만 부모들의 이익은 그렇지 않다 - 실제로 그들의 이익을 증대시키는 하나의 방법은 바로 부모들의 영향력을 감소시키는 것이다.

우체국이나 쓰레기 수거나 다른 상황들에서 나오는 많은 예와 같이, 정부 관료가 소비자의 선택을 희생시키고 등장할 때는 언제나 이와 같은 현상이 나타난다.

학교교육에 있어 고소득층에 속하는 사람들은 여전히 선택할 자유를 가질 수 있다. 그들은 사실상 자녀의 교육을 위해 비용을 이중으로 - 한 번은 공립학교 제도를 유지하기 위한 세금으로, 또 한 번은 수업료로 - 부담하면서도 자녀를 사립학교에 보낼 수 있다. 또는 그들은 공립학교 제도의 질을 기준으로 삼아 어느 지역에서 살 것인가를 선택할 수 있다. 우수한 공립학교는 대도시 근교의 부유한 지역에 집중되는 경향이 있고, 여기서는 부모의 영향력이 여전히 매우 강하다.[66]

뉴욕, 시카고, 로스앤젤레스, 보스턴 같은 주요 대도시의 도심지역은 사정이 매우 나쁘다. 이들 지역에 살고 있는 사람들은 자녀의 학교교육을 위해 간신히 비용을 이중으로 부담할 수 있을 뿐이다 - 놀랄 만큼 많은 사람들이 자기 자녀를 교구 부속학교에 보냄으로써 그렇게 하고 있지만, 그들은 좋은 공립학교가 있는 지역으로 이사 갈 능력은 없다. 그들이 의지할 수 있는 유일한 수단이라고 해야 공립학교의 운영을 담당하고 있는 행정당국에 영향을 미쳐보려고 하는 것이 고작인데 보통의 경우에는 이는 전혀 가망이 없지는 않더라도 어려운 일이며, 게다가 그들은 그렇게 할 상황도 못 된다. 도심지역에 거주하는 사람들은 범죄로부터 보호받을 수 있다는 것(이것은 정부가 제공해주는 또 하나의 '서비스'이다)이 예외가 될 수 있을지 모르지만 다른 어떤 생활 분야에서 보다도 자신의 자녀들에게 받게 해 줄 수 있는 학교교육수준 면에서 어쩌면 더욱 불리한 처지에 놓여 있다고 해도 될 것이다. 모든 아동들에게 일반언어를 가르치고, 미국 시민의 가치관을 심어주며, 모든 아동들에게 평등한 교육 기회를 제공해주기 위해 수립된 제도가 실제로는 사회의 계층화를 심화시키고 극히 불평등한 교육 기회를 제공하는 것이야말로 비극이며 아이러니이다. 학생 1인당 학교교육비 지출은 흔히 도심지역이 부유한 교외 지역과도 같은 수준이나 학교교육의 질은 매우 낮다. 교외 지역에서는 자금이 거의 다 교육에 들어가지만 도심 지역에서는 상당한 자금이 규율을 유지하고 파괴행위를 방지하거나 파괴된 것을 수선하는 데 들어간다. 도심지역의 몇몇 학교의 분위기는 학업 장소라기보다는 형무소라고 하는 편이 더 어울릴 것이다. 교외 지역에 살고 있는 부모들은 도심지역에 살고 있는 부모들보다 부담하는 세금에 비해 훨씬 많은 대가를 치르고 있다.

2

초·중고등학교 수업료 쿠폰 제도

 학교교육은 도심지역이라고 해서 이래야만 하는 것은 아니었다. 부모의 영향력이 보다 컸던 때에는 이렇지 않았다. 아직도 부모의 영향력이 있는 곳에서는 지금도 이렇지는 않다. 자발적 행동이라는 미국의 강한 전통은 부모들이 보다 큰 선택의 가능성을 갖게 될 때 무엇을 할 수 있는가를 보여 주는 수많은 훌륭한 예를 제시해 주었다. 초등교육수준에서 볼 수 있는 한 가지 예는 필자들도 방문한 적이 있는 뉴욕시의 브롱크스의 빈민 주택가에 있는 교구 부속학교인 세인트 존 크라이소스톰 학교이다. 이 학교의 재원은 일부는 자발적인 자선단체인 뉴욕 도심 장학기금에서, 일부는 가톨릭교회에서, 일부는 수업료에서 나온다. 이 학교의 소년들은 부모의 뜻에 따라 이 학교에 다니고 있다. 그들은 기의 모두가 빈곤한 가정 출신이지만, 부모들은 모두가 적어도 어느 정도의 비용은 부담하고 있다. 아동들은 매우 예의바르게 행동하며 학업에 열심이다. 교사들은 헌신적이다. 분위기가 평온하다.

학생 1인당 비용은 수녀 교사 몇 사람이 무료봉사를 하고 있다는 점을 고려하더라도 공립학교보다는 훨씬 적다. 더욱이 평균적으로 보아 아동들은 공립학교에 다니는 같은 또래의 아동들에 비해 성적이 2등급이나 앞서 있다.

그 이유는 교사와 부모가 아동을 어떻게 가르쳐야 할 것인가에 대해 선택할 자유를 가지고 있기 때문이다. 민간재원이 조세 재원을 대신하여 왔다. 관리권을 관료의 손에서 빼앗아 원래 있어야 할 자리로 되돌려 놓은 것이다.

또 하나의 예는 중등교육수준의 예로서 할렘에서 볼 수 있다. 1960년대에 할렘은 폭동으로 황폐화되었다. 수많은 10대들이 학교를 그만두었다. 이를 깊이 우려한 많은 부모들과 교사들은 이에 대해 무언가 하려고 결심하였다. 그들은 사재를 털어 빈 점포를 인수하여 후에 점포학교로 알려지게 된 학교를 세웠다. 최초이자 가장 성공한 것 중의 하나가 이른바 할렘예비학교Harlem Prep인데 이것은 전통적인 교육이 손을 대지 못했던 소년들의 마음을 끌도록 고안된 학교이다. 이 할렘예비학교는 시설이 불충분하였다. 대다수의 교사들은 공립학교에서 가르치는데 필요한 적절한 자격증이 없었다. 그러나 이런 것 때문에 교사들이 좋은 일을 하는 데 지장을 받지는 않았다. 대다수의 학생들은 일반 학교에서는 부적격자이고 탈락자였지만 할렘예비학교에서는 그들이 원하던 그러한 교육을 받을 수 있었다.

이 학교는 굉장한 성공을 거두었다. 대다수의 학생들은 몇몇 명문대학을 포함하여 여러 각 대학으로 진학했다. 그러나 불행히도 이 이야기는 불행한 결말로 끝난다. 초기의 위기는 극복했으나 이 학교는 결국 자금 부족에 봉착하고 말았다. 교육위원회는 에드 카펜터Ed Carpenter(이 학교의 교장이자 설립자의 한 사람)에게 교육위원회의 규정을 지킨다는 조건부로 자금을 제공하겠다고 제안하였다. 어떻게든 독립을 유지하려고 그는 오랫동안 투쟁을 하였지만 드디어 굴복하고 말았다. 이리하여 이 학교는 관료에게 떠맡겨졌다. 카펜터 씨는 이렇게 말한 적이 있다. 「나는 교육위원회의 엄격한 관료제도 하에서는 할렘예비학교와 같은 학교는 반드시 없어질 것이며 잘 될 수 없을 것이라고 생각했다.…우리는 일이 어떻게 되어 갈 것인지 알아차려야 했다. 나는 일이 잘 되어 가리라고는 생각하지 않았다. 내가 옳았다. 우리가 교육위원회에 다녀온 이후 일어난 일이 모두 좋은 것은 아니다. 그것은 모두 나쁜 것도 아니지만 나쁜 것이 좋은 것보다 많다.」

이러한 종류의 민간사업은 귀중하다. 그러나 그것은 기껏해야 정작 필요한 일의 거죽만 핥다 말 뿐이다.

중요한 개선을 하는, 그리하여 특히 오늘날 가장 불리한 입장에 처해 있는 사람들을 위해 교육을 다시 교실로 되돌려주는 하나의 방법은 지금 고소득층에 속하는 사람들과 마찬가지로 모든 부모들이 자기 자녀들의 학교교육에 보다 큰 영향력을 가질 수 있게 하는 것이다. 일반적으로 부모들이야말로 다른 어느 누구보다도 자기 자녀들의 학교교육에 큰 관심을 갖고 있기도 하거니와 학생들의 능력이나 필요를 훨씬 잘 알고 있기도 하다. 사회개혁가들이나, 특히 교육개혁가들은 부모들, 흔히 가난해서 자기 자신이 교육을 거의 받지 못한 부모들은 자기 자녀들의 교육에 거의 흥미도 없으며 자녀들을 위해서 선택할 능력도 없는 것처럼 가끔 독선적으로 생각하고 있다. 이것은 근거 없는 모욕이다. 흔히 이런 부모들은 가끔 한정된 선택의 기회밖에 없었다. 그러나 미국 역사를 돌이켜 보면 기회만 있다면 그들도 자녀들의 복지를 위해서 커다란 희생을 치를 의사가 있었으며, 실제로 사려 깊게 그렇게 해왔다는 것이 충분히 밝혀지고 있다.

확실히 어떤 부모들은 자녀들의 학교교육에 아무 흥미도 없고 현명하게 선택할 능력이나 욕망도 없다. 그러나 그런 부모들은 극소수이다. 어떻든 우리들의 현행 제도는 불행하게도 그러한 사람들의 자녀들을 거의 돕지 못하고 있다.

부모들에게 보다 많은 선택의 자유를 보장해주면서도 동시에 현재의 재원을 유지할 수 있는 하나의 간단하고 효과적인 방법은 수업료 쿠폰 제도voucher plan이다. 당신의 자녀가 공립 초·중고등학교에 다니고 있다고 하자. 전국적으로 평균하여 납세자 - 당신과 나 - 는 1978년에 학교에 등록한 자녀 1인당 연간 약 2천 달러의 비용을 부담했다. 당신 자녀를 공립학교에서 사립학교로 전학시키면 당신은 납세자들에게 연간 약 2천 달러를 절약시켜준다 - 그러나 이렇게 해서 절약된 금액이 납세자 전체에게 돌아가서 기껏해야 결국 당신의 세금고지서에서 몇 센트 감해 주게 되는 것 말고는 당신 손에 넣을 수 있는 것은 아무것도 없다. 더구나 당신은 세금 이외에도 개인적으로 수업료를 납부해야만 한다 - 그러니 당신의 자녀를 공립학교에 그대로 두려는 강한 유인이 있게 된다.

그러나 정부가 당신에게 이렇게 말한다고 하자. "만일, 당신이 정부가 부담하는 당신 자녀의 교육비를 덜어준다면 정부는 당신에게 수업료 쿠폰, 즉 허가된 학교에서 당신 자녀의 교육비를 부담하기 위해 사용한다면, 그리고 그렇게 하는 한 쿠폰 액면에 명시되어 있는 약정금액이 지급될 것을 확약하는 쿠폰을 주겠다." 그 금액은 2,000달러가 될지 혹은 절약된 금액을 당신과 다른 납세자들이 나누려면 그보다 적은 1,500달러나 1,000달러가 될지 모른다. 그러나 전액이거나 그보다 적은 금액이거나 간에 그것으로써 오늘날 부모들의 선택할 자유를 제한하고 있는 재정적인 악조건이 적어도 부분적으로나마 제거된다.[67]

수업료 쿠폰 제도는 재향군인들에게 교육 혜택을 제공하는 재향군인교육보조제도GI bill와 똑같은 원칙을 구체화시킨 것이다. 재향군인은 교육비에만 쓸 수 있는 쿠폰을 받고 일정 기준을 충족시키는 학교라면 어느 학교라도 완전히 자유롭게 선택하여 그것을 이용할 수 있다.

부모들에 사립학교에서뿐만 아니라 공립학교에서라도 수업료 쿠폰을 사용할 수 있도록 해 줄 수 있으며 또 그렇게 해 줘야한다 -

또 자기들의 구역이나 시나 주에 있는 학교에서뿐만 아니라 자기들의 자녀를 받아줄 의사가 있다면 어느 학교에서라도, 이렇게 하면 모든 부모들의 선택할 기회가 더 커지기도 하고 동시에 공립학교가 수업료를(수업료쿠폰이 교육비 전액에 상당하는 것이면 전액을, 그렇지 않은 것이면 적어도 일부를) 징수하여 재원을 자체 조달하게하기도 한다. 그렇게 되면 공립학교들은 서로 간에도, 그리고 사립학교들과도 경쟁하게 될 것이다.

이 제도는 학교교육을 위해 납부하는 조세 부담을 어느 누구에게도 경감시켜주지 않는다. 이것은 단지 부모들에게 자기 자녀들이 지역사회가 의무적으로 제공하는 학교교육을 어떤 형태로 받을 것인가에 관한 선택의 폭을 보다 넓혀줄 뿐이다. 이 제도는 사립학교에 재학해도 의무교육법을 이행하는 것이 되도록 하려고 사립학교에 부과되어 있는 현행 기준에도 아무 영향을 미치지 않을 것이다.

수업료 쿠폰 제도는 학교교육의 재정문제에 대해서든, 의무교육법에 대해서든 어떠한 영향도 미치지 않기 때문에 부분적인 해결책은 된다고 본다. 필자들은 여기서 훨씬 더 나아가 보고자 한다. 생각나는 대로 말하자면, 사회가 풍요해질수록 또 거기서 소득이 평등하게 분배될수록 정부가 학교교육의 재정을 부담해야 할 이유는 점점 적어지는 것이다. 여하튼 간에 부모들이 비용의 대부분을 부담하고 있으며 학교교육의 질을 평준화시키기 위한 비용은 그들이 세금을 통해 간접적으로 그것을 부담하는 편이 수업료 형태로 직접 지불하는 편보다도 틀림없이 많아진다 - 학교교육이 정부의 다른 활동과 아주 다른 것이 아닌 한. 그러나 실제로 미국에서는 평균소득이 증대되고 소득이 점점 더 평등하게 분배됨에 따라 총 교육비에서 차지하는 정부의 재정 부담 비중이 높아져 왔다.

추측하건대 그 한 가지 이유는 정부가 학교를 운영하고 있어서 부모들의 소득이 증대함에 따라 학교교육에 대한 지출을 증대시키고자 하는 부모들의 희망을 달성하기 위한 가장 편한 방법이 공립학교에 대한 지출액을 증대시키는 것이었기 때문이다. 수업료 쿠폰 제도가 갖고 있는 하나의 장점은 부모들의 직접적인 학교재정부담이 점차 증대하도록 촉진하게 될 것이라는 점이다. 학교교육에 대한 지출을 증대시키고자 하는 부모의 희망은 곧 수업료 쿠폰으로 제공되는 금액을 증가시키는 결과로 나타날 수 있을 것이다. 빈곤한 아동들을 위한 정부의 재정부담은 계속되겠지만 이 문제와 취학아동의 5% 내지 10% 정도가 빈곤하다고 해서 취학아동의 90%를 위한 교육 제도를 정부 재정으로 유지한다는 것과는 전혀 다른 문제이다.

의무교육법은 사립학교가 준수해야 될 기준을 정부가 규제하는 데 대해 정당한 근거를 마련해준다. 그러나 의무교육법 그 자체에 대하여는 어떠한 정당한 근거라도 있는 것인지는 전혀 분명하지 않다. 이 문제에 대한 필자들의 견해는 시간이 지남에 따라 바뀌어 왔다. 4반세기 전 이 문제에 대해 처음으로 광범위하게 글을 썼을 때, 필자들은 "안정된 민주사회는 대다수 시민이 최소한도의 읽고 쓰는 능력과 지식이 없으면 이룰 수 없다."[08]는 이유로 그러한 법의 필요성을 받아들였다. 필자들은 오늘날에도 이와 같이 믿지만 그동안 미국이나 영국이나 그 밖의 나라들에서 이루어진 학교교육의 역사에 대한 연구결과에 따라 의무교육은 최소한도의 읽고 쓰는 능력이나 지식을 갖게 하는 데 있어서 꼭 필요한 것은 아니라는 생각을 갖게 되었다. 이미 말한 바와 같이 그러한 연구에 따르면 미국의 학교교육은 의무화되기 이전부터 거의 보편적이었다. 영국에서는 의무교육법이 제정되기 이전에든 또한 정부가 학교교육의 재정을 부담하기 이전에든 학교교육은 거의 보편적인 것이었다. 대다수의 법률들과 마찬가지로 의무교육법은 이익뿐만 아니라 비용도 발생시키는 것이다. 필자들은 이제 그 이익이 더 이상 그 비용을 정당화시키지 않는다고 생각한다.

 재정문제나 의무교육법에 관한 이러한 견해가 대다수의 독자들에게는 극단적인 것으로 생각되리라는 것을 필자들은 알고 있다. 바로 그렇기 때문에 필자들은 그 견해의 타당성을 장황하게 늘어놓으려고 하지 않으면서 여기서 단지 본론에 벗어나지 않는 범위에서 언급하고 있을 뿐이다. 그 대신에 이보다는 현재의 관행에서 그렇게 크게 벗어나지 않는 수업료 쿠폰제도를 다시 살펴보기로 하자.

 현재 지방 공립학교 대신에 널리 이용될 수 있는 것은 오직 교구부속학교뿐이다. 교회만이 학교교육에 대규모로 보조금을 줄 수 있는 입장에 있으며 보조금의 뒷받침을 받는 학교교육만이 '무료' 학교교육과 경쟁할 수 있는 것이다. (어떤 다른 사람이 거저 주고 있는 제품을 팔려고 해보라!) 수업료 쿠폰제도는 선택의 범위를 훨씬 넓혀 줄 것이다 — 지나치게 엄격한 '인가' 기준 때문에 방해받지 않는 한. 공립학교들만 해도 선택의 폭이 크게 확대될 것이다. 공립학교의 규모는 정치적으로 결정된 지리적인 구역이나 학생 수의 할당에 의해서가 아니라 그 학교가 끌어 모은 고객의 수에 의해 결정될 것이다. 몇몇 가정이 시도한 바와 같이, 비영리학교를 설립하려는 부모들에게 수업료 쿠폰 제도는 그 비용을 부담할 수 있는 재원을 확보해 줄 것이다. 채식주의자부터 보이스카웃이나 YMCA에 이르는 자원 단체들이 학교를 설립하여 고객들을 끌어 모으려고 할 수 있다. 더구나 가장 중요한 것은 새로운 형태의 사립학교가 나타나서 방대한 새로운 시장을 개발할 수 있을 것이라는 점이다.

이제 수업료 쿠폰 제도에서 생길지도 모르는 몇 가지 문제와 이 제도와 관련해 제기돼 온 몇 가지 반대견해에 대하여 간단히 생각해 보자.

(1) 정교분리 문제. 만일 부모들이 교구부속학교에 수업료를 납부하기 위해 쿠폰을 사용해도 좋다고 한다면 그것은 헌법 수정 조항 제1조에 위반되는 것인가? 위반되는 것이든 아니던 간에 학교교육에 있어서 종교기관의 역할을 강화시킬지도 모르는 정책을 채택하는 것은 바람직한 것인가?

대법원은 공립학교와 비공립학교 모두를 대상으로 하는 완전한 수업료 쿠폰 제도에 대하여는 판결을 내릴 기회가 없었지만 자녀들을 교구부속학교에 보내는 부모들에게 원조를 제공하는 주의 법률에 대해서는 일반적으로 불리한 판결을 내려왔다. 그러한 제도에 대해 어떠한 판결을 내리든지 간에, 이 제도가 교회 관련 학교를 제외하고 그 밖의 모든 사립 및 공립학교에 적용된다고 하면 대법원은 이를 틀림없이 용인할 것 같다. 이렇게 제한된 제도라도 현행 제도보다는 훨씬 뛰어날 것이며 전혀 아무런 제한도 가해지지 않은 제도보다도 그다지 뒤떨어지지 않는 것일지도 모른다. 현재 교회와 관련되어 있는 학교들은 그 자체를 두 부분으로 분할함으로써 이 제도를 적용받을 수 있을 것이다. 즉, 비종교적인 부분은 수업료 쿠폰 제도를 적용받을 수 있는 독립된 학교로 재편하고 종교와 관련된 부분은 부모들이나 교회 재원으로 직접 재정을 부담하도록 하는 과외 학교나 주일학교로 재편하는 것이다.

합헌성 문제는 법원에서 결말을 짓지 않으면 안 될 것이다. 그러나 수업료 쿠폰은 '부모'에게 교부되는 것이지 '학교'에 교부되는 것이 아니라는 점은 강조할 만하다. 재향군인교육보조제도로 재향군인들이 가톨릭계 대학에든 또는 다른 대학에든 자유롭게 진학해 왔지만 필자들이 알고 있는 한, 헌법 수정조항 제1조의 문제는 전혀 제기되지 않았다. 사회보장이나 복지연금의 수혜자들은 정부로부터 받은 보조금으로 교회의 바자회에서 식료품을 구입하거나 심지어 교회의 헌금함에 헌금하는 것조차 자유이지만 헌법 수정조항 제1조 문제가 제기된 일은 없다.

실제로는 자기 자녀들을 공립학교에 보내지 않는 부모들에게 현재 떠맡겨져 있는 악조건이야말로 헌법 수정조항 제1조를 변호사들이나 판사들이 어떻게 해석하더라도, 그 조항의 정신에 위배되는 것이라고 생각된다. 공립학교에서도 종교를 가르치고 있다. 공식적,

유신론적 종교는 아니지만 명칭만 다를 뿐 실제로는 종교나 다름없는 가치관과 신념의 체계를 학생들에게 가르치고 있는 것이다. 공립학교에서 가르치는 종교를 받아들이지는 않지만 별 도리 없이 자녀에게 그러한 교육을 받게 하고 비용을 부담하는 수밖에 없고, 자녀에게 그러한 교육을 받지 않게 하려면 한층 더 큰 비용을 부담하는 수밖에 없게 되어 있는 현재의 제도야말로 부모의 종교자유를 박탈하고 있는 것이다.

(2) 재정비용. 수업료 쿠폰 제도에 대한 제2의 반론은 이 제도가 도입되면 학교교육에 대한 납세자의 총 부담액이 증대할 것이라는 점이다 – 왜냐하면 현재 교구부속학교나 그 밖의 사립학교에 다니고 있는 약 10%의 아동들을 위해서 교부될 수업료 쿠폰의 비용이 있기 때문이다. 그것은 자녀들을 비공립학교에 보내는 부모들이 차별대우를 받는다는 것을 무시하는 사람들에게만 '문제'가 된다. 수업료 쿠폰 제도가 보편적으로 시행되면 조세 재원을 어떤 아동들의 학교교육을 위해서는 사용하고, 다른 아동들의 학교교육을 위해서는 그렇게 하지 않는 불공평을 종식시킬 수 있게 될 것이다.

여하튼 간에 간단명료한 해결책이 있다. 즉, 수업료 쿠폰 금액을 현재의 공립학교 아동 1인당 비용보다도 적게 해서 총 공공지출이 현재와 동일하게 되도록 책정하면 될 것이다. 보다 적은 비용만 사용하는 경쟁적인 사립학교가 현재 이보다 많은 비용을 사용하는 공립학교에 비해 보다 나은 학교교육을 시켜 줄 가능성이 많다. 교구부속학교에서의 아동 1인당 비용이 엄청나게 낮다는 사실을 보라(사치스러운 엘리트 학교가 높은 수업료를 받고 있다는 사실은 아무런 반론도 되지 못한다. 그것은 마치 1979년에 '21'클럽이 그 '햄버거 21'에 12달러 25센트라는 가격을 매겨버려 맥도날드사가 햄버거 하나에 45센트, 빅맥 하나에 1달러 5센트로 팔아서는 이익을 낼 수 없었던 것과 같다).

(3) 부정의 가능성. 수업료 쿠폰이 아버지의 맥주나 어머니의 의복을 사는 데 유용되지 않고 학교교육에만 사용된다고 어떻게 보장할까? 이에 대한 대답은 이 수업료 쿠폰은 '허가'된 학교나 교육기관에서만 사용하게 하고 또 이러한 학교나 기관만이 현금으로 상환받을 수 있게 하는 것이다. 물론, 이렇게 한다고 부정을 모두 - 부모들에게 '일부를 환불해주는'식으로 행해지는 것까지 - 막을 수 있는 것은 아니겠지만, 그렇더라도 부정이 어지간한 수준을 넘어서까지 일어나지는 않게 될 것이다.

(4) 인종 문제. 수업료 쿠폰 제도는 인종통합을 회피하기 위해 남부의 여러 주에서 잠시 채용되었다. 이에 대해서는 위헌 판결이 내려졌다. 수업료 쿠폰 제도 하에서 인종 차별은, 인종 차별을 하고 있지 않는 학교에 대해서만 수업료 쿠폰을 상환해 줌으로써 적어도 공립학교에서처럼 쉽게 방지할 수 있다. 수업료 쿠폰 제도 연구가들은 이보다 더 어려운 문제로 고심해 왔다. 그것은 수업료 쿠폰 제도로써 가능하게 된 자발적 선택으로 말미암아 학교에서 인종과 계급이 더욱 분리되고 따라서 인종대립이 심화되고, 더욱 차별적이며 계층적인 사회가 조성되지 않겠느냐 하는 점이다.

우리는 수업료 쿠폰 제도는 그와는 정반대의 효과를 낼 것으로 생각한다. 이 제도는 인종대립을 완화시켜 흑인과 백인이 공동목적을 위해 협력하는 한편, 각자의 권리나 이익을 서로 존중하는 사회를 촉진하여 갈 것이다. 강제적 인종통합에 대한 반대는 대체로 인종차별주의 때문이 아니라 자녀들의 신체적 안전이나 그들의 학교 교육의 질에 대한 다소 근거 있는 두려움 때문에 나타난다. 인종통합은 강제에 의해서가 아니라 자발적인 선택의 결과로 이루어질 때 최대의 성공을 거두어 왔다. 교구 부속 및 그 밖의 비공립학교들은 흔히 인종통합을 지향하는 운동의 최전선에 서 있다.

공립학교에서 늘고 있는 폭력은 오로지 그 피해자들이 그 학교에 다니지 않을 수 없기 때문에 일어나는 것이다. 그들에게 사실상의 선택할 자유를 주어 보라! 학생들 - 흑인이든, 백인이든, 가난한 사람이든, 부유한 사람이든, 북부인이든, 남부인이든 - 은 질서를 유지할 수 없는 학교에서는 도망가 버릴 것이다. 학생들을 라디오와 텔레비전 기술자, 타이피스트나 비서 또는 그 밖의 각종 전문직의 전문가로 훈련하고 있는 사립학교에서는 규율은 거의 문제가 되지 않는다.

사립학교에서 하는 것처럼 학교를 전문화시켜라. 그러면 공통된 관심으로 말미암아 피부색의 편견이 극복되어 현재 행해지는 것보다 인종통합이 강화될 것이다. 인종통합은 단지 명목상만의 것이 아니라 실질적인 것이 될 것이다.

수업료 쿠폰 제도는 흑인과 백인 대다수가 다 같이 반대하는 흑백 공용 강제버스통학을 없앨 것이다. 흑백 공용 버스통학이 새로 생겨나고 실제로 더 많아질 가능성도 있으나 그것은 오늘날 음악이나 무용을 배우기 위해 아동들이 흑백 공용 버스통학을 하고 있는 것처럼 자발적인 의사에 의해 이루어지게 될 것이다. 흑인지도자들이 수업료 쿠폰 제도를 믿지 못하고 있다는 사실은 아무리 생각해 봐도 이해하기 어렵다. 그들을 대표로 세워준 사람들이야말로 가장 많은 이익을 누리게 될 것이다. 이 제도는 흑인들에게 자기 자녀들의 학교교육에 대해 영향력을 갖도록 해주고 시의 지도급 정치가들이, 그리고 한층 더 중요한 것으로는 아성을 쌓아 버티고 있는 교육 관료들이 지배하는 것을 없앨 수 있게 될 것이다. 흑인지도자들은 흔히 자기 자녀들은 사립학교에 보낸다. 왜 그들은 다른 사람들도 자기들처럼 하도록 도와주지 않는가? 이에 대한 잠정적인 대답은 수업료 쿠폰제도로 말미암아 일반 흑인들이 현재 학교교육에 대한 영향력을 정치적 위세와 권력의 원천으로 여기는 자신들의 정치적 지도자들의 지배에서 벗어날 수 있기 때문이 아닐까?

그러나 일반 흑인의 자녀들에게 제공되고 있는 교육 기회가 계속 악화되어 감에 따라, 점차 많은 흑인교육자나 컬럼니스트, 그 밖의 지역사회의 지도자들이 수업료 쿠폰 제도를 지지하기 시작했다. 인종평등 회의Congress of Racial Equality는 수업료 쿠폰 제도에 대한 지지를 그 의사일정의 주요 항목의 하나로 채택하기에 이르렀다.

(5) 경제적 계급문제. 수업료 쿠폰 제도에 대한 연구가들을 어쩌면 다른 어떤 것보다도 더 분열시켜온 문제는 그 제도가 사회적·경제적 계급구조에 끼칠 수도 있다고 예상되는 영향의 문제이다. 몇몇

연구가들은 공립학교의 커다란 가치는 그것이 용광로 역할을 하여 부유한 사람이든, 빈곤한 사람이든, 이 나라에서 태어난 사람이든, 외국에서 태어난 사람이든, 흑인이든, 백인이든 함께 생활할 수 있게 해 주었다는 것이라고 늘 주장했다. 이러한 인식은 과거에도 그랬고 현재에도 그렇거니와 소지역사회의 경우에는 대체로 옳은 것이나 대도시의 경우에는 거의 완전히 잘못된 것이다. 대도시에선 공립학교가 학교교육의 종류와 비용을 주거지역과 결부시킴으로써 주거지역별 계층화를 조장해 왔다. 이 나라에서 가장 우수한 공립학교들이 대부분 고소득층이 몰려 살고 있는 곳에 있다는 사실은 결코 우연이 아니다.

대다수의 아동들은 어쩌면 수업료 쿠폰 제도하에서도 여전히 근처 초등학교에 다니게 될 것이다 – 이 제도로 말미암아 흑백 공용 강제버스 통학제도가 없어지게 될 것이므로, 실제로 어쩌면 지금보다 더 많은 아동들이 그렇게 할 것이다. 그러나 수업료 쿠폰 제도로 말미암아 주거지역이 더욱 이질화되는 경향이 나타나게 될 것이므로, 어떤 지역사회나 그곳에서 운영되는 학교의 동질성은 당연히 낮아질 것이다.

중·고등학교에서는 계층화가 거의 틀림없이 약화될 것이다. 학교마다 학생의 공통된 관심이 정해지게 되어 – 예컨대, 어떤 학교는 예술을 강조하고, 다른 학교는 과학을 강조하고, 또 다른 학교는 외국어를 강조하게 되어 – 이에 따라 다양한 거주지역에서 학생들을 끌어 모을 것이다. 스스로 선택하더라도 학생회의 구성에는 여전히 계급적 요소가 많이 남아 있게 된다는 것은 의심할 나위가 없지만 그 요소는 오늘날보다는 줄어들 것이다.

수업료 쿠폰 제도가 특별한 관심을 불러일으킨 하나의 특징은 부모들이 수업료 쿠폰에 '추가' 할 수 있거나 하게 될 가능성이다. 예컨대, 만일 수업료 쿠폰의 액면이 1,500달러라면 부모가 다시 500달러를 보태서 수업료가 2,000달러인 학교에 자기 자녀를 보낼 수 있는 것이다. 그 결과 저소득층의 부모들은 쿠폰의 액면에다 추가하지 못 하는 반면, 중소득층과 고소득층의 부모들은 대폭 추가하게 되기 때문에 교육 기회의 차이가 지금보다도 한층 더 확대될는지 모른다고 일부에서는 우려한다.

이러한 우려 때문에 수업료 쿠폰 제도 지지자들 중 몇몇은 '추가'는 금지해야 한다고 제안하기에 이르렀던 것이다.[69] 쿤스Coons와 슈가맨Sugar-man은 다음과 같이 쓰고 있다.

「필자들을 포함한 많은 사람들은 프리드먼의 모델이 개인이 돈을 추가하는 자유를 인정하기 때문에 받아들이기 어렵다.…여분의 돈을 추가할 수 없는 가정은 수업료 쿠폰 액면 이상의 수업료를 부담시키지 않는 학교로 가는 반면, 부유한 가정은 비용이 더 드는 학교들 가운데 선택하는 자유가 있게 될 것이다. 지금은 단지 부유한 사람들이 전적으로 사재를 써서 확보한 개인적인 선택에 지나지 않는 것이 정부의 지원을 받는 불공평하기 짝이 없는 특권이 될 것이다. …이것은 어떠한 선택 제도하에서든 모든 가정이 이를 받아들이는 어떠한 학교에라도 다닐 수 있도록 평등한 기회를 보장해 주어야 한다는 근본적인 가치관을 실현하는 데서 어긋나는 것이다.

수업료 추가를 허용하는 선택 제도하에서라도 빈곤한 가정은 오늘날보다 잘 살 수 있을는지도 모른다. 프리드먼은 이 정도까지 주장하였다. 그러나 이 제도로 말미암아 그들의 교육이 아무리 크게 개선되더라도, 경제적 차별에 대하여 정부가 의식적으로 재정을 부담하는 것은 필자들에게는 인내의 한도를 넘어서는 것이다. 비록 프리드먼의 제안이 선택에 관한 실험으로서 정치적으로 존속할 수 있는 유일한 것이라고 할지라도, 필자들은 이에 대해 흥미도 느끼지 못할 것이다.[70]」

이 견해는 앞장에서 논의한 대로 부모들이 방탕한 생활을 위해서 이를 사용하는 것은 괜찮지만 자기 자녀들의 학교교육을 개선하는 데 사용하지는 못하도록 하는 평등주의의 한 본보기로 생각된다. "자녀들 개개인의 발달을 고의적으로 희생시키면서까지 평등을 실현하려고 하면 평등주의적 본능 가운데 훌륭한 것은 무엇이든 궁극적으로 더럽혀지게 된다고 생각된다."[71]고 다른 데서 말하고 있는 쿤스와 슈가맨이 이런 의견을 보여주고 있다는 점은 특히 놀랄만하다 - 이러한 감정을 필자들은 마음속으로부터 찬동한다. 필자들의 판단으로는 가장 빈곤한 사람들이야말로 수업료 쿠폰 제도에서 혜택을 가장 많이 받게 될 것이다.

가난한 사람들의 '교육이 이 제도로 말미암아 아무리 크게 개선되더라도' 쿤스와 슈가맨이 말하고 있는 대로 '경제적 차별에 대하여 정부가 재정을 부담하는 것'을 피하기 위하여, 그 제도를 반대할 수 있는 어떠한 근거를 생각해낼 수 있을까? - 설령 그러한 효과가 초래되리라는 것을 증명할 수 있다고 치더라도. 그리고 물론 그러한 효과가 초래되리라는 것은 결코 증명될 수도 없다. 오히려 필자들은 상당한 연구를 바탕으로 하여 이 제도가 정반대의 효과를 초래할 것을 확신한다 - 그들의 주장에서 '경제적 차별'이란 너무나 막연한 말이어서 도대체 그것이 무엇을 의미하는지 전혀 분명하지 않다는 단서를 붙여두지 않으면 안 되겠지만 평등주의적 종교는 너무나 강하기 때문에 제한적인 수업료 쿠폰 제도를 주창하는 일부 인사들은 무제한적 수업료 쿠폰 제도에 대한 실험조차 인정할 의사가 없다. 그러나 필자들이 아는 한, 아무도 무제한적 수업료 쿠폰 제도가 '경제적 차별'을 조장할 것이라는 우려를 뒷받침할 만한 근거를 제시한 바 없다.

이러한 견해 역시 빈곤한 부모들을 모독하는 지식인들의 성향을 나타내는 또 다른 본보기로 생각된다. 바로 가장 가난한 사람들까지도 현행의 공립학교교육비용 전부를 대체할 수는 없다 하더라도 자녀들의 학교교육의 질을 개선하기 위해서라면 몇 푼의 추가금액이라도 푼푼이 모을 수 있을 것이며 실제로 그렇게 하고 있다. 어쩌면 액수는 적겠지만 빈곤한 사람들도 그 밖의 사람들과 거의 마찬가지로 자주 추가하게 되리라 생각된다.

이미 말한 대로, 현재 도심지의 수많은 아동들에게 비참과 빈곤과 범죄 속에 생활해 나가도록 조장하고 있는 교육 제도를 개혁하는 데 무제한적 수업료 쿠폰 제도야말로 가장 효과적인 방법일 것이며 이야말로 오늘날 존재하는 대부분의 경제적 차별의 토대를 붕괴시키리라 생각한다. 이러한 필자들의 신념의 충분한 근거를 여기서 제시할 수는 없다. 그러나 어쩌면 앞에서 내린 판단의 또 다른 측면을 상기하는 것만으로도 필자들의 견해가 그럴듯하다는 것을 납득할 수 있을 것이다. 즉, 범죄로부터 보호받는 것 말고는 도대체 경제적 집단들 간에 그 이용 가능성에 있어서 현재 학교교육의 질보다 더욱 폭넓은 차이를 보이는 그러한 종류의 재화나 서비스가 있는가? 서로 다른 경제적 집단이 이용하게 되는 슈퍼마켓은 학교교육만큼 그 질의 차이가 있는가? 수업료 쿠폰 제도로 받을 수 있는 학교교육의 질이 부유한 사람들에게는 거의 개선되지 않겠지만 중산층에게는 적절한 수준으로, 그리고 저소득층에게는 매우 크게 개선될 것이다. 확실히 빈곤한 사람들이 받게 되는 혜택은 몇몇 중·고소득층의 부모들이 자기 자녀들의 학교교육에 대한 비용의 이중부담을 피하게 될 것이라는 사실을 보충해 주고도 남는 것이다.

(6) 새로운 학교에 대한 의문. 이러한 주장은 모두 일장춘몽이 아닐까? 사립학교는 현재 거의 모두가 교구 부속학교이거나 엘리트 학교뿐이다. 수업료 쿠폰 제도는 결과적으로 단지 이 학교들에 보조금을 줄 뿐, 수많은 슬럼가의 주민들에게는 여전히 저질의 공립학교 밖에 남겨 주는 것이 없지 않은가? 그렇지 않고서야 여러 가지 대안

이 실제로 나타나리라고 생각되는 이유는 도대체 무엇인가?

그 이유는 오늘날 존재하고 있지 않는 곳에 시장이 개발될 것이기 때문이다. 오늘날 시와 주와 연방정부는 초·중고등학교에 매년 1,000억 달러에 가까이 지출하고 있다. 이 금액은 음식이나 술을 파는 음식점이나 술집에서 소비되는 연간 총액보다 3분의 1이나 많은 것이다. 확실히 이보다 적은 금액만으로도 모든 계층이나 모든 지역의 사람들에게 매우 다양한 음식점이나 술집을 열어줄 수 있다. 이보다 많은 금액, 아니 그 일부만으로도 매우 다양한 학교들을 열어주게 될 것이다.

그것은 공립학교에서도 그 밖의 다른 직업에서도 수많은 신참자들을 끌어 들일 수 있는 방대한 시장을 개척하게 될 것이다. 수업료 쿠폰 제도에 관해 여러 집단들과 대화를 나누는 과정에서 필자들은 많은 사람들이 이런 식으로 말하는 데 깊은 감명을 받았다. 즉, "저는 언제나 가르치고 (또는 학교를 운영하고) 싶었어요. 하지만 저는 공립학교에서 보이는 그러한 교육 관료나 관료적 형식주의나 경직성은 참을 수 없었어요. 당신들이 제안하는 제도에서라면 저도 학교를 시작해 보고 싶습니다."

새로운 학교는 대부분 비영리단체가 설립할 것이다. 그밖에는 영리를 목적으로 하여 설립될 것이다. 학교산업이 궁극적으로 어떻게 구성될는지 전혀 예측할 수 없다. 그것은 경쟁에 의해 결정될 것이다. 하나의 예측을 할 수 있다면, 그것은 마치 고객들을 만족시키는 음식점이나 술집만이 살아남을 수 있듯이 고객들을 만족시키는 학교만이 살아남을 수 있으리라는 것이다. 경쟁이 이와 같은 상황을 야기할 것이다.

(7) 공립학교에 대한 영향. 교육 관료들이 늘어놓는 미사여구와 실제로 발생하게 될 문제들은 본질적으로 분리시켜 생각해야 한다. 전국교육협회National Education Association나 미국교사연맹American Federation of Teachers은 수업료 쿠폰 제도는, 그들에 따르면, 우리의 민주주의의 기초이자 초석인 공립학교 제도를 파괴할 것이라고 주장한다. 그들은 공립학교 제도가 오늘날 그러한 주장에 걸맞는 성과를 이룩하고 있다는 아무런 증거도 전혀 내놓지 않은 채 그렇게 주장하고 있다 - 초기에는 무언가 그러한 성과가 있었더라도. 이 단체들의 대변인들도 만일 공립학교 제도가 그토록 훌륭한 일을 하고 있다면 어찌하여 비공립, 경쟁적 학교와의 경쟁을 두려워해야만 하는지, 또는 그렇지 않다면 어찌하여 그것이 '파괴되는 것'을 누군가 반대해야만 하는지 전혀 설명하지 않고 있다.

공립학교에 대한 위협은 그 업적이 아니라 그 결점에서 생기는 것이다. 매우 짜임새 있는 소지역사회에서는 공립학교 특히 초등학교는 현재 꽤 만족스러운 성과를 올리고 있는바, 이러한 곳에서는 가장 포괄적인 수업료 쿠폰 제도라 할지라도 커다란 영향을 미치게 되지는 않을 것이다. 공립학교는 어쩌면 잠재적 경쟁의 위협으로 말미암아 다소 개선되어 여전히 지배적인 위치에 머무르게 될 것이다.

그러나 그렇지 않는 지역, 특히 도시의 슬럼 지역에서는 공립학교가 해야 할 일을 아주 형편없이 하고 있는데, 이런 곳에서는 대다수의 부모들이 틀림없이 자기 자녀들을 비공립학교에 보내려 할 것이다.

그것은 과도기적으로 몇 가지 어려운 문제를 일으키게 될 것이다. 자기 자녀들의 복지에 가장 커다란 관심을 갖고 있는 부모들이 제일 먼저 자기 자녀들을 전학시키게 될 것이다. 설령 그들의 자녀들이 그대로 남아 있는 아동들보다 영리하지는 않더라도 공부에 대해 강한 동기를 느끼게 되고 가정환경이 더 좋아질 것이다. 이렇게 되면 어떤 공립학교들은 '찌꺼기'만 남아 그 질이 현재보다 더욱 형편없게 될 가능성이 있다.

민간시장이 떠맡아감에 따라 모든 학교교육의 질이 대폭 향상된 나머지 심지어 최저수준이라도 '상대적으로는' 낮은 수준에 머물러 있더라도 '절대적인' 질에 있어서는 좋아질 것이다. 그리고 할렘예비학교나 이와 유사한 실험에서 이미 밝혀진 바와 같이 '찌꺼기' 중의 많은 학생들이 적대감이나 무관심 대신에 열성을 불러 일으켜주는 학교에서는 훌륭한 성과를 올릴 것이다. 애덤 스미스가 2세기 전에 말한 바와 같이,

참으로 출석할 만한 가치가 있는 수업이라면 수업출석을 강제하는 규율은 전혀 필요 없다.…아동에게 인생의 초기에 습득시켜 줄 필요가 있다고 생각되는 교육부문에 억지로라도 출석시키려면… 강제나 속박이 어느 정도 필요하다는 것은 의심할 여지가 없겠지만 12~13세 이후라면 교사가 자신의 의무를 다하고 있는 한, 어떤 부문의 교육을 실시하더라도 강제나 속박은 전혀 불필요하다.

공공기관이 아닌 그런 교육부문에서 일반적으로 가장 잘 가르치고 있다는 사실은 주목할 만한 것이다.[72]

수업료 쿠폰 제도에 대한 장애

 공립학교제도가 안고 있는 결점들에 대한 실제적인 해결책으로서 4반세기 전에 필자들이 최초로 수업료 쿠폰 제도를 제안한 이래 이에 대한 지지가 확장되어 왔다. 수많은 전국적인 단체들도 오늘날 이 제도를 지지하고 있다.[73] 1968년 이래 연방경제기획청Federal Office of Economic Opportunity과 그 후 연방교육연구원Federal Institute of Education이 수업료 쿠폰 제도에 대한 연구를 장려하여 자금을 지원했고 이 제도를 실험적으로 실시하기 위한 재정지원을 제안하기에 이르렀다. 1978년에는 미시건주가 수업료 쿠폰 제도를 법제화하기 위하여 주 헌법 수정안을 투표에 붙였다. 1979년 캘리포니아주에서는 1980년의 선거에서 수업료 쿠폰 제도를 법제화하기 위해 주 헌법 수정안을 통과시키기 위한 운동이 추진되기에 이르렀다. 최근에는 비영리연구소가 설립되어 교육 쿠폰 제도를 조사하게 되었다.[74]

연방 수준에서는 비공립학교에 납부하는 수업료를 제한된 범위 내이기는 하지만 조세 공제의 대상으로 하려는 법안이 수차 제안되어 거의 통과될 단계에까지 이르렀다. 이러한 법안은 본래의 수업료 쿠폰 제도는 아니지만 부분적인 변형안이다. 부분적인 변형안이라는 것은 공제의 폭에 제한이 있기 때문에도 그렇고 납세의무가 없거나 낮은 사람들을 포함시키기가 곤란하기 때문에도 그렇다.

교육 관료들의 이기심이야말로 학교교육에 시장경쟁을 도입하는 것을 저해하는 핵심적인 요인이다. 에드윈 지 웨스트 교수가 지적한 바와 같이 미국에서도 영국에서도 공립학교제도의 설립에 중추적인 역할을 한 이 이익집단은 수업료 쿠폰 제도를 연구·조사하거나 실험해보려는 모든 시도에 대해 완강하게 반대해 왔다. 흑인교육자이자 심리학자인 케니스 비 클라크Kenneth B. Clark는 학교 관료들의 태도를 다음과 같이 요약하였다.

···우리의 도시 공립학교의 효율을 증대시키기 위해 변화가 필요하다고 해서 그 변화가 일어날 것 같지는 않다.···변화에 대한 교육계의 저항능력을 이해하는 데에 있어 가장 중요한 것은 공립학교 제도가 사립이나 교구 부속학교와 최소한의 경쟁만 하면 되는 보호받는 공공 독점체라는 사실이다. 미국의 도시 공립학교에 대한 비평가들은 거의 아무도 - 나와 같은 통렬한 비평가조차 - 현재의 공공 교육조직의 어건을 감히 문제삼지 않는다··· 비평가들은 장학관이나 교장이나 교사를 선정하는 기준이나 표준

이 적절한 것인지, 또는 이들 모두가 공공교육의 목적 - 읽고 쓸 줄 알며 지식을 갖춘 일반 대중을 양성하여 민주주의를 운영해 나가는 것 - 에, 그리고 사회적 감수성과 존엄성과 창의성을 가지며 다른 사람들의 인간성을 존중할 줄 하는 인간을 양성하는 목표에 적절한지를 감히 문제삼지도 않는다.

독점체는 참으로 이런 문제에 관심 가질 필요가 없다. 지방학교 제도가 적극적인 경쟁의 경우에 지게 될 학생들의 성적에 대한 책임을 고려하지 않고 주의 원조와 점증하는 연방의 원조를 확보할 수 있는 한, 우리의 공립학교 효율이 크게 증대하기를 기대한다는 것은 감상적이며 희망적인 관측에 지나지 않는다. 만일 현재의 공립학교 제도에 대해 - 확장의 한계에 가까이 가 있는 현재의 사립 및 교구 부속학교를 제외하고는 - 아무런 대안도 없다면 공공교육의 개선 가능성은 없는 것이다.[75]

이러한 평가의 타당성은 그 후 수업료 쿠폰 제도의 실험에 재정을 지원하겠다는 연방정부의 제안에 대해서 교육계가 보여 준 반응에 의해 밝혀졌다. 가능성이 보이는 실험이 상당히 많은 지역사회에서 전개되었다.

그러나 오직 캘리포니아주의 알람 록에서의 실험만이 성공하였다. 이 실험은 심한 방해를 받았다. 필자들이 개인적 경험으로 가장 잘 아는 사례는 뉴햄프셔 주에서 있었다. 이곳에서는 윌리엄 비튼벤더W. P. Bittenbender가 당시 주교육위원회 위원장으로서 실험을 실시하는 데 헌신하였다. 조건은 훌륭해 보였고, 필요한 재원은 연방정부에서 제공되었으며 상세한 계획도 입안되었고 실험대상이 될 지역사회도 선정되었으며 실험에 대한 예비동의도 부모들이나 관계자들로부터 얻어 놓았었다. 이러한 모든 준비가 완료되어 실험이 개시될 것 같았을 때 지방장학관이나 교육계의 다른 지도적인 인사들의 설득에 따라 대상으로 선정된 지역사회들이 속속 계획된 실험에서 이탈하게 되자 실험 전체가 무너져 버리고 말았다.

알람 록에서의 실험은 실제로 실행에 옮겨진 유일한 것이지만, 이것은 거의 수업료 쿠폰 제도에 대한 본래의 실험은 아니었다. 그것은 소수의 공립학교들만을 대상으로 한 것일 뿐이며 정부 재원 외에는 부모들로 부터나 그 밖의 자금원으로 부터나 자금을 제공받는 것은 허용되지 않았다. 교육과정이 각각 다른 이른바 미니학교가 다수 설립되었다. 3년간 부모들은 어떤 학교에 자녀들을 다니게 할 것인가를 선택할 수 있었다.[76]

실험의 책임자였던 돈 아이어스Don Ayers는 이렇게 말했다.

「아마도 가장 의미 있는 일은 교사들이 처음으로 어느 정도 권한을 갖게 되어 자신들이 생각한 대로 아동들의 필요에 알맞은 교육과정을 편성할 수 있었던 것이었다. 주 및 지방 학교 위원회는 맥콜람 학교에서 사용한 것 같은 교육과정을 지시한 일은 없었다. 부모들은 학교에 더욱 관심을 갖게 되었다. 그들은 더 자주 모임에 참석했다. 또한 그들은 자기 자녀를 다른 미니학교로 옮겨야겠다고 생각하면 현재의 그 미니학교에서 자녀를 빼낼 수 있는 권한도 가지고 있었다.」

그 실험은 제한된 범위 내에서 행해진 것이었지만 부모들에게 보다 넓은 선택의 폭을 부여함으로써 교육의 질에 커다란 영향을 미쳤다. 시험성적 면에서 보면 맥콜람 학교는 그 지역학교 중에서 종전에는 13번째밖에 되지 않았으나 2번째로 향상되었다.

그러나 이 실험도 이제 끝장났다. 교육계가 할렘예비학교에 안겨준 것과 같은 운명에 처하게 되어 종언을 고하게 된 것이었다.

똑같은 저항이 영국에서도 나타났다. 영국에서는 '대표지역에서의 교육 쿠폰 제도 실험동우회FEVER'라 불리는 매우 유력한 단체가 켄트주의 한 지역에서 이런 실험을 하려고 4년 동안 노력하였다. 정부 당국은 호의적이었지만 교육계는 완강히 반대하였다.

수업료 쿠폰 제도에 대한 전문교육자들의 태도는 켄트주 애쉬포드에 있는 어느 학교의 교장이자 그 지방 교원노조의 위원장이기도 한 데니스 지Dennis Gee가 잘 표명했다. "우리는 이것이 우리와 부모들 간의 장벽이라고 생각한다. 부모들은 불쾌하기 짝이 없는 이 조그만 종이조각(즉, 수업료쿠폰)을 손에 들고 들어와서 협박한다 – 당신들 이렇게 하시오. 안 그랬단 재미없어요. 우리는 그것이 우리가 가르치는 모든 아동들에게 가장 이익이 된다고 믿기 때문에 판단을 내리는 것이며, 누군가가 「당신들이 그렇게 하지 않으면 우리가 그렇게 하겠소.」라고 해서 그렇게 하는 것은 아니다. 우리가 반대하는 것은 바로 이런 종류의 시장 철학이다."

바꾸어 말하면, 지씨는 고객에게, 즉 이 경우에는 부모에게 자기 자녀가 어떤 종류의 학교교육을 받는지에 대한 발언권을 주는 것에 반대한다. 그는 대신에 관료들이 결정하기를 바란다.

그는 다음과 같이 말한다.

"우리는 학교이사회나 켄트주 의회의 장학관이나 국무장관 직속 장학관을 통해서 부모들에게 책임을 지는 것이다. 이들은 전문적인 판단을 내릴 수 있는 사람들이요 전문가들이다.
부모들이 자기 자녀들을 위해서 무엇이 교육적으로 가장 좋은가를 알고 있는지 의심스럽다. 부모들은 그들이 무엇을 먹으면 가장 좋은가는 알고 있다. 그들은 가장 좋은 가정환경을 만들어주려면 어떻게 하면 좋은가는 알고 있다. 그러나 우리는 아동들의 문제를 알아내고 그들의 약점을 찾아내서 바로잡아 줘야 할 것은 바로 잡아주도록 교육 받았고, 우리는 이러한 일을 부당한 긴장 속에서가 아니라, 부모들과의 협조 속에서 자유롭게 하고 싶다."

말할 나위도 없이 부모들은 이와는 전혀 다른 식으로 생각하고 있다. 켄트주에 살고 있는 어느 지방 전기기술자와 그의 부인은 자기 아들에게 가장 적합하다고 생각한 학교에 자기 아들을 보내기 위해 1년 내내 관료들과 논쟁을 벌여야만 했다.

모리스 월튼Maurice Walton은 다음과 같이 말한 바 있다.

"현재의 제도가 지속되는 한, 우리 부모들은 아무런 선택의 자유도 없다고 생각한다. 우리는 무엇을 하는 것이 좋은가를 교사들에게 듣는다. 그들은 교사들이 일을 썩 잘하고 있으므로 부모들은 어떤 말도 해서는 안 된다고 한다. 만일 수업료 쿠폰 제도가 도입된다면 교사들과 부모들이 단합 - 그것도 더욱 긴밀하게 - 될 것이라고 생각된다. 자기 자녀를 염려하는 부모는 크게 도움이 되지 않는 학교에서 자녀를 빼내서 크게 도움이 되는 학교로 전학시키게 될 것이다.…만일 어떤 학교가 파괴행위가 만연하고, 일반적으로 규율이 아무렇게나 되어 있고, 아동들은 공부가 되지 않아서 망하게 된다면 - 그러면 그것은 내가 보기에 잘된 일이다.
교사들이 그것은 자신들 머리에 들이대는 총이라고 말하는 것은 이해할 수 있다. 그러나 그들은 바로 지금 똑같은 총을 부모들의 머리에 들이대고 있다. 부모가 교사에게 가서, 그런데 당신이 하고 있는 것이 만족스럽지 않다고 말하면 교사는 매우 강경하게 말할 수 있다. 당신은 그 아이를 퇴학시킬 수도 없고, 전학시킬 수도 없고 당신이 하고 싶은 대로 할 수도 없으니 나를 그만 괴롭히고 돌아가시오. 이런 태도는 오늘날 일부 교사들에게서 볼 수 있고 그것도 자주 보게 된다. 그러나 (수업료 쿠폰 제도가 도입되면) 입장이 달라지고 역할이 바뀌므로 내가 교사들에게 강경하게 말할 수 있을 뿐이다. 그들이 정신차리게 하고 우리를 더 잘 대하게 하자. 그리고 더욱 많이 참여하자."

교육계의 집요한 반대에도 불구하고 수업료 쿠폰 제도나 이와 대등한 제도가 어떠한 형태로든지 머지않아 도입될 것 같다. 우리는 복지 분야에서보다 이 분야에서 더욱 낙관적이다. 그 이유는 우리들 가운데 그토록 많은 사람들이 교육에 대해서 그토록 많은 관심을 갖고 있기 때문이다. 우리는 구호 배급에 있어서의 낭비나 불공평을 제거하기 위해서보다는 우리 자녀들의 학교교육을 개선하기 위해 훨씬 많은 노력을 기꺼이 기울인다. 학교교육에 대한 불만은 증대일로에 있다. 우리가 알고 있기로는 부모들에게 보다 많은 선택의 자유를 부여하는 것만이 이 불만을 줄이는 유일한 방법이다. 수업료 쿠폰 제도는 계속 거부되고서도 계속 나타나서, 그럴 때마다 지지자는 늘어만 가고 있다.

4

고등교육 문제

　오늘날 미국의 고등교육은 초·중고등학교교육과 마찬가지로 질과 공평이라는 이중의 문제에 봉착하고 있다. 그러나 의무교육이 없으므로 이 두 가지 점에서 모두 문제의 양상이 크게 다르다. 고등교육의 경우, 아무도 법률에 의해 학교에 다니도록 규정되어 있지 않다. 그 결과 학생들이 만일 공부를 계속하려면 어느 대학에 다닐 것인가에 대해서는 폭넓게 선택할 수 있다. 선택의 폭이 넓으면 질의 문제는 경감되지만 공평의 문제는 악화된다.

　질의 문제. 어떤 사람도 자신의 의사(내지는 부모의 의사)에 반해서 대학에 다니는 것이 아니기 때문에 학생들의 요구를 적어도 최소한도로나마 충족시킬 수 없는 한 어떤 대학이라도 존재할 수 없다.

　그런데 이와는 전혀 다른 문제가 하나 남는다. 수업료가 싼 공립대학에 다니는 학생들은 이류고객들이다. 그들은 납세자의 희생에 의해 일부를 후원받고 있는 자선의 대상이다. 이러한 양상은 학생들이나 교수진이나 교직원들에게 영향을 미치고 있다.

수업료가 싸기 때문에 시립 및 주립대학에는 교육을 받는데 관심 많은 수많은 진지한 학생들이 모여들지만 이들 대학에는 수업료가 싸고 기숙사와 숙식에 대해 보조금이 나오며 또 무엇보다도 자기들 말고도 젊은이들이 많이 있기 때문에 오는, 많은 젊은 남녀들이 모여들기도 한다. 그들에게는 대학이란 고등학교 졸업 후 취직하기까지의 즐거운 간주곡이다.

강의에 출석하고 시험을 보고 학점을 받는 것 - 그들에게는 이런 것들은 다른 여러 혜택을 얻기 위해 부담하고 있는 대가이지 대학에 재학하는 주요한 이유는 결코 아니다.

이에 따른 하나의 결과는 높은 탈락률이다. 예컨대, 이 나라의 주립대학 중에서 가장 우수한 대학의 하나로 알려져 있는 로스앤젤레스 소재 캘리포니아 대학UCLA에서는 입학한 학생의 약 절반 정도밖에는 졸업하지 못한다 - 그러나 그것도 공립대학 중에서는 높은 졸업률이다. 탈락생들 중 일부는 다른 대학으로 옮겨가지만, 이것은 양상을 지엽적으로 바꾸어 놓을 뿐이다.

다른 하나의 결과는 고무적이기보다는 흔히 우울하기 짝이 없는 강의실의 분위기이다. 물론, 이러한 상황은 결코 어디서나 똑같은 것은 아니다. 학생들은 자신들의 관심에 따라 과목과 교수를 선택할 수 있다. 각 대학마다 진지한 학생들과 교수들이 함께 협력하여 자신들의 목표를 달성하기 위한 방법을 모색한다. 그러나 역시 이것도 학생들의 시간과 납세자들의 돈의 낭비를 조금 상쇄하는 것에 불과하다.

시립이나 주립대학에는 관심 있는 학생들뿐만 아니라 훌륭한 교수들도 있다. 그러나 이름난 공립대학에서는 교수진이나 교직원들이 학부 교육을 훌륭하게 했다고 보수를 받는 것이 아니다. 교수들은 그 연구와 업적의 결과에 따라 승진되며 직원들은 주의회로부터 얼마나 많은 예산을 끌어오느냐에 따라 승진된다. 그 결과 로스앤젤레스나 버클리에 있는 캘리포니아 대학이나 위스콘신 대학이나 미시건 대학과 같은 가장 이름 있는 주립 대학조차 학부 교육으로 유명한 것이 아니다. 이들 대학이 유명한 것은 대학원에서의 강의와 연구, 그리고 운동부 덕택이다 – 이것이 결정적 판가름을 낸다.

사립대학은 사정이 매우 다르다. 이들 대학의 학생들은 학교교육비용의 대부분은 아니더라도 많은 부분을 충당하기 위해 비싼 수업료를 부담한다. 이 돈은 부모들에게서 나오거나 학생들 자신의 벌이나 대여금이나 장학금 지원으로 조달된다. 중요한 것은 학생들이 일류고객들이라는 점이다. 그들은 자기들이 얻는 것에 대해 수업료를 부담하며 자기들의 돈에 대응하는 값어치를 얻어내고 싶어 한다.

대학은 학교교육을 판매하고 학생들은 학교교육을 구입하는 것이다. 대부분의 민간 시장에서와 마찬가지로 쌍방이 모두 상대방을 만족시키고자 하는 강한 유인이 있다. 만일 대학이 학생들이 원하는 종류의 학교교육을 제공하지 못하면 그들은 다른 대학으로 갈 수 있다. 학생들은 자신들의 돈에 상응하는 충분한 값어치를 얻어내려 한다. 이름난 사립대학의 하나인 다트머스 대학의 어느 학부생이 말한 바대로 "각 강의마다 그것이 35달러짜리라는 것을 알게 된다면 그리고 이 35달러로 할 수 있는 다른 일들을 생각해보면 그 수업에 반드시 참석하기로 다짐하게 된다."

이에 따른 하나의 결과는 사립대학에 입학하여 대학과정을 졸업하는 학생의 비율이 공립대학의 경우보다 훨씬 높다는 것이다 - UCLA에서는 50%인 데 비하여 다트머스 대학에서는 95%이다. UCLA의 비율이 공립대학으로서는 높은 편에 속하는 것과 마찬가지로 다트머스 대학의 비율도 아마 사립대학으로서는 높은 편에 속하겠지만, 그 차이는 전형적이 아닌 것은 아니다.

어느 면에서는 사립대학의 이런 양상은 지나치게 단순화된 것이다. 사립대학들은 학교교육 이외에도 기념물과 연구라는 다른 두 가지 산물을 생산·판매한다. 개인들이나 민간재단들은 사립대학에 건물과 시설을 기증하고 교수연구기금과 장학금을 기부해 왔다. 연구재원은 대부분이 기부금에서 얻어지는 소득이나 연방정부가 제공하는 특별보조금이나 특수목적을 위한 여타 자금으로 조달한다. 기증자들은 자신들이 바람직하다고 생각하는 무언가를 촉진시키려고 기부를 해왔다. 게다가 건물이나 교수연구기금이나 장학기금에 기증자의 이름이 붙어서 그 사람이 기억되기도 한다. 이런 이유로 그런 것들을 기념물이라 한다.

교육 판매와 기념품 판매를 결합하는 것은 시장을 통하기 때문에 - 더 광범위한 사회적 목표를 달성하기 위해 이기심을 활용하는

- 지나치게 과소평가된 자발적 협동의 독창성이 드러나게 된다. 헨리 엠 레빈Henry M. Levin은 고등교육의 재정에 관해 논하는 가운데 다음과 같이 기술하고 있다. 「우리 사회에서 생활의 전반적인 질에 영향을 미친다고 널리 생각되고 있는 지식과 문화적 성과를 촉진하는 예술과 인문과학 분야의 많은 교육프로그램에 대해서, 혹은 고전학과에 대해서 과연 시장이 지원을 해 줄는지 의심스럽다. 이러한 분야의 활동이 유지될 수 있는 유일한 길은 직접적인 사회적 보조금에 의존하는 것이다.」

그리고 그에 의하면 그것은 정부의 보조금을 의미한다.[77] 레빈 씨는 분명히 잘못 생각하고 있다. 넓은 의미로 본 시장은 사립대학의 사회적 활동을 지원해 왔다. 그리고 그러한 사회적 활동이 기증자들에게 매력이 있는 것은, 그것이 재원 제공자들의 직접적인 이기심을 충족시켜 주기 때문이라기보다는 사회에 전반적인 이익을 가져다준다는 바로 그 이유 때문이다. X씨 부인이 자기 남편 X씨의 이름을 명예롭게 드러내고 싶어 한다고 생각하자. 그 부인은, 아니 다른 누구라도, ABC 제조기업(이야말로 X씨가 남긴 진정한 기념물이며 사회복지에 대한 공헌이라고 할 수 있다.)이 새로 건립된 공장 이름을 그의 이름을 따서 짓는다고 하여 이를 명예롭다고 생각할까? 이에 비해 만일 X씨 부인이 어느 대학의 도서관이나 다른 건물을 X씨의 이름을 따서 건립하도록, 혹은 그의 이름을 따서 교수연구기금이나 장학기금을 만들도록 재원을 제공한다면 이것이야말로 X씨의 이름을 진정으로 기리는 것으로 생각될 것이다. 왜냐하면, 그것이야말로 공익사업이기 때문이다.

학생들도 교육이나 기념물이나 연구를 생산하는 합작 투자에 두 가지 방법으로 참가한다. 그들은 고객들이지만, 종업원들이기도 한 것이다. 기념물이나 연구의 판매를 촉진함으로써 그들은 교육에 사용할 수 있는 재원을 만드는데 공헌하고 그렇게 함으로써 자신의 학비의 일부를 꾸려나간다. 이것은 자발적인 협동의 방법과 잠재력이 얼마나 복잡하고 미묘한 것인가를 보여주는 또 다른 하나의 본보기이다.

명목상으로는 공립인 고등교육 기관들 대부분이 실제로는 혼합적인 것이다. 이들 고등교육 기관들은 학생들에게 수업료를 받고 이에 따라 학교교육을 판매한다. 이들 고등교육 기관들은 건물 등의 증여를 받아들이고 기념물을 판매한다. 이들 고등교육 기관들은 정부기관이나 민간기업으로부터 연구위탁을 받고 계약을 체결한다. 많은 주립대학이 막대한 민간기부금을 보유하고 있다. 몇몇 대학만을 예로 들어보면 캘리포니아 대학(버클리 소재), 미시건 대학, 위스콘신 대학이 그러하다. 필자들의 인상으로는 일반적으로 대학의 교육적 성과는 시장이 큰 역할을 차지하면 할수록 더 만족스럽게 되어왔다는 것이다.

공평의 문제. 고등교육의 재정을 조달하기 위해 세금을 이용하는 데 대하여 일반적으로 두 가지 사실이 이를 정당화시키는 논거로서 제시되고 있다. 그 하나는 위에서 레빈 씨가 시사한 것으로, 고등교육이 학생들 자신에게 생기는 이익보다도 큰 '사회적 이익'을 가져다준다는 것이며, 둘째는 '평등한 교육 기회'를 촉진하기 위해서는 정부의 재정지원이 필요하다는 것이다.

(1) 사회적 이익. 필자들이 처음 고등교육에 관해 집필에 착수하였을 때는 첫 번째 논거에 상당히 찬성하였다. 그러나 이제는 그렇지 않다. 그동안 필자들은 이러한 주장을 하는 사람들에게 이른바 사회적 이익의 내용을 구체적으로 밝히라고 요구해 왔다. 대답은 거의 항상 그저 경제학을 잘못 이해하고서 나오는 것이다. 고도의 기술과 훈련을 쌓은 사람들을 보유하는 것은 국가의 이익이 되며, 이러한 기술을 제공하기 위한 투자는 경제성장에 불가결한 것이며, 훈련받은 사람들이 증가되면 그 밖의 사람들의 생산성도 상승된다는 주장을 들어 왔다. 이러한 주장들은 옳은 것이다. 그러나 그 어느 하나도 고등교육에 대해 보조금을 제공하는 데 대한 타당한 이유가 되지는 못한다. 물적 자본(즉, 기계나 공장건물 등)에 관해 이러한 주장들을 해도 그것은 모두 마찬가지로 옳은 것이겠지만, 제너럴 모터스사나 제너럴 일렉트릭사의 자본투자에 보조금을 주는 데 세금을 사용해야 한다고 결론을 내리는 사람은 거의 아무도 없다. 만일 고등교육이 각 개인들의 경제적 생산성을 향상시켜 준다면 높은 소득을 얻게 되므로 그러한 향상이 가져오는 성과를 당사자들이 손에 넣을 수 있으며 본인 자신들이 훈련을 받고자 하는 개인적 유인이 있게 된다. 애덤 스미스가 말하는 「보이지 않는 손」에 의해 그들의 사적 이익이 사회적 이익에 이바지하게 되는 것이다. 학교교육에 대해 보조금을 제공함으로써 그들의 사적 이익을 변화시키는 것이야말로 사회적

이익에 반하는 것이다. 그 외의 학생들 - 보조금을 제공해야 비로소 대학에 가게 될 학생들 - 은 자기들이 얻게 되는 이익이 그 비용보다 적다고 판단하는 바로 그런 학생들이다. 그렇지 않다면 이들은 비용을 자기들이 부담할 의사가 있을 것이다.

때로는 그 대답이 경제학을 제대로 이해하고서 나오는 것도 있지만 그것은 증거보다는 독단을 근거로 한 것뿐이다. 가장 최근의 예가 카네기 재단Carnegie Foundation에 의해 설립된 고등교육에 관한 특별위원회의 보고서에 나와 있다. 그 최종 보고서 중의 하나가 "고등교육은 - 누가 부담하는가? 누가 이익을 누리는가? 누가 부담해야 하는가?"라는 것이었는데, 여기서 동 위원회는 예상되는 '사회적 이익'을 요약하고 있다. 그 리스트에는 바로 위에서 논의된 경제학적으로는 성립하지 않는 논거가 들어 있다 - 즉, 교육을 받는 사람들에게 생기는 이익을 마치 제 3자에 대한 이익이라도 되는 것 인양 생각하고 있는 것이다. 그러나 이 리스트에는, 만일 생기기만 한다면, 교육을 받는 사람들 이외의 사람들에게 돌아가게 되고 그리하여 보조금을 정당화시켜줄 수도 있으리라고 추정되는 몇 가지 이익도 들어 있다. 즉 그것은 '지식의 전반적인 발전…민주사회의 정치적 효용성의 증대…, 그 결과로 개인들과 집단들 간의 이해와 상호관용의 증진을 통한 사회적 유효성의 증대, 문화적 유산의 보다 효과적인 보전과 확대'[78]라는 것이다.

카네기 위원회는 '고등교육의 부정적 결과'의 가능성에 대하여 최소한 어느 정도 입에 발린 소리라도 하고 있는 점에서 거의 유례가 없다 - 그러나 그 예로는 '박사학위 취득자가 현재와 같이 남아도는 데서 오는 개인적인 좌절감(이것은 개인적인 효과이고 사회적인 효과는 아니다.)과 과거에 발생한 학원소요에 대한 일반 대중의 불만'[79]밖에는 들고 있지 않다. 이러한 이익이나 '마이너스적 결과'를 열거한 리스트가 얼마나 까다롭게 골라낸 것이고 편견에 찬 것인가에 주목해야 한다. 인도와 같은 나라들에서는 자신들이 받은 교육에 적합하다고 생각되는 직업을 얻을 수 없는 그러한 부류의 대학졸업생들이 커다란 사회적, 정치적 불안의 원인이 되어왔다. 미국에서는 '일반 대중의 불만'은 '학원소요'가 초래한 마이너스적 효과 중에 유일한 것도 아니며 주요한 것조차도 아니다. 이보다 훨씬 중대한 것은 대학의 행정력이나 '민주사회의 정치적인 유효성'이나 '이해와 상호관용을…통한 사회의 사회적 효율성' - 이러한 것들은 모두 이 위원회가 아무런 조건 없이 고등교육의 사회적 이익으로 언급하고 있다 - 에 대해 미친 역효과였다.

이 보고서는 "어떤 공적 보조금이 없어도 고등교육의 일부 사회적 이익은 민간재원에 의한 교육의 '부차적 효과'로서도 어떻든 나타나게 될 것이다"[80]라고 인정하고 있는 점에서 또한 유례가 없다. 그러나 여기서도 이것은 그저 입에 발린 소리에 지나지 않는다. 비록 이 위원회는 많은 자금이 소요되는 수많은 특별연구를 후원했지만 이른바 사회적 효과의 정체를 밝힘으로써 그 중요성이 얼마나 큰 것인가 또는 그것이 어느 정도까지 공공보조금이 없어도 달성될 수 있는가를 대강이나마 양적으로 평가할 수 있도록 하려는 진지한 노력을 전혀 기울이지 않았다. 그 결과 이 위원회는 어떠한 긍정적 효과가 있더라도 그것이 수십억 달러나 되는 납세자들의 돈을 고등교육에 써도 무방할 만큼 크다는 것은 고사하고라도 사회적 효과가 결국 부정적인지 긍정적인지를 보여주는 아무런 증거도 제시하지 못했다.

이 위원회는 "개인적·사회적인 이익을 사적, 공공적 비용과 비교하여 평가할 수 있는 정확한 – 또는 부정확한 것이라도 – 방법이 없다."고 결론짓는 것만으로 만족했다. 그럼에도 이 위원회는 단호하고도 분명하게 이미 과다한 정부의 고등교육보조금을 증액시켜야 한다고 거리낌 없이 권하였다.

필자들의 생각으로는 이러한 결론은 순수하고 단순한 자기변론이다. 카네기 위원회는 캘리포니아 대학(버클리 소재)의 전 총장 클라크 커어Clark Kerr가 위원장을 맡고 있었다. 이 위원회의 18인 위원 중 커어를 포함한 9인이 고등교육기관의 장을 역임하였거나 재직 중이었으며 그 밖의 5인이 고등교육기관에 직업적으로 관련을 가지고 있었다. 나머지 4인은 모두 대학의 이사회나 평의회에 재직하던 사람들이었다. 학계는 기업인들이 워싱턴으로 진군하여 자유기업의 기치 아래 관세나 수입할당이나 그 밖의 특별혜택을 요구할 때는 쉽사리 그것은 자기변론이라고 인정하며 비웃는다. 그 구성위원 18인 중 14인이 철강산업 출신인 철강산업위원회가 철강산업에 대한 정부의 보조금을 대폭 증액시키라고 권고하면 학계는 이에 대해 무엇이라고 할까? 카네기 위원회가 이에 견줄만한 권고를 하였는데도 학계로부터 한마디의 비판도 들은 적이 없다.

(2) 평등한 교육기회. '평등한 교육기회'를 확대한다는 것이 고등교육의 재원을 조달하기 위해 세금을 사용하는 것을 정당화시키기 위해서 일반적으로 제시되는 주요한 논거이다. 카네기 위원회의 말을 빌리면, "우리는 교육기회를 더욱 평등화할 수 있도록 교육경비 지출에서…임시로 공공부담을 증가시킬 것을…지지하여 왔다."는 것이다.[81] 이 위원회의 모체인 카네기 재단의 말을 빌리면, "고등교육은…기회의 평등을 확대하기 위한 주요수단이며, 저소득 가정 출신자들과 여성이나 소수집단에 속하는 사람들로부터 더욱 지지를 받았다"는 것이다.[82]

의도는 좋다. 또 사실에 대한 진술도 정확하다. 그러나 전자와 후자 간의 연결에 빠져 있는 것이 있다. 그러한 목적이 정부 보조금에 의해 촉진되었는가, 아니면 지연되었는가? 고등교육은 '기회의 평등을 증진하기 위한 태도'가 되어왔는데, 그것은 정부의 보조금 덕택인가, 아니면 자연히 그렇게 된 것인가?

카네기 위원회 자체의 보고서에 사용되고 있는 간단한 통계 숫자가 이 문제를 어떻게 이해해야 할 것인가를 설명한다. 즉, 1971년에 소득이 5,000달러 미만인 가정 출신 대학생 중의 20%가 사립대학에 다녔고, 소득이 5,000달러에서 1만 달러 사이인 가정 출신의 17%가, 소득이 1만 달러를 넘는 가정 출신의 25%가 사립대학에 다녔다. 다시 말하자면 사립대학은 소득계층 면에서 최상층은 물론 최하층의 젊은 남녀들에게도 공립대학보다도 더 많은 교육 기회를 제

공하였다.[83]

　더구나 이것은 빙산의 일각에 지나지 않는다. 중·고소득 가정 출신 젊은이들은 저소득집단 출신 젊은이들에 비해 2배 내지 3배나 대학에 다닐 가능성이 높으며 게다가 그들은 돈이 더 많이 드는 대학(예컨대 2년세 초급대학보다는 4년제 대학)에서 더 오래 수학하게 된다. 그 결과 고소득가정 출신 학생이 정부 보조금의 혜택을 제일 많이 누리게 된다.[84]

　물론, 빈곤한 가정 출신 젊은이 중에서도 일부는 정부 보조금의 혜택을 누리게 된다. 일반적으로 그들은 빈곤한 사람 중에서도 형편이 나은 사람들이다. 그들은 개인적 자질과 기술을 갖추고 있어서 그 덕분에 고등교육의 덕을 보게 되며, 대학 교육을 받지 않더라도 그러한 기술 덕분에 높은 소득을 벌어들일 수도 있었을 것이다. 아무튼 그들은 그 지역 사회에서 보다 잘 살게 되어 있는 것이다.

　하나는 플로리다주를, 또 하나는 캘리포니아주를 상세히 조사한 두 개의 연구는, 고등교육에 대한 정부의 지출이 얼마만큼 저소득집단에서 고소득집단으로 소득을 이전시키는가를 강조하고 있다.

　플로리다주에 대한 연구는 소득계층을 4단계로 구분하여 1967~1968년간 각 계층의 사람들이 고등교육에 대한 정부 지출에 의해 받은 총이익과 세금형태로 부담한 총비용을 비교하였다. 최고 소득계층만이 순이익을 받았으며 부담한 비용보다 60%나 더 많이 되돌려 받았다. 하위 두 계층에 속하는 사람들은 되돌려 받은 이익보다 40%나 많이, 그리고 중산층은 20%나 많이 부담했다.[85]

1964년도의 캘리포니아주에 대한 연구는 캘리포니아주의 공립대학에 다니는 자녀가 있는 가정과 그렇지 않은 가정을 볼 때 비록 그 주요한 결과가 다소 다른 식으로 표시되어 있기는 하지만, 플로리다주에 대한 연구와 마찬가지로 매우 놀랄만한 것이다. 공립대학에 다니는 자녀들이 있는 가정들은 그 평균소득의 1.5%에서 6.6%까지, 비율은 다르지만 그 비율대로 순이익을 얻었고 가장 많은 이익을 얻은 것은 캘리포니아 대학에 다니는 자녀가 있고 평균소득 역시 가장 높은 가정들이었다. 공립 대학에 다니는 자녀가 없는 가정들은 평균소득이 가장 낮았고 그 소득의 8.2%에 해당하는 순 비용을 부담하였다.[86]

이러한 사실은 논쟁의 대상이 되지 않는다. 카네기 위원회에서조차 고등교육에 대한 정부의 지출이 왜곡된 재분배 효과가 있다는 것을 인정하고 있다 – 비록 그들의 보고서를 주의 깊게 읽지 않으면, 더욱이 실제로는 행간을 읽지 않으면, "이 '중산층'은 일반적으로… 그들이 받는 공적 보조금의 정도에 맞춰 매우 잘 지낸다. 보조금을 합리적으로 재분배하면 더욱 공평해질 수 있다"[87]는 것 같은 논평에서 그렇게 인정하는 기미를 알아차리지 못하겠지만. 이 위원회가 제안하고 있는 주요한 해결책은 똑같은 것을 더욱 강조하고 있는 바, 그것은 고등교육에 대한 정부의 지출을 더욱 증대시키라는 것이다.

고등교육에 대한 재정지원처럼 그 효과가 불공평하며, 「디렉터의 법칙」을 실례로 분명히 보여주는 정부의 프로그램은 달리 찾아볼 수 없다. 이 분야에서 중·고소득층에 속하는 사람들은 빈곤한 사람들을 속여 자기들에게 대대적으로 보조금을 지출하도록 하여 왔다 - 그럼에도 불구하고 그들은 부끄러움을 전혀 모른 채 오히려 자신들에게는 이기심이라고는 전혀 없고 투철한 공공심만 있다고 떠벌리고 있는 것이다.

5

고등교육 문제에 대한 해결방안

　모든 젊은 남녀들이 각자 자기 부모의 소득이나 사회적 지위나 거주지역이나 인종에 관계없이 고등교육을 받을 기회를 갖게 되는 것은 더할 나위 없이 바람직한 것이다 - 각자가 그 비용을 부담하거나 또는 학교교육 덕분에 자기가 벌 수 있는 장래의 높은 소득으로 부담할 의사가 있다면 말이다. 모두에게 기회를 줄 수 있을 만큼 대여기금을 제공하는 것이나 이러한 기금을 이용할 수 있다는 정보를 널리 알려 형편이 어려운 사람들에게 그러한 기회를 이용하도록 적극적으로 권고하는 것은 전적으로 찬성한다. 그러나 고등교육을 받지 않는 사람들의 희생으로 고등교육을 받는 사람들에게 보조금을 지급하는 것은 옳지 않다. 정부가 고등교육기관을 운영해야겠다면 교육이나 그 밖의 서비스의 비용을 충분히 충당할 수 있는 수업료를 대학생들에게 부담시켜야 한다.

납세자가 고등교육에 보조금을 제공하는 일이 없도록 하는 것이 아무리 바람직하다 하더라도 그것을 실행하기란 현재로서는 정치적으로 불가능해 보인다. 따라서 정부의 재정지원에 대한 대안으로 이보다는 온건한 개혁안을 제시하여 필자들의 견해를 보완하려 한다. 고등교육을 위한 수업료 쿠폰 제도라는 것이 바로 그것이다.

정부의 재정지원에 대한 대안. 대학 학자금으로 고정된 금액을 대여해 주는 데는 대학졸업자의 소득이 실로 각양각색이라는 결점이 있다. 많은 학생들은 아주 잘 살게 될 것이다. 확정 금액의 대여금을 상환하는 것은 그들에게는 그렇게 큰 문제는 아닐 것이다. 졸업생 중에는 넉넉한 소득을 얻지 못하는 사람도 있을 수 있다. 그들에게는 이 학자금 대출은 부담으로 남는다. 교육에 대한 지출은 말하자면 새로 설립된 소기업에 대한 투자와 마찬가지로 위험부담이 큰 기업에 대한 자본투자이다. 이러한 기업의 자금을 조달하는 가장 만족스러운 방법은 고정된 금액의 대여금을 통한 방법이 아니라 주식투자를 통한 방법이다 - 기업의 주식을 '구입'하고 이익을 배당받음으로써 수익을 걷게 되는 것이다.

교육에 있어서 이와 대등한 방법은 어떤 개인의 소득예상액에 대한 주식을 '구입'하고 장래의 소득에서 일정 비율로 투자자에게 상환하기로 한다는 조건으로 그의 교육비를 조달하는 데 필요한 자금을 선대해주는 방법일 것이다. 이렇게 하면 투자자는 비교적 성공을 거둔 사람들에게서는 시초의 투자액보다 더 많이 되돌려 받을 수 있고, 투자한 상대가 성공하지 못한 경우에는 발생하는 손실을 보전할 수 있을 것이다. 이런 방식을 기초로 한 사적 계약에 대해 아무런 법률적 장애도 없다고 생각되지만, 그것은 아직 널리 이용되지 못하는데, 그 이유는 추측하건대 장기간에 걸쳐 실시하는 데에 따르는 어려움과 비용 때문일 것이다.

4반세기 전(1955년)에 필자 중의 한 사람은 정부 기관을 통한 고등교육의 재정지원을 '주식투자식'으로 할 수 있는 제도 하나를 제안한 바 있다. 이 제도란,

> 최저기준을 채울 수 있는 사람이라면 누구에게라도 교육비를 지원하거나 교육비 조달을 도와줄 수 있을 것이다. 그것은 공인된 대학에서 교육을 받는 데 사용되기만 한다면 정해진 기간동안 매년 일정 금액을 주는 제도이다. 그 대신 수혜자는 자기가 정부로부터 받은 매 1,000달러 당 일정액을 넘는 수입의 일정 비율을 장래 매년 정부에 납부할 것을 약속할 수 있을 것이다. 이것을 납부하는 것은 소득세의 납부와 쉽게 연결될 수 있는 것이기 때문에 최소한도의 관리비용만 추가하면 될 것이다. 기준금액은 전문적인 교육을 받지 않은 경우의 추정 평균 소득과 같게 정해야 될 것이다. 상환될 소득의 비율은 이 사업 전체가 독립채산에 의해 운영될 수 있도록 산정되어야 할 것이다. 이렇게 하면 교육을 받은 사람들이 실제로 모든 비용을 부담하게 될 것이다. 그러면 투자액은 개인의 선택에 의해 결정될 수 있게 된다.[88]

더 최근(1967년)에는 존슨Johnson 대통령의 임명을 받은 한 심의회가 MIT의 제럴드 알 자카리아스Jerrold R. Zacharias 교수를 의장으로 하여 개최되었고 이 제도를 교육 기회은행Educational Opportunity Bank이라는 매력적인 이름을 붙여 더욱 구체화시킨 후 그의 채택을 건의하였고, 이 제도의 실현가능성이나 이것을 자립할 수 있는 제도로 만들기 위해 필요한 조건을 광범위하고 상세하게 연구했다.[89]

이 제안이 주립대학 및 연방정부자금 수혜대학Land Grant Colleges 협회의 대대적인 반대에 부딪쳤다는 것을 알더라도 이 책의 독자는 아무도 놀라지 않을 것이다 – 이것은 애덤 스미스가 「이해에 얽힌 허위에 대한 열광적인 확신」[90]이라고 말한 바를 보여 주는 좋은 본보기이다.

1970년 고등교육의 재정지원에 관하여 13개의 건의안을 내놓은 가운데 건의안 13호에서 카네기 위원회는 장기대여를 해주고 일부는 경상소득에 따라 분할 상환하게 하는 전국 학생 대여은행National Student Loan Bank 설립을 제안하였다. "교육기회은행과는 달리…전국 학생 대여은행은 총교육비를 조달해주는 방편이 아니라 학생들에게 보충자금을 제공해주는 방편이라는 것이다"라고 이 위원회는 말하고 있다.[91]

좀 더 최근에는, 예일대학을 포함한 몇몇 대학이 대학 자체에서 운영하는 변동상환contingent-repayment제도를 고려하거나 채택하였다. 이처럼 이 제도는 아직도 계속 신행형이다.

고등교육을 위한 수업료 쿠폰 제도. 단 얼마라도 세금을 고등교육 보

조금으로 쓸 때 폐단이 가장 적은 방법은 초·중고등학교와 관련하여 앞에서 논의한 바와 같은 수업료 쿠폰 제도를 채택하는 것이다.

모든 공립학교들로 하여금 그들이 제공하는 교육서비스의 모든 비용을 충당하는 데에 충분한 수업료를 징수하게 하고 동등한 조건에서 비공립학교들과 경쟁하게 하는 것이다. 고등교육을 위해 매년 지출하는 세금의 총액을 매년 보조금을 주는 것이 바람직한 학생의 수로 나누고 이 계산에서 나온 금액을 수업료 쿠폰으로 그 학생들에게 교부하는 것이다. 이 수업료 쿠폰은 학교교육이 보조금을 줄 가치가 있기만 하면 학생들이 선택하는 어떤 교육기관에서라도 사용도록 허용된다. 만일, 수업료 쿠폰을 요구하는 학생 수가 이용할 수 있는 수업료 쿠폰의 수보다 많으면 그 지역사회에서 가장 쉽게 수용할 수 있는 어떤 기준이라도 정해서, 즉 경쟁시험이나 운동능력이나 가계소득이나 그 밖의 수많은 기준들 가운데 어떤 것이라도 정해서 수업료 쿠폰을 배분한다. 결과적으로 이 제도는 재향군인교육을 위해 마련되어 있는 재향군인교육보조제도가 모든 재향군인을 대상으로 열려있었다는 점을 제외하면 그 대체적인 윤곽이 재향군인교육보조제도와 같다. 재향군인교육보조제도의 혜택은 모든 재향군인들이 받을 수 있는 것이었다.

이 제도를 처음 제안하였을 때 필자들은 다음과 같이 기술하였다.

이러한 제도를 채택하면, 각종 학교들이 더욱 효과적으로 경쟁을 하게 되며 이 학교들의 자원을 더 효율적으로 이용되게 될 것

이다. 이 제도 덕분에 사립대학들을 직접적으로 지원하도록 정부가 압력을 받는 일은 없어지게 되며, 그리하여 사립대학들의 완전한 독립성이 유지되고 이 제도로 말미암아 사립대학이 주립대학에 비례하여 성장할 수 있게 됨에 따라 다양성도 동시에 유지할 것이다. 이 제도는 또한 보조금을 제공하는 목적을 면밀히 검토하게 하는 부수적인 장점이 있을 수도 있다. 사람이 아니라 대학에 보조금을 제공하는 것이므로, 결국 주 당국이 보조금을 제공하기에 적합한 활동보다는 그러한 대학에 적합한 모든 활동에 무차별하게 보조금을 제공하게 되어 있다. 대충 살펴보기만 해도 두 부류의 활동은 중복되지만 결코 동일하지는 않다는 것을 알게 된다.

이러한 대안으로서의 〈수업료 쿠폰〉제도를 뒷받침해주는 공평론은…명백하다… 예컨대 오하이오주는 주민들에게 이렇게 말하고 있다. 「만일 당신에게 대학에 다니고 싶어하는 자녀가 있어서 그저 최소한도의 교육상의 요건을 갖추기만 한다면, 그리고 그 이외에 영리하게도 오하이오 대학(내지 주의 지원을 받고 있는 어떤 다른 대학)에 다니기로 결정한다면, 자동적으로 상당한 금액의 4년간 장학금을 자녀에게 지급할 것입니다. 그러나 만일 당신 자녀가 예일이나 하버드나 노스웨스턴이나 벨로이트나 시카고 대학은 물론, 오벌린 대학이나 웨스턴 리저브 대학에 다니고 싶어 하고 만일 당신도 그렇다면, 단 한 푼도 없을 것입니다.」 이렇게 이런 계획을 옳다고 할 수 있을까? 오하이오주가 고등교육에 지출

하려고 생각하던 자금을 어느 대학에서라도 운용할 수 있는 장학금으로 돌리고 오하이오주립대학을 다른 대학과 동등한 조건으로 경쟁하도록 하는 편이 훨씬 더 공평하며 또 학문의 수준을 높이는 것이 아닐까?[92]

필자들이 처음 이 제안을 한 이래 여러 주에서 비록 자기 주 내에 있는 대학에만 국한시키기는 하였지만, 사립대학에서 운용할 수 있는 장학금을 제공함으로써 부분적으로 그런 방향으로 가는 제한된 안을 채택해 왔다. 이와는 반대로 뉴욕주의 대학평의회 장학금 안은 매우 훌륭한 것으로서 그 정신이 매우 비슷한 것이었지만, 캘리포니아 대학을 모방하여 뉴욕의 한 주립대학에서 실시해 보려던 넬슨 록펠러Nelson Rockefeller지사의 거창한 안 때문에 전혀 쓸모없이 되어버리고 말았다.

고등교육에서 전개된 또 하나의 중요한 사태는 연방정부가 공립 및 비공립대학 이 양자의 재정간섭 및 규제 정도를 점차 확대시킨 것이다. 이러한 개입은 대체로 시민권의 확대라는 이름으로 이른바 '적극적 평등affirmative action'을 촉진하기 위하여 대폭적으로 확대된 연방정부 활동의 일환으로 이루어졌다. 이러한 개입은 대학의 교수진이나 직원들 사이에서 심각한 우려를 불러일으켜 연방정부 관료의 활동에 대한 심한 반대를 불러 일으켰다.

만일 이러한 개입이 고등교육의 장래를 위해 그다지 심각한 것이 아니라면 이러한 모든 사실은 인과응보의 결과라고 해 둘 수 있다. 학계는 사회의 다른 분야에서 그러한 개입이 일어나고 있을 때 그것을 옹호하는 자들의 선두에 서 있었다. 그들은 이러한 개입으로 생기는 부작용들 – 그것이 막대한 비용을 필요로 한다는 점, 그것이 대학의 기본사명을 방해한다는 점, 그것이 그 특유한 용어를 빌리자면 역생산적이라는 점 – 을 이러한 조치들이 자신들에게 취해졌을 때야 비로소 깨달았다. 그들은 이제 일찍이 자기들이 행한 신앙고백의 희생자이기도 하였거니와 계속 연방정부의 구유에서 먹이를 얻어온 자기들 이기심의 희생자들이 되기도 하였다.

6

결론

 일반적인 관례에 따라서 필자들은 '교육education'과 '학교교육 schooling'을 동의어로 사용해 왔다. 그러나 이 두 가지 용어를 동일시한 것은 설득에 편리한 용어를 사용한 한 사례일 뿐이다. 이런 용어를 보다 주의 깊게 사용하면 '학교교육'이라고 모두 '교육'은 아니며, '교육'이라고 모두 '학교교육'은 아닌 것이다. 많은 사람들이 학교교육은 최고로 받았지만 학덕이 전혀 없는가 하면, 많은 사람들이 '학덕'은 최고로 갖추고 있지만 학교교육은 받지 못했다.

 알렉산더 해밀턴은 우리의 건국의 아버지 중에서도 가장 고매한 '학덕'과 교양과 학자다운 자세를 갖춘 사람들 가운데 한 사람이었지만 정식 학교교육이라고는 3년 내지 4년밖에 받지 않았다. 이러한 예는 그밖에도 무수히 많을 것이다. 그리고 모든 독자들도 학교교육은 최고로 받았지만 학덕을 갖추고 있다고 할 수 없는 사람들이 있는가 하면 학교교육은 못 받았지만 학덕을 갖추고 있다고 할 수 있는 사람들이 있음을 확실히 알고 있다.

학교교육의 재정 및 행정과 관련한 정부의 역할이 늘어남에 따라 납세자의 돈을 막대하게 낭비할 뿐 아니라, 자발적인 협력이 계속해서 보다 큰 역할을 해왔더라면 발달되어 있을 수준에 훨씬 못 미치는 교육 제도를 만들었다고 생각한다.

학교보다 더 불만스러운 상태에 놓여 있는 제도는 우리 사회에 거의 없다. 학교보다 더 불만을 야기하거나 우리들의 자유의 근본을 침식할 수 있는 제도는 거의 없다. 교육계는 자체의 기존 권력과 특전을 옹호하기 위해 무장하고 있다. 교육계는 집단주의적 사고방식을 함께 하는 공공정신이 투철한 많은 시민들의 지지를 받고 있다. 그러나 또한 공격도 받고 있다.

전국적으로 학업성취도는 저하되고 있고 도시학교에서의 범죄, 폭력 및 무질서 문제가 증대되고 있으며 흑·백 공용 강제버스통학에 대해서는 절대다수의 흑·백인이 모두 반대하고 있으며 보건·교육·후생국의 관료들의 압제하에 있는 수많은 대학 교수들과 교직원들은 반항하고 있다 – 이 모두는 학교교육의 중앙집권화, 관료화 및 사회화 경향에 대한 강력한 반동을 야기하고 있다.

이 장에서는 여러 가지 건설적인 제안을 개략적으로 설명하려고 하였다. 즉, 초·중고등 교육에 있어서는 모든 소득수준의 부모들에게 자기 자녀들이 다니는 학교를 선택하는 자유를 주기 위하여 수업료 쿠폰 제도를 도입하자는 제안이나, 고등 교육에 있어서는 기회의 평등을 촉진함과 아울러 오늘날과 같이 부유층의 고등교육비용을 빈곤층에게 세금을 부과함으로써 부담시키는 수치스럽기 짝이 없는 일도 없애버리는 변동상환학자금대여제도나, 또는 그 대신에 고등교육기관의 질을 개선하기도 하고 고등교육에 대한 보조금으로 사용되고 있는 납세자 재원을 더 공평하게 분배하도록 촉진하기도 하는 고등교육을 위한 수업료 쿠폰 제도가 바로 그런 것들이다. 이러한 제안들은 공상적인 것이지만 실행 불가능한 것은 결코 아니다. 이에 대한 장애는 기득권이나 심한 편견에 있는 것이지 그 제안들을 행정적으로 실행에 옮기기가 곤란하다는데 있는 것은 아니다. 이 나라나 또는 다른 나라에서 이에 필적하는 선구적인 제도들이 이보다 작은 규모로나마 운영되고 있다. 이에 대해 일반대중은 지지를 보내고 있다.

우리는 이러한 제도들을 일거에 실현할 수는 없다. 그러나 이러한 제도들 - 또는 같은 목적을 지향하는 대안들 - 을 실현하기 위해 전진을 계속하면, 우리는 자유의 기반을 더욱 공고히 하며 교육 기회의 평등을 더욱 충실하게 실현할 수 있을 것이다.

제 7 장

소비자는 누가 보호하는가?

우리가 저녁 끼니를 먹을 수 있는 것은 정육점, 양조장 또는 빵집 주인들의 선심 때문이 아니라 그들 자신의 사리 때문이다. 우리는 그들의 자애심이 아니라 이기심에 관하여, 우리의 필요가 아니라 그들의 이익에 관하여 논하고자 한다. 오로지 거지만이 다른 사람들의 선심에 의존할 뿐이다.

- 애덤 스미스Adam Smith의 『국부론』 제1권 p.16에서

우리는 저녁 식사를 정말로 다른 사람의 선심에 의존할 수는 없다. 그러면 애덤 스미스A. Smith의 「보이지 않는 손invisible hand」에는 의존할 수 있을까? 경제학자, 철학자, 사회개혁가 그리고 사회평론가들은 줄줄이 이를 부인하였다.

장사꾼은 이기주의 때문에 손님을 속이고 손님이 무지하고 무식

한 점을 악용하여 엉터리 물건을 바가지 씌워 팔아버릴 것이다. 손님을 감언이설로 구워삶아, 원하지도 않는 물건을 사게도 할 것이다. 그뿐만 아니라 비평가들이 지적하듯이, 만약에 우리가 이런 일을 시장에 맡긴다면, 그 결과는 직접 관계된 사람 이외의 다른 사람들에게도 영향을 미칠 것이다. 우리가 숨 쉬는 공기, 마시는 물, 먹는 음식물의 안전에도 영향을 미칠 것이다. 따라서 소비자를 그 자신과 탐욕스러운 장사꾼으로부터 보호하고, 또한 시장거래에서 발생하는 좋지 않은 부수적인 효과로부터 만인을 보호하기 위해서는 별도의 조치로 시장기능을 보완하여야 한다는 것이다.

제1장에서 안 바와 같이 「보이지 않는 손」에 대한 비판은 다 옳다. 그러나 문제는 시장기능을 보완하기 위하여 건의 또는 채택되었던 조치들이 그 목적에 맞게 잘 짜였는지 또는 자주 그렇듯이, 해결책이 원인보다 더 해악을 끼치지는 않는지 여부이다.

이 문제는 오늘날 특히 중요하다. 이십여 년이 채 안 되는 과거에, 다음과 같은 일련의 이벤트로 추진된 운동 - 즉 칼슨Rachel Carson의 저서『침묵의 봄』의 출간, 상원의원 에스티스 키훠버Estes Kefauver의 제약업계에 대한 조사보고서, 랄프 네이더Ralph Nader가 제너럴 모터스의 콜베어General Motors Corvair 승용차는 어느 속도에서건 안전하지 못하다고 한 공격 등이 소비자를 보호한다는 미명아래 정부의 시장개입에 대한 범위와 성격 양면에서 커다란 변화를 가져왔다.

1824년 육군공병단에서 1887년 주간통상위원회ICC: Interstate Commerce Commission와 1966년 연방철도청Federal Railroad Administration

에 이르기까지 경제활동을 규제 또는 감독하기 위하여 연방정부가 설치한 정부 기관은 그 범위와 중요도, 그리고 그 목적이 천태만상이었다. 그러나 이들 정부 기관은 거의 모두 한 가지 업종을 규제대상으로 하고 있으며 그 산업에 대해 명확히 정의된 권한을 갖고 있었다. 적어도 ICC 이후는 소비자 보호, 주로 그들의 돈지갑 보호가 개혁론자들이 주장한 유일한 목적이었다.

뉴딜New Deal 이후부터 정부 간섭은 그 속도도 매우 빨라졌다. 즉, 1966년 당시 있던 정부 기관 32개 가운데 절반이 1936년 프랭클린 루스벨트Franklin Roosevelt 대통령 당선 이후에 설립되었다. 그러나 이들의 간섭은 그런대로 온건하였고 한 가지 업종을 대상으로 일관하였다. 연방 관보The Federal Register는 모든 규정, 청문회, 그 밖의 규제 기관과 관련된 사항을 기록하기 위하여 1936년에 창간되었는데, 처음에는 좀 느린 속도로 그러나 나중에는 차츰 빠른 속도로 불어나기 시작했다. 즉, 첫해인 1936년에는 모두 2,599쪽 3권의 분량으로 책꽂이에 꽂을 경우 30cm의 폭을 차지할 정도의 양에 지나지 않았으나 1956년에는 모두 1만 528쪽 12권으로 불어나 책꽂이 65cm의 폭을 차지하는 분량이 되었고, 1966년에는 모두 1만 6,850쪽 13권으로 책꽂이 폭을 90cm나 차지하게 되었다.

이 때 정부의 규제 활동이 정말로 폭증하였다. 그다음 10년간에 정부 기관이 21개나 새로이 설치되었다. 이들 기관은 특정업종에 관계하지 않고 환경, 에너지의 생산 및 분배, 제품의 안전 및 작업의 안전성 등의 문제를 취급하였다. 최근에 설립된 기관은 소비자의 지출이나 소비자를 판매자의 착취로부터 보호하는 것 이외에 소비자의 안전과 복지, 그리고 소비자를 판매자로부터 보호하고 동시에 소비자 자신들로부터 보호하는 규제 활동과도 기본적으로 관련이 있다.[93]

이 규제기관에 대한 정부지출은 1970년에 10억 달러에서 1979년에는 약 50억 달러로 급증할 것으로 추정된다. 물가는 대체로 약 2배로 올랐으나 정부지출은 5배 이상으로 늘어났다. 규제 활동을 담당하는 정부 관료의 수는 1970년에 2만 8,000명에서 1979년에는 8만 1,000명으로 약 3배가 늘어났으며 연방관보의 분량도 1970년 1만 7,660쪽에서 1978년에는 3만 6,487쪽으로 늘어나 3.2m에 달하는 책꽂이 폭을 점유할 만큼의 양이 되었다.

이 당시 같은 10년 기간 동안 미국의 경제성장률은 크게 둔화하였다. 1949년부터 1969년까지는 단순하고 포괄적으로 측정한 생산성을 적용하면 미국 민간 기업 노동자 1인의 시간당 산출량은 연평균 3%를 상회하였으나, 그다음 1970년대에 들어와서는 그 증가율이 반으로 떨어졌고, 1970년대 말에는 생산성이 더욱 낮아졌다.

정부의 규제 활동과 민간 기업의 생산성의 추이를 연관시키는 이유는 무엇인가? 이들 간에 어떤 관계가 있는 것인가? 그중 하나는 우리의 안전을 보장하고 건강을 지켜주고 깨끗한 공기와 물을 유지하는데 관련 있고 또 하나는 국민경제가 효율적으로 운용되기 위한 방안과 관련이 있다. 그러면 이 두 가지가 서로 모순 상충하는 이유는 무엇인가?

이에 대한 해답은 명시된 목표가 무엇이든 간에 지난 20년간 일어났던 모든 운동, 즉 소비자보호운동, 환경보호 운동, 농촌으로 돌아가자는 운동, 히피운동, 자연식장려운동, 자연보호운동, 인구증가 제로 운동, '작은 것이 좋은 것이다'라는 운동, 핵 반대 운동 등이 모두 공통된 일면을 갖고 있다는 점이다. 이 운동들은 모두 성장을 반대했다. 새로운 개발, 산업의 기술혁신, 자연자원의 지나친 활용을 반대해왔다. 이러한 운동에 부응하여 설치한 정부 기관은 점점 세밀하고 광범위한 요건을 충족시키게 하여 산업은 하나씩 하나씩 과중한 비용을 부담하게 되었다. 이들 정부 기관은 어떤 제품에 대해서는 생산 혹은 판매를 금지시켰고 정부 관료들이 명시한 방법으로 비생산적 목적에 자본을 투자하도록 요구했다.

그 결과로 규제범위가 확대되었고 앞으로도 더욱 심해질 듯하다. 유명한 핵물리학자 에드워드 텔러Edward Teller 교수가 일찍이 다음과 같이 지적한 바 있다.

「최초의 핵발전소를 건립하는 데 18개월이 소요되었으나 지금은 12년이나 걸린다. 이것이 바로 진보이다.」

규제 때문에 납세자가 부담할 직접 비용은 전체 비용의 아주 적은 부분에 불과하다. 규제를 위하여 정부가 지출한 연간 50억 달러에 달하는 금액도 규제를 준수하려고 업계와 소비사가 지출한 비용과 비교하면 얼마 되지 않는다. 이 비용은 적게 추정하더라도 1,000

억 달러에 달할 것이다. 여기에는 선택의 제약에 따른 소비자의 비용과, 선택 가능한 제품의 비싼 가격은 계산되지 않았다.

이와 같은 정부 역할의 혁명은 경쟁상대가 없는 분야에서 대중을 설득함으로써 이루어졌다. 어떤 제품이 현재 만족감이 제일 떨어지는지 또는 오랜 기간 동안 별로 개선되지 않았는지를 생각해 보자. 우편배달, 초·중등교육, 철도 여객수송 등을 여기에 열거할 수 있다. 다음에는 어떤 제품이 가장 만족스러우며, 그간에 가장 개선되어 왔는가를 생각하여 보자. 가전제품, 텔레비전, 라디오, 전축, 전자계산기, 그 외에 슈퍼마켓, 쇼핑센터 등을 열거할 수 있다.

조잡한 제품은 정부 또는 정부의 규제를 받고 있는 업종에서 나오고 있다. 뛰어난 제품은 모두 정부의 규제가 별로 없거나 없는 민간 기업에서 생산되고 있다. 그러나 일반 대중은 민간 기업이 조잡한 제품을 생산하고, 안전성도 없고 겉만 번드르르한 제품을 무지하고 의심도 없고 어수룩한 소비자에게 터무니없는 값으로 속여서 판매하지 못하도록 용의주도한 정부 관리가 필요하다는 말을 믿게 되었다. 이처럼 정부의 선전 활동이 성공하여 우리는 지금 우편배달원 부류의 사람들에게 에너지를 생산, 분배하는 훨씬 중요한 과업을 맡기게 되었다.

네이더의 콜베어 승용차에 대한 공박은 민영기업 제품의 신용도를 떨어뜨린 극적인 사례로서, 이 사례가 정부의 선전 활동이 얼마나 효과적이었으며, 소비자를 얼마나 그릇된 방향으로 이끌어 왔는가를 보여주는 좋은 예가 되고 있다. 네이더가 '콜베어' 승용차는 어느 속도에서나 안전성이 없다고 혹평한 후 약 10년이 지나서야 뒤따른 대중의 항의로 설치된 정부 기관 중의 한 곳에서 '콜베어' 승용차를 검사하였다. 여기서 '콜베어'의 성능을 다른 자동차와 비교하는 데 1년 6개월이 걸렸고 다음과 같은 결론을 내렸다. 즉, "1960~1963년형 '콜베어'는 같은 시대의 다른 차종과 비교하여 보다 좋은 성능을 갖고 있었다는 내용이었다."[94] 현재는 미국 전역에 '콜베어' 애호가 모임이 있으며 '콜베어'가 수집광들의 좋은 수집대상이 되었다. 그러나 대다수 미국 시민과 사정에 밝은 계층에게조차도 '콜베어' 승용차는 여전히 "어느 속도에서도 안전성이 없는 것"으로 되어있다.

철도산업과 자동차 운송산업은 경쟁으로부터 보호를 받는 정부 규제 업종과 격심한 경쟁을 하고 있는 민간 산업 간에 어떠한 차이가 있는가를 잘 설명해주고 있다. 이 두 가지 산업은 같은 시장에서 수송이라는 꼭 같은 서비스를 공급한다. 그중 철도산업은 퇴보하였고 비능률적이며 기술혁신이 별로 없었다.

증기기관을 '디젤기관'으로 바꾼 것만이 주요한 예외이다. 오늘날 디젤기관차가 끌고 있는 화차는 초기에 증기기관차가 끌었던 것과 거의 다를 바 없다.

여객수송은 50년 전보다도 오늘날 더 느려졌고, 만족도는 더욱 떨어지고 있다. 철도는 계속 손실을 보고 있으며, 정부가 철도를 인수하고 있는 중이다. 만면에 자동차 산업은 국내외에서 경생에 식면하고 기술혁신이 자유롭기 때문에 그간에 계속하여 하나하나 기술

개혁을 도입하여 엄청난 성장을 이룩하였으며, 이제 50년 전의 자동차는 박물관에나 전시해야 할 정도가 되었다. 이로써 소비자와 자동차 산업의 근로자 그리고 주주들이 이득을 보았다. 그러나 이제 자동차 산업도 정부규제 대상 산업으로 급변하고 있다. 인상적이고 비극적이다. 일찍이 철도를 파행시켰던 사태가 우리들 눈앞에서 자동차 운송산업에서도 일어나고 있다.

시장에 대한 정부의 간섭이라는 것은 과학적 법(입법한 법이 아니라)인 시장 고유의 법칙을 따른다. 이 시장 법칙은 정책의 입안자나 지지자의 의도나 희망과는 아무 연관이 없는 방향으로 가게 되어 있다. 우리는 이미 이러한 상황을 제4장에서 복지정책과 관련하여 검토한 바 있다.

정부가 시장에 개입할 때는 그것이 부당하게 비싼 가격이나 저질 상품으로부터 소비자를 보호할 때이건, 상품의 안전도를 높일 때나 환경보존을 위한 경우이건 시장 고유의 법칙이 존재한다. 정부의 간섭행위는 모두 권력의 위상을 세운다. 이 권력이 어떻게, 어떠한 목적에 사용되는가는 그 정책의 최초 입안자의 목표와 목적보다는 그 권력을 통제하기에 가장 좋은 위치에 있고 자기들의 목적을 잘 알고 있는 자들에 의해 좌우된다.

ICC는 1887년경부터 소비자대표라고 자임한 사람들 - 현대판 랄프 네이더 - 이 추진한 정치적 운동을 통해 최초로 설립된 간섭기관이었다. 이 위원회는 그간에 몇 차례에 걸쳐 변천을 겪어 왔으며, 자세한 연구·검토의 대상이었다. 따라서 이 위원회는 시장에 대한 정부 간섭의 꾸밈없는 역사를 설명할 수 있는 좋은 사례를 제공하고 있다.

식품 의약청The Food and Drug Administration도 '시카고' 시에 있는 대규모 도살장과 정육 업소의 비위생적 상태를 파헤친 '업튼 싱클레어Upton Sinclair'의 소설『밀림지대; The Jungle』가 출판된 이후 일반 대중의 요구에 따라 1906년에 설립된 기관인데 이것도 ICC처럼 많은 변천을 겪었다. FDA는 그 자체가 갖고 있는 본래 역할 이외에 1962년 키훠버Kefauver 법의 개정 이후, 그 활동에서 발생한 변화 때문에 초기의 특정 산업에 대한 규제와 최근의 기능적이거나 여러 산업과 연관된 규제를 연결시켜 주는 교량과 같은 역할을 하고 있다.

소비재안전위원회Consumer Products Safety Commission, 고속도로교통안전국National Highway Traffic Safety Administration, 환경보호국Environmental Protection Agency은 모두 최근에 생긴 기능형 규제기관의 좋은 예이다. 이 기관들은 산업에는 영향을 미치나 소비자의 경제 사정에 대해서는 별로 관심이 없다.

이들 기관에 대한 면밀한 분석은 이 책에서 다룰 범위가 아니지만 여기서는 이들 규제기관이 ICC와 FDA에서 드러나는 동일한 경향과 앞으로 발생시킬 문제점을 어떻게 예증하는지를 간략하게 검토하여 보자.

주 정부와 연방 정부가 '에너지'에 행한 간섭은 그 역사가 길지만 1973년 석유수출국기구OPEC의 수출제한과 그로 인한 원유가격의 4배 상승으로 인해 갑작스럽게 확대되었다.

다음에 논의하겠지만, 만약 소비자인 우리를 보호하려는 정부의 개입을 믿지 못한다면, 우리는 어디에 의존해야할까? 이를 위해 시장에서는 어떤 방안이 만들어질까? 그리고 이러한 방안들을 어떻게 개선할 수 있을까?

1

주간통상위원회(ICC)

남북전쟁 이후 미국의 철도는 공전의 확장을 이루었다. 유니온 퍼시픽Union Pacific과 센트럴 퍼시픽Central Pacific의 두 철도로 선이 연결되어 미 대륙을 최초로 횡단하는 철도가 완성된 것을 기념하여 1869년 5월 10일 유타주의 프로몬터리 포인트Promontory Point에 금 못을 박아둔 것은 미국의 철도발전을 상징적으로 나타내 주는 것이다. 곧 이어 제2, 제3, 제4호 대륙횡단 철도가 건설되었다.

그리하여 1865년에는 미국 철도의 총 길이가 이미 3만 5,000마일에 달했고 10년 후에는 7만 5,000마일, 그리고 1885년에는 12만 5,000마일이 넘었다. 1890년까지는 1,000개가 넘는 철도가 더 생겼다. 미국은 문자 그대로 오지의 아주 작은 마을까지 철도가 들어가게 되고 전국의 동해안에서 서해안까지 철도가 깔렸다. 미국 한 나라의 철로의 총 연장 길이가 전 세계의 철로를 합한 길이보다 길었다.

당시 철도회사 간의 경쟁은 치열했으며 그 결과 화물 및 여객수송요금은 매우 낮았다. 아마도 세계에서 가장 낮은 수준이었을 것이다. 그래서 철도회사경영자들은 격렬한 과당경쟁에 대해 불평했다. 경제가 순환적인 침체 상태에 빠져 휘청거릴 때마다 철도회사가 도산하거나 다른 회사에 인수되거나 아니면 그냥 업계로부터 퇴출되었다. 경제가 회복할 때는 철도 건설이 또다시 활발하게 뒤따라 일어났다.

당시의 철도회사들은 서로 합심하여 공유 설비를 형성하고 이윤을 낼 수 있는 수준에서 철도요금을 확정하거나 시장을 분할하기로 합의함으로써 자기들의 입지를 개선하려고 노력하였다. 그러나 실망스럽게도 이러한 합의는 항상 와해되고는 하였다. 설비공유 회원사가 모두 협정요금을 준수하고 있을 때, 어느 한 회사가 요금을 인하하고 다른 회원사의 영업을 빼앗으면 그 회사는 큰 이득을 볼 수 있었다. 물론, 그 회사는 공개적으로 요금을 인하하지 않을 것이며 공동설비의 다른 회원사들이 가능하다면 오랫동안 눈치를 채지 못하도록 은밀한 방법으로 요금을 인하할 것이다. 즉, 단골 고객에게는 은밀히 요금의 리베이트rebate를 준다든가, 지역 혹은 상품에 따라 요금차별정책을 쓰는 관례가 생겼다. 조만간에 가격 인하는 만천하에 알려지게 마련이고 설비공유 연합체는 깨지고 만다.

철도회사 간의 경쟁은 뉴욕이나 시카고처럼 인구가 밀집한 원격지 도시 사이에서 가장 치열했다. 화주와 여객들은 여러 철도회사에서 운용하고 있는 수많은 수송경로 가운데서 어느 하나를 선택할 수 있거나 옛날에 전국을 망라했던 운하 수송경로 가운데 어느 하나를 선택할 수도 있었다. 그러나 예컨대 해리스버그Harrisburg와 피츠버그Pittsburgh 사이처럼 짧은 수송 구간에는 철도가 하나밖에 없었다. 이런 경우에는 이 철도회사는 운하 혹은 강을 이용하는 수송경로와의 경쟁을 제외하고는 독점적인 지위를 차지하고 있었을 것이다. 자연적으로 이런 철도회사는 독점적 지위를 최대한 이용하여 여객과 화물이 부담할 수 있는 최대요금을 받았을 것이다.

그 결과 단거리 수송요금의 총액이 장거리 화물수송의 총액보다 비싼 경우가 발생했다. 물론 철도 이용자가 장거리 요금이 낮은 것에 대해서는 불평할 이유가 없었으나 단거리 수송요금이 비싼 점에 대해서는 불만을 터뜨렸음이 확실하다. 마찬가지로 경쟁적이고 은밀한 요금인하 전쟁에서 리베이트를 받은 우대 고객들은 불평이 없었으나 리베이트를 받지 못한 고객들은 '차별가격정책'에 대해 격렬히 항의했다. 철도는 당시 미국의 기간산업이었다. 사업전망이 밝을뿐더러 경쟁력도 있어서, 월 스트리트와 동부의 금융계와 연결되어 있었기 때문에 철도회사는 끊임없이 자금의 부정 조작과 고위층 부정의 원천이 되었다. 이 때문에 철도회사들은 특히 중서부지역 농민의 공격대상이 되고 말았다. 1870년대에 일어난 농민조합운동Grange movement은 철도의 독점행위를 공박하였다. 이 운동에는 그린백당Greenback Party과 농민동맹Farmers' Alliance이 합류하여 화물요금과 관행에 대한 정부의 통제를 주장하여 때로는 성공을 거두었다. 윌리암 제닝스 브라이언 씨가 입신양명한 인민당The Populist Party은 철도요금의 통제뿐만 아니라 철도의 국유화와 정부 직영까지 요청하였다.[95] 당시의 시사 만화가는 철도를 커다란 문어가 국가를 칭칭 감고 거대한 정치적 영향력을 행사하는 모습으로 묘사하기도 하였다. 실제로 철도회사는 그랬다.

철도에 대한 규탄 운동이 고조되자 선견지명이 있는 철도회사는 이런 운동을 오히려 철도경영에 유리하게 전환시킬 수 있음을 알아채고 연방정부를 이용하여 요금책정과 시장분할협정을 실행하고 철도를 주 및 지방정부의 규제로부터 보호하였다. 이들 철도회사는 철도에 대한 정부의 규제를 지지하던 개혁파들과 제휴하였다. 그 결과로 이루어진 것이 바로 1887년에 설립된 ICC였다.

이 위원회가 본격적인 활동을 하기까지는 약 10년의 세월이 걸렸다. 그 후 개혁파들은 그다음 운동으로 눈을 돌렸다. 철도는 그들의 여러 가지 관심사 가운데 하나에 지나지 않았다. 그들은 목적을 달성하였으므로 이제는 별 관심이 없어, ICC가 행하고 있는 활동을 가끔 들여다보는 정도에 그쳤다. 그러나 철도 회사에게는 상황이 전혀 달랐다. 철도는 그들의 본업이기 때문에 무엇보다도 큰 관심을 갖지 않을 수 없었다. 철도회사들은 철도경영에 불철주야로 매달릴 각오가 되어 있었다. 철도경영인 이외에 그 어느 누가 이 위원회의 간부가 되고 이를 운영할 만한 전문적 지식을 갖고 있었겠는가? 철도 경영인들은 얼마 안 가서 이 위원회를 어떻게 이용하면 이익을 얻을 수 있는가를 알게 되었다.

ICC의 초대 위원장은 다년간 철도를 대변해온 변호사 토마스 쿨리Thomas Cooley였다. 쿨리 위원장과 간부들은 국회에 보다 커다란 통제권한을 요청하여 이를 얻어냈다. 클리블랜드Cleveland 대통령 치하의 리처드 올니Richard. J. Olney 법무장관은 '벌링턴 앤드 퀸시' 철도회사 사장으로 철도업계의 거물인 찰스 파킨스에게 다음과 같은 내용의 서한을 보낸 바 있다. ICC가 설립된 지 불과 6년이 지났을 때이다.

> *ICC는 이제 법원으로부터 그 기능을 제한받게 되었기 때문에 철도회사 측은 이 위원회를 매우 잘 활용할 수 있게 되었다. 이는 철도회사에 대한 정부의 감독을 강력히 요구하는 국민의 여망도 충족시키지만, 정부 감독은 거의 이름뿐이다. 더욱이 이 위원회의 역사가 깊어지면 깊어질수록 철도와 기존업계의 입장을 더욱더 잘 받아들이는 경향이 생길 것이다. 따라서 ICC는 철도회사와 일반 대중 사이에 존재하는 일종의 장애물이 될 것이며 또한 철도회사의 이익에 배치되는 졸속 입법을 저지하는 일종의 보호막 역할도 하게 될 것이다.…이 위원회를 철폐하지 않고 잘 활용하는 것이야말로 지혜로운 일이다.*[96]

ICC는 장거리와 단거리 간의 화물운송료의 격차문제를 해결한 바 있다. 독자 여러분은 알고 나면 놀라지 않겠지만, 장·단거리 화물 운송 요금을 단거리 요금과 동일한 금액으로 인상하는 방법으로 이를 해결하였다. 이로써 철도고객을 제외한 모든 관계자는 만족하었다.

시간이 경과함에 따라 ICC의 권한은 강화되어 철도사업의 모든 면에 점점 더 밀접한 통제를 하게 되었다. 그뿐만 아니라 권한이 철도회사 자신들로부터 점차로 커져가는 ICC의 관료조직으로 이양되었다.

그러나 이러한 상황은 철도 측에는 아무런 위협이 되지 않았다. 이들 관료의 태반은 철도업계에서 발탁되었으며 그들의 일상업무는 철도업계 인사들과 만나는 일이었고 그들이 주로 바라는 장래의 훌륭한 직장은 바로 철도회사였다.

철도업계에 대한 진정한 위협은 1920년대에 자동차가 장거리 수송업자로 등장했을 때 발생하였다. 그 당시 철도요금은 ICC의 비호 아래 인위적으로 고율로 책정되어 있어서 자동차 운송산업은 비약적 성장이 가능하였다. 자동차 운송사업은 정부의 규제도 없었고 그 경쟁력도 대단하였다. 즉, 한 대의 '트럭'을 구입할 만큼의 자본을 가진 사람이면 누구나 운수업에 종사할 수 있었다. 철도사업에 대한 정부규제를 주장한 운동의 주된 논거는 철도가 독점사업이기 때문에 대중을 착취하지 못하도록 정부가 통제하여야 한다는 점이었으나 이와 같은 논거는 자동차 운송산업에는 전혀 타당성이 없었다.

경제학자들이 "완전"경쟁이라고 부를 수 있는 모든 조건을 거의 충족시킨 산업은 자동차 수송산업을 제외하고는 거의 찾아볼 수 없었다.

그러나 이 같은 사실에도 불구하고 철도 산업은 장거리 자동차 운송도 ICC의 통제하에 두어야 한다고 주장했다. 이 주장은 먹혀들었다. 1935년 자동차운송법The Motor Carrier Act of 1935은 ICC에 자동차 운송업자에 대한 관할권을 부여했는데 이는 소비자가 아니라 철도회사를 보호하기 위한 것이었다.

철도산업에서 일어났던 일들이 자동차 운송업계에서도 반복하여 일어났다. 즉, 여기에도 카르텔이 형성되었고, 요금이 담합되었으며, 운행노선을 할당하였다. 자동차 운송산업이 점차 성장하면서 그 대표들이 ICC에 점점 영향력을 갖게 되어 주도세력으로서 철도산업 대표들을 점차 밀어내게 되었다. 따라서 ICC는 과거에 자동차 운송업에 대하여 철도를 보호하였던 것처럼 이제는 철도와 규제를 받지 않는 자동차 운송으로부터 자동차 운송산업을 보호하는 데 기여하는 기관으로 변신하였다. 아울러 위원회 자체의 관료주의만을 보호하려는 의도도 있었다.

여러 주를 통과하는 공공 운송업자가 되려면, 자동차 운송회사는 ICC가 발행하는 공공의 편익과 필요증명서를 구비하여야 했다. 1935년 자동차 운송법이 통과된 이후, 이 증명서의 발급 신청서는 8만 9,000건이었으나 이 가운데 위원회는 겨우 2만 7,000건만 승인하였다. "그 이후로 위원회는 새로운 경쟁 운송회사의 출현을 인가하는 데는 매우 소극적이었다. 더욱이 기존의 자동차 운송회사가 합병하거나 도산하면 자동차 운송회사의 총 수효는 줄어들기 마련이었다. 자동차 운송회사의 총 수효가 1939년에 2만 5,000개가 넘던 것이 1974년에는 1만 4,648개로 줄었다. 같은 기간에 정부의 규제를 받고 있는 자동차의 도시 간 화물 수송량은 1938년에 2,550만 톤에서 1972년에는 6억 9,810만 톤으로 27배나 크게 증가하였다.[97]"

공공 편익과 필요증명서는 사고팔 수 있다. 수송량의 증대, 운송회사의 감소, 요금책정기관rate bureaus과 ICC의 관행에 의한 요금경쟁의 제한으로 말미암아 이 증명서의 값이 천정부지로 뛰었다. 토마스 무어Thomas Moore는 이 증명서의 총액이 1972년에 20~30억 달러에 달할 것으로 추정한다.[98] 이는 오로지 정부가 허용한 독점적 지위에 따른 가치이다. 이는 그 증명서를 갖고 있는 사람에게는 재산이지만, 사회 전체로는 이것은 정부의 간섭에 의한 손실의 척도이지 결코 생산성의 척도는 아니다. 여러 가지로 연구하여 보니까, 자동차 운송업에 대한 ICC 규제 철폐는 화주의 비용이 격감한 것으로 결론을 내리고 있다. '무어'씨는 아마도 4분의 3정도로 감소했으리라 추정하고 있다.

오하이오주에 있는 데이튼Dayton 항공화물회사가 매우 구체적인 사례를 보여 주고 있다. 이 회사는 ICC가 오하이오주의 데이톤시와 디트로이트시 사이에 화물수송 독점권을 부여한 ICC 면허증을 갖고 있다. 이 노선을 운영하기 위하여 데이톤 항공화물 회사는 ICC 면허 소지자로부터 제반 권리증을 사들여야만 했다. 그런데 면허증 소지자들 가운데는 실제로 한 대의 화물 자동차도 갖고 있지 않은 자들도 있었다. 데이톤 회사는 권리금조로 매년 10만 달러를 지불해 왔다. 이 회사는 면허증을 더 많은 노선으로 확대하고자 노력해 왔으나 아직 그 뜻을 이루지 못하고 있다.

데이톤 항공화물회사의 고객인 말콤 리처드Malcolm Richard는 다음과 같이 말하고 있다.

「솔직하게 말해서 ICC는 왜 복지부동하고 있는지 도저히 이해할 수 없는 일이다. 데이톤 회사의 노선확대는 소비자의 비용을 절감하고 민간 자유기업을 이롭게 하며 국가의 에너지 자원을 절약하는데 기여할 수 있기 때문에 내가 아는 한 우리 이용자들이 이를 세 번씩이나 지지해 왔다.… 결국 소비자가 허가 유보에 따른 대가를 부담해야만 한다.」

데이톤 회사의 주주 중 한 사람인 테드 해커Ted Hacker는 다음과 같이 밝히고 있다.

「내가 알고 있는 한 주간 통상에 있어서는 자유기업이란 존재하지 않는다. 자유기업은 미국 땅에 더 이상 존재하지 않는다. 그렇기 때문에 우리들은 대가를 그것도 대단히 높은 대가를 지불해야만 한다. 우리 항공운수회사가 대가를 치르는 것이 아니라 곧 소비자들이 비싼 대가를 지불한다는 것을 뜻한다.」

그러나 다른 주주들의 의견에 비추어 보면 이 견해는 에누리해서 받아들여야 한다. 같은 회사의 다른 주주인 허쉘 윔머Herschel Wimmer는 다음과 같이 말하고 있다.

「나는 이미 ICC 면허를 받은 사람들과 이러니저러니 논쟁을 벌이고 싶지 않다. 다만 미국이 큰 나라임에도 불구하고 1936년 ICC가 발족한 이래 우리 업계에 새로 진입한 기업이 몇 개에 지나지 않는다는 점은 지적하지 않을 수 없다. ICC는 새로운 진입자가 업계에 들어와서 이미 정착하고 있는 기업들과 경쟁하는 것을 허용하지 않고 있다.」

이러한 견해는 우리가 철도회사와 자동차운송업자들 사이에서 반복적으로 겪은 반응을 잘 반영해 주고 있는 것 같다. 다시 말해서 면허증을 주든가 (단속)규정을 면하게 해달라, 그렇지 못하면, 면허증 발급이나 정부의 규제를 폐지해달라는 내용이다. 이미 성장할 대로 성장해버린 기득권자를 고려해 볼 때, 이와 같은 반응은 충분히 이해가 가는 내용이다.

다시 철도 이야기로 돌아가서, 정부 간섭으로 생기는 궁극적인 효과들은 아직도 다 열거하지 못했다. 점차 경직된 철도에 관한 규칙 때문에 철도는 장거리 여객수송에 대한 대체수단인 승용차·버스·항공기 등장에 효과적으로 대처하지 못했다. 철도회사는 또다시 정부에 매달려 이번에는 미국 철도 여객공사Amtrack와 같은 형태로 여객수송업의 국유화를 요청하게 되었다. 화물수송에서도 이와 똑같은 과정이 일어났다. 미국 동북부 철도 화물 운송회사의 대다수는 「뉴욕 센트럴; New York Central」 철도회사가 도산하자 철도연합공사Contrail를 창설하여 사실상 국유화했다. 나머지 다른 철도회사의 앞날도 비슷하게 될 것이다.

항공업계도 철도와 자동차 운송산업과 같은 상황을 되풀이하고 있다. 1938년 민간항공국Civil Aeronautics Board(CAB)이 설립되었을 때는, 19개의 국내 간선 항공사를 통제하자는 것이었다. 오늘날, 미국의 항공운수업이 괄목할 만큼 성장했고 그 결과 항공산업에서도 "공익과 필요증명서"의 신청이 폭증했음에도 불구하고 항공회사의 수는 오히려 감소했다. 항공사의 경우 한 가지 중요한 점에서 차이가 있다. 그것은 최근 행정적으로 혹은 법적으로 항공료에 대한 규제가 대폭 완화되었다는 사실이다. 이렇게 된 데는 여러 가지 이유가 있지만 이들 가운데 중요한 것을 든다면 유수한 국제항공회사 사장인 영국인 프레디 레이커Freddie Laker가 행한 대서양횡단 요금인하가 성공을 거두었고 CAB의 전임 회장인 앨프레드 칸Alfred Kahn의 개인성격과 능력 때문이었다. 이는 분야를 막론하고 정부 통제에서 벗어나 보다 많은 자유를 지향한 최초의 중대한 운동이 되었다. 항공사는 요금을 낮추고도 수익을 올릴 수 있었다는 이 극적인 성공사례는 다른 지상 해상교통업계의 규제 완화를 요구하는 운동을 촉발하게 되었다. 그러나 강력한 세력, 특히 자동차 운송업계에서 이 같은 정부규제 완화 운동에 반대하고 있었으며 그렇기 때문에 규제 완화 운동에 대한 희망은 아주 희미한 상태에 있을 뿐이다.

장·단거리 운송 문제로 항공업계에는 한 가지 아이러니한 반향이 일어났다. 이 경우 차이점은 철도의 경우와는 정반대로 단거리 요금이 상대적으로 저렴하다는 점이다. 이러한 사례는 캘리포니아주에서 발생하였는바, 캘리포니아는 주 역내만으로도 여러 개의 대형 항공회사를 유지할 수 있을 만큼 광대한 면적을 갖고 있어서 CAB의 규제를 받지 않을 수 있었다. 샌프란시스코-로스앤젤레스 노선의 치열한 경쟁으로 말미암아 같은 거리에 대하여 CAB가 주간 interstate 항공사에 인가해준 요금보다 훨씬 저렴한 주내intrastate 요금이 생겼다.

소비자의 보호자로 자임하던 랠프 네이더가 이와 같은 운임의 모순 현상에 관하여 1971년 CAB에 고소장을 제출했다는 사실은 참으로 아이러니하다. 네이더의 한 보좌인이 장·단거리 요금 차별 문제를 어떻게 해결할 것인가에 역점을 둔 ICC의 예리한 분석결과를 발표한 바 있었다. 네이더는 항공요금에 관한 문제가 어떻게 해결될 것인가에 대해 잘못 생각하고 있었던 것 같다. 정부의 규제문제를 연구하는 사람이면 누구라도 예측할 수 있었던 바와 같이 CAB 재결 (나중에 대법원에서 번복되었다.)에 따라서 주내 항공사는 CAB가 인가한 요금에 상응하도록 요금을 인상해야만 했다. 다행히도 CAB의 재결은 법률상의 사소한 기술적 문제로 그 시행이 유보되었고 항공요금에 대한 규제가 철폐되면 이 문제는 아마도 소멸될 것이다.

ICC는 정부 간섭의 생생한 하나의 역사적 사례라 할 수 있다. 실제적이든 아니든 간에 어떤 폐단이 발생하면 그에 대한 대응책이 필요해진다. 정치적 연립은 진지하고 높은 이상을 품은 개혁론자와 이에 못지않게 진지한 이해집단으로 구성된다. 이 정치적 연립의 양립될 수 없는 목적(예를 들어 소비자에게는 값을 싸게, 생산자에게는 값을 비싸게)은 언제나 '대중의 이익', '공정한 경쟁' 또는 이와 유사한 미사여구로 얼버무려진다.

이 연립은 연방의회 혹은 주의회에서 법률을 통과시키는 데 성공한다. 이렇게 해서 통과된 법의 전문에는 입에 발린 미사여구가 나열되어 있고, 그 법의 본문은 정부 관리들에게 '무엇인가 할 수 있는' 권한을 부여한다. 드높은 이상을 품었던 개혁론자들은 이런 과정에서 승리의 만족감을 맛보게 되고 계속해서 새로운 문제로 관심을 돌린다. 여러 이익 집단들은 이렇게 해서 얻은 권력을 자기들의 이익을 위해 사용하도록 확실한 조치를 취해가고 있으며 대체로 이에 성공하고 있다.

성공에는 문제가 발생하게 마련이고 문제는 정부개입의 범위를 더욱 확대시킨다. 관료주의는 값을 톡톡히 치르게 되는데 최초의 특수이익집단까지도 아무런 혜택을 보지 못하게 한다. 결과적으로 그 효과는 개혁론자들의 목적과는 정반대가 되고 전반적으로 특수 이익집단의 목표도 성취되지 않게 마련이다. 그러나 정부의 활동이 확립되어 있고 수많은 이해집단이 얽혀있기 때문에 최초의 입법을 폐기한다는 것은 거의 생각조차 할 수 없다. 그 대신 기존법률 때문에 생겨난 문제를 해결하기 위한 정부의 새로운 입법을 필요로 하고 이리하여 새로운 순환이 시작된다.

ICC는 위원회 설치를 주동한 기발한 정치적 연합에서부터 미국 철도여객 공사Amtrack 설립으로 인한 제2의 순환이 시작될 때까지의 모든 단계에서 하나하나 그 실체를 명백히 드러내고 있다. 미국 철도 여객수송공사의 존립 이유는 이 공사가 대체로 ICC의 규제를 별로 받지 않고 개별철도회사와 관계를 맺을 수 있다는 점이다. 물론 이 공사의 설립목적은 "철도에 의한 여객수송을 개선한다."라는 미사여구로 표현되어 있었다. 이 공사의 설립을 철도회사가 지지한 것은 당시에 존재했던 여객에 대한 서비스의 폐지를 공사가 인정했기 때문이다. 1930년대에 많은 이윤을 낼 수 있었던 철도 여객수송 서비스가 개인 승용차 그리고 비행기와 경쟁을 하면서부터 그 질이 저하되고 이윤도 내지 못하고 있다. 그럼에도 불구하고 ICC는 여객운송 서비스를 줄이는 것을 허용하지 않았다. 지금은 미국철도여객공사가 여객운송을 삭감하도록 허용하고 동시에 그나마 남아 있는 여객운송에는 보조금을 지불하고 있다.

만약 ICC가 설립되지 않았고 시장의 힘이 제대로 작용할 수 있었다면 미국은 지금보다 만족스러운 교통체계를 갖게 되었을 것이다.

경쟁의 자극을 받아 기술개혁을 보다 크게 일으키고 변화하는 교통 수요에 따라 노선을 보다 신속히 조정함으로써 철도산업은 지금보다 몸이 보다 가벼워지고 그 효율이 보다 높아졌을 것이다. 여객 열차가 운영되는 지역은 그 숫자가 줄어들는지 모르지만 철도시설과 장비는 현재보다 훨씬 개선되었을 것이고 여객수송은 보다 편리하고 신속해졌을 것이다.

이와 유사하게, 자동차 화물운송 분야에서도 ICC의 규제 때문에 생긴 공차회송空車回送, 우회노선과 같은 부문에서 효율을 높이고 낭비를 줄여 화물 자동차의 숫자는 줄어들지 모르지만 화물수송 업체의 수는 늘어날 것이다. 비용이 절감되고 서비스는 개선되었을 것이다. ICC가 인가한 화물자동차회사를 이용하여 이삿짐을 옮겨 본 경험이 있는 사람은 이러한 판단을 어렵지 않게 받아들일 것이다. 몸소 경험한 것은 아니지만 화물탁송업자도 같을 것이다.

운송업은 복합 운송 수단을 보다 많이 활용하게 되므로 그 전체의 모습이 근본적으로 달라졌을 것이다. 최근 이익을 내고 있는 민간 철도회사 가운데 하나는 같은 열차에 승객과 그들의 승용차를 함께 수송한다. 화물자동차 적재 화차운송이 더욱 신속히 도입되었을 것은 의심할 여지도 없고 그밖에 다른 복합운송 형태가 더 많이 등장했을 것이다.

시장의 힘을 작동시키자는 주장의 근거는 결과가 어떻게 될지 예측하기 어렵다는 바로 그 점이다. 한 가지 확실한 것은 소비자가 대가를 치를 만큼 높이 평가하지 않는 서비스는 살아남지 못한다는 것이다. 그리고 이 대가는 운송 업체가 선택 가능한 다른 서비스에서 창출되는 이익보다 더 높은 이윤을 의미한다. 이러한 조건을 충족시키지 못한 운송업을 유지하기 위하여 소비자나 생산자 모두 제3자에 기댈 수는 없는 것이다.

식품의약청(FDA)

ICC의 경우와는 대조적으로, 연방정부가 소비자 보호 분야로 진입한 두 번째 주요 조치는 1906년에 제정한 식품 및 의약품법이다. 이 법은 식품과 의약품의 높은 가격에 대한 우려가 아닌 식품의 청결도에 관한 우려에서 생겨났다. 당시는 부정을 폭로하는 취재 기자와 뒤를 캐내는 신문의 시대였다. 업튼 싱클레어도 도살 직전의 가축우리의 상태를 조사하기 위하여 어느 사회주의 신문사로부터 시카고로 특파된 적이 있었다. 그가 조사한 결과를 저술한 것이 유명한 그의 소설 『밀림지대; The Jungle』이다. 그는 노동자에 대한 동정심을 일으키려고 이 소설을 썼지만 그보다는 쇠고기를 가공 처리하는 비위생적인 상태에 분개하는 내용을 더 많이 다루었다. 당시 싱클레어는 다음과 같이 회고했다. "나는 이 소설을 쓰면서 대중들의 마음을 움직여보려고 심장을 겨냥하였으나 우연히도 위장을 강타한 꼴이 되었다."

『밀림지대』라는 소설이 출판되어 식품가공에 대한 입법을 지지하는 일반 대중의 정서가 굳혀지기 훨씬 이전에 여성기독교 금주동맹Women's Christian Temperance Union, 전국 금주협회National Temperance Society와 같은 조직이 당시의 엉터리 매약을 없애기 위한 입법 운동을 벌려 "전국순정식품의약품회의National Pure Food and Drug Congress"를 결성한 바 있었다. 여기서 말하는 엉터리 매약이란 알코올을 대량 함유하고 있어서 그 때문에 약이라고 위장하여 술을 구입·소비할 수 있었다. 이러한 이유에서 금주운동 그룹이 이 운동에 참가하게 되었다.

이때도 역시 특수이익집단은 사회개혁 추구자들에 합류했다. 정육업자들은 "소비자가 다른 곳으로 갈 수 있는 경쟁 시장에서는 소비자에게 해악이 되는 일을 하면 자신들에게 이로울 리가 없다는 점을 일찍이 알고 있었다." 그들은 유럽 여러 나라에서 미국산 육류가 병에 걸린 것이라는 이유로 수입제한을 당하고 있는데 대해 깊은 우려를 나타냈다. 미국의 정육업자들은 정부가 육류의 위생검사필증을 발급하면 그 대가로 검사료를 지불하겠다고 강력하게 주장하여 관철시켰다.[99]

약사와 의사들이 전문 협회를 형성함으로써 또 다른 특수이익집단이 생겼다. 이들의 관련정도는 더 복잡하고 조직구성은 정육업자나 ICC의 창설에서 볼 수 있는 철도인들 보다도 더 복잡했지만 이익추구 면에선 그렇게 목적의식이 강하지 못했다. 그러나 이들 의료인의 경제적인 이해관계는 분명했다. 특허 의약품이나 엉터리 매약은 여기저기 여행하는 약장사를 통해서 혹은 기타 방법으로 소비자에게 직접 팔기 때문에 의료인들의 영업과 경쟁이 되고 있었다. 그뿐만 아니라 의료인들은 시장에서 입수 가능한 의약품의 종류에 전문적 관심을 갖고 있었으며 암과 한센병에 이르기까지, 기적적인 만병통치를 기약하는 쓸데없는 약에서 생기는 대중에 대한 위험을 날카롭게 깨닫고 있었다. 공공심과 이기심이 일치하였다.

1906년에 입법된 식품의약법은 주로 식품에 대한 검사와 특허약품에 붙일 설명서를 제한하는 것이었다. 그러나 의도적이라기보다는, 우연하게도 이 법은 약의 처방도 통제하게 되었지만 그것은 훨씬 뒤까지도 실제로 행사되지는 못했다. 식품 의약청이 만든 규제 권한은 현재는 농무성으로 이관되었다. 지난 15년 전까지만 하여도 최초의 규제관청이나 식품의약국도 제약업계에 큰 영향을 미치지 못하였다.

1937년 중반에 설파제화농성특효약sulfanilamide이 출현될 때까지는 이렇다 할 신약이 개발된 바 없었다. 뒤이어 엘릭서 설파제화농성특효약elixir sulfanilamide의 재앙이 있었는데 이는 캡슐 약을 먹을 수 없는 환자에게 설파제약을 그대로 복용할 수 있도록 한 어느 화학자의 노력에 의해 만들어졌으나 불행한 사태를 촉발하였다. 그 화학자가 사용한 용제와 설파제 약의 혼용이 치명적인 것으로 판명되었다. 이 비극이 끝났을 때는 이미 108명의 사망자가 발생하였다. 이 중에 107명은 엘릭서elixir를 복약한 환자였고 나머지 1명은 자살

한 화학자였다.[100] 제약업자는 이런 류의 의약품 판매로 생길 수 있는 있는 책임 손실을 경험으로 깨닫고 이런 일이 다시 일어나지 않도록 판매 전에 안전시험을 선행하는 제도를 마련했다.[101] 또한, 제약업자들은 정부의 보호가 그들에게도 유익하다는 점을 인식했다. 그 결과 1938년 식품·약품 및 화장품에 관한 법률이 제정되었는데 이로써 정부의 통제는 식품, 약품, 화장품의 광고와 설명서의 내용에까지 확대되었고 신약은 모두 FDA로부터 안전 승인을 받아야만 주 경계를 넘어 판매할 수 있게 되었다. 승인은 180일 이내에 발급 또는 유보 결정해야 한다.

제약업계와 FDA 사이에는 1961~1962년간의 탈리도마이드 Thalidomyde 사건으로 알려진 또 하나의 비극이 생겼을 때까지는 편안한 공생관계가 발전되어 왔다. 탈리도마이드 약은 1938년의 법령에 따라 FDA가 미국 국내 시장에서 판매를 금지하고 있었다. 단 실험 목적으로 의사들에게는 소량이 배급되었을 뿐이다. 유럽에서 이 약을 복용한 임신부가 기형아를 출산했다는 보도가 있자 실험용으로 사용되었던 제한된 배급마저도 중단하였다. 이로 인하여 일어난 대소동은 바로 그 전 해에 있었던 키휘바Kefauver 상원의원의 제약업계에 대한 조사에서 이루어진 1962년의 식품 의약법 개정으로 진정되었다. 탈리도마이드 비극은 이 법의 개정 추진을 근본적으로 변화시켰다. 키휘바 상원의원은 약효가 분명치 않은 약이 부당하게 비싼 값으로 판매되고 있다는 비난, 즉 독섬기업에 의한 소비자 착취라는 흔히 볼 수 있는 불만에 주로 관심을 갖고 있었다. 그런데 입법이 되고 나자 이 개정법은 약품의 가격보다는 질의 문제를 보다 많이 다루었다. 법의 개정으로 1938년 법률에서 요구된 「안정성의 증명요건」 이외에 「효험 증명」요건 조항이 추가되었으며 FDA의 신약 인증신청 처리 기간 규정도 삭제되었다. 이제는 법에 의거하여 신약이 안전할 뿐 아니라 의도한 사용에서도 효능이 있다는 충분한 증거가 있다고 FDA가 판정할 때까지는 어떤 신약도 판매할 수 없게 되었다.[102]

1962년의 식품 의약법 개정은 정부 간섭의 폭증과 그 방향의 변화를 일으킨 일련의 사건들과 때를 같이하였다. 즉, 탈리도마이드 비극, 환경보호 운동을 발진시킨 레이첼 칼슨Rachel Carson의 『침묵의 봄』의 출판, 그리고 렐프 네이다씨의 "어떤 속도에 있어서도 안전치 않다."는 '콜베어' 승용차에 관한 출판이 바로 그것이다. FDA는 정부 역할의 변환에 참여하여 과거보다는 훨씬 적극적으로 활동하게 되었다. 사이클라메이트와 삭카린의 사용금지조치는 일반 대중의 주목을 크게 받았지만 FDA가 내린 주요조치는 이것만이 아니다.

1962년 식품 의약법 개정으로 극에 달했던 입법 취지와 견해를 달리하는 사람은 아무도 없을 것이다. 국민을 불안전하고 유해무익한 의약품으로부터 보호한다는 것은 바람직한 일이다. 그러나 신약 개발을 촉진하고 신약으로부터 효험을 얻을 수 있는 사람들이 한시 빨리 신약을 손에 넣을 수 있어야 하는 점도 또한 바람직한 일이다. 종종 그렇듯이 하나의 훌륭한 목적이 다른 훌륭한 목적과 상충되는 현상은 있기 마련이다. 일면에서 강조한 의약품의 안정성과 신중성이 다른 면에서 보면 죽음을 의미할 수도 있다.

결정적인 문제는 과연 FDA의 규제가 이들 서로 다른 목적을 서로 조정하는 데 효과적이었던가 아닌가, 이를 실행하는 데 보다 좋은 방도는 없었던가 하는 점일 것이다. 이 문제점은 아주 상세하게 연구되어온 바 있다. 현재 FDA 규제는 역 생산적이며, 유해하고 효험이 없는 약품 판매를 방지함으로써 사회에 기여한 것보다는 오히려 귀중한 약품의 생산과 판매진척을 지연시킴으로써 사회에 보다 큰 해를 끼쳤다는 증거자료가 상당히 축적되어 있다.

새로운 약이 기술혁신 속도에 끼치는 효과는 볼 만하다. 즉, 해마다 소개되는 새로운 화학약품의 수가 1962년 이래로 50% 이상이나 감소하였다. 동시에 신약을 승인받는 데 기간이 더 많이 걸리며 그 결과의 일부로 신약개발비가 몇 배로 늘어나게 되었다. 1950년대와 1960년대 초기의 추정에 따르면 신약 한 가지를 개발하여 출시하는 데 그 당시 50만 달러의 비용과 25개월의 기간이 소요되었다. 그 이후의 인플레이션을 고려한다면 지금은 신약개발비가 100만 달러 남짓할 것이다. 그러나 1978년에 이르러 신약을 출시하는 데 5,400만 달러의 개발비용과 약 8년의 기간이 걸렸다. 일반 물가의 2배 상승에 비하면 신약개발에는 비용 면에서는 100배, 시간적으로는 4배가 증가되었다.[103] 결과적으로 미국의 제약회사는 희귀병 환자를 위한 신약을 개발할 수 없게 되었다. 점차로 제약회사는 대량판매가 되는 약품에 의존할 수밖에 없게 되었다. 미국은 신약개발에 있어 오랫동안 세계의 선구자였지만 현재는 급속히 뒷전으로 밀려나고 있다. 그리고 미국인은 해외에서 개발된 약품으로도 충분한 혜택을 볼 수 없게 되었다. 왜냐하면 정부가 약의 효험 증명으로 외국자료는 인정하지 않기 때문이다. 궁극적인 결과는 철도의 여객수송에서 발생한 것과 매우 흡사하게 신약개발은 정부가 해야 하는 것처럼 되어버렸다.

FDA 규제의 결과인 이른바 약품 개발 지연 현상은 미국과 다른 나라의 신약의 상대적 입수 가능성에서 극명하게 드러난다. 로체스터Rochester 대학교 약품개발연구소의 윌리암 와델William Wardell 박사가 행한 연구에 의하면 예를 들면 미국에서는 입수할 수 없지만 영국에서는 쉽게 입수하여 사용할 수 있는 약품이 그 반대 경우보다 훨씬 많으며, 두 나라에서 모두 입수 가능한 약들도 영국에서는 보통 보다 신속히 시장에 나와 있음을 밝히고 있다. 와델 박사는 1978년 다음과 같이 지적했다.

미국에서는 아직 구할 수 없지만 영국과 같은 다른 지역에서 입수 가능한 약품의 치료법상의 의미는 바로 그 약이 없어서 고통받는 허다한 환자들을 마주친다는 것이다. 예를 들면 심장마비 후의 죽음을 예방할 수(이는 심근 경색 후의 관상동맥의 죽음을 2차적으로 예방한다고 한다.) 있는 베타Beta 정지제라 부르는 한두 개의 약품이 있다. 만약 이 약을 미국에서 구할 수 있었다면 1년에 약 1만 명의 생명을 구할 수 있었을 것이다. 1962년 식품의약법 개정 이래 10년간 혈압을 조절하는 고혈압치료제는 미국에서 한 건도 인가된 바 없으나 영국에서는 몇 가지가 인가되었다. 심장질환의 모

든 분야에서 1967년부터 1972년에 이르기까지 5년간에 미국에서 인가된 약품은 단 하나에 지나지 않았다. 이나마도 식품의약국의 잘 알려진 행정적인 결함 때문이라고 할 수 있다.

이와 같은 상황이 환자에게 어떤 의미를 갖는가 하면, 종래에는 의사와 환자 자신이 결정해도 될만한 것도 이제는 국가의 차원에서 전문가로 구성된 위원회에 의해서 처방 결정이 난다는 것을 뜻하는 것이다. 이들 전문 위원들과 그들이 일하고 있는 FDA는 위험을 피하려고 너무 신경 쓰는 바람에 우리들에게 안전성은 있지만 효험이 없는 의약품을 공급해주는 경향이 팽배해졌다. 나는 이들 일부 전문 위원으로부터 "'베타' 정지제를 일반용제로 판매하는 것이 정당하다고 말할 수 있을 만큼 심각한 병을 앓고 있는 환자가 그리 많지 않다."는 주목할 만한 이야기를 들었다. 우리가 노력하고 있는 것이 전 국민에 대해 약물중독을 최소화하자는 것이라면 반론의 여지가 없는 일이다. 그러나 만약에 여러분 가운데 누가 바로 심각한 병을 앓고 있으며 그 병이 매우 희귀한 병이며 동시에 "그리 많지 않은 환자" 중에 한사람이라면 그 사람은 억세게 불운하다.

위의 내용을 모두 인정한다면, 이러한 대가는 위험한 약을 시장에서 거래하지 못하게 한다든가, '탈리도마이드' 사고를 예방한다는 이점으로 정당화될 수 없는 것일까? 샘 펠즈만Sam Peltzman은 이 문제에 관하여 가장 주의 깊고 실증적으로 연구하였는바, 그의 연구

결론에 따르면 증거는 결코 애매하지 않다. 즉 이때까지 일어난 해악이 장점보다 더 크다. 펠즈만은 그의 주장의 일부분을 다음과 같이 설명하고 있다.

「1962년 이전에는 효험이 없는 약을 판매하는 제약업자가 시장에서 받는 처벌이 충분하여 규제관청이 이를 개선할 여지가 별로 없었다.」[104]

결국 '탈리도마이드' 제조업자는 손해배상으로 수천만 달러를 지급하고 사건을 종결하였는바 이는 이와 비슷한 사건을 확실히 예방하는 강력한 자극이 되었다. 물론 실수란 언제나 생기게 마련이다. '탈리도마이드' 비극도 실수의 한 경우였다. 그러나 실수는 정부의 규제하에서도 발생할 수 있다.

일반적으로 상상하는 것을 확인하여 주는 증거가 있다. FDA의 훌륭한 의도에도 불구하고 이 정부기관이 효험 있는 신약의 개발을 훼방하고 그 판매를 금지하게끔 운영되어 왔다는 사실은 결코 우연한 일이 아니다. 여러분들이 신약 허가 또는 불허 책임이 있는 FDA 간부의 자리에 있다고 하자. 여러분은 다음과 같이 아주 상반하는 두 가지의 실수를 범할 수 있다.

① 수많은 사람을 사망케 하거나 아니면 심각한 피해를 주게 하는 부작용 있는 의약품의 생산과 판매를 인가하는 경우

② 수많은 생명을 구하고 극심한 고통을 덜어줄 수 있으며 바람직하지 않은 부작용이 전혀 없는 의약품의 허가를 거부하는 경우

만약에 우리들이 '탈리도마이드'를 허가하여 준 것처럼 ①의 과오를 범한다면 여러분의 이름이 매일같이 신문지상에 실리게 될 것이며 크게 망신당할 것이다. 그러나 ②의 과오를 범한다면 누가 이를 알기나 할까? 차가운 심장을 갖고 있는 탐욕스러운 사업가의 한 예로서 허가신청이 기각된 신약개발에 힘 써온 제약회사와 신약개발과 검사에 참여하였던 불만에 가득 찬 몇몇 화학자와 의사들만이 정부의 과오를 일부나마 알고 있을 뿐이다. 신약으로 생명을 구했을지도 모르는 사람들은 이미 이 세상을 떠나 항의도 하지 못하고 희생자의 가족들은 면식도 없는 정부 관리의 "신중함"으로 사랑하는 가족이 목숨을 잃었다는 사실은 알 길이 없다.

'탈리도마이드'를 판매한 유럽의 제약회사들이 받은 온갖 비난과 미국에서 이 약의 사용승인을 보류시킨 켈시Frances O. Kelsey 박사(케네디 정부로부터 공무원에게 주는 명예로운 금메달을 수여 받은 여성)에게 돌아간 명성과 갈채를 대조하여 볼 때 독자들도 위에서 밝힌 두 가지 과오 가운데 어떤 과오를 더 피하려고 할 것인가에 대해서 어떤 망설임이 있는가? 세상에서 가장 선한 의지를 갖고 있다 하더라도 여러분이나 저자인 본인이 정부 관리의 입장에 처해 있었다면 신문 보도 거리가 되는 부작용 있는 약품의 인가를 될 수 있는 한 피해보려고 수

많은 좋은 약품의 개발과 사용승인을 고의로 미루거나 거절했을 것이다.

이처럼 어쩔 수 없는 경향은 제약업계의 반응 때문에 더욱 강해지고 있으며 이 때문에 부당하게 엄격한 기준을 낳게 한다. 따라서 허가를 받는 데에는 더 많은 비용이 들어가고 시간소모와 위험부담이 늘어나게 마련이다. 신약개발을 위한 연구조사사업은 점차로 수익성이 떨어진다. 제약회사는 경쟁사의 연구노력을 별로 두려워하지도 않게 되었다. 기존의 제약회사와 의약품들은 경쟁으로부터 보호를 받고 있다. 제약업계에 새롭게 진출하기도 어렵다. 현재 진행 중인 제약업계의 연구 활동은 거의 논의꺼리도 못 되는 일에 집중되어 있다. 이는 혁신적인 내용이 없고 새로운 가능성도 별로 없는 사안들이다.

필자는 1973년 1월 8일 자 「뉴스위크지」 칼럼에 FDA는 위에서 밝힌 여러 가지 이유 때문에 폐지되어야 한다는 글을 기고한 적이 있었다. 이 기고문의 내용이 발표되자 제약업계에서 일하고 있는 많은 사람들이 고뇌에 찬 이야기를 터놓는 서신을 수없이 받았다. 이로써 FDA가 의약품개발을 저해하고 있다는 본인의 주장이 사실임을 확인할 수 있었다. 그러나 대다수 사람들은 다음과 같이 주장하고 있었다.

「저자의 의견과는 달리 식품의약국이 폐지되어야 한다고 생각하지는 않는다. 그러나 식품의약국의 권한은 이런 저런 변화가 있

어야 한다고 생각한다.」

이어서 1973년 2월 19일 자 「뉴스위크」지에 "멍멍 짖고 있는 고양이들"란 제목으로 다음과 같은 답변을 실은 일이 있었다.

만약 고양이가 멍멍 짖는다면 고양이를 갖고 싶다는 사람에 대하여 독자들은 어떻게 생각할 것인가? 만약 식품 의약청이 여러분들이 바람직하다고 생각한 대로 행동하기만 한다면 식품 의약청을 지지하겠다는 여러분들의 주장도 마찬가지이다. 고양이의 특성을 설명하는 생물학상의 법칙이나 일단 설립된 다음 관청의 행태를 설명하는 정치적인 법칙 간에는 별로 차이가 없다. 오늘날 식품 의약청의 행태와 그로 인한 역효과들은 결코 우연한 현상이라 할 수 없으며 쉽게 시정할 수 있는 인간의 과오가 가져다 준 결과도 아니다. 이는 "야옹야옹" 하고 우는 것이 고양이의 생래적 본질인 것처럼, 관청의 본질적인 체질에서 연유한 것이다. 한 사람의 자연과학자로서 여러분들은 화학적 그리고 생물적인 실체에 여러분의 자의대로 어떤 특징을 부여할 수 없으며, 고양이가 멍멍 짖으며 물이 훨훨 불타는 것을 요구할 수 없다는 점을 잘 인식하고 있을 것이다. 그렇다면 여러분은 어찌해서 사회 과학 분야에서는 사정이 다르다고 생각하고 있는가?

사회적 조직체의 행태도 뜻대로 바꿀 수 있다고 생각하는 과오가 우리 사회에 만연되어 있다. 이는 사회개혁가로 불리는 사람들의 대다수가 범하고 있는 근본적인 과오이다. 이런 사실은 우리 사회의 근본적인 결함이 시스템이 아니라 개인에게서 나온다는 것이다. 즉 문제해결의 방도가 행정부에서 무자격자를 내쫓고 적격자를 충당하면 된다고 느끼고 있는 사람들의 생각을 잘 설명해주고 있다. 동시에 사회의 여러 가지 개혁들이 표면상으로는 잘 성취되고도 실제로는 가끔 엉뚱한 방향으로 진행되고 있는 이유를 설명할 수 있는 것도 바로 우리가 범하고 있는 과오 때문이라고 말할 수 있다.

식품 의약청이 범하고 있는 위해는 담당 책임자들도 인간이라는 점 때문에 야기된다. 식품 의약청의 대다수 임직원들은 유능하고 헌신적인 공복으로 일하여 왔다. 그러나 사회·정치·경제적 압력이 아마도 정부 관리가 그들의 행태를 결정하는 것보다 훨씬 광범위하게 정책의 결정에 영향을 미치고 있다. 물론, 예외도 있기는 하지만 이는 마치 멍멍 짖는 고양이처럼 아주 극히 드문 일이다.

그렇다고 효과적인 사회개혁이 불가능하다는 것은 아니다. 그러나 사회개혁이 성공하려면 단순히 정부 관리의 비능률, 낭비를 비난하거나 그들의 동기를 추궁하고 직무수행을 더 잘하라고 강요하지 말고 오히려 정부의 행태를 지배하고 있는 정치적인 법률을 고려해야 할 필요가 있다. 키훠바Kefauver 수정 법안이 공무원에 대한 압력과 인센티브를 변경시키기 전에는 식품 의약청이 지금과 같은 사회적 위해 행위를 범하지는 않았다.

3

소비재안전위원회

　소비재안전위원회는 과거 약 10년간 미국 정부의 규제 활동이 어떻게 변해 왔는가를 보여주는 좋은 예이다. 이 위원회는 미국의 모든 산업과 관련되어 있다. 이 위원회의 주된 관심사는 판매가격이나 생산비용 문제가 아니라 소비자의 안전이다. 이 위원회는 광범위한 자유 재량권을 갖고 있으며 가장 보편적인 위임을 받고 활동한다.

　1973년 5월 14일 활동을 시작한 "소비재안전위원회는 소비재로 인한 부당한 위해의 가능성으로부터 국민을 보호하고 소비자가 그들의 상품에 대한 안전성을 평가할 수 있도록 도와주며, 소비재의 표준화를 정하고, 동시에 상품의 표준화가 지역적으로 모순되지 않도록 히며, 소비재와 관련하여 일어나는 사망·질병 및 상해를 예방하고 그 원인의 연구조사를 촉진하도록 그 임무가 명백히 법령으로 규정되어 있다."[105]

이 위원회는 ① 소비자에게 판매할 목적으로, ② 소비자가 소비하거나 즐기려는 목적으로 생산되거나 판매되는 모든 물품과 부품까지를 규제하도록 되어있다. 다만, 규제에서 제외되는 것은 '담배와 그 관련 제품, 자동차와 그 부품, 식품, 의약품, 항공기 및 그 부품, 특정 선박 그리고 기타의 특정품목 등'이다.

이 위원회는 이미 설립된 정부의 규제기관인 주류·담배 화기단속국, 고속도로교통안전국, 식품 의약청, 연방 항공국, 그리고 해안경비대 등이 규제하고 있는 제품은 규제대상에서 제외하고 있다.[106]

소비재안전위원회는 비록 그 역사가 짧기는 하지만 소비자가 구입할 수 있는 재화와 용역의 생산에 상당한 영향을 미치고 있는 주요한 정부 기관이 될 것 같다. 이 위원회는 성냥에서부터 자전거에 이르는 갖가지 상품은 물론, 어린이용 장난감 총과 텔레비전 수상기, 휴지통과 소형 크리스마스 장식용 전구에 이르기까지의 갖가지 형태의 소비재 생산의 표준화를 정하며 안전 검사를 행하고 있다.

보다 안전한 상품을 추구한다는 것은 분명히 좋은 일이다. 그러나 얼마만큼의 비용과 그리고 무슨 기준으로 행할 것인가? "불합리한 위험성"이란 객관적으로 규정지을 수 있는 학문적인 용어는 아니다. 장난감 총이 내는 잡음의 수준이 어느 정도라야 어린이의 (또는 성인의) 청력에 지나친 위험성이 있다고 판정할 것인가? 이 질문의 해답을 얻으려는 노력의 일환으로 잘 훈련된 보수를 많이 받는 전문가가 음량을 측정하기 위한 귀마개를 하고 장난감 총을 쏘는 실험을 할 경우, 이것이 소비자가 납부한 세금이 의미 있게 쓰인다는 사실을 믿게 하기란 그리 쉬운 일이 아니다. 보다 안전한 자전거는 덜 안전한 자전거보다 편안하고 보다 중후하고 값이 비싸야 할 것이다. 소비재안전위원회 관료들은 어느 정도의 속도가 안전한 것이고 안전성을 높이기 위해서는 어느 정도의 중량이 더 필요한가, 그리고 안전성을 추가로 얻기 위해 얼마의 비용을 더 부담해야 하는지 등의 표준화 작업을 하면서 어떤 기준을 적용하여 이들을 결정할 수 있을 것인가, 안전성을 추구하는 이들의 기준들이 과연 더 높은 안전성을 가져다주고 있는지, 아니면 이들의 기준들이 자전거를 탈 때 이용자가 보다 낮은 주의력과 조심성만을 조장하도록 하고 있는지를 질문한다. 대부분의 자전거 사고와 이와 유사한 사고들은 결국 사람들의 부주의와 실수 때문에 발생하는 것이라고 생각된다.

위에서 제기한 의문에 대한 객관적인 답을 기대하지는 않지만 기준을 설정, 고안해 내는 과정에서 암묵적으로 해답을 얻어야 할 것이다. 이렇게 해서 나온 해답은 소비재안전위원회 위원들의 자의적인 가치판단을 일부 반영하게 될 것이며 때로는 문제가 되고 있는 품목에 특별한 관심을 갖고 있는 소비자와 소비자단체의 판단도 반영되겠지만 대체로 소비재 생산자들의 영향력이 가장 많이 반영될 것이다. 제품생산자들이야말로 제안기준에 대해 식견 있는 평가를 할 수 있을 만큼 충분한 관심과 전문지식을 갖고 있는 사람들이다. 그러나 실제로는 대다수의 기준을 설정하는 일이 유동난제에서 이루어져 왔다. 독자들은 이렇게 설정된 기준이 국내외의 모든 신제품

생산자들과 경쟁을 피하고 자신들을 보호하려는 예리한 안목으로 유통단체 구성원에게 유리하도록 만들어질 것이 분명하다는 사실을 쉽게 알아차릴 수 있을 것이다. 그 결과는 기존 제조업자들의 경쟁적 지위, 즉 독점력을 강화시켜 줄 것이며 신상품의 개발과 기술혁신을 더욱 곤란하게 만들 것이다.

일반적 경로를 거쳐 상품이 시장에 나오게 되면 실험과 시행착오의 기회가 있게 마련이다. 물론 허울뿐인 조잡한 상품이 생산되기도 하고 착오가 생기며 예기치 않던 과오가 드러나기도 한다. 최근 '파이어스톤Firestone' 타이어 500 사례와 같이 대단히 큰 실책도 있기는 하지만 상품유통과정에서 발생하고 있는 과실은 대부분 그 규모가 작은 경향이 있을 뿐만 아니라 점차적으로 시정될 수 있는 것이다. 소비자는 스스로 소비재를 시험해 볼 수 있으며 어떤 모양의 상품을 좋아하며 싫어하는가를 스스로 정할 수 있다.

정부가 소비재안전위원회를 통해 시장에 개입할 때 상황은 달라진다. 정부가 개입하게 되면 상품이 실제 사용에서 시행착오를 거치기 전에 여러 가지를 결정해야만 한다. 정부가 정해 놓은 많은 기준들이 천차만별의 소비자 욕구와 취향을 모두 충족시킬 수는 없는 일이다. 그러나 정부가 정해 놓은 기준들은 모두에게 균일하게 적용되어야만 한다. 그렇게 되면 소비자들은 어쩔 수 없이 다양한 대안 상품들을 시험할 수 있는 기회를 잃게 될 것이다. 이렇게 해도 과오는 생기게 마련이고 이때 발생하는 과오는 틀림없이 중대한 것이다.

소비재안전위원회에서 발생한 다음 두 가지의 예가 이와 같은 문제를 잘 설명해주고 있다.

　업무를 시작한 지 고작 3개월밖에 지나지 않았던 1973년 8월에 소비재안전위원회가 매우 위험하다는 이유로 특정 상표의 분무 접착제 판매를 금지시킨 일이 있었다. 이 결정은 이 접착제의 사용이 신체장애 신생아를 낳게 하는 원인이 될 수 있다고 주장한 한 사람의 학술연구 결과에 근거를 두었다. 그 후 더욱 철저한 연구조사의 결과가 첫 번째 연구의 확실성을 입증하지 못하자, 이 위원회는 1974년 3월, 즉 최초의 결정이 있은 지 불과 반년이 채 지나지도 않은 때 이들 접착제의 판금 결정을 철회했다.[107]

　정부 기관이 이처럼 과오를 재빨리 인정하고 시정했다는 사실은 대단히 칭찬할 만할 뿐만 아니라 드문 일이다. 그러나 이 같은 시정 조치가 위해를 막지는 못했다. 즉, 문제의 분무 접착제를 사용했던 임산부 가운데 적어도 9명이 소비재안전위원회가 결정한 최초의 결정 소식을 듣고 낙태 수술을 받았다. 이들 임산부는 신체장애 신생아를 출산할 것이라는 공포 때문에 낙태를 하는 것이 더 좋다는 결정을 했다.[108]

　한 가지 더 심각한 사례는 '트리스Tris'라고 하는 연소 예방 화학약품과 관계되는 사건이다. 소비재안전위원회가 설립되었을 때 이 위원회는 가연성 섬유 및 관련 제품의 화재사고에서 발생하는 사상자를 줄이기 위해 1953년 제정된 가연성 섬유 규제법을 관리, 집행하는 책임을 부여받았다. 1971년 정부의 신행기관에 의해 정해진 바 있었던 어린이용 잠옷에 대한 기준이 1973년 중반에 소비재안전위원회에 의해 강화되었다. 당시에 이 위원회가 규정한 기준을 충족시키기 위한 가장 쉬운 방법은 섬유류에 연소방지 화학제인 '트리스'를 주입하는 것이었다. 그렇게 되자 곧 미국에서 생산·판매되는 어린이용 잠옷의 99%에 가까운 양이 '트리스'로 처리되었다. 그 후 얼마 안 가서 1977년 4월 8일 '트리스'가 발암물질일 가능성이 있다고 밝혀지자, 소비재안전위원회는 어린이용 의류 제조에 '트리스' 사용을 금지시켰고 '트리스'로 처리한 의류의 시장거래를 금지시켰으며 소비자가 이미 사용하고 있는 의류는 스스로 반납할 것을 종용하였다.

소비재안전위원회는 1977년도 연차보고서에서 '트리스' 사용에 따른 문제가 전개되는 과정에서 자신의 임무가 무엇인가를 인식하지 못하고 모든 의류를 '트리스'로 처리해야 한다는 그들의 최초의 조치 때문에 발생한 위험스러운 사태를 교정하여 선행을 쌓았다고 밝히고 있었음은 두말할 여지가 없다. 이 위원회가 최초에 요구한 규정, 즉 '트리스'를 사용해야 한다는 결정은 수백만의 어린이들을 암에 걸릴 위험한 상태로 노출시킨 것이었다. '트리스'를 반드시 사용해야만 한다는 최초의 규제와 추후에는 이를 사용하면 안 된다는 규제조치 모두가 아동용 잠옷 제조업자에게 무거운 생산비의 부담을 안겼고 생산비의 과다한 지출은 궁극적으로 소비자에게 전가되었다. 그리하여 소비자가 사실이 그러했듯이 이중으로 세금을 낸 결과가 되었다.

위에서 밝힌 예는 전면규제와 시장을 통한 자율적인 규제 사이에 있는 차이점을 보여주는 데 매우 유익한 사례이다. 시장을 통한 자율적 규제가 이루어졌다면 몇몇 의류제조업자가 불에 견디는 힘을 높여 그들의 제품인 잠옷이 소비자에게 환심을 사기 위해 틀림없이 '트리스'를 사용했을 것이며 '트리스'의 사용도 서서히 이루어졌을 것이다. '트리스'가 발암성 물질을 함유하고 있다는 정보가 발견되기까지는 시간이 걸렸을 것이고 '트리스'가 전면적으로 사용되기 전에 그의 사용도 점차 철회되었을 것이다.

환경보호

환경보호 운동은 연방정부의 개입이 가장 급속하게 강화되고 있는 분야 가운데 하나다. 물리적인 환경보호 및 이의의 고취를 위해 1970년에 설립된 환경보호청은 상당한 권한과 힘을 부여받아 왔다. 환경보호청의 예산은 1970년부터 1978년까지 9개년 간에 7배로 늘어났으며 현재의 예산 규모는 5억 달러를 넘고 있다. 또 직원은 7,000명에 이르고 있다.[109] 그간에 환경보호청은 그들이 만들어 놓은 기준을 충족시키기 위해 연간 수백억 달러의 비용을 산업체와 주 및 지방정부에 부과했다. 기업 전체의 순 투자액의 10분의 1내지 4분의 1에 해당하는 금액이 공해방지 목적으로 쓰인다. 이 금액에는 자동차 매연가스 통제, 토지이용계획, 야생동물보호, 그리고 환경보호라는 명목으로 이루어지는 연방정부, 그리고 주 및 지방정부가 행하는 기타의 사업비가 포함되지 않았다.

환경보존과 과도한 공해에서 벗어나는 것은 실로 중요하며 정부는 이들 문제에 깊은 관심을 갖고 중요한 역할을 해야 할 것이다. 어떤 조치에 따른 비용과 효과 그리고 누가 해를 입었고 누가 이득을 보았는가를 쉽게 식별할 수 있다면 시장은 모든 참여자에게 비용보다는 편익이 큰 사업들만을 보장해주는 아주 훌륭한 수단을 강구해 줄 수 있다. 그러나 비용과 편익 또는 누가 어떤 영향을 받고 있는지가 식별되지 않을 때 제3자로부터 또 외부효과로부터 발생하는 제1장에서 설명한 바 있는 시장의 실패가 존재하게 된다.

간단한 예를 들어 설명해 보자. 만약에 상류 지역에 사는 어떤 사람이 강물을 오염시킨다면 이는 하류에 사는 누군가에게 깨끗한 물 대신 오염된 물을 보내주는 결과가 되는 것이다. 강 하류에 사는 사람이 이를 기꺼이 받아들일 조건이 있을는지도 모르겠다. 그러나 문제는 이러한 거래가 자발적으로 이루어질 수 없다는 점이며 동시에 상류 지역에 사는 어떠한 사람에게 책임이 있는 오염된 물 때문에 하류에 살고 있는 누가 피해를 볼 것인가를 식별할 수도 없는 일이다. 더욱이 상류의 사람이 하류에 사는 사람들로부터 강물을 더럽혀도 좋다는 인가를 받아야 한다고 규제할 수도 없다.

정부란 우리가 그 기구를 통해서 '시장의 실패'의 결점을 보상받도록 노력할 수 있고, 동시에 우리가 보존하고 있는 자원을 보다 효율적으로 이용하여 국민이 그 대가를 기꺼이 지불할 만큼의 청결한 공기와 물, 그리고 도지를 얻을 수 있도록 하는 하나의 수단인 것이다. 그러나 불행하게도 시장의 실패를 낳게 하는 바로 그 요인들이 정부로 하여금 만족스러운 해결책을 구하는 일을 어렵게 만들고 있다. 일반적으로 이야기해서 누가 해를 입고 있으며 누가 득을 보고 있는가를 정부가 식별하는 일이 그것을 시장에 맡기는 것보다 더 어려운 일이다. 정부가 직접 개개인에게 돌아간 이해득실을 평가한다는 것은 결코 쉽지 않은 일이다. 시장의 실패를 교정하기 위해 정부를 이용하는 일들은 흔히 시장의 실패를 정부의 실패로 바꾸어 놓을 뿐이다.

환경보호 문제에 관한 시민의 의견은 흔히 이성적인 면보다 감성적인 면으로 치우치는 특징이 있다. 환경문제에 관한 논의는 마치 문제의 핵심이 공해 아니면 무공해인 양, 또는 무공해가 전혀 없는 세상이 가능하고 바람직했던 것처럼 진행된다. 이러한 생각은 정말이지 터무니없는 것이다. 환경문제를 심사숙고하는 사람은 누구도 공해 없는 세상이 바람직하거나 아니면 이루어질 수 있는 상태라고 생각지 않을 것이다. 예를 들면, 우리가 모든 자동차를 폐기해 버리면 자동차 때문에 생기는 공해를 없앨 수 있을 것이다. 그렇게 되면 우리가 오늘날 향유하고 있는 농업과 공업부문의 높은 생산성은 불가능하고 그 결과로 우리들의 대다수가 질 낮은 생활로 고생하는 신세가 되거나 심지어는 많은 사람들이 질병과 기아로 인해 죽을지도 모른다. 대기오염의 한 가지 원천은 우리 모두가 내뿜고 있는 이산화탄소이다. 우리가 이산화탄소 배출을 안 할 수도 있다. 그러나 그렇게 하면 얻는 것보다 잃는 것이 훨씬 클 것이다.

마치 우리가 원하는 좋은 물품을 얻으려면 약간의 비용이 드는 것처럼 깨끗한 공기를 가지려면 비용이 들게 마련이다. 우리가 갖고 있는 자원은 제한되어 있다. 따라서 우리들은 마땅히 공해를 감축시킴으로써 얻을 수 있는 이득과 거기에 드는 비용을 신중히 헤아려 보아야 한다. 더욱이 공해란 누구에게나 해당되는 객관적인 현상이 아니다. 어떤 사람에게는 공해인 것이 다른 사람에게는 쾌락일 수가 있는 것이다. 록음악이 어떤 사람에게는 소음이지만 어떤 사람에게는 즐거움인 것과 같은 이야기이다.

문제의 핵심은 공해를 제거하는 데 있는 것이 아니고 적정량의 공해만을 허용하는 데 있다. 여기서 이야기하고 있는 적정량의 공해란 공해를 한 단쯤 조금 줄여서 얻은 이득이 그것 때문에 포기해야만 하는 다른 이득, 즉 주택, 신발, 의류 등등을 이용할 수 없는 손해를 겨우 보상해 줄 수 있을 정도의 공해를 뜻한다. 만약에 우리가 이런 수준, 즉 적정량의 공해 이상의 것을 추구한다면 얻는 것보다는 잃는 것이 더 큰 것이다.

환경문제를 합리적으로 분석하는 데 장애가 되고 있는 또 다른 한 가지의 문제는 우리 사회가 공해문제를 선과 악의 문제로 다루려는 경향에 있다고 하겠다. 즉, 우리들은 공해문제를 다루면서 마치 악의 있는 사람들이 대기 안에 오염물질을 퍼붓고 있는 것처럼 생각하고 있으며, 동시에 오염문제를 동기의 문제로 보거나 아니면 지각 있는 사람들이 악의 있는 사람들을 억누르기 위해 호통을 치면 모든 것이 잘 되리라고 생각하는 경향이 있는데 바로 이런 점들이 공해문제를 합리적으로 분석하는 데 장애가 되고 있다. 언제나 힘이 들고 지적인 분석과 사고에 의존하는 것보다는 남들을 험담하는 일이 쉽게 마련이다.

공해문제의 경우에 비난을 받고 있는 악인이란 다름 아닌 재화와 용역을 생산하고 있는 전형적인 제조기업체이다. 그러나 사실은 공해문제에 책임을 져야 할 사람은 기업인이 아니고 소비자이다. 왜냐하면 소비자들은 과거에도 그랬듯이 공해에 대한 수요를 창출하기 때문이다. 전기를 사용하고 있는 소비자들이 화력발전소의 굴뚝에서 뿜어대는 매연공해에 책임을 져야 한다. 만약에 우리가 공해를 덜 발생시키는 전기 사용을 원한다면 우리는 그런 전기를 생산하는 데 드는 추가비용을 충분히 보상해 줄 수 있을 만큼 높은 대가를 직접·간접으로 지불해야만 할 것이다. 궁극적으로 보다 청결한 공기와 물 그리고 모든 여타의 물품을 이용하려면 그 비용은 소비자가 부담해야한다. 이 비용을 지불할 사람은 소비자 이외에는 아무도 없다. 기업은 생산자인 동시에 소비자이며 사람들의 여러 가지 활동을 조절하는 조정자에 지나지 않는다.

공해를 억제하고 환경을 보호하는 일은 그렇게 함으로써 발생하는 이해득실이 서로 다른 사람들에게로 전가되는 경향이 있기 때문에 매우 복잡한 문제이다. 예를 들면 자연 그대로의 지역을 보다 많이 보존케 하고, 강과 호수를 훌륭한 휴양지로 이용할 수 있도록 그 질을 개선하며 도심지의 공기를 보다 맑게 함으로써 득을 보는 사람들은 언제나 환경보호의 결과로 인한 식품, 철강 그리고 화학제품 등등의 생산비 증가 때문에 손해를 보는 사람들이 아니다. 공해를 감축시킴으로써 가장 큰 이득을 보는 사람들이 공해를 허용함으로써 얻는 낮은 비용으로부터 득을 보는 사람들보다 재정 및 교육적인 면에서 더 잘사는 사람들이라고 생각할 수 있다. 후자는 아마도 보다 맑은 공기보다는 값싼 전기사용을 바랄 것이다. 공해 분야에서도 다른 분야와 같이「디렉터의 법칙Director's law」이 존재한다.

철도와 화물 자동차를 규제하고 식품과 의약품을 통제하며 소비재의 안정성을 도모할 때와 같은 접근방법이 공해문제를 다루는 데에도 적용되어 왔다. 정부는 공해문제를 다루기 위해 민간 기업, 개인 그리고 주 및 지방정부가 취할 행위를 규정짓고 있는 규칙과 명령을 발동할 수 있는 재량권을 갖고 있는 규제관청을 설립하였으며 법원과 행정부의 허가를 얻어 이들 규제 조치들을 강화하고 있다.

이런 제도는 공해문제에서 비용과 효과를 균형시키는데 이렇다 할 효율적 기구를 제공하지 못하고 있다. 모든 문제를 강압적인 명령으로 처리하려 함으로써 정부는 물건을 사고파는 타협의 분위기가 아니라 범죄와 처벌만의 분위기를 창출하고 있으며 공해 수준을 어느 정도까지 허용해야 하는가를 다루지 않고 어느 것이 옳고 그른 것인가만 가려내는 분위기를 조성하고 있다. 이와 같은 정부의 처사는 다른 분야에서도 강압적인 규제가 이미 보여 주었던 것과 동일한 결함을 갖고 있다. 규제대상이 되는 기관이나 사람들은 바람직한 목표를 돕기 위해서가 아니라 유리한 행정조치를 따내기 위해 관료들에게 돈을 쏟아 붓는다. 규제자인 관료의 이기심은 근본 목표와는 거리가 있다. 관료주의 처리 과정에서 언제나 볼 수 있듯이 일반에게 넓게 확산된 관심사들은 경솔히 처리되고 특정 집단에 집중된 관심사들이 대신 판을 친다. 이들 특정 집단에 집중된 이해관계의 관심 대상은 지금까지 기업이었으며, 그 가운데서도 특히 대기업이었다. 최근에 이르러 자칭 '공공이익집단'이 소위 유권자를 대변한다는 구실로 조직적으로 끼어들기 시작했다.

대다수의 경제학자들은 현재의 특정한 규제와 감독에 의한 공해통제방법보다 더 좋은 방법은 공해 유출세를 부과함으로써 시장원리를 도입하는 것이라고 믿고 있다. 예를 들면 폐수를 내보내는 공장을 시정 한다든가 호수나 강으로 흘려보내는 폐수의 질을 일정 수준으로 유지하려고 정부가 강요하는 대신 공해방출량 단위당 일정액의 세금을 부과하는 것이 좋다는 뜻이다. 이러한 방법이 기업으로 하여금 공해배출량을 줄일 수 있는 가장 값싼 방법을 강구케 하는 자극제가 된다고 생각한다. 동시에 중요한 것은 이와 같은 공해통제방법이 공해감축을 위한 비용에 대한 객관적인 증거가 될 수 있다는 점이다. 만약에 적은 액의 세금부과로 공해를 크게 감축할 수 있다면 공해의 유출을 방치함으로써 얻는 이득이 거의 없다는 점을 분명히 나타내 주는 것이다. 반면에 고액을 과세하더라도 대량의 오물이 배출된다면 사정은 정반대가 되어서 피해자를 보상하거나 손상된 것을 복구하기 위해 막대한 자금이 필요할 것이다. 과세율 그 자체는 비용과 편익에 대한 자료에 따라 변동시킬 수 있다.

규제의 경우와 같이 오염 배출에 대한 과세도 공해의 원인이 되는 재화 소비자에게 자동적으로 전가된다. 공해를 줄이기 위한 비용이 많이 드는 재화는 그 비용이 적게 드는 재화와 비교할 때 가격이 높아질 것이다. 마치 정부의 규제조치가 큰 비용부담을 주고 있는 상품이 그렇지 않은 상품보다 값이 비싸지는 것과 같은 현상이다. 따라서 규제대상품목의 생산량은 줄어들기 마련이고 규제대상이 아닌 상품의 생산은 늘어나게 된다. 공해방출에 대한 정부의 규제 및 단속조치가 공해 방출세를 부과하는 제도와 다른 점은 규제나 단속조치보다는 세금부과제도가 적은 비용으로 공해문제를 더 효과적으로 관리할 수 있으며 공해를 방출하지 않는 기업에는 부담을 주지 않는다는 것이다. 프리만 Ⅲ세A. Myrick Freeman Ⅲ와 해브만 Robert H. Haveman은 그들의 뛰어난 논문에서 다음과 같은 내용을 밝히고 있다.

「경제적 유인방법이 미국에서 시도되지 않은 이유로 이 방법이 효과 없기 때문이라고 지적하고 있는 것은 웃기는 이야기이다.」

이 두 사람이 주장하는 바와 같이

「환경문제의 질적인 기준과 관련하여 볼 때 공해방출과 세제의 확립이 공해문제 해결에서 발생하는 정치적 충돌의 문제를 대부분 해결할 수 있을 것이다. 그리고 과세에 의한 공해통제 방법이야말로 공해문세를 명확하게 다룰 수 있으며 그래서 정책 때문에 해를 입은 사람들이 지금 무슨 일이 발생하고 있는지를 이해할 수 있게 한다. 정책입안자들이 회피하려고 하는 것은 정책 선택의 투명성과 공개성이다.」[110]

위에서 논의한 내용은 지극히 중요하고 지대한 영향을 끼치는 문제에 관하여 너무 간략하게 다룬 것이다. 그러나 화물수송, 철도 그리고 항공업에서 요금을 책정하고 노선을 배정하는 것처럼 정부가 개입할 입장이 아닌 분야에서뿐만 아니라 정부가 꼭 개입해야 할 분야, 즉 환경보호와 같은 분야에서도 규제조치가 갖는 어려움은 마찬가지로 발생할 것이라는 점을 밝히는 데는 충분한 것 같다.

시장기구가 제 기능을 발휘하지 못하는 분야가 분명히 있다. 그러나 이러한 공공분야에서마저도 시장기능의 성과가 어떤 것인지에 대해서 깊이 생각할 필요가 있다. 불완전한 시장이 불완전한 정부보다 낫거나 아니면 그만한 역할을 할 수 있을 것이다. 공해문제에서도 시장을 통해 문제해결을 해보려는 견해가 놀랄 만큼 많은 해결책을 가져다 줄 것이다.

만약에 우리가 수사적인 내용에 귀를 기울이지 않고 현실을 직시한다면 오늘날의 공기와 물이 일반적으로 백 년 전보다 훨씬 청결하고 안전하다고 말할 수 있다. 현재 지구상의 선진국이 후진국보다 더욱 맑고 안전한 공기와 물을 갖고 있다. 공업화는 확실히 여러 가지의 새로운 문제를 제기하여 왔다. 그러나 공업화가 그 이전에 있었던 문제들을 해결하는 수단을 제공하여 왔다는 것도 사실이다. 자동차의 개발이 한 가지 공해를 추가시켰음은 사실이다. 그러나 자동차의 개발과 이용이 훨씬 바람직하지 못한 종류의 공해 혹은 불편을 어느 정도 종식시킨 것도 사실이다.

5

에너지성

1973년에 조직된 석유수출국기구OPEC라는 카르텔이 미국에 가한 석유 수출제한 조치는 1973년부터 미국을 괴롭혀온 일련의 에너지 위기와 주유소의 기다란 대기 행렬을 초래하였다. 미국 정부는 이에 대응하기 위하여 에너지 생산과 사용을 통제하고 규제하기 위한 정부기구를 순차적으로 조직하기 시작하였고 1977년에 에너지성을 설립함으로써 에너지를 관리하기 위한 관료조직을 완료하기에 이르렀다.

미국의 정부 관리, 신문기자, TV 해설자 모두가 에너지 위기 현상의 원인이 탐욕스러운 석유생산자, 낭비가 심한 소비자, 불안정한 기후, 그리고 아랍회교국의 족장들에게 있다고 믿고 있다. 그러나 이들 가운데 아무에게도 석유 위기현상에 대한 책임을 물을 수가 없다.

원래 석유생산자는 최근만이 아니고 오래전부터 언제나 자기 이익만을 추구했다. 소비자들도 어느 날 갑자기 낭비벽이 생긴 것이 아니며 기후 조건도 늘 그래왔고 1973년 전후에만 혹심한 겨울이 있었던 것도 아니다. 아랍 회교국의 족장들도 우리가 기억하기론 오래전부터 부를 추구하여 온 사람들이다.

바보스러운 설명으로 신문지상과 TV 화면을 메우는 묘하기도 하고 닳고 닳아 뻔뻔하기만 한 사람들은 1971년 이전에 약 100년이 넘도록 제2차 세계대전 기간만을 제외하고는 어째서 에너지 위기 현상이라든가 휘발유 부족 현상과 난방용 기름 부족 현상이 없었던가? 라는 의문을 자문해 본 일이 없는 것 같다. 에너지 위기 현상은 언제나 정부가 잘못을 저질렀기 때문에 존재했다. 물론, 정부가 심사숙고하여 의도적으로 그렇게 해 오지는 않았다. 닉슨, 포드 그리고 카터 대통령 모두가 의회가 에너지 위기와 주유소 앞의 긴 행렬이 생겨나는 입법 조치를 하도록 요청하는 메시지를 보낸 일은 결코 없다. 그러나 정부는 앞뒤가 맞지 않는 일을 하고 있다. 닉슨 대통령이 1971년 8월 15일 물가와 임금을 동결시킨 이래로 정부는 원유, 소매용 휘발유 그리고 기타의 석유제품에 대해 최고가격제를 지속시켜 왔다. 그러나 불행하게도 석유수출국기구 때문에 1973년 원유가가 4배로 인상되자, 다른 상품에서는 최고가격제가 철폐되었으나 석유가는 계속 이를 유지해 왔다. 석유제품에 대한 법정 최고가가 바로 제2차 세계대진과 1971년 이래의 기간에 모두 핵심적인 문제점이 되고 있다.

경제학자들은 잘 모를지도 모르지만 우리들은 한 가지 사실을 잘 알고 있다. 즉, 어떻게 물자의 과잉 또는 부족 현상이 생겨나는가를 말이다. 만약 여러분이 잉여물자를 원한다면 정부로 하여금 실제의 가격보다 높은 수준에서 법정 최고가격제를 실시하게 하면 된다. 과거에 이런 정책 때문에 밀·설탕·버터 그 외에도 많은 상품의 과잉생산이 가능했다.

만약에 우리가 어떤 생산물의 부족현상을 원한다면 정부로 하여금 그 상품의 실제 가격보다 낮은 수준에서 법정 최고가격제를 시행하게 하면 된다. 뉴욕시와 최근에는 다른 몇 개의 시까지 부당하게 낮은 수준에서 책정된 법정 최고가격제를 주택임대료에 적용한 바 있었으며 그 결과로 이들 도시가 모두 주택난을 겪었거나 곧 겪게 될 것이다. 이처럼 정부가 부당한 최고가격제를 채택한 것이 바로 제2차 세계대전 기간 중에 그렇게 많은 물자부족 현상을 발생시킨 원인이었으며 현재의 원유에 대한 최고가격제가 바로 에너지 위기와 휘발유 부족 현상의 원인이다.

장래에 에너지 위기와 휘발유 부족 현상을 종식시킬 아주 단순한 방법이 하나 있다. 여기서 '장래'라는 말의 의미는 지금부터 6개월 혹은 6년 후를 뜻하는 것이 아니고 바로 내일을 뜻하는 것이다. 그 단순하고 유일한 해결책은 바로 석유와 기타의 석유제품에 대한 정부의 가격통제를 철폐하는 것이다.

최고가격제 이외의 잘못된 기타 정책의 집행 및 석유수출국기구의 독점적 행태 때문에 석유제품가격이 비싸졌을지 모른다. 그러나 최고가격제만 실시하지 않았던들 현재 미국이 직면하고 있는 무질서, 혼란 그리고 혼탁한 상태가 발생하지는 않았을 것이다.

놀랍게도 가격통제 철폐라는 해결책이 소비자의 휘발유 비용을 절감시켜 적정한 비용을 부담하도록 할 것이다. 가격통제를 철폐하면 아마도 휘발유의 공급자가격이 1갤런 당 몇 센트 상승할는지도 모른다. 그러나 소비자의 휘발유 비용에는 휘발유를 사기 위해 줄을 섬으로써 헛되게 써버린 시간과 휘발유를 사기 위해 여기저기 헤매고 다니면서 낭비해 버린 휘발유 그리고 에너지성이 써버리고 있는 연간예산 등을 모두 포함시켜야 한다. 에너지성의 1979년도 한 해 예산은 108억 달러에 달하며 이는 미국이 소비하고 있는 휘발유의 총량으로 환산하면 1갤런 당 9센트에 해당하는 금액이다.

그런데 어째서 이처럼 단순하고 틀림없이 효과를 볼 수 있는 해결책이 채택되지 않았던가? 저자가 이해하기로는 여기에는 두 가지 근본적인 이유가 있다. 그 가운데 한 가지는 일반적인 것이고 다른 하나는 특수한 것이다. 모든 경제학자를 절망시킬지 몰라도 잘 교육받은 경제학자 이외의 대다수 사람이 가격체계가 어떻게 작동하고 있는가를 이해한다는 것은 거의 불가능한 일인 것 같다. 신문 기자들과 TV 해설자들이 아마도 그들이 대학 초급학년 시절에 배웠을 기초적인 경제원리에 대해 특히 저항적인 것 같다. 이와 같은 사실이 단순하고도 틀림없는 경제문제 해결책을 채택하는데 장애가 되는 일반적인 이유인 것이다.

둘째로, 특수한 이유로서는 가격통제의 철폐가 정부를 무용지물로 만든다고 느끼는 데 있다고 본다. 즉, 가격통제의 철폐가 2만 명에 달하는 에너지성 관리의 활동이 얼마나 무용하며 해로운 것이었는가를 보여주지 않을까? 라고 생각하기 때문이다. 만약에 정부 통제가 철폐된다면 에너지성 설립 이전이 얼마나 더 좋은 상태였던가를 누군가에게 보여줄 수 있을지 모른다.

정부가 합성 연료를 생산하기 위해 방대한 사업을 추진해야 하며 그렇지 않으면 미국은 1990년에 이르러 '에너지'가 완전히 고갈되는 국가로 전락할 것이라는 '카터' 대통령의 주장에 대해서는 어떻게 생각하는가? 이와 같은 주장 역시 꾸며낸 이야기에 지나지 않는다. 정부사업은 효과적인 자유시장에 의한 해결책을 언제나 저지하여 왔기 때문에 그것이 해결책인 것 같은 느낌을 준다.

우리는 석유수출국기구 회원국에 장기계약조건으로 석유 배럴당 약 20달러를 지불하고 있으며 심지어 현물 석유 시장, 즉 직접 석유를 공급하는 시장에는 그보다 더 많은 값을 지불하고 있다. 그러나 정부는 국내 생산자에게 배럴당 5달러 94센트밖에 안 되는 값으로 원유를 판매하도록 강요하고 있다. 그뿐만 아니라 정부는 해외로부터 수입되는 원유값을 보조하기 위해 국내의 원유생산자에게는 세금을 물리고 있다. 미국 시민은 정부가 국내 천연가스생산자가 부과하도록 허락한 금액의 2배 이상에 달하는 금액을 '알제리'로부터 수입된 액화천연가스에 지불하고 있다. 또한 정부는 에너지 생산자와 소비자 모두의 경제적 희생을 전혀 아니면 별로 고려하지도 않으면서 엄격한 환경보호를 위한 요구조건만을 지키도록 강요한다. 복잡한 규칙과 규제 조건이 핵발전설비 혹은 석유와 석탄을 이용한 화력발전설비를 건립하고 미국이 보유하고 있는 풍부한 석탄매장량을 개발하여 공급하는 데 소요되는 시간을 대폭 늘려 놓고 있을 뿐 아니라 이들의 생산비를 바로 인상시켜 버렸다. 미국 정부의 이와 같은 반생산적인 정책은 국내의 에너지 생산을 억압해 왔으며 카터 대통령이 말한 대로 석유의 해외의존이 지구의 약 반에 달하는 거리에 뻗친 가느다란 석유 공급파이프에 의존하는 위험스러운 처사임에도 불구하고 미국으로 하여금 해외로부터 수입되는 석유에 더욱 더 의존하게 만들어 왔다.

1979년 중반에 카터 대통령은 10년간에 걸쳐 880억 달러를 투입하여 합성연료를 생산한다는 거대한 정부 투자사업을 제안한 바 있다. 그렇다면 소비자가 셰일암석에서 뽑아낸 원유를 배럴당 약 40달러를 직·간접적으로 지불하도록 하면서 배럴당 5달러 94센트 정도면 생산할 수 있는 국내의 원유생산을 금지시키는 일이 정말로 의미 있는 일인지 의문이 아닐 수 없다. 에드워드 밋첼Edward J. Mitchell이 1979년 8월 27일자 「월스트리트저널Wall Street Journal」지에서 밝힌 바와 같이

「오늘날 석유수출국기구의 배럴당 20달러나 아니면 1990년도에는 그보다 비싸질 해외 석유가로부터 소비자를 보호하기 위해 1990년에 가서 개발되는 배럴당 40달러에 달하는 얼마 안 되는 합성유를 획득하기 위해 880억 달러를 지불하는 것은 잘 따져봐

야 하는 일이다.」

셰일암석·타르 모래Tar Sand 등에서 추출되는 석유는 그 생산방법이 모든 생산비를 포함시켜도 기타의 대체 에너지 생산방법보다 저렴할 때에만 의미를 갖는 것이다. 어느 생산 방법이 보다 저렴한 것인가 그 여부를 결정하는 가장 효과적인 기구는 시장이다. 만약에 어떤 생산 방법이 보다 저렴한 생산비가 든다면, 즉 기업인이 비용을 감당하고 이익을 얻을 수 있다면 이들 생산방법의 대안들 가운데 어떤 것을 개발할 것인가 하는 문제는 민간기업인의 이익추구에 달려 있다.

민간 기업은 장래에 정부가 가격을 통제하지 않는다는 확신이 들 때만 이익을 거둘 수 있다. 내키는 대로 가격을 묶는다면 기업은 동전 던지기 도박을 하고 있는 것과 다름이 없다. 현재 우리들의 상태가 꼭 그렇다. 즉, 석유류 가격이 상승하면 통제 또는 부당이득세가 선뜻 다가오고, 가격이 하락하면 기업이 혼자 책임을 뒤집어쓰고 빈털터리가 된다. 이런 상황이 계속되리라 예상되면 자유경쟁 시장은 무기력해지기 마련이고 카터 대통령이 제안한 사회주의적 정책만이 유일한 정책대안으로 남게 된다.

민간 기업은 그들이 환경에 끼친 손상에 대해 보상하도록 요구받을 때에만 그 비용을 부담할 것이다. 이때 부과하는 것이 바로 오염방출세이다. 이 방법은 정부가 임의의 기준을 설립하고 이것이 깨지면 또 다른 기준을 설정하게 하는 방법과는 다른 것이다.

가격통제와 규제가 있을 것이라는 위협이 민간 기업이 대체연료를 개발하려는 의지에 중대한 저해요소가 되고 있다. 대체연료 개발에 따르는 불확실성이 매우 크고 개발자금이 막대하게 소요되기 때문에 대체연료 개발이 어렵다고 주장해왔다. 그러나 이런 주장은 분명 잘못된 것이다. 불확실성이 큰 모험에 도전하여 이것을 이겨내는 것이 민간 기업 활동의 본질이다. 자본가 대신에 소비자에게 위험부담을 전가한다고 해서 그것이 없어지지는 않는다. 알래스카와 미국본토를 연결하는 송유관 건설은 바로 민간시장이 밝은 전망이 있는 투자사업에 대해 거금의 자본을 모아 줄 수 있다는 사실을 잘 입증해 주고 있다. 국가의 자본형성 원천은 조세보다는 자본시장인 것이다. 결론적으로, 우리가 소모하는 에너지 대가를 지불하는 것은 소비자이다. 만약에 우리가 조세와 인플레이션을 통해 간접적으로 에너지 사용에 대한 대가를 지불하지 않으며, 에너지의 사용방도도 정부에 의해 규제받지 않고 우리 스스로 그 대가를 지불하고 자유롭게 에너지를 선택할 수 있다면 우리는 에너지 사용에 따른 대가를 총체적으로보다 덜 지불하면서도 풍족한 에너지를 즐길 수 있게 될 것이다.

6

시장

　이 세상은 완전하지 못하다. 언제나 허울뿐인 가짜 상품, 사기꾼 그리고 야바위꾼이 있기 마련이다. 그러나 전체적으로 볼 때 시장에서의 자유경쟁이 작용만 잘 되는 경우에는 시장 감독에 열을 올리고 있는 정부보다 소비자를 보다 효과적으로 보호해 왔다.
　제7장 서두의 인용문에서 애덤 스미스가 밝힌 바와 같이 자유경쟁을 유지하면 기업인이 관료보다는 자비심 혹은 이타심이 더 많다든가, 보다 관대하다든가, 심지어는 기업인들이 능력이 더 있기 때문에 소비자를 보호하는 것이 아니라 자신들의 이기심을 충족하려고 소비자를 섬기는 것이다.
　만약에 어떤 상점 주인이 고객에게 다른 상점보다 질이 좋지 않고 값이 비싼 상품을 판매한다면 고객들은 다음부터는 그 상점을 이용하지 않을 것이다. 또 그 상점 주인이 고객의 욕구를 충족하지 못하는 상품을 판매해도 고객은 그 상품들을 구입할리 없다. 따라서 상인들은 동서양을 막론하고 소비자의 욕구를 채워줄 수 있고 그들에게 환심을 살 수 있는 상품을 준비해서 거래하기 마련이다. 소비자가 어떤 상점에 들어갔을 때, 물건을 사야만 한다고 강요하는 사람은 아무도 없다. 소비자는 자유롭게 사고 싶으면 사고 그렇지 않으면 다른 상점으로 갈 수 있다. 바로 이것이 시장과 정부 관청의 차이점이다. 소비자는 선택할 자유가 있다. 경찰이라도 여러분의 돈지갑에서 돈을 꺼내어 여러분이 원하지도 않는 물건 값을 치르게 하거나 원하지도 않는 일을 하게 할 수도 없다.

그러나 식품 의약청과 같은 규제기관이 존재하지 않는다고 가정했을 때, 정부의 규제를 주장하는 사람들은 기업이 저질이고 위험성이 많은 상품을 판매할 경우 누가 이를 저지할 것인가? 라고 물을 것이다. 앞서 예를 든 '엘릭서' 설파제와 '탈리도마이드' 약제사고와 그밖에 잘 알려져 있지는 않지만 이미 발생한 수많은 사고가 알려주듯이 불량하고 위험성 있는 상품의 출현을 규제하는 일은 매우 어렵고 비용이 많이 든다. 기업이 불량하고 위험성이 많은 상품을 생산·판매하는 것은 매우 어리석은, 다시 말해서 소비자가 신뢰할 수 있는 기업경영 방법이 아니다. 기업이 활동하는 가운데 부지불식간에 과오와 사고를 일으킬 수 있는 일이다. 그러나 '트리스' 사고의 경우처럼 정부가 이들 기업의 과오나 사고를 예방하려고 규제한다는 것은 거의 불가능한 일이다. 큰 실수를 저지른 민간 기업은 망하지만 정부가 실책을 저질렀을 때는 국민이 부담하는 예산만 늘어난다. 바로 이 점이 시장시스템에 의한 운영과 정부규제에 의한 운영과의 차이점이다.

예견할 수 없는 역효과가 나타나는 사례가 있을 수 있다. 그러나 이런 사태의 진전을 예측함에 있어 정부보다는 민간 기업이 더 훌륭한 수단을 갖고 있다. 이러한 사태의 확산을 예방하는 유일한 방법은 발전을 멈추는 것이다. 그러나 이 방법은 우리가 예측할 수 없으나 바람직한 사태로 발전할 가능성도 제거해 버린다는 사실을 알아야 한다.

정부의 규제를 주장하는 사람들은 소비재안전위원회 없이 소비자들이 그 복잡한 상품의 질을 어떻게 가늠할 수 있겠는가? 라고 의문을 제기할 것이다.

그러나 이 문제를 시장에 맡길 경우 소비자가 스스로 상품의 질을 평가해야 할 필요는 없다고 답하게 된다. 소비자는 상품을 선택할 수 있는 여러 가지 방도를 갖고 있다. 그 가운데 한 가지 방도는 중간상인을 이용하는 것이다. 예를 들면 백화점의 주요한 경제적 기능이 소비자를 위해 상품의 질을 감시하는 것이라고 할 수 있다. 소비자는 누구도 그 많은 구입품에 대해 심지어는 셔츠, 넥타이, 구두 등과 같은 사소한 제품에 대한 전문지식을 갖고 있지 않다. 만약에 소비자가 상품을 구입한 후 결함이 있다는 사실을 알게 되면 소비자는 이 상품을 생산자보다는 그것을 구입한 소매상에게 돌려주려 할 것이다. 그렇기 때문에 소매상은 소비자보다 상품의 질을 제대로 평가할 수 있는 능력을 갖고 있어야만 한다. 따라서 '씨어즈러우벅'이라든가 '몽고메리 워드' 같은 백화점은 소매점인 동시에 유효한 소비재 평가 기구의 역할을 하고 있는 것이다.

시장시스템을 통해 소비자를 보호할 수 있는 또 다른 방법으로 상표를 들 수 있다. 신뢰할 수 있는 상품을 생산하고 있다는 평판을 얻는 일은 제너럴 일렉트릭General Electric, 제너럴 모터스General Motors, 웨스팅하우스Westinghouse, 롤스로이스Rolls-Royce 같은 회사들의 이기심에서 나온다. 이는 평판이 그 기업 「신용goodwill」의 원천이며, 그 기업이 갖고 있는 공장보다도 기업으로서의 가치에 더 큰 기여를 하기 때문이다.

이 밖에도 시장시스템에는 소비자를 보호할 수 있는 또 다른 방편으로 민간 검사 시험 조직이 있다. 이러한 상품 시험 연구소는 산업계에서 보편화된 것으로 많은 소비재의 질을 보증해 주는 매우 중요한 역할을 하고 있다. 소비자를 위한 민간조직으로는 1928년에 시작된 소비자연구회Consumers' Research가 있는데 이 연구회는 월간지 컨슈머리서치를 발간하여 광범위한 소비재를 평가하는 등 지금도 활발히 활동한다. 동시에 1935년에 설립된 소비자 동맹Consumers Union도 소비자보고서Comsumer Reports를 월간지로 발행하여 소비자에게 상품에 관한 지식을 전달하고 있다.

이 두 민간단체는 모두 성공적으로 운영되어 왔으며 상당수의 전문 기사와 교육받은 상품검사원과 행정 요원을 보유하고 있다. 그러나 이들 단체가 설립된 지 약 50년이 경과한 지금에도 이 두 단체가 전국소비자의 1~2%에 해당하는 고객만을 유치하고 있을 뿐이다. 두 단체 가운데 규모가 좀 더 큰 소비자 동맹이 약 200만 명의 회원을 보유하고 있다. 이들의 존재가 바로 소비자 수요에 대한 전체의 반응을 나타내 주고 있다. 이처럼 작은 규모의 회원 수와 기타의 이와 유사한 다른 기관이 생겨나지 않고 있다는 사실은 소수의 소비자만이 이러한 서비스를 이용하고 있으며 그 대가를 지불할 의사가 있다는 점을 시사하는 것이다. 틀림없이 대다수의 소비자는 그들이 바라는 상품의 구매안내를 다른 방법으로 얻고 그 대가를 지불하고 있을 것이다.

광고가 소비자를 맹목적으로 따르게 할 수 있다는 주장에 대해 여러분은 어떻게 생각하는가? 값비싼 광고가 수없이 실패한 사실이 입증하듯이 소비자가 광고를 맹목적으로 쫓지 않는다는 것이 저자의 견해이다. 가장 큰 실책 가운데 하나는 포드자동차 회사가 개발해서 대대적인 광고 활동으로 판매촉진을 시도한 에드셀Edsel 승용차의 사례라 하겠다. 더 근본적인 이야기를 하자면 광고는 기업의 비용이며 기업인은 광고비 지불에 대한 대가를 최대한으로 얻고자 한다. 그렇다면 인위적인 욕구 또는 바램을 만들어 내려고 노력하는 것보다는 소비자의 진실한 바람 혹은 욕구에 호소하는 것이 더욱 의미 있는 일이 아니겠는가? 분명히 인위적으로 욕구를 창출하는 것보다는 이미 소비자들이 갖고 있는 욕구를 충족시키는 명품을 소비자에게 판매하는 일이 보다 손쉽고 적은 비용이 들 것이다.

자동차모형을 바꾸는 것이 인위적으로 욕망을 창출하는 좋은 예라고 주장해 왔다. 그러나 포드자동차 회사는 막대한 광고비를 지불하였음에도 불구하고 에드설 자동차에 대한 수요를 창출하는 데 실패했다. 미국산 가운데 모형을 자주 바꾸지 않는 자동차와 수많은 외국산 자동차에 소비자가 얼마든지 접근할 수 있었다. 그런데 이들 자동차는 전체 고객의 일부분밖에 유인할 수 없었다. 만약에 소비자가 모형을 자주 변화시키지 않는 자동차를 정말로 갖고 싶어하면 그와 같은 자동차를 공급해 온 자동차회사들은 번영하고 그 밖의 자동차회사들도 그와 같은 흉내를 냈을 것이다. 광고를 가장 힐책해 온 자들의 진정한 반대의 내용은 광고가 소비자의 기호를 조작하는 것이 아니라 일반 대중은 대체로 저속한 취향, 즉 비판자들의 취향과 같지 않은 취향을 갖고 있다는 것이다.

어떤 경우라도 근거도 없이 특정사실을 비판할 수는 없는 일이다. 우리는 항상 몇몇 대안들을 비교 검토해야만 한다. 만약에 기업의 광고가 잘못되고 있다면 광고가 없는 상태 또는 정부가 광고를 통제하는 상태가 더 바람직한 것인가? 적어도 민간 기업에는 경쟁이란 것이 있기 마련이다. 어느 광고회사가 다른 회사를 공박할 수도 있다. 그러나 정부가 이런 일을 하기는 더욱 곤란하다. 실제로는 정부도 역시 광고행위를 하고 있다. 정부도 그들의 상품을 가장 바람직하게 세상에 내놓기 위해 수천 명의 홍보요원을 보유하고 있다. 정부의 광고는 때때로 민간 기업이 행한 광고보다 소비자를 더 오도하고 있다. 이를테면 재무성이 저축채권을 팔기 위해 사용하고 있는 광고를 보자. "미국의 저축채권은…재형저축의 최선의 방법"이라고 하는 표어를 인쇄하여 민간은행이 고객에게 배부하도록 한다. 그러나 정부가 발행한 저축채권을 과거 10년 이상 구입해 본 사람은 아무것도 얻은 것이 없다는 것을 경험했다. 즉, 채권 만기일에 수령한 금액이 채권 구입시 지불한 금액보다 그 실질가치가 작아졌고 채권의 이자소득에 대해서는 세금을 지불해야만 하는 일들을 경험한 바 있다. 이렇게 되어 버린 것은 정부가 국민에게 채권을 판매함으로써 유발된 인플레이션 때문이다. 그럼에도 불구하고 정부는 계속해서 '채권으로 개인 생활의 안정을 얻자' 혹은 '무럭무럭 커가는 선물'이라는 인용구를 사용하면서 광고하고 있다.

반독점법을 제정케 한 독점상태의 위험에 대해서 독자는 어떻게 생각하는가? 독점은 정말로 위험한 존재임에는 틀림이 없다. 독점상태를 막는 가장 효과적인 방법은 법무성의 반독점관리국의 규모를 늘리거나 혹은 연방 통상위원회의 예산을 늘려주는 것이 아니라 국제무역 거래에 상존하고 있는 다양한 무역장벽을 제거하는 것이다. 그렇게 되면 전 세계적인 경쟁이 허용되고 오늘날 국내 독점을 타파하려는 것보다 훨씬 효과적으로 독점을 방지할 수 있다. 영국의 프레디 레이커Freddie Laker는 항공운송산업에서 기업연합을 부수기 위해 법무성의 독점규제국의 도움을 필요로 하지 않았다. 일본과 독일의 자동차 제조업자들이 미국으로 하여금 소형 자동차를 생산하도록 유도하였다.

공기업, 민간 기업을 막론하고 소비자에게 가장 큰 위험은 바로 독점이다. 독점으로부터 소비자를 가장 효과적으로 보호할 수 있는 길은 국내에서 자유 경쟁상태를 유지하고 전 세계에 걸쳐 자유무역을 실천하는 것이다. 소비자는 재화를 구입할 수 있는 또 다른 공급자가 존재하고 있으며 이들이 소비자에게 상품을 팔려고 노력하는 경우에만 독점자에 의한 착취로부터 보호될 수 있다. 공급의 대안이 많아야만 소비자는 전 세계의 독점비판자를 합친 것보다 더 효과적으로 보호받을 수 있는 것이다.

결론

「눈물의 시대는 끝이 났다. 빈민가는 하나의 추억에 지나지 않을 것이다. 우리는 감옥을 공장으로, 유치장을 공산품과 농산물 저장창고로 만들 것이다. 이제 남성들은 성실하게 살아갈 것이며 여성들은 밝고 명랑하게, 아이들은 웃으며 지낼 것이다. 지옥은 영원히 채워지지 않고 손님을 기다리고 있을 것이다.」[111]

이 글은 유명한 술 '데몬 럼'을 반대하던 유명한 복음전도사이며 지도적인 종교인이었던 빌리 선데이Billy Sunday가 제1차 세계대전 후 도덕적 정의감이 사회적으로 고조되자 1920년에 입법된 금주법의 실시를 찬양한 설교이다.

이 일화야말로 오늘날 싹트고 있는 도덕적 정의감의 발로와 소비자보호운동의 추진이 어느 방향으로 이끌어질 수 있는가를 생생하게 회상하도록 해준다.

금주법은 우리 자신들을 위해 취해진 조치였다. 술은 확실히 위험한 물질이다. 식품의약청에서 통제하고 있는 모든 물체로 인해 연간 희생된 인명보다도 음주로 인해 목숨을 잃는 사람이 더 많을 정도다. 그러나 금주법이 궁극에 가서는 어떻게 되었는가?

금주법 때문에 음주행위가 범죄가 된 후 대량으로 생겨난 범죄자를 수용하려고 수많은 형무소와 유치장을 신축하지 않을 수 없었다.

알 카포네Al Capone나 벅스 모란Bugs Moran 같은 자들이 국민을 살해하고 납치하며, 재산을 강탈하거나 술을 밀매하는 행위로 악명을 떨치게 되었다. 그렇다면 도대체 누가 이 악당들과 거래를 했단 말인가? 이 악당들이 불법으로 공급하는 술을 누가 사 주었단 말인가? 그들은 알 카포네와 그 악당들이 악명을 떨치게 한 행위들을 인정하지도 않고 참여치도 않았던 존경받는 시민들이었다. 그들은 한 잔 마시기 위해 법을 위반해야만 했었다. 금주법이 음주 행위를 막지 못했던 것이다. 금주법은 그것이 없었더라면 법을 잘 지킬 선량한 시민을 위법자로 만들고 말았다. 금주법은 오히려 음주하면 어떤 매혹적이고 흥분된 묘한 기분이 있는 것처럼 만들어 젊은이들이 술을 마시도록 유인했다. 또한 금주법은 겉만 그럴듯하고 가짜투성인 위험성 있는 상품으로부터 소비자를 보호할 수 있는 시장의 교정적인 힘을 억압하여 제구실을 할 수 없게 하였다. 금주법은 경찰관을 부패시켰고 동시에 도덕적으로 퇴폐한 분위기를 조성했다. 여러 말할 것 없이 금주법은 음주행위를 막지 못하고 말았다.

현재 우리는 싸이클러메이트cyclamates, 디디티D.D.T, 래트릴laetrile 같은 상품의 사용을 법으로 금하고 있지만 이들이 금주법과 같은 사태에 빠질 가능성은 아주 희박하다고 하겠다. 그러나 금주법과 같은 사태가 바로 우리가 가고 있는 실제의 방향이 되고 있다. 식품 의약청이 판금시킨 의약품들이 일부 암시장에서 거래되고 있으며 미국 시민들은 금주법이 유효할 때 합법적인 음주를 위해 금주법이 없는 국가로 가서 술을 마셨다. 미국 내에서 구입할 수 없는 의약품을 구입하려고 캐나다 또는 멕시코로 간다. 양식 있는 수많은 의사가 환자의 치료를 위해 고려해야 할 사항과 법을 지켜야 한다는 사실 사이에서 어려움을 겪고 있다.

우리가 이대로 그냥 나간다면 종국에 가서는 어떻게 될 것인가는 분명한 일이다. 만약에 정부가 위험한 물질로부터 소비자를 보호할 책임을 갖고 있다면 정부는 마땅히 술과 담배의 생산과 소비를 금지시켜야 할 것이다. 만약에 정부가 위험한 자전거와 뇌관이 있는 장난감 총의 사용을 금지하는 것이 적절하다고 생각한다면 글라이더, 모터사이클, 스키 같은 더 위험한 운동도 금지하는 것이 마땅할 것이다.

규제관청을 맡아보는 관리들조차 이와 같은 전망에 대해 두려워하고 발뺌을 하고 있다. 자동차의 안전장치에 대한 의무규정과 '사카린' 사용금지와 같이 소비자 행태를 통제하는 극단적인 정책에 대한 일반대중의 반응을 보면 그런 식의 통제정책을 소비자가 전혀 원치 않는다는 사실을 충분히 알 수 있다. 정부는 국민이 섭취하는 식품과 의약품 또는 국민이 종사하는 활동에 관한 장단점을 일반 대중이 잘 알 수 있도록 하면 그만인 것이다. 국민에게 충분한 정보를 제공하는 것으로 정부는 그 임무를 다하는 것이다. 국민이 자신들의 생계를 유지하면서 어떤 것을 선택할 것인가의 문제는 국민이 자유롭게 결정할 수 있도록 해야 할 것이다.

제 8 장

노동자를 보호하는 것은 누구인가?

과거 2세기에 걸쳐 미국과 그 밖의 경제적 선진사회에서는 일반 노동자의 생활상태가 대폭 개선되어 왔다. 대부분의 현대 노동자들은 약 한 세기 전까지만 해도 전 세계에서 만연했던 등골 빠지는 노동을 더 이상 하지 않는다. 노동조건은 좋아졌고 노동시간도 단축되었으며 휴가 및 그 밖의 부가급부는 당연한 것으로 여겨진다. 소득은 훨씬 높아졌고, 그 덕분에 종전에는 부유한 소수만이 즐길 수 있었던 생활수준을 평범한 가정에서도 누릴 수 있게 되었다.

만일 갤럽이 여론조사를 하여 "노동자의 생활이 개선된 것은 무엇 때문인가?"라고 묻는다면 가장 보편적인 대답은 "노동조합"이고 그 다음에는 "정부"가 될 가능성이 매우 크다. 어쩌면 "누구의 덕택도 아니다"나 "모르겠다"나 "의견 없음"이라는 대답이 이 두 가지 대답모두를 앞지를지도 모르지만 말이다. 그러나 과거 두 세기에 걸친 미국 및 그 밖의 서구 제국의 역사는 이러한 대답이 잘못된 것이라는 사실을 입증하고 있다.

이 시기가 거의 다 지나가도록 미국에서는 노동조합이 거의 하찮은 존재였다. 1900년에 가서야 전체 노동자의 겨우 3%만이 노동조합에 가입하였다. 심지어 오늘날에도 노동자 4인 중 1인 미만이 노동조합원이다. 미국에서는 노동조합이 노동자의 생활을 개선시킨 주요한 이유가 아니었다는 것은 분명하다. 이와 마찬가지로 뉴딜 때까지는 정부, 특히 중앙정부가 경제활동에 대하여 규제하거나 간섭하는 일은 최소한에 그쳤다. 정부는 자유시장을 위한 틀을 마련해 놓음으로써 본질적인 역할을 수행했다. 그러나 정부의 직접적인 행동이 노동자의 생활을 개선시킨 이유가 아니었다는 것은 분명하다.

생활이 개선된 것이 "누구의 덕택도 아니다"라는 대답은 오늘날의 노동자들을 보면 사실이 아님을 알 수 있다.

노동조합과 노동자

말을 가장 오용하는 사례 중의 하나는 '노동자'란 말을 마치 노동조합과 같은 뜻을 지니기나 한 것처럼 사용하는 것이다 - 이러저러한 법안에 대해 "노동자가 반대한다."라든가, '노동자'의 입법계획은 이러저러하다는 보도에서처럼 말이다. 그것은 이중으로 잘못이다.

첫째로 미국에서는 노동자 4인 중 3인 이상이 노동조합에 가입하지 않고 있다. 심지어 노동조합이 오래전부터 미국보다 훨씬 더 강력한 힘을 발휘해 온 영국에서도 수많은 노동자들이 노동조합에 가입하지 않고 있다. 둘째로 '노동조합'의 이익과 그 조합원의 이익을 동일시하는 것은 잘못이다. 대다수의 노동조합에서 거의 언제나 양자 시이에는 관련이, 그것도 밀접한 관련이 있다. 그러나 합법적으로 하든 노동조합의 자금을 남용하거나 횡령함으로써 하든 어떻게 해서든지 자기들의 조합원을 희생시켜 이익을 편취하는 행동을 일삼는 노조 간부들이 얼마든지 있으므로, '노동조합'의 이익이 노동자 전체의 이익은 고사하고 '노동조합원'의 이익과도 자동적으로 같은 것이라고 생각하지 않도록 주의해야 한다. 이러한 말의 오용은 노동조합의 영향력과 역할을 과대평가하는 일반적 경향의 원인이자 결과이다. 노동조합의 행동은 눈에 띄고 보도가치도 있는 것이다. 그것은 신문의 1면 머리기사에 또는 텔레비전의 야간프로그램에 상세히 보도된다. 그러나 미국에서 대다수의 노동자들의 임금을 결정하는 '시장에서의 흥정과 교섭'(애덤 스미스가 이렇게 표현한 바 있다)은 눈에 훨씬 덜 드러나고 주의를 덜 끌며, 따라서 그 중요성은 매우 과소평가되고 있다.

이러한 말의 오용으로 말미암아 노동조합은 현대 산업발전의 산물이라고 생각되기도 한다. 그러나 결코 그렇지 않다. 오히려 그 기원은 공업화 이전의 시대로, 봉건시대에 형성된 도시와 도시국가에서의 상인과 장인 양자의 특징적 조직형태였던 길드로 거슬러 올라간다. 사실 현대노동조합의 기원은 이보다도 훨씬 옛날로 거슬러 올라가 거의 2,500년 전에 그리스에서 의료인들 간에 맺어진 협약에까지 이를 수 있다.

현대의학의 아버지로 널리 생각되는 히포크라테스는 소아시아의 해안에서 몇 마일밖에 떨어져 있지 않은 그리스 군도의 하나인 코스도에서 기원전 460년경 태어났다. 당시 이곳은 번창한 섬이었고 이미 의학의 중심지였다. 코스도에서 의학을 연구한 뒤 히포크라테스는 두루 여행하면서 의사로서, 특히 질병과 전염병 치료에 유능한 의사로서 커다란 명성을 쌓았다. 얼마 후에 히포크라테스는 코스도에 돌아와 의학교와 진료소를 설립하여 돌보았다. 그는 배우고자 하는 사람들은 모두 가르쳤다 - 그들이 수업료를 내는 한 말이다. 그의 진료소는 그리스권 전역에서 유명해져 널리 각 지역에서 학생들과 환자들과 의사들이 모여들었다.

히포크라테스가 104세의 나이로 죽었을 때, - 아니 이것은 전설이 전하는 바이지만 - 코스도는 의사들과 그의 학생들과 문하생들로 가득 차 있었다. 환자들을 손에 넣기 위한 경쟁이 치열하였고 이에 대한 대책을 강구하기 위하여 - 현대용어로 말하면 '불공정한 경쟁'을 배제하도록 '전문분야'를 합리화하기 위하여 - 공동의 운동이 전개되었음은 놀라운 일이 아니다. 그리하여 히포크라테스가 죽은 지 20년쯤 후에는 - 역시 전설이 전하는 바이지만 - 의사들이 함께 모여 행동규약을 만들게 되었다. 그들은 이것을 자기들의 옛 스승이자 사부의 이름을 따라「히포크라테스 선서」라고 명명하였다. 그 후 코스도에서 그리고 점차 그 밖의 세계 전역에서 새로 훈련받은 의사는 누구나 그 선서에 서명을 하고서야 비로소 개업을 할 수 있게 되었다. 그 관습은 오늘날에도 미국에서 대다수 의과대학 졸업식의 일부로 계속되고 있다.

대부분의 전문직업인의 규약이나 기업의 거래협정이나 노동조합의 노동세약과 마찬가지로「히포크라테스 선서」는 환자를 보호하기 위한 훌륭한 이상으로 가득 차 있는 것이었다. 즉 "나는 나의 능력과 판단에 최선을 다하여 환자를 돕기 위해 나의 힘을 발휘할 것입니다.…내가 왕진을 갈 때는 해를 끼칠 의도는 추호도 없이 오로지 환자를 도울 것입니다.…" 등등. 그러나 이 안에는 뜻밖의 효력을 나타낸 조목들도 다소 들어 있다. 이러한 조목을 생각해 보자. 즉 "나는 내가 받은 훈련과 강의와 그밖에 배운 모든 지식을 나의 자식들과 나의 스승의 자식들과 올바르게 종제從弟로서 훈련을 받고 서약을 한 사람들에게 전수하여 줄 것이며 그밖에는 어느 누구에게도 전수하지 않겠습니다." 오늘날 그것은 클로즈드 숍closed shop의 전주곡이라 불러도 좋을 것이다.

또는 신장이나 방광 결석으로 몸서리치는 고통을 겪고 있는 환자에 관한 이러한 조목에 귀를 기울여 보자. "나는 결석을 제거하기 위해서일지라도 집도하지 않겠습니다. 나는 이러한 절차는 이 분야의 전문의에게 맡기겠습니다"라는 것이다.[112] 내과의와 외과의 간의 이 얼마나 훌륭한 시장분할협정인가? 의사들이 새로 배출되어 그 선서를 할 때, 추측하건대 히포크라테스는 지하에서도 편히 잠들지 못할 것임에 틀림없다. 히포크라테스라면 면학의 뜻이 있음을 보이고 수업료를 내는 사람은 누구나 가르쳤을 것이다. 히포크라테스라면 전 세계의 의사들이 경쟁으로부터 자신들을 보호하려고 당시부터 오늘날까지 채택해온 그러한 제한적 관행을 아마도 강력히 반대했을 것이다.

미국의사회American Medical Association가 노동조합으로 간주되는 일은 거의 없다. 그러나 그것은 실제로는 평범한 노동조합보다 훨씬 더한 것이다. 그것은 회원들을 위해서나 의료계 전체를 위해서 커다란 공헌을 하고 있다. 그러나 그것은 역시 노동조합이며 더구나 필자들이 보기에는 이 나라에서 가장 성공한 노조 중의 하나이다. 수십 년간 의사의 수를 억제하고 의료비를 상승시켜 왔으며, '정식으로 종제 훈련을 받고 선서를 한' 의사들에게 그 밖의 사람들이 경쟁을 하지 못하도록 해왔다 - 물론, 이 모든 것이 환자를 돕기 위한 것이라는 명분을 내세우면서 말이다. 이 책에서 이제 의료계에의 참여를 제한하는 것이 환자에게 도움이 될 것이라고 의료계의 지도자들이 진지하게 믿어왔다는 사실을 되풀이해서 말할 필요가 거의 없다. 지금쯤은 우리들 모두가 자기의 이익이 되는 것은 사회의 이익이 된다고 믿을 수 있게 되었음을 잘 알고 있다.

정부가 의료분야에서보다 큰 역할을 담당하고 의료비에서보다 큰 몫을 부담하여 감에 따라 미국의사회의 힘은 약화되었다. 다른 하나의 독점적 집단, 즉 정부 관료들이 그 대신 등장하였다. 이러한 결과는 어느 정도까지는 조직의료인 자체의 행동에 의해 초래된 것이라고 생각된다.

의료분야에서 이러한 새로운 사태는 중요한 것으로 장래에 우리들이 이용할 수 있는 의료의 종류와 비용에 대해 광범한 영향을 미칠 수 있는 것이다. 그러나 이 장의 내용은 노동자에 관한 것이지 의료업에 관한 것이 아니므로 모든 노동조합 활동에 적용될 수 있는 원칙의 구체적인 사례가 될 수 있는 그러한 의료경제학의 측면들만을 언급하기로 한다. 건강보험 관련 조직에서 현재 진전되고 있는 사태에 관한 중요하고 흥미진진한 문제들은 한쪽으로 제쳐놓기로 한다.

누가 이익을 보는가?

의사들은 미국에서 가장 높은 봉급을 받는 노동자들에 속한다. 그러한 신분은 노동조합에서 득을 보아온 사람들에게는 예외적인 것은 아니다. 통념상 흔히 노동조합이 저임금노동자들을 사용자들의 착취로부터 보호해 준다고 알려져 있지만 현실은 매우 다르다. 가장 성공적인 노동조합에는 기술이 필요한, 그리고 노동조합이 있든 없든 간에 비교적 높은 봉급을 받게 될 직업에 종사하는 노동자들이 반드시 포함되어 있다. 이러한 노동조합은 다만 높은 임금을 한층 더 높게 할 뿐이다.

예컨대 미국의 항공기 조종사들은 1976년에 주 3일 일하면서 연평균 5만 달러의 연봉을 받았고 그것도 상당히 인상되어왔다. 조지 홉킨스George Hopkins는 「항공기 조종사들」이라는 제목의 연구에서 "오늘날 조종사들이 받는 엄청난 봉급은 조종사들이 그럴만한 책임을 떠맡거나 기능을 보유하고 있어서라기보다는 그들이 노동조합을 통하여 자신들의 지위를 보호하는 데 성공했기 때문이다"라고 한다.[113]

미국에서 가장 오랜 전통 있는 노동조합들은 역시 높은 기술을 보유하여 높은 봉급을 받는 목수나 배관공이나 도장공 등과 같은 노동자들의 직업별 조합craft union들이다. 더욱 최근에는 가장 빠른 속도로 성장하고 있는 노동조합들 - 그리고 실제로 다소의 성장이라도 보인 거의 유일한 노동조합들 - 은 교사나 경찰관이나 공중위생종사자나 그 밖의 각종 정부 고용원을 포함한 공무원들의 노동조합들이다. 뉴욕시의 지방공무원 노동조합들은 뉴욕시를 도산의 위기에까지 빠지게 함으로써 자신들의 힘을 과시한 바 있다.

학교 교사들이나 지방공무원들은 영국에서 명백하게 선례로 남아 있는 일반원칙을 구체적으로 보여주고 있다. 이들의 노동조합들은 그 조합원들의 봉급을 실제로 지불하고 있는 납세자들과는 직접 교섭하지 않는다. 이들은 정부의 관리들과 교섭한다. 납세자들과 노동조합들의 교섭 상대인 관리들 간의 관계가 멀수록 관리들과 노동조합들이 납세자를 희생시켜 가면서 손을 맞잡는 경향이 더욱 커지게 된다. 이것은 어떤 사람들이 다른 사람들의 돈을 또 다른 사람들을 위해 사용할 때 무슨 일이 일어나는가를 보여 주는 또 하나의 예이다. 이런 이유로 지방공무원노조는 소도시에서보다도 뉴욕과 같은 대도시에서 더욱 강력하며 또 학교의 운영이나 교육비에 대한 규제가 점차 더욱 중앙집권화하고 지역 사회로부터 더욱 멀어지게 되어 교원노조는 더욱 강력해진 것이다.

영국에서는 정부가 석탄산업, 공익산업, 전화산업, 병원산업을 포함하여 미국에서보다 훨씬 많은 산업을 국유화하였다. 그리고 영국의 노동조합은 국유산업에서 일반적으로 가장 강력하며 노동문제도 가장 심각하였다. 동일한 원리가 미국의 우편노조의 세력에 반영되어 있다.

강력한 노동조합의 조합원들이 높은 봉급을 받는 것이 사실이라면 분명히 이런 질문이 나오게 된다. 즉 그들이 높은 봉급을 받는 것은 그들의 노동조합이 강력하기 때문인가, 아니면 그들이 높은 봉급을 받기 때문에 그들의 노동조합이 강력한 것인가? 조합원들의 높은 봉급은 그들 노동조합의 조직적 힘을 과시하는 것이며, 만일 모든 노동자들이 노동조합에 가입하기만 한다면 높은 봉급을 받게 될 것이라고 노동조합의 옹호자들은 주장한다.

그러나 실정은 훨씬 더 복잡하다. 고도의 기술을 가진 노동자들의 조합은 틀림없이 그 조합원들의 임금을 인상시킬 수 있었다. 그러나 어떠한 경우에라도 높은 임금을 받게 될 사람들은 강력한 노동조합을 조직하기에 유리한 입장에 서 있는 것이다. 더구나 노동조합이 어떤 노동자들의 임금을 인상시킬 수 있다고 해서 모든 노동자들을 조합원으로 하는 보편적 조합주의가 모든 노동자들의 임금을 인상시킬 수 있다는 것은 아니다. 그와 반대로, 그리고 이것은 근본적인 오해의 근원이기도 하지만, "강력한 노동조합이 그 조합원들을 위해 확보하는 이익은 기본적으로 다른 노동자들의 희생에 의한 것이다."

이러한 실정을 이해하기 위한 열쇠는 경제학의 가장 초보적인 원리, 즉 수요의 법칙 – 어떤 것의 가격이 높아질수록 그것을 사고자 하는 사람이 적어진다는 것 – 이다. 어떠한 종류의 노동이든 그 값을 비싸게 할수록 그 종류의 일자리 수는 더욱 적어질 것이다. 목수의 품삯을 비싸게 할수록 그렇지 않을 때보다 지어지는 주택의 수는 더욱 적어질 것이며, 그나마 지어지는 주택도 목수의 손이 보다 적게 가는 방법이나 재료를 이용하는 경향이 나타날 것이다. 항공기 조종사의 임금을 인상시키면 비행기 여행은 점점 값이 비싸질 것이다. 비행기로 여행하는 사람들은 점점 적어지게 될 것이고 항공기 조종사의 일자리는 점점 적어질 것이다. 그 대신 목수나 조종사의 수를 감소시키면 이들은 보다 많은 임금을 받게 될 것이다. 의사의 수를 억제하면 그들은 보다 많은 진료비를 청구할 수 있게 될 것이다.

노동조합이 그 활동에서 성공을 거두면 그 노동조합이 규제할 수 있는 분야의 일자리 수는 감소된다. 그 결과 노동조합의 임금으로 그러한 일자리에 취업하고 싶어 하는 사람들은 그렇게 할 수 없게 된다. 그들은 별도리 없이 다른 일자리를 구할 수밖에 없게 된다. 다른 일자리에 대한 노동자의 공급이 증가함에 따라 그 일자리에 대해 지불되는 임금은 인하된다. 모든 노동자들을 조합원으로 하는 보편적 조합주의가 채택되더라도 이러한 사정은 달라지지 않을 것이다. 그렇게 되면 취업되는 사람들에게는 임금을 인상시키지만, 이와 동시에 다른 사람들에게는 실업을 증대시키는 결과를 가져올 수 있다. 이보다 가능성이 높기로는, 그렇게 되면 강한 노동조합과 약한 노동조합이 생겨나서 강한 노동조합의 조합원들은 지금도 그러하다시피, 약한 노동조합의 조합원들을 희생시켜 임금을 인상시키게 된다는 것이다.

노동조합의 지도자들은 항상 이윤을 희생시켜 임금을 인상시킨다고들 한다. 그러나 그것은 불가능하다. 이윤은 전혀 그럴 만큼 큰 것이 아니다. 미국의 총 국민 소득 약 80%는 현재 노동자들의 임금, 봉급 및 부가급부를 지불하는데 사용된다. 나머지의 절반 이상은 임대료와 차입금 이자를 지불하는데 사용되고 있다. 기업이윤 - 이것은 노동조합 지도자들이 항상 표적으로 삼는 것이다 - 의 합계가 국민 소득의 10%에도 못 미치는 것이다. 더구나 그것도 과세이전의 것이다. 세금을 공제하고 나면 기업이윤은 국민 소득의 약 6% 정도 밖에 되지 않는다. 이윤이 전부 흡수되더라도, 그것으로써 보다 높은 임금을 충당할 만한 충분한 여유가 없게 된다. 더구나 그렇게 한다면 황금알을 낳는 거위를 죽여버리는 꼴이 될 것이다. 소폭의 이윤은 있어야 공장과 기계에 투자하고 새로운 제품과 공정을 개발하기 위한 유인이 생기는 것이다. 이러한 투자와 혁신 덕분에 수년에 걸쳐 노동자의 생산성을 향상시켜 임금을 점점 더 인상시킬 수 있는 여지가 생겼다.

한 노동자집단에 대한 임금의 상승분은 기본적으로 다른 노동자들에게서 나오는 것임에 틀림없다. 근 30년 전에 필자 중의 한 사람이 추산한 바에 의하면, 미국 노동자의 평균 약 10% 내지 15%가 노동조합 또는 미국의사회처럼 노조와 유사한 조직을 통하여 그들의 임금을, 그러한 조직이 없었더라면 머물러 있었을 수준보다 10% 내지 15% 인상시킬 수 있었는데, 그것은 그 밖의 85% 내지 90%가 벌어들인 임금을 그러한 조직이 없었더라면 머물러 있었을 수준보다

약 4% 정도 인하시키는 희생을 치르고 이루어진 것이었다. 보다 최근의 연구는 노동조합의 영향이 여전히 이러한 규모를 벗어나지 않고 있다는 것을 보여준다.[114] 더 많은 임금을 받는 노동자들에게는 더 높은 임금이, 더 적은 임금을 받은 노동자들에게는 더 낮은 임금이 돌아가게 되는 것이다.

노동조합에 의해 고도로 조직화되어 있는 노동자들을 포함하여 우리는 모두 소비자로서 높은 노동조합 임금이 소비재 가격에 미치는 영향 때문에 간접적으로 피해를 입어 왔다. 주택 가격은 목수를 포함하여 모든 사람에게 필요 이상으로 비싸다. 노동자들은 노동조합 때문에 자신들의 기술을, 최고가품목을 생산하는데 사용하지 못했고, 그들은 별도리 없이 자신들의 생산성이 보다 낮은 활동에 의지하는 수밖에 없었다. 우리 모두가 이용할 수 있는 재화의 총량은, 그러한 조직이 없었더라면 가능했을 수준보다 적어지고 말았다.

노동조합의 힘의 원천

노동조합은 어떻게 조합원들의 임금을 인상시킬 수 있을까? 노동조합 힘의 근본적인 원천은 무엇일까? 이에 대한 대답은, 취업대상이 될 수 있는 일자리의 수를 억제하거나 또는 이와 마찬가지이지만 같은 종류의 일자리에 취입할 수 있는 사람의 수를 억제할 수 있는 능력이라는 것이다. 노동조합은 일반적으로 정부의 지원 하에 고

임금을 강제함으로써 일자리의 수를 억제할 수 있었다.

노동조합은 역시 정부의 도움을 받아 주로 면허 제도를 통해 취업할 수 있는 사람의 수를 억제할 수 있었다. 때로는 사용자와 결탁하여 그 조합원들이 생산에 참여하고 있는 제품의 독점을 실현시켜 주고 이로써 힘을 증대시켰다.

고임금의 강제. 만일 어떻게든 하여 노조가 어느 청부업자도 연관공이나 목수에게, 예컨대 시간당 15달러 이하로는 지불하지 않도록 보장할 수 있다면 그로 말미암아 일자리 수가 감소할 것이다. 물론, 그로 말미암아 취업하고 싶어 하는 사람의 수는 증가하게 된다.

우선 고임금을 강제로 실시할 수 있다고 생각해 보자. 그렇게 되면 한정된 수의 수지맞는 일자리를 거기에 취업하려는 사람들에게 할당하기 위한 어떤 방법이 있어야만 한다. 그리하여 수많은 방안이 채택되어 왔으며, 그중에는 그 일자리를 가족에게 국한시키는 족벌주의가 있는가 하면 연공서열과 도제제도에 관한 규칙, 작업량을 늘여 놓는 과잉고용요구featherbedding, 그리고 완전한 부정행위가 있다. 이해관계가 크기 때문에 어떤 방안을 사용하느냐 하는 것은 노동조합 업무 가운데 신중을 요하는 것이다. 어떤 노동조합은 공개회합에서는 연공서열 규정에 대한 토론을 못 하게 한다. 그 이유는 그렇게 하지 않으면 결국 언제나 주먹다짐이 일어나기 때문이다. 자기가 더 좋아하는 일자리를 확보하기 위하여 노동조합 간부들에게 상납하는 것은 흔히 볼 수 있는 부정행위 방식이다. 심한 비판의 대상이 되어온 노동조합의 인종차별은 일자리를 할당하기 위한 또 다른 하나의 방안이다. 일자리의 수는 한정되어 있고 그것에 대한 지원자가 남아돌아가 그것을 할당해야 된다면, 결국 취업하는 사람들을 선정하는 방안은 어느 것이든 자의적인 것이 되기 마련이다. 편견이나 이와 유사한 비합리적인 사고방식에 호소하는 것은 누구를 취업시키지 않을 것인가를 결정하는 방법으로 기취업자들 간에 흔히 커다란 지지를 얻고 있다. 인종이나 종교에 의한 차별은 의과대학의 입학허가에서도 고려되는 사항이 되었으며 그것도 똑같은 이유, 즉 받아들일 수 있는 지원자들이 남아돌아 이들 간에 자리를 할당할 필요가 있기 때문이었다.

임금에 대하여 다시 언급하자면, 어떻게 하면 노동조합이 고임금을 강제할 수 있을까? 한 가지 방법은 폭력을 쓰거나 폭력을 쓰겠다는 협박이다. 만일 사용자들이 비조합노동자들을 고용하거나 조합원들에게 노동조합이 요구한 임금보다 적게 지불한다면, 그들의 재산을 파괴하거나 그들을 때려눕히겠다고 협박하는 것이다. 또한 만일 노동자들이 보다 적은 임금으로 일을 하는 것에 응한다면, 그들을 때려눕히거나 그들의 재산을 파괴하겠다고 협박하는 것이다. 바로 그런 이유로 노동조합의 임금조정이나 교섭에는 흔히 폭력이 뒤따랐던 것이다.

이보다 쉬운 방법은 정부의 지원을 얻는 것이다. 바로 그 때문에 각 노동조합의 본부가 국회의사당이 있는 워싱턴의 캐피톨 힐 주위에 집결되어 있고 그렇게 많은 자금과 정성을 정치에 쏟고 있는 것이다. 항공기 조종사 노동조합에 관한 자신의 연구에서 홉킨스는

"노동조합은 연방보호입법을 충분히 확보하여 직업적인 항공기 조종사들을 거의 국가의 피보호자나 다름없이 만들었다"[115]고 기술하고 있다.

건설노동조합에 대하여 정부가 지원하는 주요한 방식은 데이비스-베이컨법Davis-Bacon Act이다. 이 법은 미국 정부나 콜럼비아 특별지구가 당사자이고 그 규모가 2,000달러를 초과하는 계약에 종사하는 모든 계약자들은 '노동부 장관에 의해 결정된' 문제의 인근 지역에서 '그와 같은 부류의 노동자들과 기계공들에게 지배적인' 것보다 낮은 임금을 지불하지 못하도록 규정하고 있는 연방법이다. 실제로는 이 '지배적' 임금이란 "건설의 지역이나 유형에 관계없이… 압도적 다수의 임금 결정"[116]에서 노동조합 임금으로 널리 통용되어 왔다. 이 법의 적용 범위는 그 지배적 임금의 요건을 연방 지원사업에 대한 수많은 다른 법들에 반영시킴으로써, 그리고 이와 유사한 법들이 35개 주(1971년 현재)에서 주의 건설비지출을 적용대상으로 함으로써 확대되었다.[117] 이러한 법들의 효력은 정부로 하여금 많은 건설활동에 대하여 노동조합 임금을 주도록 하는 것이다.

심지어 폭력의 사용에도 암암리에 정부의 지원이 끼어든다. 일반적으로 노동조합에 대해서 일반 대중이 호의적인 태도를 갖고 있기 때문에, 당국은 노동쟁의의 과정에서 다른 상황에서라면 도저히 용인하지 않을 행동이라도 결국 용인하게 된다. 노동쟁의 중에 어떤 사람의 자동차가 뒤집히거나, 공장이나 점포 또는 가옥의 유리창이 박살나거나, 심지어 사람들이 마구 얻어맞아 심하게 다치더라도 가해자는 다른 상황에서 이러한 사건이 일어났을 때보다 감옥에 가는 것은 고사하고 벌금조차 내게 될 가능성이 적다.

임금을 강제하는 다른 한 부류의 정부 조치는 최저임금법이다. 이 법은 저소득층 사람들을 돕기 위한 방법이라고 변호되고 있다. 사실은 이 법은 저소득층 사람들에게 피해를 입히는 것이다. 이 법이 무슨 이유로 강력하게 실시되느냐 하는 것은 최저 임금을 인상시키려고 의회에서 증언하는 사람들을 보면 분명히 드러난다. 그들은 빈곤한 사람들의 대표들이 아니다. 그들은 대개 조직 노동자, AFL-CIO나 그 밖의 노동조직의 대표들이다. 그들의 노동조합의 조합원 중에는 얼마쯤이라도 법정 최저수준에 가까운 임금을 받고 일하는 사람은 아무도 없다. 빈곤한 사람을 돕기 위해서라는 온갖 미사여구에도 불구하고, 그들은 자신들 노동조합의 조합원들을 경쟁에서 보호하기 위한 하나의 방편으로 언제나 최저임금의 인상을 지지하고 있는 것이다.

최저임금법은 사용자들에게 기술이 낮은 사람들을 차별하도록 하고 있다. 이러한 투로 평하는 사람은 아무도 없지만 이것이야말로 최저임금법의 실상이다. 예컨대 교육을 충분히 받지 못하고 기술이 거의 없어서 노동이라고 해야 시간당 2달러의 가치밖에 없는 10대의 경우를 생각해 보자. 그 소년 또는 소녀는 앞으로보다 나은 일자리를 얻을 수 있게 해줄 기술을 습득하기 위해 그 임금으로라도 몹시 일하고 싶어 할지도 모른다. 그런데 이 법에는 사용자가 그 소년 또는 소녀에게 시간당 2달러 90센트(1979년)를 줄 의사가 있어야만 비로소 이러한 사람이 고용될 수 있다고 되어있다. 사용자가 그 사람의 노동의 값어치인 2달러에다 사랑의 정신으로 90센트를 덧붙여 줄 의사가 없는 한 그 10대는 고용되지 않을 것이다. 어떤 젊은이가 시간당 2달러를 지불하는 일자리라도 갖게 될 때보다도 시간당 2달러 90센트를 지불하는 일자리를 가질 수 없게 될 때가 어째서 형편이 낫다는 것인지 우리들에게는 언제나 불가사의한 일이다.

10대들, 특히 흑인 10대들의 높은 실업률은 사회적 물의를 자아내는 문제이자 사회불안의 심각한 근원이다. 그러나 이것은 주로 최저임금법의 결과이다. 제2차 세계대전 종전 당시의 최저임금은 시간당 40센트였다. 이것은 전시 인플레이션에 의해 그 실질 가치가 매우 낮아져 하찮은 것이 되어버리고 말았다. 그 후 최저임금은 1950년에는 75센트로, 1956년에는 1달러로 대폭 인상되었다. 50년대 초에는 노동자 전체의 실업률이 약 4%였던데 비해 10대들의 실업률은 평균 10%였다 - 노동시장에 갓 참가하는 집단에게서 일반적으로 기대되는 바대로 그 차이는 크지도 작지도 않은 것이었다. 백인과 흑인 10대들의 실업률은 거의 같았다. 최저 임금이 대폭 인상된 후 실업률은 흑·백인 10대 모두에게서 현저히 높아졌다. 이보다 더 중요한 것은 흑·백인 10대들의 실업률 간 격차가 벌어졌다는 것이다. 현재는 백인 10대들의 실업률이 약 15~20%인데 비해 흑인 10대들의 실업률은 약 35~40%에 달하고 있다.[118] 최저임금이야말로 법전 중에 가장 유일한 것은 아니더라도 최악의 반흑인법률 중의 하나라고 생각된다. 우선 정부가 설립한 학교에서는 거의 전부가 흑인들인 많은 젊은이들이 너무나 형편없는 교육밖에는 받지 못하였기 때문에 충분한 임금을 받게 해 줄 기술이 없다. 게다가 정부는 그들이 저임금으로는 노동을 하겠다고 하지 못하게 함으로써 사용자들에게서 직장훈련을 받을 수도 없게 하여 그들을 재차 불리하게 하고 있다. 이 모든 것이 빈곤한 사람들을 돕는다는 미명아래 행해진다.

동업자 수의 제한. 임금을 강제하는 하나의 대안은 어떤 직업에 종사할 수 있는 사람들의 수를 직접적으로 제한하는 것이다. 그러한 수법은 사용자가 많은 경우 - 그래서 임금을 강제하는 것이 곤란한 경우 - 특히 매력적이다. 의료업은 하나의 훌륭한 예이다. 그 이유는 의료업의 조직 활동은 거의 다 개업의의 수를 제한하는 방향으로 쏠려왔기 때문이다.

동업자 수를 제한하는 데 성공하려면 임금을 강제로 실시하는 경우와 마찬가지로 일반적으로 정부의 지원이 필요하다. 의료업에 있어서 그 열쇠는 의사 면허제도이다 - 즉, 어느 누구라도 '의료업을 개업'하고자 하는 사람은 주로부터 면허를 받도록 규정되어 있는 것이다. 말할 나위도 없이 오직 의사들만이 누가 장래에 의사가 될 만한 자격을 갖고 있는가를 판단할 수 있는 적임자로 여겨질 것이므로 각 주(미국에서 면허는 연방정부가 아닌 주정부의 권한이다.)의 면허위원회는 전형적으로 전부 의사들로 구성되어 있거나 의사들에 의해 지배되고 있으며 이들은 또한 일반적으로 미국의사회의 회원들이다.

면허위원회나 주의회는 면허교부를 위한 조건을 자세히 규정한 바, 이 덕분에 사실상 미국의사회는 개업허가를 받는 사람의 수를 좌우하는 힘을 갖게 되었다. 그러한 조건은 장기간의 훈련을 받도록, 즉 거의 언제나 '인가된' 대학을 졸업하고 대체로 '인가된' 병원에서 수련의 연수를 받도록 하는 것이었다. '인가된' 대학과 병원의 리스트가 미국의사회의 의학교육·병원위원회에서 발행한 리스트와 대개 일치하는 것은 결코 우연이 아니다. 미국의사회의 의학교육위원회의 인가를 받지 못하면 단 하나의 대학도 설립될 수 없으며 혹은 설립되더라도 오래 존속할 수 없다. 그러한 인가는 때로는 이 위원회의 권고에 따라 입학생 수를 제한하는 것이었다.

신참자를 제한하는데 있어서 조직된 의료계의 힘이 어떠한가는 경제적 곤란이 특히 컸던 1930년대의 공황기에 뚜렷이 나타났다. 고도의 훈련을 받은 피난민들이 당시 선진의학의 중심지였던 독일과 오스트리아에서 몰려들어 왔음에도 불구하고 히틀러가 정권을 잡은 이후 5년간에 외국에서 훈련받은 의사로서 미국에서 개업허가를 받은 수는 그 이전의 5년간에 비해 조금도 증가하지 않았다.[119]

면허제도는 특히 많은 개인 개업의들이 다수의 고객들을 개별적으로 상대하지 않으면 안 되는 의료업과 같은 직업에서 신참자를 제한하기 위해 광범위하게 이용되고 있다. 의료업에서와 마찬가지로 면허제도의 규정을 집행하는 위원회는 주로 이미 면허를 받고 그 직업에 종사하는 사람들로 구성되어 있다 - 그것이 치과의사이거나, 변호사이거나, 미용사이거나, 항공기 조종사이거나, 배관공이거나, 장의사, 경영자이거나를 막론하고 말이다. 면허 제도에 의해 개업을 제한하려고 하는 것과 관련 없는 직업은 하나도 없다. 연방직업위원회Federal Trade Commission 위원장에 따르면 - 어떤 주의회의 최근 회의에서 경매인, 우물 굴착공, 주택수리공, 청부업자, 애완동물훈련사, 전기치료사, 성性치료사, 정보처리기사, 감정인, 텔레비전수리공과 같은 직능 집단들이 자신들의 직종에 면허제도를 도입하자는 법안을 제안하였다. 하와이주에서는 문신 기예사에게 면허를 주고 있다. 뉴햄프셔주에서는 피뢰침외판원에게도 면허를 주고 있다.[120] 여기서 내세우는 '명분'은 언제나 같은 것으로 '소비자를 보호하기 위해서'라는 것이다. 그러나 누가 면허제도를 만들거나 강화하려고 주의회에서 로비활동을 하는가를 주시해 보면 그 '이유'가 분명히 드러난다. 로비스트들은 언제나 고객들의 대표들이 아니라 해당 직업의 대표들이다. 배관공이 자신의 고객들을 보호하려면 무엇을 해야 하는가를 아마 다른 어느 누구보다도 잘 알고 있으리라는 것은 틀림없는 사실이다. 그러나 누가 배관공이 될 수 있는가를 결정하는 법적 권한을 손에 넣으려고 굳은 결의로 노력하는 그들의 속셈이 주로 자기들의 고객들을 염려하는 이타주의의 발로라고 보기는 어렵다.

동업자 수의 제한을 더욱 강화하기 위해 조직된 각 직능집단은 면허를 받은 개업자들의 서비스에 대한 수요를 증대시키려고 각 직업의 업무를 법률적으로 가능한 한 광범하게 규정하려고 끊임없이 노력하고 있다.

면허제도를 통해 각 직업에 대한 신참자를 제한한 또 하나의 결과는 새로운 전문분야를 만들어 낸 것이다. 예컨대 의료업에서는 정골요법整骨醫學과 지압요법이 생겨났다. 여기서도 그 동업자 수를 제한하기 위해 면허제도가 차례로 이용되었다. 미국의사회는 지압사들과 접골사들이 무면허로 의료개업을 하고 있다는 혐의로 각 지역에서 소송을 제기하여 이들의 분야를 가능한 한 좁은 범위에 국한시키려고 애썼다. 지압사들과 접골사들은 그들대로 다른 개업자들이 무면허로 지압치료와 정골요법을 개업하고 있다는 혐의로 소송을 제기한다.

얼마쯤은 새로운 정교한 휴대용 기구가 개발된 덕택으로 가능하게 된 것이지만 최근의 의료의 발전은 각 지역사회에서 응급사태에 대하여 신속한 도움을 줄 수 있는 서비스 분야에서 이루어졌다. 이러한 의료서비스는 때로는 시 또는 시 기관에 의해, 때로는 순수한 민간 기업에 의해 조직되었고 이에 소요되는 인원은 면허를 받은 의사들보다는 주로 응급의료요원paramedics들로 충당되었다.

그 중 남 캘리포니아의 소방서에 배속된 기업체를 갖고 있는 조 돌핀Joe Dolphin은 그것이 얼마나 효과가 있는가를 다음과 같이 말하고 있다.

> 우리가 일하고 있는 캘리포니아주의 한 지역은 인구가 58만 명 정도에 달하는 군인데 응급의료요원들이 활동하기 전에는 심장이 멈추는 심근경색증에 걸렸던 환자들 중 1%도 채 안 되는 사람들만이 입원하여 생명을 건지고 퇴원하였다. 응급의료요원들이 활동한 최초 6개월간 심장이 멈춘 사람들의 23%가 다행히 생명을 건지고 퇴원하여 사회에서 다시 생산적 활동을 할 수 있게 되

었다.

그것은 매우 놀랄 만한 성과라고 생각된다. 사실 자체가 그 성과를 대변해 주고 있다고 생각된다. 그러나 이것을 의사회와 관련지어 생각하기란 때로는 매우 곤란하다. 그들은 자기들 나름의 생각을 가지고 있다.

보다 일반적으로는 권역분쟁 - 어느 활동을 어느 직업에 맡겨야 하느냐 - 은 작업중단 사태를 유발시키는 가장 흔한 원인 가운데 하나다. 재미있는 예의 하나는 필자들 중의 한 사람을 인터뷰하러 왔던 어떤 라디오 방송국 기자의 경우였다. 그는 인터뷰가 그의 카세트테이프의 한 면에 녹음될 수 있을 정도의 시간에 끝나야 한다고 강조하였다. 그 이유는 카세트의 앞뒷면을 바꾸는 일은 전기공노동조합의 조합원에게 맡겨져 있기 때문에, 만일 카세트를 자기가 뒤집어 바꾸면 그것을 방송국으로 가져갔을 때 녹음이 지워지게 되어 인터뷰는 망쳐버리게 되고 만다는 것이었다. 이러한 행동은 의사들이 응급의료원들을 반대하는 것과 똑같은 것으로 같은 목적에서, 즉 특정 집단의 서비스에 대한 수요를 증대시키고자 하는 데서 생기는 것이다.

노동조합과 사용자 간의 결탁. 노동조합은 때로는 독점금지법이 금지하는 활동인 기업들 간의 가격담합이나 시장분할이 가능하도록 기업들을 지원하고 이에 의해 힘을 증대시킨다.

가장 중요한 역사적 사례는 1930년대의 탄광업에서 있었다. 두 개의 거피Guffey 탄광법은 탄광업자들의 가격담합을 법적으로 지원하려는 시도로 제정된 것이었다. 1930년대 중반에 이 두 개의 법률 중 첫째 것이 위헌 판결을 받았을 때, 존 엘 루이스John L. Lewis와 그가 거느리고 있던 연합광부노동조합이 개입하게 되었다. 결국 채탄량이 과다해져 가격이 인하될 염려가 있을 때는 언제라도 파업이나 조업 중단을 선언함으로써 루이스는 암암리에 탄광업자와 제휴하여 석탄생산량을 통제하고 이로써 가격을 통제하였다. 어느 탄광회사의 부사장이 1938년에 말한 바와 같이, "그들(연합광부노동조합)은 유연탄 산업을 안정시키는데 크게 기여하여 이 산업이 수익성 있게 운영될 수 있도록 노력했다. 실제로 이러한 방법을 사용한 그들의 노력은… 탄광업자들의 노력보다도… 대체로 좀 더 효과가 있었다고 유감스럽지만 인정하지 않을 수 없다."[121]

이익은 업자와 광부들이 나눴다. 광부들에게는 많은 임금이 제공되었는데 이로 말미암아 기계화가 더욱 진전되고 광부의 수가 더욱 감소했다. 루이스는 이러한 효과가 있다는 것을 분명히 인식하고 기꺼이 이를 받아들일 생각이 있었다 - 취업자들이 모두 자기의 조합원인 한, 현업 광부들의 임금이 인상되면 취업자의 수가 감소하는 데 대한 보상이 충분히 된다고 생각하였던 것이다.

노동조합은 셔먼 반독점법의 적용대상에서 제외되므로 광부 노동조합이 이러한 역할을 수행할 수 있었다. 이 법의 적용대상에서 제외된다는 점을 이용한 노동조합은 노동조직이라기보다는 그 산업을 카르텔화하는 서비스를 판매하는 기업이라고 이해하는 편이 나을 것이다. 트럭 운전사 노동조합이 아마 가장 유명할 것이다. 제임스 호퍼James Hoffa 이전에 트럭 운전사 노동조합 위원장을 지낸 데이비드 벡David Beck(두 사람 다 결국은 감옥에 가고 말았다)에 대해서는 아마 꾸며낸 것이겠지만, 한 가지 이야기가 있다. 벡이 맥주 운반 트럭 운전사들을 위해 워싱턴주에서 맥주 양조업자들과 임금교섭을 하고 있을 때 '동부의 맥주'가 그 지방의 맥주보다 싼값으로 팔리기 때문에 그가 요구하고 있던 임금은 도저히 줄 수 없다는 말을 들었다. 그러자 그는 자기가 요구한 임금을 받을 수 있으려면 동부맥주의 가격이 어느 정도면 되겠느냐고 물었다. 1상자에 X달러라고 하자 그는 이렇게 대답했다고들 한다. "지금부터 동부의 맥주는 1상자에 X달러가 될 것입니다."

노동조합은 다른 무엇보다 조합원들의 고용조건을 교섭하거나 그들의 고충을 대변하며 조합원들에게 집단활동에 대한 참여의식과 소속감을 심어주는 등, 조합원들을 위해 유익한 일을 할 수 있고 실제로도 자주 그렇게 하고 있다. 자유의 신봉자로서 필자들은 노동조합이 다른 사람들의 권리를 존중하고 폭력행사를 삼가는 한, 자발적인 조직으로서 그 조합원들이 바라고 또 대가를 치를 의사가 있는 어떠한 일이라도 할 수 있도록 최대한의 기회가 주어져야 한다고 생각한다.

그러나 노동조합이나 이와 유사한 직업협회와 같은 집단은 그들이 내세운 주요한 목적인 조합원들의 임금 수준 개선을 순전한 자발적 활동과 가입제도에 의존해 오지는 않았다. 이들은 정부로부터 특권과 면제혜택을 얻어내는 데 성공하여, 그로 인해 다른 노동자들과 모든 소비자들을 희생시키면서 일부 조합원들과 간부들이 이익을 누릴 수 있었다. 대체로 이러한 활동에 의해 이익을 누리게 된 사람들은 피해를 입은 사람들보다 월등히 높은 소득을 얻었던 것이다.

2

정부와 노동자

정부는 노동조합원을 보호할 뿐 아니라, 일반노동자를 보호할 목적으로 수많은 법률을 채택하여 왔다. 즉, 노동자의 보수를 규정하는 법률, 아동의 노동을 금지하는 법률, 최저임금과 최다노동시간을 규정하는 법률, 공정한 고용관행을 확립하기 위한 위원회를 설립하는 법률, 적극적 평등 또는 차별시정조치를 촉진시키는 법률, 고용관행을 규제하기 위한 연방 안전보건청Office of Safety and Health Administration을 설립하는 법률 등, 그밖에 일일이 다 열거할 수 없을 만큼 수많은 법률들을 제정했다.

어떤 조치는 노동조건에 유리한 영향을 미쳤다. 노동자의 보수나 아동노동에 대한 법률과 같이 대개는 민간시장에서 이미 보편화되어 있던 관행을 경우에 따라서는 어느 정도 부가급부 분야에까지 확대하여 단지 법률로 성문화한 것뿐이다. 그 밖의 법률들은, 그렇다고 해서 놀라운 일은 아니지만 순전히 혜택만을 가져다주지는 않았다. 이 법률들은 일반 노동자들의 고용기회와 소득을 감소시키는 반면, 특정노조나 사용자들에게 힘을 가져다주는 원천이 되고 관료들에게 일자리를 마련해 주는 원천이 되었다. 가장 좋은 예가 안전보건청OSHA으로 이것은 어느 편에서나 불평을 터뜨리게 만든 관료적인 악몽이었다. 최근 유행하는 농담이지만, 전구를 소켓에 끼워 넣는 데 미국인 몇 사람이 필요할까? 그 답은 다섯 사람이다. 즉 전구를 끼워 넣기 위해서 한 사람, 그리고 이것이 환경에 미치는 영향에 대해 안전보건청에 보고서를 제출하기 위해서 네 사람이 있어야 한다는 것이다.

정부가 매우 훌륭하게 보호하고 있는 부류의 노동자들이 있는데 이들은 정부에 고용되어 있는 노동자들이다.

워싱턴 특별지구에서 자동차로 30분 정도 거리에 있는 메릴랜드 주의 몽고메리군은 많은 고급 공무원들의 본고장이다. 이곳은 또한 미국의 다른 어느 군보다도 세대 당 평균소득이 가장 높은 곳이기도 하다. 몽고메리군의 취업자 4명 중 1명은 연방정부에서 일한다. 이들은 안정된 일자리를 확보하고 생계비에 연동된 봉급을 받고 있다. 정년퇴직 후에는 역시 생계비에 연동된 공무원 연금을, 그것도 사회보장과는 별도로 받게 된다. 이들 중 다수가 어떻게 해서든지 사회보장의 혜택도 받을 수 있는 자격을 구비해서 이른바 이중 수혜자가 된다.

또한 몽고메리군에서 이들 공무원들의 이웃에 살고 있는 많은,

아니 거의 모든 사람들도 국회의원이거나 로비스트거나 또는 정부와 계약을 맺고 있는 기업의 최고경영자와 같이 연방정부와 관계있는 사람들이다. 워싱턴 주변에 있는 다른 교외 주택지역과 마찬가지로 몽고메리군은 급속히 성장해 왔다. 정부는 최근 이삼십 년 동안 매우 믿을 만한 성장산업이 되었다. 모든 공무원은 하위직에 있는 사람들조차 정부로부터 훌륭한 보호를 받는다. 많은 연구에 의하면, 그들의 평균봉급은 같은 수준의 민간인 봉급보다 많고 인플레이션으로부터 보호받고 있다. 그들은 부가급부를 폭넓게 받으며 거의 믿기 어려울 만큼 직업의 안정성을 확보하고 있다.

「월스트리트저널」지의 기사가 보도한 바처럼,

(공무원에 관한) 규정이 21권이나 되어 두께로는 무려 5피트나 될 만큼 늘어남에 따라 정부의 관계자들은 공무원들을 해고하기가 점점 곤란하다는 것을 알게 되었다. 동시에 승진이나 능력급의 인상은 거의 자동적이다. 그 결과 관료들은 거의 아무런 유인도 느끼지 않고 있으며 어느 누구의 통제도 받지 않는다…. 작년에 능력급 인상 대상자 백만 명 중에 그것을 받지 못한 사람은 단지 600명뿐이다. 거의 아무도 해고되지 않는다. 작년에 연방 정부에서 일하고 있는 사람들 중 해고된 사람들은 1%도 안 된다.[122]

하니의 특수한 예를 들어보자. 1975년 1월에 환경보호청Environmental Protection Agency에 근무하는 한 타이피스트가 너무 상습적으로 지각을 해서 그녀의 상사가 그녀를 해고시키려고 상신하였다. 그런데 그녀를 해고시키는 데는 19개월이나 걸렸으며, 모든 규정과 노사 간의 모든 협정을 지키기 위해 그동안 밟아야 했던 절차를 열거하자면 종이의 길이만도 모두 21피트나 되는 것이다.

이 절차에는 고용원의 상사, 상사의 상사인 차장과 국장, 인사국장, 해당 기관장, 고용 관계 전문가, 그 아래에 있는 고용 관계 전문가, 조사국의 전문 직원, 조사국장 등이 관계되었다. 전화번호부 두께만큼이나 많은 이들 관료들에게 납세자의 돈으로 봉급이 지불되고 있는 것은 말할 나위도 없다.

주 정부나 지방정부 차원에서는 곳에 따라 사정이 다르다. 여러 주와 또 뉴욕, 시카고, 샌프란시스코와 같은 대도시에서는 사정이 지금 말한 것과 마찬가지거나 또는 연방정부의 경우보다 더 심하다. 뉴욕시가 오늘날처럼 사실상 파산 지경에 이른 것은 대체로 지방공무원의 임금이 급속히 인상된 데 그 원인이 있으며, 어쩌면 명예퇴직과 풍족한 연금이 더 큰 원인이었을 것이다. 대도시가 있는 주에서는 흔히 공무원의 대표자들이 주의회에서 주요한 특수이익집단이 되어 있다.

3

보호받을 길 없는 노동자

어느 누구에 의해서도 보호되지 않고 있는 노동자들이 두 부류가 있다. 그 하나는 자신들을 고용해 줄 사용자가 하나밖에 없는 노동자들이며, 또 하나는 자신들을 고용해 줄 사용자가 전혀 없는 노동자들이다.

실제로 자신들을 고용해 줄 사용자가 단 하나밖에 없는 사람들은 그들이 갖고 있는 기술이 매우 희귀하고 가치 있는 것이어서 그것을 충분히 활용할 수 있을 만큼 규모가 크거나 형편이 양호한 사용자가 하나밖에 없기 때문에 많은 임금을 받게 되는 경향이 있다.

필자들이 경제학을 공부하던 1930년대에 이러한 예로 교과서에 전형적으로 나오던 것은 위대한 야구의 영웅, 베이브 루스였다. '홈런 황제'라는 별명이 붙어 있던 그는 당대에 단연 최고의 인기를 누리던 야구선수였다. 그는 2대 메이저리그의 어느 구장이라도 관중들로 꽉 채울 수 있었다. 뉴욕 양키즈는 마침 모든 구단 중에서 최대의 구장을 갖고 있었기 때문에 그에게 다른 어느 구단보다도 많은 봉급을 줄 수 있었다. 그 결과 그를 고용해 줄 사용자는 실제로 양키즈 하나밖에 없는 셈이었다. 그렇다고 해서 물론, 베이브 루스가 많은 봉급을 요구하는 데 성공하지 못했다는 말이 아니라, 그에게는 자신을 보호해 줄 사람이 아무도 없었다는 말이다. 그는 양키즈를 위해서는 출전하지 않겠다는 협박을 자신의 유일한 무기로 삼아 그들과 교섭하는 수밖에 없었다.

여러 사용자들 중에서 선택을 할 수 없는 사람들은 대개 정부 시책의 희생자들이다. 한 부류의 노동자들은 이미 말한 바와 같이 법정 최저임금 때문에 실업자가 된 사람들이다. 앞에서 말한 대로 이런 노동자들은 대부분이 정부 시책에 의한 이중 희생자들이다. 즉, 그들은 학교교육도 형편없이 받은 데다 최저임금이 높게 책정되어 있기 때문에 직장훈련도 받지 못하고 있는 것이다.

정부의 구호나 공적 부조의 대상이 되고 있는 사람들도 어느 정도 이와 비슷한 입장이다. 이들에게는 취직을 해서 벌어들이는 수입이 자신이 받고 있는 복지보조나 그 밖의 공적 부조를 못 받게 되는 것을 메울 수 있을 만한 금액이 될 때 비로소 취직하는 것이 이익이 된다. 그런데 그들에게 그만한 대가를 주고 일을 시킬 사용자는 한 사람도 없을지도 모른다. 이것은 사회보장의 대상자들, 게다가 72세 미만의 사람들에게도 마찬가지다. 이들이 적당한 금액 이상의 수입이 있게 되면 사회보장 혜택을 상실하게 된다. 이것이 주된 원인이 되어 65세를 넘는 노동자들이 노동력에서 차지하는 비율이 최근 2, 30년간 매우 급격히 감소하게 되었다. 즉, 남성 노동자의 경우 1950년에는 45%를 차지하고 있었으나 1977년에는 20%로 떨어져 버리고 말았다.

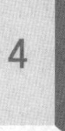

사용자 간의 경쟁

거의 모든 노동자들을 가장 믿을 만하고 효과적으로 보호해 주는 것은 다수의 사용자들이 존재하고 있다는 것 그 자체이다. 앞에서 본 바와 같이, 자신을 고용해 줄 사용자가 단 하나 밖에 없는 사람은 거의 또는 전혀 보호를 받지 못한다. 노동자를 고용하고자 하는 사용자야말로 그 노동자를 보호해 주는 사용자이다. 사용자가 노동자에게 일을 시키려고 하는 것은 그 노동자의 일에 완전한 대가를 지불하는 것이 바로 그 사용자 자신의 이익이 되기 때문이다. 만일 그 사용자가 그러한 대가를 지불하지 않으면, 어떤 다른 사용자가 당장 그렇게 하려고 할 것이다. 노동자를 확보하기 위한 경쟁, 바로 이것이 노동자에게 참된 보호가 된다.

물론, 사용자 간의 이러한 경쟁은 심할 때도 있고 약할 때도 있다. 고용기회에 대한 마찰과 무지가 매우 심하다. 사용자가 바람직한 노동자를 찾아내고 노동자가 바람직한 사용자를 찾아내기란 비용이 많이 드는 일일는지도 모른다. 이 세상은 불완전하며, 따라서 사용자 간의 경쟁도 완전한 보호가 되는 것은 아니다. 그러나 대다수의 노동자들에게 경쟁이야말로 지금까지 알려지거나 궁리해 낸 것 가운데 최선의, 또는 같은 말이지만 가장 덜 미흡한 보호책이다.

경쟁의 역할은 우리가 거듭거듭 마주쳐 온 자유시장이 가지고 있는 특징의 하나이다. 노동자는 자신을 고용해 줄 다른 사용자들이 존재하고 있기 때문에 현재의 사용자로부터 보호되는 것이다. 사용자는 자신이 고용할 수 있는 다른 노동자들이 존재하고 있기 때문에 현재의 노동자들로부터 착취당하지 않도록 보호되는 것이다. 소비자는 자신들이 구입하러 갈 수 있는 다른 판매자들이 존재하고 있기 때문에 현재의 판매자로부터 착취당하지 않도록 보호되는 것이다.

우편 서비스는 왜 형편없는가? 장거리 열차는 왜 형편없는가? 학교는 왜 형편없는가? 그 이유는 어느 경우에도 우리가 서비스를 받을 수 있는 곳이 단 하나로 한정되어 있기 때문이다.

5

결론

노동조합이 특정 직업에의 참여를 제한해서 조합원들의 임금을 인상시킨다면, 이때 인상된 임금은 고용기회가 감소된 다른 노동자들을 희생시켜 얻는 것이다. 정부가 공무원들에게 임금을 인상해 준다면, 이때 인상된 임금은 납세자를 희생시켜 얻는 것이다. 그러나 노동자들이 자유시장을 통해 임금을 인상시키고 노동조건을 개선시키게 된다면, 그리고 기업들이 서로 가장 우수한 노동자를 확보하기 위해 경쟁하거나 노동자들이 서로 가장 좋은 일자리를 얻기 위해 경쟁함으로써 임금을 인상시킨다면, 이때 인상된 임금은 어느 누구의 희생도 치르지 않고 얻어지는 것이다. 임금의 인상과 노동조건의 개선은 생산성이 향상되고, 자본투자가 증대되고, 기술이 더욱 광범하게 확산됨으로써 비로소 가능해진다. 그리하여 분배될 절대액이 커져서 노동자에게 돌아갈 몫이 커짐은 물론 사용자, 투자자, 소비자,

더 나아가 국세청 직원에게까지도 돌아갈 몫이 각각 커진다.

이야말로 자유시장체제가 경제발전의 성과를 모두에게 분배하는 방법이다. 이것이야말로 과거 2세기 동안 노동자들의 생활조건을 크게 개선시켜 온 비결이다.

제
9
장

인플레이션에 대한 치료

거의 같은 크기의 직사각형 종이 2장을 비교해 보자. 그 중 한 장은 뒷면이 연한 초록색이며 앞면에는 에이브러햄 링컨A. Lincoln 대통령의 초상화, 그리고 네 개의 모서리에는 모두 다섯 글자가 인쇄되어 있으며 남은 공간에는 약간의 문자가 인쇄되어 있다. 우리들은 이 종이 조각으로 일정량의 식품, 의류 및 기타의 상품들과 교환할 수 있으며, 모두가 이 종이 조각으로 사고파는 거래에 기꺼이 응하고 있다.

다른 한 장은 잡지에서 오려낸 광택이 나는 종잇조각이라 하자. 이 종잇조각에도 앞면에 어떤 초상화, 숫자 그리고 몇 개의 문자가 인쇄되어 있으며 뒷면은 연한 초록색으로 인쇄되어 있다고 하면, 이 종잇조각은 불을 지피는 데는 쓸 수 있지만 물건을 사고 파는 데는 전혀 쓸모가 없다.

어째서 이처럼 엄청난 차이가 있는 것일까? 5달러짜리 지폐에 인쇄된 내용은 다음과 같은 것들이다. '연방준비은행권', '미합중국', '5달러' 그리고 좀 작은 글자로 인쇄된 내용으로서 "이 지폐는 공용 및 민간거래에서 모든 부채를 변제할 수 있는 법화이다"라는 내용이다. 그리 오래되지 않은 지난날까지만 해도 '미합중국'과 '5달러'라는 글자 사이에 '지불을 보증한다.'라는 문구가 들어 있었다. 바로 이 문구가 위에서 설명한 두 장의 종잇조각이 엄청난 차이가 있음을 설명하고 있는 것 같다. 그러나 이 내용은 여러분이 연방준비은행에 가서 은행이 보증한 것을 반환받으려고 한다면 은행 출납원이 여러분에게 다섯 글자 대신에 한 글자, 그리고 에이브러햄 링컨의 초상화 대신 조지 워싱턴 초상화로 바뀐 다섯 장의 1달러짜리 종잇조각으로 교환해 줄 것이라는 것을 뜻하고 있을 뿐이다. 만약에 여러분이 다시 다섯 장중 하나인 1달러짜리가 보증하고 있는 것을 지불하여 달라고 요청한다면 출납원은 여러분에게 1달러에 상당하는 동전을 지불할 것이며, 만일에 여러분이 그 동전을 녹인다면(그렇게 하는 일이 불법임에도 불구하고) 그것은 1달러 값어치도 못 되는 쇠붙이가 되고 말 것이다. 달러 표지의 문구는 그 의미가 심장하지는 않지만 최소한 보다 직설적으로 되어있다. 법화란 정부에 대한 부채를 상환하거나 세금을 납부할 때 정부가 그 종잇조각을 수납하고 법원에서도 이를 달러로 표시된 채무를 이행한 것으로 간주한다는 것을 뜻한다.

그렇다면 재화와 용역을 교환하는 민간거래에서 이 지폐를 민간인이 받아들이는 이유는 무엇인가? 이에 대한 간단명료한 답은 다른 사람들도 이 지폐를 받을 것으로 믿기 때문에 각자가 이를 받아들이고 있다는 것이다. 모두가 가치가 있다고 생각해서 이 녹색 종잇조각이 가치가 있는 것이다. 그리고 모든 사람들은 경험을 통해 지폐가 가치가 있다는 것을 알기에 지폐가 가치를 갖고 있다고 생각한다. 미국은 널리 통용되는 교환의 매개수단 없이는 현재 생산수준의 몇 분의 일도 가동할 수 없다. 그러나 이처럼 널리 통용되는 교환의 매개수단은 그 존재가 어떤 관점에서 보면 허구를 상호 인정하는 약속에 지나지 않는 것이다.

그렇다고 해서 이러한 약속이나 허구가 의미 없는 것이 아니다. 오히려 공용 화폐를 갖고 있다는 그 가치가 매우 커서 사람들은 심지어 극단적인 시련을 겪으면서도 그 허구에 집착하려 한다. 그래서 화폐의 발행자인 정부는 인플레이션을 통해 이득을 볼 수 있으며, 그렇기 때문에 인플레이션을 일으키려는 유혹에 빠지게 된다. 그러나 이 허구도 영구불멸의 것은 아니다. "대륙 의회의 화폐만도 못하다"라는 표현은 이것이야말로 미국독립전쟁의 전비를 충당키 위해 대륙 의회가 과다하게 발행한 화폐의 허구가 여지없이 파기되었음을 회상시켜 주고 있다.

화폐가치는 인간이 만들어 낸 허구에 의존하지만 굉장히 유용한 경제적 기능을 갖고 있다. 그러나 화폐의 기능 역시 베일에 지나지 않는다. 한 나라의 국부를 결정하는 진정한 힘은 그 나라의 국민, 그들의 근면과 재능, 이용 가능한 자원, 그리고 정치 및 경제적 조직의 형태 등이 어떤 수준인가에 달려 있다. 경제학자 존 스튜어트 밀J. S. Mill은 100여 년 전에 다음과 같이 저술한 바 있다.

> 「한마디로 이야기해서 경제사회에 화폐만큼 본질적으로 중요한 것이 있을 수 없다. 화폐가 시간과 노동을 절약해 주는 일종의 고안물이라는 특성을 제외하더라도 말이다. 화폐가 이미 이루어진 일을 보다 신속하고 편리하게 처리하는 일종의 기계 역할을 하고 있다. 화폐 없이는 일 처리가 된다 하더라도 그렇게 신속하고 편리하게 되지 않는다. 그리고 다른 종류의 기계와 마찬가지로 화폐도 그것이 제 기능을 못할 때out of order에는 독특한 영향력을 발휘한다.」[123]

제 기능을 못할 경우, 화폐만큼 사회에 큰 해를 끼치는 것도 없다는 사실을 인식한다면 밀이 한 화폐의 역할에 대한 위의 서술내용은 전적으로 옳은 것이다.

우리는 이미 화폐의 극심한 감축 때문에 화폐가 제 기능을 이탈했던 세계공황을 한 예로 토의한 바 있다. 이 장에서는 화폐의 과다한 증가로 인해 화폐가 제 기능을 못 했던 세계 대공황과는 정반대이며 보다 보편적인 상황을 논의하고자 한다.

화폐의 다양한 형태

놀라울 정도로 다양한 물품이 시대의 변천과 더불어 화폐로 사용되어왔다. '금전상Pecuniary'라는 단어는 소牛를 뜻하는 라틴어 Pecus에서 유래한 것이며, 소는 화폐로 사용되어왔던 여러 대상 가운데 하나였다. 소금, 명주, 모피, 건어물, 심지어는 깃털 그리고 태평양에 있는 얍Yap 이런 섬에서는 돌까지도 화폐로 사용되었다. 개오지 조개껍질과 구슬이 원시 화폐로서 가장 널리 사용되었던 화폐의 형태였다. 금속, 즉 금·은·동·철·주석 등은 지폐와 예금화폐인 수표가 큰 비중을 차지하고 있기 이전에 당시 선진경제에서 가장 널리 이용되어왔던 화폐의 형태였다. 화폐로 사용되어왔던 모든 물품이 공통적으로 갖고 있는 한 가지 특징은 그들이 특정한 장소와 시기에, 다른 사람들도 역시 그것을 인수할 것이라는 믿음으로 나른 재화와 용역과 교환의 대가로 받아들여지고 있었다는 점이다.

초기의 미국 정착민들이 '인디언'과의 교역에서 사용한 '웜펌 wampum'이란 조개 화폐도 아프리카와 아시아에서 사용되었던 개오지 조개껍질과 유사한 조개껍질이었다. 식민지 시절 미국에서 사용되었던 가장 흥미롭고 유익한 화폐는 버지니아, 메릴랜드, 그리고 캐롤라이나주에서 사용됐던 잎담배 화폐이다. 존 스미스John Smith 선장이 신세계 미국 대륙에 처음 상륙하여 최초로 영구정착지로 제임스타운Jamestown을 설립하고 나서 12년이 경과한 1619년 7월 31일 '버지니아' 주의회가 통과시킨 최초의 법률이 잎담배에 관한 법이었다. 1파운드당 잎담배 가격을 '최상급은 1파운드에 3실링, 2등급품은 18펜스'로 법률로 정했다. 이처럼 이미 잎담배는 지역 화폐가 되었다.[124]

오랜 기간에 걸쳐 잎담배는 유일한 법정화폐로 선언되었으며, 미국 독립전쟁이 끝나고 훨씬 뒤에까지 근 200년 동안 버지니아주와 그 인근 주에서 기본 화폐로 이용되었다. 식민 개척 주민들이 식품과 의류를 구입하고 조세의 납부, 심지어는 신부를 데려오면서 지불할 때 사용한 것들은 모두 이 잎담배 화폐였다.

「버지니아주의 작가였던 위임즈Weems 목사는, 용감한 버지니아 청년들이 영국 선박이 도착했을 때 한 아름의 최상급 잎담배를 갖고 부두가로 달려가서 아름답고 덕성 있는 젊은 아내감을 데려오는 광경을 보는 것은 남자의 마음을 흐뭇하게 한다고 말했다.」[125]

그리고 다른 한 작가는 이 구절을 인용하면서 "버지니아의 젊은 이들은 100~150파운드의 잎담배 다발을 겨드랑이에 끼고 서둘러 부두가로 달려갈 수 있을 만큼 용감하기도 하고 힘이 세야만 했을 것이다"라고 평한 바 있다.[126]

화폐가 유통되듯이 잎담배도 유통되었다. 영국 화폐단위에 의해 값이 매겨진 최초의 잎담배 가격이 재배비용보다 높은 수준이었다. 그래서 농장주들은 본격적으로 잎담배 재배에 착수하였고 생산량은 점점 늘어났다. 이런 경우에 통화량은 상징적일 뿐 아니라 정말로 늘어가게 마련이다. 이처럼 화폐의 양이 구입 가능한 재화와 용역보다 빠른 속도로 증가할 때 언제나 발생하는 것은 인플레이션이었다. 잎담배로 평가한 다른 물건들의 값이 굉장히 뛰었다. 이때부터 약 50년이 지난 뒤에 인플레이션이 정지되었을 때 잎담배로 평가한 물가는 40배나 상승했었다.

잎담배 재배자들은 이처럼 높은 율의 인플레이션에 대하여 불만이 대단했었다. 잎담배로 평가한 다른 물건들의 값이 비싸졌다는 사실은 잎담배로 살 수 있는 물건의 수량이 적어졌다는 것을 의미하는 것이다. 재화로 평가한 화폐의 가격은 화폐로 평가한 재화 가격의 역수이다. 자동적으로 잎담배 재배자들은 정부에 도움을 청하지 않을 수 없었다. 그래서 특정계층의 사람은 잎담배 재배를 금지하고, 잎담배 추수의 일부를 폐기해야 하거나, 그리고 1년간은 잎담배를 새배하지 못한나는 법률이 하나하나 만들어셨다. 그러나 이 법률들은 효과가 하나도 없었다. 그래서 잎담배 경작 농민들은 이 문제를 스스로 해결하기로 하고 떼 지어 농촌을 돌아다니며 잎담배 농장을 파괴하여 버렸다.

「이런 악행이 널리 퍼져서 드디어 1684년 4월 주의회가 파괴범들의 행위는 폭도의 범주를 넘어선 행위이며 그들의 목적은 정부전복을 기도한 것이라 규정한 법률을 통과시켰다. 8명 이상의 사람이 잎담배농장을 파괴하러 다닌다면 그들은 반역자로 단정되고 사형을 당할 것이라고 이 법률이 규정하고 있었다.」[127]

잎담배 화폐가 경제학에서 가장 오랜 법칙 가운데 하나인 '악화가 양화를 구축한다.'는 그레샴의 법칙을 생생하게 설명해주고 있다. 잎담배로 세금 또는 기타의 채무를 변제해야 하는 잎담배 재배 농민은 이 같은 변제를 행하는 데는 저질의 잎담배를 사용하기 마련이고 경화, 즉 영국의 금화로 대금을 받는 수출용 잎담배는 고급품으로 남겨 놓았다. 그 결과 저질의 잎담배만이 화폐로 유통되는 경향이 있었다. 인간의 창의력을 동원한 갖가지 수단으로 잎담배의 품질을 실제보다 돋보이도록 하였다. 즉, 메릴랜드주에서는 양질의 잎담배를 통 위에 덮고 못 쓸 잎담배를 숨기는 사기행위를 금지하는 법 제정이 필요하게 되었다. 버지니아주에서도 1705년에 이와 유사한 대책을 채택한 바 있으나 문제해결에 별 도움이 되지 않았다.[128]

잎담배의 질에 관한 문제는

「1727년 잎담배 증서가 합법화되었을 때 다소 완화되었다. 잎담배 증서는 검사 기관이 발행한 잎담배 보관증명서의 성격을 띠고 있었다. 이 증서는 법에 의해 통용되었고, 그것이 발행된 잎담배 창고 지역 내에서는 유통 가능하고 이것으로 모든 잎담배 채무를 변제할 수 있었다.[129] 이 제도에 따른 수많은 폐단에도 불구하고 잎담배 증서가 19세기 초까지 통화의 역할을 하였다.」[130]

이것이 잎담배를 화폐로 마지막으로 사용한 것은 아니었다. 제2차 세계대전 중에는 담배가 독일과 일본인의 포로수용소에서 교환의 매개수단으로 널리 사용되었다. 제2차 세계대전 이후에도 독일에서는 점령군 당국이 시장에서 거래될 수 있었던 가격수준을 훨씬 밑도는 (법정화폐로 표시한) 가격 상한제를 시행했기 때문에 담배가 교환의 매개수단으로 널리 사용되었다. 그 결과 법의 효력은 떨어졌다. 사람들은 물물교환에 의존하기도 하고 소규모의 거래에서는 담배를, 그리고 좀 큰 규모의 상거래에서는 '꼬냑'을 교환 수단으로 사용했는데 이는 인류 역사상 가장 유동적인 화폐였다. '루드비히 에르하르트' 독일수상이 단행한 화폐개혁으로 말미암아 이 교훈적이고 일면 파괴적인 일화는 종지부를 찍게 되었다.[131]

비록 정부가 발행하는 지폐와 예치금이라는 회계장부 과목이 현사회의 기본 화폐로서 상품 또는 상품의 보관 증명서를 대체하였을지라도 버지니아주의 잎담배 화폐로 예시된 일반원칙은 근대에도 그대로 적용되고 있다. 화폐의 양이 구입할 수 있는 재화와 용역의 양보다 더 빠른 속도로 증가되면 인플레이션이 발생한다는 사실, 다시 말하면 화폐로 표시한 가격이 상승한다는 사실은 과거와 마찬가지로 현재에서도 진리로 남아 있다. 화폐량의 팽창 이유는 문제가 되지 않는다. 버지니아주에서는 노동력과 기타의 자원으로 평가한 잎담배 생산비가 크게 폭락했기 때문에 잎담배 양이 증가하여 잎담배로 평가한 물가 인플레이션이 발생하였다. 중세 유럽에서는 금과 은이 지배적인 화폐였으며, 멕시코와 남미에서 스페인을 거쳐서 유럽으로 홍수처럼 몰려 들어왔기 때문에 금과 은으로 평가한 물가의 인플레이션이 일어났다. 19세기 중반에 있었던 전 세계에 걸친 금으로 평가한 물가의 인플레이션은 캘리포니아와 오스트레일리아에서 금광이 많이 발견되었기 때문이었으며, 1890년대부터 1914년까지의 기간에는 주로 남아프리카에서 시안화cyanide 공법을 기업 규모로 활용하는 데 성공하여 저질의 원광석에서 금을 추출하게 되었기 때문이다.

일반적으로 통용되고 있는 교환의 매개수단인 화폐가 특정 상품과 전혀 연관되어 있지 않은 오늘날, 모든 주요국가에서 화폐량을 결정하는 것은 정부다. 정부만이 화폐량의 급속한 증가에 대해 책임을 지고 있다. 바로 이 사실이 인플레이션의 원인과 그 치유를 둘러싼 혼란의 주요 원인이 되었다.

인플레이션의 근인

 인플레이션은 아주 위험할 뿐 아니라, 때로는 치명적인 타격을 주며 제때 수습치 않으면 사회를 파멸시킬 수 있는 병폐이다. 그 사례는 얼마든지 있다. 하루 동안에 물가가 2배 또는 그 이상으로 뛰었던 제1차 세계대전 직후의 러시아와 독일에서 있었던 초인플레이션 현상은 한 나라를 공산주의화시키고 다른 한 나라를 나치즘 치하에 빠뜨릴 기반을 구축했다. 또한 제2차 세계대전 직후에 중국에서 발생한 초인플레이션으로 마오쩌둥은 장개석 정권을 용이하게 무너뜨렸다. 1954년 한 해에 물가가 배로 뛰었던 브라질에서는 인플레이션으로 인해 군사정권이 들어섰다. 극심한 인플레이션은 1973년 칠레의 아옌데Allende 정권과 1976년 아르헨티나의 이사벨 페론Isabel Peron 정권을 전복시키는 데 기여하였고 뒤를 이어 이 두 나라에서는 군사정부가 정권을 장악하게 되었다.

어떠한 정부도, 인플레의 해악이 좀 약한 정도라 하더라도, 인플레이션 유발에 대한 책임을 기꺼이 지려하려고 하지 않는다. 정부 관리들은 언제나 핑계를 댄다. 즉, 인플레이션이 발생한 것은 탐욕스러운 기업인, 자기 이익만 주장하는 노동조합, 절약할 줄 모르는 소비자, 아랍의 족장族長, 불순한 기후, 심지어는 말도 안 되는 그 밖의 여러 가지를 탓한다. 기업인이 탐욕스럽고, 노동조합은 자기 입장만 고집하며, 소비자는 낭비를 일삼고, 아랍의 족장이 원유가격을 계속 인상해왔고, 일기가 때로는 불순하다는 것은 모두 사실이다. 이들 모두가 개별품목의 가격을 인상 시킬 수 있다. 그러나 이런 사실들이 재화 전반의 가격을 인상 시킬 수는 없다. 그것들은 인플레이션의 변화율을 높이거나 낮추는 일시적인 요인일 수는 있으나, 단순한 한 가지가 지속적인 인플레이션을 유발할 수는 없다. 소위 인플레이션을 일으킨 당사자들이라고 비난을 받고 있는 자 가운데 아무도 우리가 주머니에 갖고 다니는 지폐를 만들어 내는 인쇄소를 소유하고 있지 않으며, 동시에 그들 중 어느 누구도 지폐와 동등한 예금원장에 예금을 늘리도록 은행원에게 지시할 수 없다. 인플레이션은 자본주의 국가에서만 볼 수 있는 현상은 아니다. 공산주의 국가인 유고슬라비아도 유럽의 어느 나라보다도 극심한 인플레이션 현상을 경험한 바 있으며, 반면에 자본주의 국가의 보루인 스위스는 가장 경미한 인플레이션을 경험한 바 있다. 마오쩌둥 치하의 중국에서는 인플레이션 현상이 거의 없었으나 이태리, 영국, 일본, 미국과 같은 자본주의 국가들은 지난 10년 동안 극심한 인플레이션에 시달려 왔다. 현대 세계에서 인플레이션은 지폐를 마구 찍어내기 때문에 생기는 현상이다.

실제로 인플레이션이 언제나 어디서나 통화적 현상임을 인식하는 것은 인플레이션의 원인과 치료방안을 이해하는 데 필요한 첫걸음에 지나지 않는다. 보다 근본적인 의문은 왜 오늘날 정부가 화폐량을 그렇게 급속히 증가시키는가에 있다. 그들은 어째서 인플레이션의 잠재적 해를 알면서도 이를 유발시키고 있는가? 이 질문을 다루기 전에 인플레이션이 통화적 현상이라는 명제를 좀 더 자세히 다룰 필요가 있다. 위 명제의 중요성과 그를 뒷받침해주는 폭넓은 역사적 증거에도 불구하고 이 명제는 아직 폭넓게 부정되고 있다. 그 이유는 대체로 정부가 인플레이션에 대한 자신들의 책임을 연막으로 가리려는 데 있다.

만약에 구입 가능한 재화와 용역, 간략히 말해서 산출량이 화폐량과 같은 속도로 증가했다면 물가는 안정적인 경향을 유지했을 것이다. 소득수준이 높아지면 사람들은 자신의 부의 상당 부분을 화폐로 보유하려는 경향이 있으므로 오히려 물가는 점차로 하락했을지도 모른다. 인플레이션은 화폐량이 산출량보다 훨씬 빠르게 증가할 때 발생하며 산출량 단위당 화폐량의 증가가 빠르면 빠를수록 인플레이션율은 더욱 커진다. 아마도 이처럼 잘 정립된 명제는 경제학에서는 없을 것이다.

산출량은 이용 가능한 물적, 인적 자원 그리고 지식의 향상과 그 지식을 활용할 능력에 따라 결정된다. 산출량은 기껏 는다고 해도 꽤 늦게 마련이다. 지난 세기 동안 미국의 산출량은 연평균 약 3% 성장했다. 제2차 세계대전 이후 일본의 급속한 성장 절정기에서도 산출량은 연평균 약 10% 증가했다. 잎담배 화폐와 미국산 귀금속 그리고 19세기의 금화의 예에서 잘 알 수 있듯이 상품화폐가 어떤 경우에는 산출량보다 훨씬 빠른 속도로 늘어났지만 상품 화폐의 공급량도 잎담배, 귀금속 등과 유사한 물리적 제약을 받는다. 그러나 현대의 화폐, 즉 지폐와 예금통화에는 물리적 제약이 전혀 없다. 명목적인 수량, 즉 달러, 파운드, 마르크, 기타 화폐 단위들의 수량은 얼마든지 팽창할 수 있으며, 때로는 놀라울 정도로 팽창한다.

예를 들면 제1차 세계대전 직후 독일은 초인플레이션을 겪던 기간 중에 통화량이 1년 이상 월평균 300%가 넘게 늘어났고 물가 역시 그 정도로 뛰었다. 제2차 세계대전 직후 헝가리의 초인플레이션 기간 중에는 통화량이 1년 동안 월평균 12,000% 늘어났고 물가는 심지어 월평균 20,000%라는 높은 율로 상승했다.[132] 1969년부터 1979년까지 미국에서 발생한 훨씬 완만한 인플레이션 기간에는 화폐량의 연평균 증가율은 9%였고 물가의 연평균 상승률은 7%였다. 2%의 차는 같은 기간의 산출량의 연평균 증가율이 2.8%였다는 점을 반영한다.

이들 사례가 보여 주고 있듯이 화폐량quantity of money의 증가율이 산출량의 증가율을 능가하는 경향이 있다. 따라서 우리는 산출물에 관해서는 아무런 조건을 붙이지도 않은 채 인플레이션을 통화적 현상으로만 본 것이다. 또한 위에서 나열한 사례들은 통화량의 증가율과 인플레이션율 사이에 아주 정확한 1 대 1의 대응 관계가 있음을 보여주지는 않았다. 그러나 우리가 알기로는 화폐량의 급속한 증가 없이 장기간동안 지속되었던 인플레이션은 역사상 유례가 없다. 동시에 상당한 인플레이션을 동반치 않은 채 화폐량만이 급속히 증가했던 사례도 지금까지 찾아볼 수 없다.

도표 〈그림 1〉~〈그림 5〉는 근년에도 이러한 관계가 지속되고 있음을 보여준다. 각 도표에서 실선은 1964년부터 1977년까지 각 연도 별 해당 국가의 산출량 단위당 화폐량을 표시하며, 점선은 소비자 물가지수를 나타낸다. 이 두 시계열치를 비교하기 위해서 모두를 1964~1977년간의 평균치에 대한 백분율로 표시했다. 이 두 선은 반드시 동일한 평균 수준을 갖게 된다. 그러나 산술적으로 이 두 선이 어느 한해에라도 같아야 할 필요는 없다.

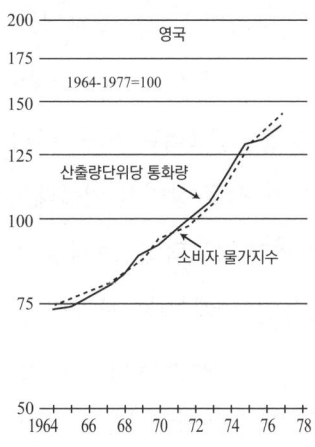

〈그림 1〉 통화량과 물가(1964~1977)

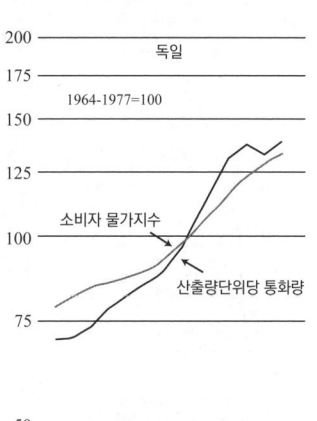

〈그림 2〉 통화량과 물가(1964~1977)

〈그림 3〉 통화량과 물가(1964~1977)

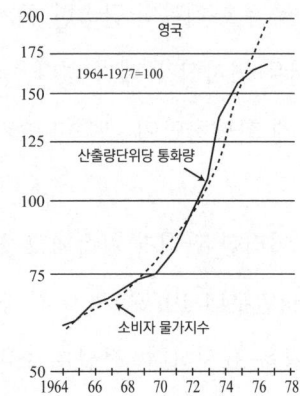

〈그림 4〉 통화량과 물가(1964~1977)

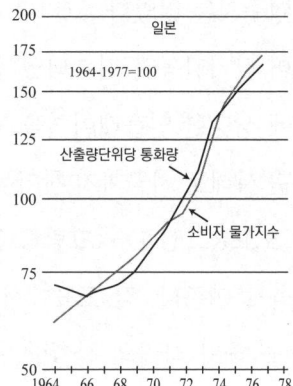

* 〈그림 1〉~〈그림 4〉 종축은 대수눈금임

〈그림 5〉 통화량과 물가(1964~1977)

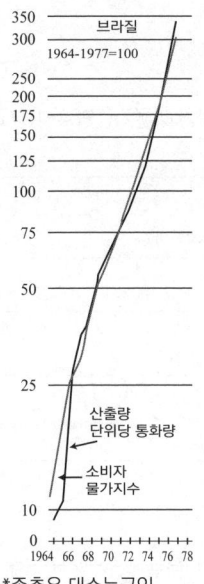

*종축은 대수눈금임

〈그림 1〉은 미국에 관한 것인데 두 선의 모양이 거의 구별되지 않는다. 나머지 그림들은 미국의 것과 좀 다르다. 어떤 나라의 두 선은 미국의 선 모양과 아주 다르긴 하지만 모든 나라의 두 선 그 자체는 아주 유사하다. 각국은 서로 상이한 통화 성장률을 경험하였다. 그러나 모든 나라의 경우에 그 차이가 서로 상이한 인플레이션율과 엇비슷하였다. 〈그림 5〉 브라질의 경우는 좀 극단적인 사례이다. 브라질은 다른 나라보다도 가장 빠른 통화 증가와 동시에 아주 급속한 인플레이션을 경험한 나

라다.

어느 것이 어느 것의 원인인가? 즉, 물가가 급속히 인상되었기 때문에 화폐량이 급속히 증가한 것인가? 아니면 그 반대인가? 한 가지 단서는 〈그림 1〉~〈그림 5〉에서 거의 모두 화폐량을 표시하고 있는 눈금이 그와 비교하기 위해 표시해 놓은 소비자 물가지수 눈금보다 6개월 앞서고 있는 점이다. 인플레이션의 원인에 대한 보다 결정적인 입증자료는 이들 국가의 화폐량을 결정해주고 있는 제도적인 장치를 면밀히 검사함으로써 얻어질 수 있으며, 동시에 어느 것이 인플레이션의 원인이며 결과인가를 명백히 알려주는 수많은 역사적인 자료가 인플레이션의 원인에 대한 결정적 입증자료를 제공한다. 미국의 남북전쟁 때 기록이 인플레이션의 원인을 밝힐 수 있는 하나의 훌륭한 사례가 되고 있다.

남군은 전비 조달을 주로 화폐 발행에 의존하였고, 1861년 10월부터 1864년 3월 기간 중 월평균 10%의 인플레이션율을 기록했다. 이런 인플레이션율의 상승을 저지하기 위해 남부연맹은 화폐개혁을 단행했다. 즉, 1864년 5월 남부에서는 화폐개혁이 있었고, 그 결과로 통화량이 줄었다. 북군의 침공, 임박한 군사적 패배, 무역량의 감소, 와해하는 정부 조직, 남부군의 사기 저하 등에도 불구하고 일반 물가지수는 극적으로 하락하였다. 이처럼 통화량stock of money의 감축은 어떤 강력한 요소보다도 물가에 미치는 영향이 매우 컸다.[133]

이 5개의 도표는 인플레이션에 관해 보편화된 많은 설명을 잘 보여준다. 노동조합은 왕자를 대신해서 벌을 받는 소년whipping boy처럼 언제나 매를 도맡아 맞아 왔다. 노동조합은 그들의 독점력을 사용하여 임금을 강압적으로 올리고 그 결과 생산비의 인상, 그리고 물가의 상승을 촉진시킨다는 비난을 받고 있다. 그러나 노동조합의 중요성이 신통치 않은 일본, 그리고 정부가 허락해야만 노동조합이 존립하며 또한 정부의 면밀한 통제 하에 운영되고 있는 브라질의 도표, 즉 〈그림 3〉과 〈그림 5〉가 노동조합의 힘이 그 어느 나라보다도 강한 영국, 그리고 막강한 힘을 갖고 있는 미국과 독일에 관한 〈그림 1〉, 〈그림 2〉, 〈그림 4〉와 동일한 연관성을 보여주는 것은 어찌 된 일인가?

노동조합은 그 조합원들에게 유용한 서비스를 제공한다. 동시에 노동조합은 비조합원의 고용기회를 제한함으로써 많은 병폐를 주고 있음도 사실이다. 그러나 노동조합이 인플레이션을 창출하고 있지는 않다. 노동 생산성의 증가를 과도하게 넘어서는 임금인상은 인플레이션의 원인이라기보다는 오히려 결과이다.

마찬가지로 기업인의 탐욕스러운 행위가 인플레이션을 유발시키지도 않는다. 기업인이 부과하는 가격의 상승은 다른 요인들의 결과이거나 반사작용이다. 인플레이션을 약하게 겪은 나라보다는 심하게 겪은 나라의 기업인들이 더 탐욕스럽지 않으며 시기에 따라 탐욕의 정도가 다르지도 않다. 그런데 왜 어떤 국가나 어떤 시기의 인플레이션이 다른 국가와 다른 시기의 인플레이션보다 더욱 극심한가?

특히 책임 전가에 혈안이 되고 있는 정부 관리들이 하는 인플레이션의 원인에 대한 그럴듯한 또 다른 설명은 인플레이션이 해외로부터 유입된다는 것이다. 이런 설명은 세계 주요국들의 통화가 금본위제도와 연계되었을 당시에는 때로는 정확한 것이었다. 금본위제도에서는 많은 국가가 동일한 물품을 화폐로 사용했고 그 물품화폐의 공급량을 보다 급속히 증가시키면 모든 국가에 영향을 주었기 때문에 당시의 인플레이션은 국제적인 현상이었다.

그러나 근래에는 전혀 그렇지 않다. 만약에 인플레이션이 국제적인 현상이라면 국가에 따라 인플레이션율이 그렇게 크게 다를 수 있겠는가? 일본과 영국은 1970년대 초에 연간 30%가 넘는 인플레이션율을 경험한 바 있고 당시의 미국은 약 10%, 독일은 5%를 하회하는 인플레이션율을 기록했다. 정부의 과다한 재정지출과 대규모의 적자재정이 전 세계적인 현상인 것처럼 인플레이션도 여러 나라에서 동시에 발생한다면 그런 의미에서 세계적인 현상이라고 할 수 있겠다. 그러나 마치 과다한 재정지출과 대규모의 적자재정이 개별 국가가 통제할 수 없는 요인들에 의해 발생하지 않는 것처럼, 개별 국가가 자국의 인플레이션을 통제할 수 있는 능력도 국가에 따라 다르다는 의미에서 인플레이션은 국제적인 현상이 아니다.

낮은 생산성이 인플레이션의 원인이라는 그럴듯한 또 하나의 설명이 있다. 그러나 브라질의 경우를 생각해 보자. 브라질은 세계에서 가장 높은 경제성장률을 기록한 나라 가운데 하나이며 동시에 가장 높은 인플레이션율을 기록한 나라 가운데 하나이다. 인플레이션과 관련해 정말로 문제가 되는 것은 산출량 단위당 통화량이다. 그러나 이미 수차에 걸쳐 지적해 온 바와 같이 실제의 문제로서 산출량의 변화라는 것은 통화량의 변화에 비한다면 아무것도 아니다. 한 나라의 장기적인 경제적 복지 후생의 증대를 위해서는 생산성을 높이는 것이 가장 중요하다. 만약에 생산성이 연 3.5%로 증가한다면 산출량은 20년 만에 배로 늘어날 것이며, 연 5%로 증가한다면 14년 만에 산출량이 배로 늘어난다. 이처럼 생산성 증가율의 작은 차이가 산출량 증가에는 큰 차이를 일으킨다. 그러나 인플레이션과 관련해서는 생산성은 지엽적 역할을 할 뿐이고 통화가 그 중심적 역할을 하고 있다.

아랍의 족장과 석유수출국기구OPEC는 어떠한가? 그들은 우리에게 과중한 비용을 부과해 왔다. 석유가의 급등은 수입 석유 대금 지불을 위해 수출을 증대시키므로 우리가 이용할 수 있는 재화와 용역의 양을 감소시킨다. 산출량의 감소는 물가수준을 상승시킨다. 그러나 그것은 일회적인 효과이다. 유가 인상이 높은 율로 인플레이션을 오래동안 지속시키는 효과를 내지는 않았다. 1973년의 석유파동 이후 5년 동안에 독일과 일본에서는 인플레이션율이 하락하였다. 즉, 독일에서는 1973년 연간 7%이던 인플레이션율이 1978년에는 5%로 낮아졌고 일본에서도 연간 30%에 달하던 것이 5% 미만으로 낮아졌다. 미국에서는 인플레이션율이 석유파동 직후인 1974년에는 12%로 절정에 달하였다가 1976년에 5%로 하락하였으나 1979년에는 다시 13%를 상회할 정도로 상승하였다. 이처럼 국가별로 판이한 인플레이션에 대한 경험을 모든 국가가 공통적으로 겪었던 석유파동으로 설명할 수 있을까? 독일과 일본은 모두 수입원유에 100% 의존하고 있는 국가들이다. 그러나 그들은 50%만을 수입원유에 의존하는 미국과 석유의 주요 생산국인 영국보다도 인플레이션을 더 잘 수습해왔다.

우리들의 기본명제로 다시 돌아가 보자. 인플레이션은 본래가 산출량의 증가보다 빠른 속도로 통화량이 증가하기 때문에 발생하는 화폐적 현상이다. 통화량의 변동이 인플레이션의 주된 동반자이고 산출량의 변동은 부차적인 동반자이다. 여러 가지 현상이 인플레이션율의 일시적 변동을 초래하지만 그들이 통화량의 증가에 영향을 미치는 경우에만 인플레이션에 지속적인 영향을 끼칠 수 있다.

과다한 통화공급의 원인

　인플레이션은 화폐적 현상이라는 명제가 중요하지만 이 명제는 인플레이션의 원인과 그 치유에 대한 해답의 실마리에 지나지 않는다. 이 명제가 인플레이션의 근본 원인을 찾는 데 안내자 역할을 하며 인플레이션의 가능한 치유 방법을 한정지어 주기 때문에 중요하다. 그러나 보다 심각한 문제는 통화량이 과다하게 증가하는 이유이기 때문에 이 명제는 문제 해답의 실마리에 지나지 않는다.
　잎담배 화폐 혹은 금·은과 직결되었던 화폐에서와 마찬가지로 오늘날의 지폐의 경우에도 통화 공급의 과다한 증가, 그로 인한 인플레이션은 모두 정부가 만들어 내고 있는 것이다.
　미국의 경우, 과거 15년 동안 통화량이 가속적으로 증가한 것은 상호 연관되어 있는 3가지 이유 때문에 발생했다. 첫째, 정부재정지출의 급속한 증가 둘째, 정부의 완전고용정책 셋째, 연방준비은행의 정책 과오가 그 원인이다.

만약 정부의 재정지출 초과분이 조세나 국채로 조달된다면 정부의 재정지출이 높다 하더라도 급속한 통화량의 증가와 인플레이션을 유발하지 않을 것이다. 이 경우, 정부는 더 많이 지출하지만 국민들이 덜 지출하기 때문에 결국은 같은 결과가 된다.

정부가 재정지출을 늘리면 민간부문의 소비와 투자지출은 그만큼 줄어들기 마련이다. 그러나 국민에게 납세의 부담을 늘리고 국채 발행분을 민간부문에 전가하는 방식은 정치적으로는 달갑지 않은 방법이다. 국민의 대다수는 정부의 재정지출이 늘어나는 것은 환영하지만 세금이 늘어나는 것은 별로 환영하지 않는다. 정부가 국민에게서 빌리는 행위는 이자율을 인상시키고 소비자의 주택신축을 위한 주택자금 대출과 기업인의 사업을 위한 은행차입을 어렵게 하여 자금을 민간으로부터 정부로 전환시킨다.

보다 많은 재정자금을 조달할 수 있는 유일한 다른 방도는 통화량을 증가시키는 것이다. 제3장에서 이미 지적대로 미국은 정부 기구 가운데 하나인 재무성으로 하여금 또 다른 정부 기구인 연방준비은행에 국채를 인수하게 할 수 있다. 연방준비은행은 새로 인쇄한 연방준비은행권으로, 아니면 재무성의 예금 구좌에 입금시키는 방법으로 국채의 대가를 지급한다. 그러면 재무성은 현금 또는 연방준비은행의 예금 구좌를 근거로 국고수표를 발행하여 지급할 수가 있다. 이처럼 본원통화의 증가분이 최초 수령자에 의해 일반상업은행에 예금될 때, 이 예금액은 지급준비금과 통화량을 추가로 증대시킬 수 있는 기반이 된다.

통화량의 증가로 정부의 재정지출자금을 조달하는 방법은 흔히 행정부와 의회가 모두 환영하는 방법이다. 이처럼 통화량을 증가시키는 방법은 정부의 재정 지출 확대를 가능하게 할 뿐만 아니라 국민에게 세금의 추가 부담을 묻는 투표도 하지 않고 또한 국민에게 빚을 지는 일도 없이 선거구민에 선심을 쓸 수 있게 한다.

근년에 이르러 미국에서 일어나고 있는 통화량 급증 현상에 대한 이차적인 원인은 정부가 완전고용을 실현하려고 시도하는 데 있다. 수많은 정부 사업의 목적은 훌륭한 것이지만 그 결과는 항상 그렇지 못하였다. '완전고용'이란 겉보기보다는 훨씬 복잡하고 모호한 개념이다. 신제품이 등장하면 낡은 것들은 사라지고 수요가 어떤 상품에서 다른 상품으로 바뀌고, 기술혁신으로 생산방법이 변화하는 등, 끝없이 역동하는 세상에서 상당한 정도로 노동력의 기동성을 확보하는 것은 바람직한 일이다. 사람들은 한 직업에서 다른 직업으로 이동하며, 그 과정에서 실업 상태에 있게 된다. 어떤 사람들은 다른 직장을 구하기 전에 그들이 원치 않는 직장을 떠나버린다. 산업전선에 참여하는 젊은이들은 직장을 구하고, 또 상이한 직업을 경험하는 데 시간이 걸리게 마련이다. 이 외에도 노동시장의 자유로운 운영을 방해하는 요소들, 즉 노동조합의 제약조건, 최저임금제 등등이 노동자와 직업을 결합시키는 데 어려움을 증대시키고 있다. 이와 같은 여건하에서 평균적으로 얼마만큼의 노동자가 고용되어야 완전고용 상태인가?

조세수입과 지출 면에서도 역시 비대칭이 존재한다. 고용을 증대시킬 수 있는 정책들은 정치적으로 환영받고 있다. 그러나 실업자를 증대시키는 정책이 정치적으로 환영받지 못함은 자명한 일이다. 이러한 사실이 정부 정책을 극히 야심적인 그러나 부당한 완전고용의 목표로 몰고 간다.

정부의 재정과 인플레이션의 관계는 이중적이다. 첫째로 정부의 재정지출은 고용 증대책이며 조세수입의 증대는 민간지출을 감소시키므로 실업을 증가시킨다. 그래서 완전고용정책은 정부로 하여금 지출을 늘리고 조세수입을 줄이게 하며, 그 결과로 발생하는 재정적자를 조세의 증액, 아니면 국민으로부터 빌리는 방법으로 메우기보다는 오히려 통화량을 증대시켜 메우려는 경향이 있다. 둘째로 연방준비은행은 정부 재정을 지출하기 위해 자금을 조달하기도 하고 통화량을 증가시키도 한다. 즉, 연방준비은행은 국채를 구입하고 그 대가를 새롭게 창출한 본원통화로 지급하여 통화량을 증가시킬 수 있다. 연방준비은행의 이와 같은 국채매입은 일반시중은행이 민간대출을 늘릴 수 있게 해주며, 민간여신의 증가는 고용을 확대한다. 이처럼 완전고용을 촉진하는 압력하에서 연방준비은행의 금융정책도 정부의 재정정책과 마찬가지로 인플레이션을 유발하는 역할을 해왔다.

이처럼 재정 및 금융정책은 완전고용은 달성하지 못하고 인플레이션만을 유발시켜 왔다. 1976년 9월 당시의 영국수상 캘러헌James Callaghan은 노동당 연례회의에서 대담한 발언을 한 바 있다. 즉,

"우리는 늘 조세를 삭감하고 정부지출을 대폭 늘림으로써 불황에서 벗어나고 고용을 확대시킬 수 있다고 생각했다. 그러나 솔직히 말해서 그런 정책이란 있을 수 없다. 그런 정책이 있었다면 그것은 오직 경제에 인플레이션을 유발시켜야만 작용했고 그다음 단계로는 높은 실업 수준이 뒤따라 왔을 뿐이다. 이것이 바로 과거 20년간의 생생한 역사다."

과거 30년 동안 미국이 통화 공급량을 과다하게 증가시켜 온 세 번째의 원인은 연방준비은행의 정책 실패에 있다. 연방준비은행의 정책은 완전고용을 달성하려고 인플레이션적이었을 뿐만 아니라, 그 편향성이 양립될 수 없는 두 개의 목표를 추구함으로서 더욱 악화되어 왔다. 연방준비은행은 통화량에 대한 통제권을 갖고 있으나 이 목적에 대하여는 허울뿐인 정책을 쓰고 있다. 「셰익스피어」의 명작 『한여름 밤의 꿈』의 주인공 '드미트리우스Demetrius'가 자기를 연모하는 '헬레나Helena'를 멀리하고 다른 사람을 흠모하고 있는 '허미아Hermia'에게 매달리듯 연방준비은행도 통화량 통제에는 마음을 두지 않고 이자율의 통제와 그리고 통제할 힘도 갖고 있지 않은 분야에 대한 통제에 마음을 써 왔다. 그 결과 통화량과 이자율 두 정책에서 실패만을 거듭해 왔고, 이 두 분야에서 연방준비은행이 펼친 적극적인 움직임도 역시 인플레이션적이었다. 1929년부터 1933년까지의 엄청난 실책을 회상할 때 연방준비은행은 통화 증가율을 낮추기보다는 오히려 높이는 일에 민첩하였다.

과도한 재정지출, 완전고용 정책, 그리고 연방준비은행의 이자율에만 집착한 정책들의 최종결과는 마치 오르막길의 롤러코스터와 같았다. 그간에 인플레이션은 오르기도 하고 내리기도 했다. 그러나 한 번 오를 때는 언제나 전보다 더 높게 올랐다. 언제나 재정지출과 조세수입은 소득의 일부로써 늘어났지만 재정 지출만큼 늘어나지는 않았다. 재정적자도 소득의 일부로써 증가했다.

이런 일은 미국에만 국한되는 것도 아니며 근년에만 있었던 일도 아니다. 태고적부터 통치권자 - 임금이건 황제건 아니면 의회이건 간에 - 는 전비 충당, 기념비 건립, 혹은 기타의 목적으로 자원을 획득하기 위해 통화를 증가시키는 데에 매혹되어 왔다. 위정자들은 흔히 이런 유혹에 넘어갔고 인플레이션이 뒤따랐다.

거의 2,000년 전에 로마의 디오클레티아누스Deocletian황제가 은화를 겉보기에만 은화 같은, 즉 은으로 도금한 비금속에 지나지 않도록 은은 아주 적게 넣고 가치 없는 합금을 많이 섞은 유사한 은화로 대치함으로써 화폐가치를 떨어뜨렸다.[134] 현대에는 국가가 지폐를 찍어냄으로써 화폐가치를 저하시키고 있다. 그렇다고 고대의 방법이 완전히 사라지지는 않았다. 한때 순 은전이었던 미국의 화폐는 오늘날에는 심지어 은도금도 아닌 니켈도금을 한 동전이 되고 말았다. 작은 안토니 1달러 동전이 나와 한때 소재화폐素材貨幣였던 은화를 대체해 버렸다.

4

인플레이션으로부터 발생하는 정부의 수입

 통화량을 늘려 재정지출자금을 조달하는 것은 마치 무언가를 그냥 얻어내는 것 같은 마술처럼 보인다. 단순한 예를 들어본다면, 정부는 도로를 건설하고 그 발생 비용을 새로 찍어낸 연방준비 은행권으로 지급한다. 이 경우에 마치 모든 사람이 살기 좋아진 것처럼 보인다. 도로건설에 참여한 노동자는 임금을 받고 그들은 그 소득으로 먹을 것과 입을 것, 그리고 집을 구할 수 있다. 아무도 고율의 세금을 납부한 일이 없다. 그러나 이제는 전에 없었던 도로가 하나 생겨났다. 그러면 누가 그 값을 치렀단 말인가?

 위 질문에 대한 답은 화폐보유자 모두가 값을 냈다는 것이다. 추가로 발행된 화폐가, 노동자들이 다른 생산 활동에 종사하는 대신 도로건설에 참여토록 유인하는 데 사용되었을 때 물가를 상승시킨다. 추가로 발행된 화폐가 노동자로부터 그들이 구입한 상품의 판매자로, 그리고 이들로부터 또 다른 판매자 등등으로 순환되면서 물가의 상승이 지속된다. 물가가 보다 높아졌다는 사실은 사람들이 물가가 오르기 전에 보유했던 화폐의 구매력이 보다 약해졌다는 것을 뜻한다. 소비자들은 물가가 오르기 전만큼의 상품을 구매할 수 있는 화폐량을 손에 쥐기 위해서는 소득의 일부를 화폐가치의 변동분을 메우는 데 사용해야만 할 것이다.

추가로 발행된 화폐는 화폐 보유 잔액에 부과되는 세금과 같다. 만약에 추가로 발행된 화폐가 1%의 물가상승을 유발시켰다면 화폐 보유자 모두가 그들의 화폐 보유 잔액의 1%에 해당하는 세금을 납부한 것과 같은 결과가 된다. 물가가 오르기 전과 동일한 구매력을 갖기 위해 소비자가 추가로 보유해야 할 화폐는 소비자들이 평소 소지하고 있는 화폐와 금고에 들어 있는 화폐와 구별되지 않는다. 그러나 추가로 보유해야 할 화폐는 결과적으로 납부한 세금의 영수증과 다를 바 없다.

이 세금의 상대물은 도로건설에 투입된 자원으로 생산할 수 있었을 재화와 용역일 것이다. 화폐 보유 잔액의 구매력을 전과 같은 수준으로 유지하기 위해 자기 소득보다 적게 지출한 소비자는 정부가 도로건설을 위해 자원을 확보할 수 있도록 그들의 재화와 용역을 포기한 것이다.

독자들은 제1차 세계대전 후의 인플레이션에 관한 토의에서 존 메이너드 케인스J. M. Keynes가 다음과 같이 기술한 이유를 이해할 수 있을 것이다.

"화폐의 기능을 어지럽히는 것보다 더 정교하고 확실하게 현존 사회의 기반을 전복시킬 수 있는 수단은 없다. 화폐의 기능을 어지럽히는 과정에서 이제까지 숨겨져 있던 경제법칙의 힘이 사회를 파괴시키는 방향으로 작용하며 아무리 능력 있는 사람이라 하더라도 교정할 수 없는 사태로 번져간다."[135]

추가로 발행한 현금 화폐와 연방준비은행에 추가로 들어온 국고예탁금은 정부가 인플레이션으로부터 얻은 수입의 일부에 불과하다.

인플레이션은 유효세율을 자동적으로 인상시킴으로써 간접적으로 수입을 발생시키기도 한다. 인플레이션과 더불어 소비자의 명목소득이 증가하기 때문에, 소득 계단이 올라가고 세율도 올라간다. 감가상각과 기타 비용을 위한 부적절한 적립금이 인위적으로 법인소득을 부풀린다. 만약에 평균적으로 10%의 인플레이션을 따라잡기 위해 소득이 10% 증가한다면 연방정부의 조세수입은 15% 이상 증가하는 경향이 있다. 그래서 납세자가 전과 동일한 소득수준에 그대로 머물러 있기 위해 동분서주하면서 과거보다 열심히 일을 해야만 한다. 이런 와중에 대통령, 국회의원, 주지사, 그리고 주 의원은 그네들이 행한 모든 조치가 그렇게 하지 않았다면 세금이 더욱 올랐을 것을 그대로 유지시켰다는 의미에서 자기네들이 조세를 인하한 것 같은 자세를 취할 수 있게 된다. 매년 조세 인하에 관한 논의가 있다. 그러나 실제로 조세삭감은 한 번도 없었다. 오히려 자세히 들여다보면 조세는 증가해 왔다. 즉, 연방정부 예산에서는 1964년에 국민 소득에 대한 조세의 비율이 22%였으나 1978년에 이르러서는 25%로 상승하였고, 주 및 지방정부 예산에서는 1964년의 11%에서 1978년에 15%로 상승하였다.

인플레이션이 정부에게 주는 세 번째 이익은 정부 부채가 인플레이션으로 실질적으로 낮아진다는 것이다. 정부는 '달러'로 빌려 쓰고 '달러'로 갚는다. 그러나 고맙게도 인플레이션 때문에 지급 시의 달러는 차입 시의 달러보다 실질 가치가 작아진다. 만약에 정부가 그 중간 인플레이션으로 인한 채권자의 손실을 충분히 보상할 만큼 높은 이자를 지급한다면 정부는 순익을 볼 수 없을 것이다. 그러나 대체로 이런 상황은 없었다. 저축공채가 가장 좋은 예이다. 1968년 12월에 저축공채를 구입하여 만기일인 1978년 12월까지 보유했다가 현금으로 교환한 사람이 있다고 생각하자. 그는 1968년에 액면 50달러짜리 10년 만기의 공채를 37달러 50센트에 구입하고 1978년 만기일에 64달러 74센트를 손에 쥐었다(정부는 인플레이션을 감안하여 그간에 이자율을 인상한 바 있다). 1968년에 37달러 50센트로 구입할 수 있었던 만큼을 1978년에 구입하려면 70달러가 필요하게 되었다. 그러나 그는 64달러 74센트만을 되찾을 수 있을 뿐만 아니라, 그간의 이자소득인 27달러 24센트에 대해 소득세를 지급해야만 한다. 따라서 그는 정부에게 대여하였다는 애매한 혜택 때문에 손해를 본 결과가 되고 밀았다.

인플레이션으로 인한 정부의 부채경감이란 연방정부가 매년 재정적자를 누적시켜 오고 금액으로 표시한 부채가 늘어날지라도 실질 가치로 평가한 부채는 훨씬 낮은 비율로 늘어나며 국민 소득에 대한 비율로 표시한 정부의 부채는 실질적으로 하락한다는 것을 뜻한다.

1968년부터 1978년까지 연방정부의 누적된 재정적자는 2,600억 달러에 달했으나 국민 소득에 대한 정부 부채의 비율은 1968년 30%에서 1978년에는 28%로 떨어졌다.

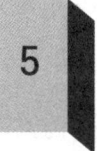

인플레이션 대책

　인플레이션 대책은 말로는 단순하지만 시행하기는 어렵다. 과다한 통화량의 증가가 인플레이션의 유일한 원인인 것처럼 통화증가율을 감소시키는 것이 인플레이션의 유일한 대책이다. 문제는 인플레이션을 수습하기 위해 무엇을 할 것인가를 아는 데 있지 않다. 이런 것을 인지하기란 매우 쉬운 일이다. 정부는 통화량의 높은 증가율을 낮춰야 한다. 중요한 문제는 정부가 필요한 대책을 취하려는 정치적 의지를 갖는 데 있다. 선진국은 일단 인플레이션이란 병에 감염되면 이를 치유하는 데 오랜 시간이 걸리고 고통스러운 부작용을 감수해야 한다.

　다음과 같이 2개의 유사한 의학적인 사례가 위의 인플레이션 문제를 연상시킨다. 그 가운데 하나는 혈액공급이 제대로 되지 않아 신체의 어떤 부분이 활성을 잃게 되는 버거씨buerger병에 걸린 한 청년의 사례다. 그 청년은 손가락과 발가락이 괴사하고 있었다. 이 병의 치유 방법은 금연하는 것이라고 간단히 이야기할 수 있다. 그러나 그 청년은 금연하려고 하지 않았다. 그의 흡연벽은 대단했었다. 그의 병은 어떤 의미에서는 치유가 가능했고 다른 의미에서는 불가능했다.

또 이와 비슷한 다른 예는 인플레이션과 알코올 중독 사이에서 찾아볼 수 있다. 알코올 중독자가 술을 마시기 시작할 때 처음에는 그 효능이 좋다. 그러나 숙취가 풀리지 않은 채 깨어난 다음 날 아침에는 좋지 않은 결과만이 남게 된다. 때로는 숙취를 풀려고 해장술을 더 하지 않고는 못 배긴다.

인플레이션의 경우가 알코올 중독의 경우와 정확하게 같다. 한 나라가 인플레이션에 감염되면 처음은 효과가 좋아 보인다. 오늘날 많은 정부가 행한 통화량의 증가가 누구나 절약할 것 없이 더 많이 지출할 수 있는 분위기를 만들어 준다. 처음에는 일자리가 풍부해지고 기업 활동이 활발해지며 거의 모두가 만족을 느낀다. 이들 모두는 좋은 결과들이다. 그러나 지출증가로 물가가 오르기 시작하고 근로자는 그들의 임금이 비록 금액으로는 인상되었을지라도 구매력이 전보다 떨어진다는 것을 알게 되고 기업인도 생산비가 상승한 것을 알게 된다. 그래서 그들이 제품가격을 더 많이 올릴 수 없다면 인플레이션으로 인해 늘어난 그들의 판매액은 예상했던 만큼 이익을 내지 못하게 된다. 그래서 인플레이션으로 인한 나쁜 효과가 드러나기 시작한다. 즉, 물가는 더 오르고 구매력은 떨어지며 인플레이션과 경기침체 현상이 합세한다. 알코올 중독자가 계속해서 더 많은 알코올을 원하는 것처럼 인플레이션하에서도 통화량을 더 빨리 증가시키려는 유혹이 따르며, 이는 우리가 이미 타 본 적이 있는 롤러코스터같이 된다. 이 두 가지 사례에서 보듯이 알코올 중독자와 경제에 힘을 주기 위해서는 더욱 더 많은 알코올 혹은 통화가 필요하다. 알코올 중독과 인플레이션의 비슷한 점은 치유 방법에서도 마찬가지이다.

알코올 중독에 대한 치유는 금주하는 길밖에 없다. 그러나 치유할 때는 좋지 않은 효과들이 먼저 오고 좋은 효과가 나중에 나타나기 때문에 매우 어렵다. 술을 끊으려는 알코올 중독자는 그가 거의 자제할 수 없는 한 잔만 더 마시자는 욕구를 더 이상 품지 않게 되는 편안한 경지에 도달하기까지는 극심한 고통을 겪는다. 인플레이션의 경우도 마찬가지다. 통화증가율을 낮춤으로써 발생하는 초기의 부작용은 매우 고통스러운 것이다. 즉 낮은 수준의 경제성장, 일시적인 고율의 실업 상태, 그리고 당분간은 물가수준이 대폭적으로 하락하지도 않는 상태를 참고 견뎌내야 한다. 치유에 대한 긍정적인 효과들은 1~2년 후에 낮은 물가상승, 건전한 국민경제, 인플레이션을 동반하지 않은 급속한 경제성장에 대한 잠재능력 형성 등등의 형태로 나타난다.

이 고통스러운 부작용이 알코올 중독자나 인플레이션이 만연한 국가가 그 중독을 떨쳐버리기 어려운 이유이다. 그러나 질병의 초기에는 더 중요할는지도 모를 또 다른 이유가 있다. 중독을 몰아내려는 결연한 의지의 결여가 바로 그것이다. 술꾼은 술을 즐기고 있으며 자기 자신이 정말로 알코올 중독자라는 것을 인정하기가 매우 어려운 일이다. 설사 이를 인정한다 하더라도 치유받기를 원치 않는다. 인플레이션 병에 걸린 국가도 이와 꼭 같은 입장이다. 인플레이션이 흔치 않은 외부 환경에서 조성된 일시적이고 미온적인 사건이며 자동적으로 해소되어 다시는 발생하지 않을 것이라고 생각하는 것은 위험한 일이다.

게다가 우리 중에 인플레이션이 좋다고 반기는 사람이 많다. 사람들은 누구나 자기가 사려는 물건 값이 내려가거나 아니면 적어도 오르지 않는 것을 바란다. 그러나 그것이 우리가 만든 상품이건 노동력이건 혹은 주택이나 그 밖의 소유물이건 간에 우리가 팔려고 하는 물건 값이 오르면 모두가 좋아한다. 농민들은 인플레이션에 대해 불만이 대단하다. 그러나 그들은 워싱턴시에 모여 농산물가격 인상을 위한 교섭을 벌이고 있다. 다른 사람들의 대다수도 이런저런 방법으로 이와 동일한 행위를 하고 있다.

인플레이션이 대단히 파괴적이라는 한 가지 이유는 어떤 사람은 크게 이득을 보는 반면에 다른 사람은 고통을 당하는, 즉 사회가 승자와 패자로 나뉘기 때문이다. 승자는 그들에게 돌아간 이득을 그들 자신의 통찰력, 신중성 그리고 창의력에 대한 자연적인 결과로 보고 있다. 그러나 그들은 자기들이 사려는 물건 값이 오르는 불리한 사항에 대해서는 그것이 자기들의 통제 밖에 있는 어떤 힘에 의해서 발생하는 것이라고 생각한다. 사람들은 거의 모두 인플레이션을 반

대한다고 말하지만 일반적으로 그들이 뜻하는 것은 그들이 처했던 불리한 상황에 반대한다는 것이다.

한 가지 구체적인 예를 들어보자. 과거 20년 동안 자기 집을 소유하고 있었던 사람은 거의 모두가 인플레이션 때문에 이득을 보았다. 그동안 주택은 값이 굉장히 올랐다. 만약에 그가 융자를 받아 주택을 마련했다면 융자금의 이자가 일반적으로 인플레이션율보다 낮았다. 결과적으로 원리금으로 저당액을 다 청산하고 값이 오른 주택을 싼값으로 구입한 셈이 되었다. 한 가지 예를 들어보자. 이자율과 인플레이션율이 모두 연간 7%라고 하자. 만약에 이자만을 지급하기로 하고 1만 달러를 담보융자 받았다면 이 담보액은 1년 후에는 1년 전의 9,300달러와 같은 구매력을 갖게 된다. 실질 가치로 700달러만큼 빚이 적어졌고 이 금액이 1년간 지급한 이자와 같은 액수이다. 따라서 이 경우에 실질적으로 1만 달러를 거저 사용한 것이다(더 정확히 이야기한다면 소득세 연말정산이 이 담보융자금에 대한 지급 이자액이 과세대상에서 제외되기 때문에 융자받은 자는 오히려 이득을 본 셈이다. 아마도 융자받은 자는 그 빚 때문에 심적 고통을 느꼈을는지는 모르겠다).

인플레이션의 효과가 주택소유자에게 더욱 분명해지는 경우는 부채 금액을 뺀 주택의 순가가 급속히 상승할 때이다. 이와는 정반대로 저축대출조합, 상호저축은행, 그리고 기타의 금융기관에 담보대출 자금을 제공해 준 소액 저축자들은 인플레이션으로 인해 손실을 보고 있다. 이들 소액 저축자들은 정부가 저축자를 보호한다는 명목으로 금융기관이 고객에게 지급할 수 있는 최고이자율을 폭 좁게 제한했기 때문에 별 도리 없이 손실을 보아야만 했다.

정부지출의 증가가 과다한 통화량 증대의 원인인 것처럼, 정부지출의 감소는 통화량 감축에 기여할 수 있는 하나의 요인이다. 이런 점에서 우리는 역시 정신분열증 환자가 되는 것 같다. 우리에게 이로운 정부 사업이 아니라면 우리 모두는 정부지출이 감소하기를 바라고 있다. 또한 우리 말고 다른 사람들의 조세 부담으로 정부의 재정적자가 축소될 수 있다면 적자 폭이 줄기를 모두가 바랄 것이다. 그러나 인플레이션이 가속화됨에 따라 조만간에 인플레이션은 사회구조에 상당한 손상을 입히고 불의와 고통을 낳게 한다. 그래서 사회는 인플레이션을 수습하기 위한 어떤 조치를 취하려고 한다. 인플레이션의 발생과 진행 수준은 해당 국가의 사정과 역사에 따라 크게 다르다.

독일에서는 제1차와 제2차 세계대전 직후에 엄청난 경험을 했기 때문에 그 이후부터 낮은 수준의 인플레이션을 유지하려 노력하여 그럴 수 있었으나 영국과 일본에서는 그보다 높은 율의 인플레이션을 유지하려 했으며 미국에서는 아직 그러한 움직임조차 없다.

6

인플레이션 치유의 부작용

　높은 실업과 저성장이 인플레이션 치유 방법이며, 우리가 감수해야만 할 대안은 고율의 인플레이션이나 고실업이고, 인플레이션을 수습하기 위해서는 저성장과 높은 실업률을 적절히 조화시키거나 아니면 적극적으로 권장해야 한다고 여러분은 들어왔다. 과거 수십 년 동안 미국의 경제성장이 둔화되었고 평균 실업률은 상승하였으나, 인플레이션율은 낮아지지 않고 오히려 점차 높아졌다. 다른 나라들도 이와 동일한 경험을 하였다. 어찌된 일인가?

　이 질문에 대한 해답은 우리가 지금까지 들어왔던 저성장과 높은 실업률이 인플레이션 치유 방법이 아니라는 사실이다. 저성장과 고실업은 인플레이션을 성공적으로 치유했을 때 발생하는 부작용인 것이다. 경제성장을 저해하고 실업을 확대시키는 많은 정책들이 동시에 인플레이션율을 상승시켜 왔다. 미국이 지금까지 취한 대부분의 정책은 이 내용이 사실이라는 것을 뒷받침해주고 있다. 미국이 취해온 물가와 임금에 대한 간헐적인 통제, 기업에 대한 정부 간섭의 확대, 자꾸 불어만 가는 재정지출의 증대와 통화량의 급증을 동반하는 제반 정책들이 그것들이다.

의학적인 또 하나의 예가 인플레이션의 치유와 부작용의 차이점을 명료하게 구별해 줄 것이다. 급성맹장염에 걸린 환자가 있다고 하자. 의사는 환자에게 맹장제거수술을 권하고 수술 후 환자는 일정 기간 동안 침대에 누워 움직이지 말아야 한다고 경고할 것이다. 만일 환자가 수술은 거절하고 수술보다는 덜 고통스러운 치유 방법이라고 생각하여 지정한 기간 동안 침대에 누워있었다고 한다면 이것은 정말로 어리석은 짓이다. 그러나 이 사례는 실업을 치유 방법으로 보느냐 아니면 부작용으로 보느냐 하는 우리들의 혼동을 모든 점에서 잘 설명해주고 있다.

인플레이션 치유의 부작용이 심각하기 때문에, 왜 부작용이 발생하는가를 알아내서 그들의 발생을 감소시킬 수 있는 수단을 강구하는 일이 매우 중요하다. 치유에 대한 부작용이 발생하는 근본적인 이유는 이미 제1장에서 밝힌 바 있다. 변화하는 통화의 증가율이 가격체계에 의해서 전달되는 정보에 잡음을 넣기 때문이다. 정보에 잡음이 들어가면 경제주체가 적절치 못한 반응을 하며, 이를 극복하는 데 상당한 시간이 걸린다.

우선 인플레이션을 유발할 만큼 통화량이 늘어나면, 무슨 일이 일어나는가를 생각해 보자. 새롭게 창출된 통화로 늘어난 지출이 재화와 용역의 판매자와 노동력 공급자에게는 정부지출이 아닌 다른 지출이 늘어나는 것과 같은 것이다. 예를 들면 연필판매자는 총지출이 늘었기 때문에 종전의 가격으로 더 많은 연필을 판매할 수 있게 된다. 그렇게 되면 연필판매자는 도매상에 연필을 더 많이 주문할 것이고 도매상은 제조업자에게 주문량을 늘리는 식으로 이어져 갈 것이다. 만약에 연필에 대한 수요가 인플레이션적인 통화량 증가에 의해서 늘어난 것이라기보다는 다른 상품, 예컨대 볼펜의 수요 대신으로 증가한 것이라면 연필 주문량의 증가는 볼펜 주문량의 감소를 초래할 것이다. 그렇게 되면 연필과 연필제조용 자료의 가격이 상승하게 되고 볼펜과 그 자료의 가격은 하락하게 될 것이다. 그러나 평균적으로 물가가 변동할 이유는 없는 것이다.

연필에 대한 수요 증가가 새롭게 창출된 통화 때문에 발생한 것일 때는 사정이 전혀 달라진다. 연필과 볼펜 그리고 기타 대다수의 상품 값이 동시에 오르게 된다. 총수요가 증가하였기 때문이다. 그러나 연필소매상은 이 사실을 모른다. 이 소매상은 전과 같이 처음에는 판매가격을 고정시켜 놓고 계속해서 연필을 종전 값으로 조달할 수 있을 때까지는 더욱 많은 연필을 판매하는 것으로 만족할 것이다. 그러나 이제는 연필 주문량의 증가와 볼펜, 그리고 기타 상품들의 주문량이 모두 증가한다. 이처럼 전반적인 주문량이 늘게 되면 그만큼 더 생산하기 위한 노동력과 원자재에 대한 수요량도 증가되기 때문에 노동자와 원자재생산자들의 반응도 처음에는 소매상인처럼 더 많이 일하고 더 많이 생산하겠지만 동시에 그들이 공급해 온

상품들의 수요가 증가했다는 생각이 들 때는 더 많은 값을 매기려 들 것이다. 그러나 이번의 경우에는 값이 오르고 또 내리는 상품이 있어 서로 상쇄하면 물가의 변동이 없는 그런 상태가 아니다. 물론, 처음에는 이런 현상이 명백히 나타나지는 않을 것이다. 동적인 세계에서는 수요는 언제나 변화하며 물가는 오르기도 하고 내리기도 한다. 수요가 늘어나는 전체적인 징조와 상대적인 수요를 반영해 주는 개별적인 징조가 혼동될 수도 있다. 바로 이 점이 급속한 통화량의 증가에 의한 최초의 부작용이 번영과 고용의 확대로 나타나고 있는 것처럼 보이는 이유인 것이다. 그러나 조만간 번영과 고용이 확대될 징조는 사라지게 된다.

사태가 진전됨에 따라 근로자, 제조업자, 소매상들은 모두 그들이 어리석었음을 깨닫게 될 것이다. 그들은 수요의 증가가 그들에게만 있었던 특별한 것이며, 그렇기 때문에 그들이 구입하는 여러 가지 물건 값이 크게 오르지 않을 것이라는 잘못된 생각으로 그들이 판매하고 있는 소수의 상품에 대한 수요증가에 대처했었다. 그들이 잘못을 깨달았을 때, 그들은 증가된 수요에 응할 뿐만 아니라 그들이 구매하는 상품가격의 상승을 감안하여 임금 수준과 판매가격을 더욱 인상한다. 그렇게 되면 우리들은 모두가 인플레이션의 원인이 아니라 결과인 물가와 임금인상의 악순환에 빠지게 된다. 만약에 통화량의 증가가 더 이상 계속되지 않으면 고용과 생산에 대한 처음의 자극은 없어지고 그 반대로 되어, 인상된 임금과 물가 때문에 생산과 고용이 하락하는 경향을 보일 것이다. 알코올 중독자에게서 처음의 행복감이 사라진 후엔 숙취만이 남을 것이다.

　통화량의 증가로 인한 인플레이션의 반응이 나타나는 데는 상당한 시간이 걸린다. 과거 1세기 이상 동안 미국·영국 그리고 몇몇 다른 서방국에서 통화량의 증가가 경제에 영향을 미쳐 성장과 고용을 확대하는데는 평균적으로 6~9개월이 소요되었다. 그리고 통화량의 증가가 물가수준에 상당한 영향을 미쳐서 인플레이션이 야기되고 급진되기까지는 12~18개월이 더 지나야만 했었다. 이처럼 오랜 시간이 지나서야 통화량 증가의 효과가 나타나게 된 것은 이들 서방국가들이 전시를 제외하고는 그간에 오랫동안 통화량과 인플레이션이 불규칙하게 변동하는 것을 억제했기 때문이다. 제2차 세계대전 직전에 영국의 도매물가는 거의 200년 전과, 미국은 100년 전과 동일한 수준이었다. 그러나 제2차 세계대전 후의 인플레이션은 이런 나라에서는 전혀 새로운 현상이었다. 그들이 겪은 물가 변동은 급격한 상승과 하락이 교차하는 것이었지 같은 방향으로 오래 지속하는게 아니었다. 남미제국은 서방국가들보다는 좀 더 불행한 경우였다. 그들은 인플레이션이 매우 짧은 시차로 일어나는, 즉 통화량의 증가 이후 기껏해야 몇 개월 후면 인플레이션이 발생하는 경험을 하였다. 만약에 미국도 인플레이션율이 커지는 최근의 상황이 변하지 않으면 남미의 여러 나라들처럼 인플레이션 발생 시차는 아주 짧아질 것이다.

　통화량의 증가를 낮춤으로서 발생하는 일련의 사태도 그 방향이 반대라는 점을 제외하고는 방금 지적한 것과 같다. 즉, 최초의 지출

감소가 특정 재화들의 수요를 감퇴시키고, 이것이 일정 기간이 지나면 생산량과 고용의 감축으로 연결된다. 다시 일정 기간이 지나면 물가가 안정되고 이것이 고용과 생산의 확대를 일으킨다. 알코올 중독자도 최악의 금단현상 고통을 이겨내면 점차로 만족할 수 있는 절주의 길로 들어설 수 있는 것이다.

이와 같은 모든 조절은 통화의 증가율과 인플레이션율을 변화시킴으로써 이루어지는 것이다. 만약에 통화 증가율이 계속해서 높은 수준을 유지하여 이를테면 물가가 연간 10%로 상승하는 경향이 있다면 국민 경제가 그것에 적응할 수도 있을 것이다. 즉 인플레이션에 적응하려면 임금이 연간 10% 오를 수밖에 없고, 인플레이션으로 인한 채권자의 손실을 보상하기 위해 이자율도 10% 올릴 도리밖에 없으며, 세율도 인플레이션에 맞추어 조정되는 등의 현상이 뒤따를 수밖에 없다.

이러한 인플레이션은 그렇게 해롭지는 않으나 아무런 기능을 못 한다. 단지 여러 가지 조치를 위해 불필요하고 복잡한 일거리를 가져다줄 뿐이다. 그러나 더욱 중요한 것은, 일단 인플레이션이 커지면, 이러한 사태는 진정될 수 없다는 점이다. 만약에 10%의 인플레이션율이 정치적으로 유리하고 가능하다면, 그리고 그 수준에서 안정된다 하더라도 인플레이션율을 그 이상인 11~12% 심지어는 15%로 만들려는 유혹은 대단히 클 것이다. 0%의 인플레이션은 정치적으로 실행 가능한 목표이지만 10%의 인플레이션은 아니다. 이는 경험이 준 판단이다.

부작용을 줄이는 방법

낮은 경제성장과 평시보다 긴 실업 기간을 거치지 않고 인플레이션이 종식된 사례는 역사에서 찾아볼 수 없다. 이것이 바로 인플레이션 치유에 따른 부작용을 피할 길이 없다는 판단의 경험적인 기초이다. 그러나 이들 부작용을 줄이고 보다 완화시킬 수 있다.

부작용을 경감시킬 수 있는 가장 중요한 방책은 어떤 정책을 미리 공표해 놓고 이를 계속 밀고 나아가서 그 정책이 신용을 갖도록 점차적으로 그러나 꾸준히 인플레이션율을 낮추는 것이다.

인플레이션 수습책이 점진적이어야 하고 정책을 미리 공표해야 하는 이유는 국민들이 그들의 정책에 적응할 수 있도록 시간을 주고, 또 그렇게 하도록 유도해야 하기 때문이다. 국민 대다수가 있을 법한 인플레이션율의 예상을 기반으로 고용, 금전대차, 그리고 생산과 건설 관계에 있어서 장기 계획 및 계약을 맺어 왔다. 이들 장기계약으로 인플레이션을 급작스럽게 진정시키기는 어렵게 되었고, 인플레이션을 급작스럽게 수습하려고 하면 국민 대다수에게 큰 부담이 돌아가게 된다. 시간을 두고 해결하면 이들 장기계약이 완료되거나 갱신되고 아니면 재조정될 것이고 그때가 되면 새로운 상황에 적응할 수도 있게 된다.

장기계약에 있어서 인플레이션에 자동적으로 적응할 수 있는 소위 자동조절조항escalator clause이 인플레이션 치유에 따른 부작용을 줄이는 데 유효하다고 입증되었다. 가장 보편적인 예가 대부분의 임금계약에 포함되고 있는 생계비 조정조항이다. 시간당 임금을 예컨대 2%에다가 인플레이션율 혹은 그 일부를 가산한다는 내용을 명시하고 있다. 그런 경우에 인플레이션이 심하면 명목임금도 그만큼 많아질 것이고 인플레이션이 낮은 수준이면 명목임금도 그만큼 적어져서 실질임금은 동일수준을 유지하게 된다.

부동산 임대계약에서 또 다른 예를 들 수 있다. 임대료를 금액으로 고정시키는 대신 임대료는 인플레이션율에 따라 매년 조정될 수 있다고 임대계약에 명시하는 방법이다. 소매상 임대계약에서는 흔히 임대료를 총 매상액의 일정 비율로 규정하기도 한다. 이러한 계약서는 명시적인 자동조절조항을 갖고 있지는 않지만 인플레이션과 더불어 매상액이 늘어날 것이기 때문에 암묵적으로 자동조절조항을 갖고 있는 것과 마찬가지다.

또 다른 예가 대출의 경우에서도 있다. 전형적인 대출은 예컨대 연 10%의 이자율에 1년간 1,000달러의 대출금이라고 하듯이 고정된 연 이자율과 기간, 그리고 금액을 표시하고 있다. 그러나 연간 10%의 이자율이라고 명시하지 않고 이자율은 2%에다 연간 인플레이션율을 가산한다고 정하는 방법이 있다. 그래서 연간 인플레이션율이 5%이면 이자율은 7%가 될 것이고 인플레이션율이 10%인 경우에는 이자율은 12%가 될 것이다. 이와 유사한 또 하나의 방법은 대출금의 상환액을 고정된 금액으로 표시하지 않고 인플레이션율로 조정한 금액으로 표시한다는 방법이다. 이 예에 따르면 대여액 1,000달러는 인플레이션율에 의해 증액될 것이며 여기에다 2%의 이자를 물어야 한다. 즉, 인플레이션율이 5%라면 상환액은 1,050달러, 10%라면 상환액이 1,100달러가 되고 여기에다 모두 2%의 이자를 추가로 물어야 할 것이다.

 이 자동조절조항은 임금계약의 경우를 제외하고 미국에서는 지금까지 보편화되어 있지 않았다. 그러나 이 조항이 특히 담보대출의 변동이자율의 형태로 점차 널리 보급되고 있다. 동시에 이 제도는 상당히 장기간에 걸쳐 고율에다가 변동률이 큰 인플레이션율을 경험한 국가에서는 보편화되었다.

 이처럼 자동조절조항을 모든 계약에 삽입함으로써 통화증가율을 낮추고 그에 따른 임금 및 물가의 조정 사이에서 발생하는 시간적인 지체를 단축시킬 수 있다. 그렇게 함으로써 과도기를 줄이고 중간에서 발생하는 부작용을 경감시킬 수 있다. 그러나 자동조절조항이 유효하다 하더라도 만병통치약은 아니다. 모든 계약을 자동조절한다는 것은 불가능하고(예컨대 지폐) 설사 다수를 그렇게 한다 하더라도 그것은 희생이 매우 크다. 화폐를 사용하는 주요 이점은 화폐가 거래를 용이하게 하고 효과적으로 수행하게 해 준다는 데 있다. 그러나 자동조절조항을 모두에 적용하면 이러한 화폐의 이점이 줄어들게 된다. 인플레이션이 없고 자동조절조항을 적용할 필요가 없는 상태가 훨씬 좋은 것이다. 그렇기 때문에 인플레이션을 치유하면서 발생하는 부작용을 줄이는 방편으로 민간경제부문에서만 자동조절조항에 의존하자는 것이다. 이를 항구적인 정책수단으로 이용하자는 것은 아니다.

그러나 자동조절조항의 활용은 연방정부 부문에서는 항구적인 정책수단으로서 매우 바람직하다. 사회보장연금, 기타 퇴직연금, 국회의원 보수를 포함한 정부 고용인들의 급여, 그리고 기타 허다한 정부지출항목들은 현재 자동적으로 인플레이션에 따라 조정되고 있다. 그러나 두 개의 뚜렷하고 변명할 수 없는 결함이 있는데, 그것은 소득세와 정부 차입에서 찾아볼 수 있다. 10%의 물가상승이 있을 때 10%만큼의 조세 증가만이 있도록 인플레이션에 대비한 개인 및 법인세 구조조정을 한다면, 즉 현재와 같이 10%의 물가상승이 있을 때, 세금이 15% 이상 인상되는 것이 아니라 10%만 올리게 된다면 의회의 결의 없이 세금부과가 늘어나는 것을 방지할 수 있다. 이로서 국민대표 동의 없는 과세를 소멸시킬 수 있을 것이다. 그렇게 함으로써 인플레이션에 따른 정부 수입이 감소되기 때문에 정부의 인플레이션 유발 동기를 줄일 수 있다.

정부 차입의 경우에도 인플레이션 피해를 막아 주어야 한다. 미국 정부가 조장한 인플레이션 때문에 장기국채매입(투자)은 손해를 봤다. 정부 입장에서는 국민에게 공정하고 정직함을 보여주려면 장기정부차입에 자동조절 조항 제도를 도입할 필요가 있다.

물가와 임금에 대한 통제가 자주 인플레이션 치유책으로 거론되고 있다. 최근에 그러한 통제가 인플레이션의 치유제가 아님이 분명해지자, 이제는 그 치유의 부작용을 줄이는 방책이라고 주장된다. 이 방법은 정부가 인플레이션 퇴치에 진지하다는 사실을 국민에게 납득시킴으로써 인플레이션 치유에 따르는 부작용을 줄일 수 있다고 한다. 동시에 장기계약조건에 들어가 있는 예상 인플레이션을 낮게 해 줄 것으로 기대된다.

그러나 물가임금 통제는 위와 같은 목적에 역효과를 보인다. 통제는 물가구조를 왜곡시키고 물가체계 운영의 효율성을 줄인다. 그 결과로 산출량이 감소하고, 인플레이션 치유의 부작용을 더는 게 아니고 오히려 더해준다. 물가임금 통제는 노동력을 낭비하게 되는데 그 이유는 물가구조를 왜곡시킬 뿐만 아니라 물가임금 통제체제를 구축, 단속하고 그리고 통제를 회피하는데 막대한 인적 자원이 투입되기 때문이다. 이러한 효과는 이 통제가 강제적이든 자발적이든 간에 꼭 같다. 실제로는 물가 임금 통제가 거의 언제나 금융 및 재정정책의 보완책이라기보다는 대안 정책으로 사용되어 왔다. 이런 점을 알고 있기 때문에 상거래에 참여하고 있는 사람들은 임금 물가통제가 발동될 때마다 인플레이션이 수그러지지 않고 고개를 들기 시작하는구나 하는 신호로 여겨왔다. 따라서 정부의 통제가 국민들로 하여금 인플레이션에 대한 기대감을 줄여주기보다는 오히려 이를 높여주는 역할을 해 왔다. 물가임금 통제는 흔히 실시 이후 얼마간은 효과가 있는 것처럼 보인다. 통제가 시작되면 물가지수 계산에 인용되는 물가는 낮은 수준을 유지한다. 그러나 물가와 임금을 상승시키는 간접적인 방법이 있기 마련이다. 즉, 제품의 질을 낮추거나 지금까지 있어 왔던 고객을 위한 서비스를 없애고 종업원을 승진시키는 등등의 방법을 쓰게 된다. 그러나 통제를 회피할 수 있는 용이한 방법을 다 쓰고 없어질 때는, 여러 가지 왜곡된 현상들이 누적되고 통제로 억눌렸던 압력들이 폭발 직전에 이르게 되며 갖가지의 역효과가 더욱 악화되어 마침내 모든 계획이 파멸되고 만다. 최종적으로 나타나는 결과는 인플레이션이 약화되지 않고 더욱 강화되는 것이다. 지난 4천 년간의 경험에 비추어 볼 때 물가와 임금 통제를 통해서 물가를 수습하고자 했던 것은 순전히 정치가와 국민들의 단견 때문이었다고 밖에는 달리 설명할 수가 없다.[136]

8

일본에 대한 사례

 최근 일본의 경험은 인플레이션을 어떻게 치유할 것인가를 거의 교과서적으로 설명할 수 있는 자료를 제공하고 있다. 〈그림 6〉에서 보이는 바와 같이 일본의 통화량은 1971년부터 점점 높은 율로 증가하기 시작하여 1973년 중반에 이르러는 증가율이 25%를 넘었다.[137]

 통화의 증가율이 높아지기 시작한 1971년 이후, 약 2년 후인 1973년 초까지는 인플레이션의 반응이 없었다. 그 후 일어난 엄청난 인플레이션의 진전은 결국 일본의 통화정책에 근본적인 변화를 초래했다. 통화정책의 초점이 엔화의 대외가치, 즉 환율로부터 대내가치, 즉 인플레이션으로 옮겨졌다. 통화증가율도 연간 25%를 상회하던 것이 10~15% 사이로 현저히 낮아졌다. 이런 수준의 통화증가율이 사소한 예외는 있었지만 5년 동안 유지되었다(일본의 경제성장률이 높았기 때문에 10~15% 범위의 통화증가율이 그런대로 일본 물가의 안정을 유지할 수 있었다).

통화증가율이 낮아지기 시작한 지 약 18개월 후에 인플레이션율도 뒤따라 낮아졌다. 그러나 이 인플레이션율이 10% 이내로 떨어지는 데 2년 6개월이 걸렸다. 그리고 나서는 약간의 통화량의 증가가 있었음에도 인플레이션율은 약 2년 동안 대체로 큰 변동 없이 8~10%를 유지하였다. 계속해서 일본의 인플레이션은 통화량의 감소에 따라 0%에 가까운 수준으로 급선회하기 시작하였다.

〈그림 6〉 통화량의 증가와 인플레이션의 시차

〈그림 6〉의 인플레이션은 소비자 물가 지수로 표시한 것이다. 도매물가지수로 표시하면 통화량과 인플레이션의 관계를 더욱 잘 설

명할 수 있다. 도매물가는 1977년 중반 이래 실제로 상당히 하락하였다. 전후 일본 노동력이 생산성이 낮은 부문으로부터 자동차와 전자산업과 같이 생산성이 높은 부문으로 대거 이동하였는데 이는 상품가격보다는 상대적으로 용역의 가격이 더 많이 올랐다는 것을 의미한다. 결과적으로 소비자물가가 도매물가에 비하면 더 높게 상승했다.

일본이 통화증가율을 낮춘 후, 특히 인플레이션이 저율의 통화증가율에 얼마간의 반응을 보이기 시작하기 전인 1974년 중에는 저율의 경제성장과 고율의 실업을 경험하였다. 경제성장률은 1974년 말에 아주 낮아졌다가 그 후부터는 다시 높아지기 시작하였다. 60년대의 호황기보다는 그다지 높지 않은 성장률을 기록했으나 연간 5%를 상회하는 바람직한 성장률을 그대로 유지하였다.

일본은 인플레이션 진정 기간 중에도 물가와 임금에 대한 통제정책을 펴지 않았고 이런 진정 현상도 인상된 원유가에 적응하는 기간 중에 나타난 것이다.

9

결론

아래의 간단명료한 진실 다섯 가지는 우리가 인플레이션에 관하여 알고 있는 것의 대부분을 구체적으로 표현하고 있다.

1. 인플레이션은 산출량의 증가율보다 통화량의 증가율이 훨씬 높을 때 발생하는 화폐적 현상이다.(물론, 통화량의 증가원인은 여러 가지이긴 하지만)
2. 오늘날 각국 정부는 통화량을 결정하거나 또는 결정할 수 있다.
3. 인플레이션의 치유 방법은 단 한 가지가 있을 뿐이다. 즉 통화량의 증가율을 낮추는 것이다.
4. 인플레이션이 발생하여 진전되기에는 몇 달이 아니라 몇 년이 소요되며 또 인플레이션을 치유하는 데도 그만한 기간이 필요하다.

5. 인플레이션 치유에서 발생하는 달갑지 못한 부작용은 피할 수 없다.

미국은 과거 20년 동안 4회에 걸쳐 통화량을 급증시킨 바 있다. 그럴 때마다 우선 경제가 확대되었으나 그 후에는 인플레이션이 있었다. 인플레이션 현상이 있을 때마다 정부는 이를 억제하기 위해 통화량을 감소시켰다. 통화량을 감소시켰을 때, 물가는 안정 없이 경기의 후퇴가 뒤따랐으며 이런 상태가 지난 후에 인플레이션이 고개를 숙이고 경제는 개선되어 왔다. 현재까지도 미국은 일본이 1971년부터 1975년 사이 경험한 인플레이션과 동일한 상태에 처해 있다. 불행하게도 미국은 일본이 지속적인 긴축을 오랫동안 견디어 내며 보인 것 같은 인내심을 보이지 못했다는 중대한 차이가 있다. 오히려 미국은 경기 후퇴에 대한 과도한 반응을 보여 통화 공급을 가속화시킴으로서 또 다른 인플레이션을 유발하고 결국에는 격심한 인플레이션과 높은 실업률을 감당해야 하는 상태에 빠졌다.

미국은 인플레이션 아니면 실업이란 그릇된 이분법에 의해 오도되어 왔다. 그러나 이와 같은 견해는 환상과 같은 것이다. 진정한 선택은 오직 미국이 격심한 인플레이션의 결과로 나타나는 고율의 실업을 감수할 것이냐 아니면 인플레이션을 치유하면서 불가피하게 나타나는 일시적인 부작용을 감수할 것이냐에 있다.

제
10
장

조류는 변하고 있다

서구제국의 정부는 스스로 선언한 제 목적을 달성하는 데 실패함으로써 거대정부에 대한 반동을 촉발시켰다. 영국에서는 이와 같은 반동이 마가렛 대처 정권을 탄생시켰다. 제2차 세계대전 후 줄곧 노동당 정권과 초기의 보수당 정권이 사회주의 정책을 추구해 왔으나, 이를 역전시킬 것을 공약한 마가렛 대처가 1979년 보수당 정권을 수립한 것이다. 스웨덴에서는 1976년에 동일한 반동이 40년 동안 줄곧 정권을 장악해 왔던 사회민주당을 패배시켰다. 프랑스도 극적인 정책변화를 일으켜 물가와 임금에 대한 정부의 통제를 배제하고 그 밖의 정부의 개입은 줄어들게 되었다. 미국에서는 이러한 반동이 감세 운동으로 전개되어 전국을 휩쓸었다. 이 감세 운동은 캘리포니아주에서 '제안 13호'가 가결됨으로써 절정에 달했고 기타 많은 주에서도 계속해서 지방세를 감축하는 주 헌법을 개정하는 실적을 올렸다.

이와 같은 반동은 단명으로 끝날지도 모른다. 그리고 나서 다시 더욱 강력한 정부에 대한 애착이 대두할지도 모를 일이다. 현재로서는 조세감면이나 그 밖의 세금을 줄이려는 열의는 대단한 데 비해서, 다른 사람을 위한 프로그램이 아니라면 어떠한 정부의 프로그램에 대해서도 강력하게 이를 제거하려는 열망은 없어 보인다. 심한 인플레이션이 거대정부에 대한 반동을 촉발하였다. 인플레이션을 극복하는 것이 정치적으로 유리한 것임을 알면 각국 정부는 이를 극복할 수 있다. 만약 각국 정부가 실제로 이렇게 해서 인플레이션을 극복한다면 이러한 반동은 약화되고 사라질지도 모른다.

그러나 우리는 이 반동은 일시적인 인플레이션에 대한 반응 이상의 것이라고 생각하고 있다. 아니 인플레이션 그 자체가 부분적으로는 반동에 대한 반응이다. 즉, 정부지출의 증대를 메우기 위해 증세에 찬성하는 것이 정치적으로 점점 어려워짐에 따라 입법자는 이와 같은 재정지출의 증대를 인플레이션, 즉 의회에서의 의결을 필요로 하지 않고 국민에게 부과할 수 있는 은닉된 세금, 바꾸어 말하면 민주주의적 대의제를 거치지 않는 과세에 매달렸다. 그러나 이와 같은 투표도 없는 증세는 18세기만 인기가 없던 것이 아니라 20세기에도 인기 없기는 마찬가지다.

거기에다 정부 정책이 내세우고 있는 표면적인 목적과 그러한 정책이 실제로 가져온 결과와의 차이, 즉 앞에서 몇 번 살펴온 문제인 양자 간의 대조적인 차이는 너무나도 보편적이고 또 광범한 것이어서 강력한 정부, 거대한 정부를 지지하던 많은 사람들도 마침내는 정부의 실패를 인정하지 않을 수 없게 되었다. 그리고 이들의 해결책이란 것도 결국에는 정부를 더 키웠다.

시류라는 밀물은 일단 힘을 얻으면 모든 장애나 모든 반대의견을 누르고 휩쓸어 버리는 경향이 있으며 이와 마찬가지로 일단 시류가 최고조에 달하면 이와는 반대의 조류가 생기는 경향도 있다.

애덤 스미스나 토마스 제퍼슨이 강력하게 추진했던 경제적 자유와 제한된 정부라는 시류는 19세기 말에 이르기까지 강력하게 흐르고 있었다. 그로부터 여론의 조류는 역전했다. 그 이유는 부분적으로는 경제적 자유와 제한된 정부가 경제 성장을 발전시켜 일반 대중의 생활을 개선하는 데 큰 성공을 거두었기 때문에 도리어 거기에 여전히 남아 있었던 악(물론 이러한 악은 많았다)을 더욱 더 돋보이게 하고 그것에 대해 무슨 대책을 마련해야 한다는 여론을 널리 불러일으켰기 때문이었다. 그래서 이번에는 페이비언 사회주의나 뉴딜 자유주의에의 열망이 강력하게 대두되었고 그 결과 영국에서는 20세기 초에, 미국에서는 대공황 후에 정부의 정책이 바뀌었다.

이 새로운 경향은 그 후 영국에서는 75년간, 미국에서는 50년간 지속해 왔다. 그러나 이 조류도 지금에 이르러서는 김이 빠지기 시작하고 있다. 이 조류를 뒷받침하던 이론적인 기반이 실제의 사실과는 거리가 멀어지게 되었고, 따라서 이론으로서의 가치를 잃기 시작한 때문이었다. 강력한 정부를 지지하던 자들이 이제는 수세에 몰리고 있다. 그들은 오늘날의 악을 해결할 수 있는 대책을 제시하지 못하며, 다만 그 악을 악화시키는 방법밖엔 아는 것이 없다. 그들의 주장은 젊은이들에게 아무런 정열도 불러일으킬 수 없다. 지금 젊은 사람들은 페이비언 사회주의나 뉴딜 자유주의보다도 애덤 스미스나 칼 마르크스의 이념 쪽에 훨씬 더 매력을 느끼고 있는 것이다.

페이비언 사회주의나 뉴딜 자유주의가 시들해졌다고는 하지만, 이에 대신하여 새로이 흐르기 시작하는 조류가 과연 스미스나 제퍼슨의 정신을 계승한, 보다 큰 자유와 제한된 정부를 요구하는 조류가 될 것인가, 아니면 마르크스나 마오쩌둥의 정신을 계승한 전능하고 굳건한 정부를 요구하는 조류가 될 것인가에 대해서는 지금으로선 알 길이 없다. 지식인의 성향이든 이론적 매력이든 간에 또는 실제의 정책추구 방향으로 보든 간에 이 중대한 문제에 대해 어느 쪽으로 기울었다고 보기에는 아직도 시기상조다. 과거의 경험에 비추어 보건대 여론의 정립이 우선 있은 후에 실제의 정책이 이를 가름하게 할 것이다.

지적풍토의 중요성

　제2장에서 검토한 인도나 일본의 예는 여론에 대해서 지적풍토가 얼마나 중요한가를 보인 실례다. 지적풍토는 대부분의 사람들과 그 지도자들의 무분별한 선입관과 정책 방향에 대한 조건반사를 결정한다.

　1868년에 일본을 장악한 명치유신의 지도자들은 주로 자국의 국력과 영광을 강화하는 데 헌신하고 있었다. 그들은 개인적인 자유나 정치적인 자유에는 아무런 특별한 가치도 부여하지 않았다. 그들은 귀족제도나 엘리트에 의한 정치권력의 행사를 신봉하고 있었다. 그럼에도 불구하고 그러한 지도자들은 자유로운 경제정책을 채택하여 일반 대중의 참여기회와, 집권 전반기 수십 년 동안에는 보다 큰 개인적 자유를 확대하는 방향으로 이끌어 갔다. 반면에 인도의 지도자들은 정치적인 자유와 개인적인 자유 및 민주주의를 열망하였다. 그들의 목적은 국력의 증대뿐 아니라 일반 대중의 경제적 복지 개선이었다. 그러나 이들이 채택한 정책은 집단주의적인 경제정책이었고 이로 말미암아 국민을 각종 규제로 억누르고 마침내는 영국에 의해 구축해 놓은 개인의 자유와 정치적 자유의 기반을 허물어 갔다.

이와 같은 정책상의 차이는 두 개의 다른 시대에 있었던 지적풍토의 차이를 그대로 반영한 것이었다. 19세기 중반에만 하더라도 자유무역과 민간 기업이 근대경제의 근간이라는 것은 당연한 것으로 간주되었다. 따라서 일본의 지도자들에게는 그 이외의 길을 추구할 생각은 아마 전혀 떠오르지 않았을 것이다. 그런데 20세기 중반에는 중앙집권적인 통제와 5개년 경제계획만이 근대경제를 이끌어 갈 수 있는 것처럼 생각되었다. 따라서 인도의 지도자들에게는 이 이외의 정책 방향을 생각한다는 것은 무리였을 것이다. 이러한 두 가지 서로 다른 생각은 어느 것이나 다 같이 영국에서 배워온 것이라는 사실은 재미있는 일이다. 일본인은 애덤 스미스의 정책을 채택한 반면 인도인은 해롤드 라스키의 정책을 채택했던 것이다.

미국의 역사도 마찬가지로 지적풍토가 얼마나 중요한가를 잘 보여주고 있다. 1787년 필라델피아의 독립기념관에 모인 미국의 건국 지도자들은 당시의 지적풍토에 따라 헌법을 기초했다. 그들은 인류의 역사로부터 많은 것을 배우고 있었으며, 특히 후에 일본 사회에 영향을 주게 된 것과 똑같은 영국의 자유주의적 풍토에 크게 영향을 받았다. 이들 미국의 지도자들은 권력의 집중, 특히 정부의 권력 집중을 자유에 대한 위협이라고 간주했다. 미합중국 헌법을 기초할 때, 이러한 생각을 버릴 수 없었다. 미합중국 헌법은 권력을 제한하고 그 권력을 분권화시켜 개인이 자신의 생활과 생명에 대한 지배권을 갖도록 만들었다. 이 목적은 헌법 초안보다도 권리장전이나 최초의 10차까지의 개헌에 더욱 명확하게 나타나 있다. '연방의회는 종교의 창시나 신봉을 금지하는 법률을 제정해서는 안 되며 언론출판의 자유를 제한해서는 안 된다.' '국민의 총기 휴대나 무장할 권리를 침해해서는 안 된다.' '헌법 중에 열거한 특정의 권리를 국민이 보유하는 다른 제권리를 부인하거나 경시하는 수단으로 해석할 수 없다.' '헌법에 의해 합중국 정부에 위임되지 않은 권력이나 주 정부에 대해 금지되지 않는 권력은 주 정부나 국민에 유보된다.'(미 헌법 10차 개헌 중 1, 2, 9 및 10차 개헌).

19세기 말부터 20세기 초에 미국여론의 지적풍토는 후에 인도의 정책에 영향을 준 것과 똑같은 영국의 사고방식에 영향을 받아 크게 변화하기 시작했다. 즉 미국의 지적풍토는 개인의 책임에 대한 신념과 시장시스템을 통한 민간주도형 경제정책으로부터 사회적 책임에 대한 선호로, 또 정부 주도형 정책으로 기울게 되었다. 1920년대가 되자 정치적 문제에 적극적으로 관심을 갖고 있었던 대학교수들이 구성한 강력한 소수파(실제로는 이미 다수파였을지도 모른다.)는 사회주의적 세계관을 갖게 되었다. 당시의 「뉴 리퍼블릭」지와 「네이션」지가 여론에 영향을 미칠만한 선봉적인 지적 잡지였다. 노만 토마스Norman Thomas가 이끈 미국 사회당은 가장 폭넓은 기반을 갖고 있있는데 그 힘의 대부분은 대학에 있었다.

우리 생각으로는 사회당이야말로 20세기 초의 수십 년 동안 미국에서 가장 영향력 있는 정당이었다. 거국적인 수준에서는 선거에서 성공을 거둘 전망이 없었기 때문에(사회당은 특히 밀워키주나 위스콘신주에서 수는 적었지만 지방 선거에 성공하고 있었다) 사회당은 이념당이 되길 바랐다. 이에 대해 민주당이나 공화당은 그럴 수 없었다. 이 두 개의 정당은 극렬하게 분열된 파벌이나 이익단체를 통합하기 위해서는 타협하는 정당 편의주의 정당이 되지 않으면 안 되었다. 중도를 걷기 위해 '극단주의'를 회피하지 않으면 안 되었다. 이들 두 개의 당은 정확하게는 '아주 비슷해서 서로 분간하기 어려울 정도는 아니지만' 이에 극히 가깝다. 그럼에도 불구하고 역사적으로는 이 두 개의 주요한 정당은 사회당의 입장을 택했던 것이다. 사회당은 대통령 선거에서 총 투표수의 6% 이상을 획득한 적이 없었지만(이 6%는 1912년에 있었던 유진 뎁스Eugene Debs 사회당 대통령 후보에 대한 것이었음), 1928년에는 1% 이하, 1932년에는 겨우 2%(노만 토마스 사회당 대통령 후보가 획득한)를 획득하는데 그쳤다. 그런데 사회당이 1928년의 대통령 선거에서 내건 정강정책의 거의 모든 경제조항은 오늘날 법으로 제정되었다. 그러한 정책 항목이 어떤 것이었는지는 부록을 참조하기 바란다.

일단 여론의 풍토가 뒤바뀌고 광범하게 퍼져나가자, 특히 대공황 후와 같은 결정적인 여론변화가 있었을 때에는 이것과는 극히 다른 자유주의적 여론의 풍토 하에서 만들어졌던 미합중국 헌법도 정부의 권력증대를 지연시킬 수는 있었으나 저지할 수는 없었다.

즉, 둘리Dooley의 말에 있듯이 "뱁이 워떻게 되먹었던지 간에 최고재판소는 당선자 편이거덩." 미국 헌법의 조문은 최고재판소에 의해 재해석되고 새로운 의미를 부여받았다. 정부의 권력확대를 억제하던 헌법의 조문이 그 효력을 상실했다. 최고재판소에 관해서 권위 있는 연구를 했던 라울 버거Raoul Berger는 최고재판소에 의한 미국 헌법 개헌의 해석방법에 관해 다음과 같이 쓰고 있다.

> "미합중국 제14차 헌법개헌은 하알란 대법관이 지적한 소위 '헌법개정권의 행사'에 해당하는 것으로, 재해석이라는 미명하에 실은 헌법을 계속적으로 수정하고 있다는 것을 보여주는 아주 좋은 사례다.…
> 최고재판소는 헌법 기초자들의 의사를 모욕하고 당초의 의도에 완전히 모순되는 해석을 자주 하고 있었다고 해도 과언이 아니다.…
> 이와 같은 최고재판소의 행동을 보면 최고재판소의 판사들은 자기들 자신을 법 그 자체라고 간주했다고 결론짓지 않을 수 없다."[138]

2

세론과 일반 대중의 행동

　페이비언 사회주의나 뉴딜 자유주의 조류가 지금 그 최고조에 달해 퇴조하기 시작했다고 하는 것을 보여 주는 증거는 지식인들의 저술이나 정치가들의 정견발표에서 피력하는 감정에서 볼 수 있을 뿐 아니라 일반 대중의 행동에서도 볼 수 있다. 일반 대중의 행동은 의심 없이 여론에 의해 영향을 받고 있다. 또 역으로 일반 대중의 행동은 여론을 강화하고 그 여론을 정책으로 실현해 가는 데 주요한 역할을 한다.

　A. V. 다이시는 놀랄만한 통찰력을 갖고 60년 전에 이미 다음과 같이 쓰고 있다.

　"만약 사회주의적 입법이 저지된다고 하면, 이와 같은 저지는 사상가들의 영향에 의해서라기보다는 국민의 주목을 끄는 명백한

사실에 의해서 저지될 것이다. 그와 같은 명백한 사실이란 예를 들면 조세 부담 증가 같은 사실이다. 비록 언제나 그렇다고 못 박을 수는 없다 하더라도 사회당의 정강 정책은 대체로 세금을 더 내게 되어 있는 것이다."[139]

거대한 정부에 의해 발생될 수 있는 인플레이션, 높은 세금, 명백한 비효율성, 관료제도, 과대한 규제 등은 다이시가 예견한 효과를 나타내고 있다. 이러한 것이 사람들로 하여금 자기 자신들이 문제를 스스로 해결해야겠다는 생각을 낳게 하고 정부가 만들어 놓은 여러 가지 장애를 극복하는 길을 모색하기에 이른 것이다.

팻 브래넌Pat Brennan은 1978년에 명사가 되었다. 그 이유는 그녀와 그녀 남편이 미국 우편국과 경쟁을 시작했기 때문이다. 즉, 이 부부는 뉴욕주의 로체스터에 있는 지하실에서 우편 사업을 개시하여 우편국보다 싼값으로 로체스터시의 번화가에 한해서 소포와 우편물을 당일 배달할 것을 보증했다. 이 사업은 시작하자마자 크게 번성했다.

이 부부가 법을 위반하고 있다는 것은 의심할 여지가 없다. 실제로 미국 우체국은 이 부부를 고소하여 마침내 이 사건은 최고재판소까지 가게 되었는데, 이 부부는 여기서 패소했다. 그동안의 소송경비는 지방의 기업인들이 제공했다. 팻 브래넌은 다음과 같이 말하고 있다.

"저는 조용한 반란이 시작되었다고 생각해요. 아마 우리가 처음이었겠지요.…모두 관료들에게 반항하기 시작했어요. 이것이 몇 년 전이었다면 생각조차 못 했겠지요. 옛날에 그런 것을 했다면, 우리들의 입엔 자갈이 물려졌겠죠.… 이제는 자기의 운명을 자기들이 결정하려고 시도하는 것 같아요. 우리에겐 아무런 관심도 없는 워싱턴의 아무개씨들에게 우리의 중요한 문제를 맡기지 않겠다고 말입니다. 따라서 이것을 무정부주의라고 할 수는 없겠죠. 관료들의 권력이란 것을 다시 한 번 생각하고 그러한 권력을 거부하기 시작했다는 것이죠….

자유의 문제는 어떤 사업을 한다 해도 반드시 나올 수 있는 것입니다. 우리들이 어떤 사업에 손을 댈 수 있는가? 또 사업 결정을 내가 해도 되는가 하는 문제들이지요. 소비자들에게 자유가 있는가 하는 문제도 있지요. 소비자들은 자기들이 싸다고 생각한 서비스를 사용할 자유가 있는 것은 아닐까라든가, 더 좋은 서비스를 받아도 당연하지 않을까 하는 것들이지요. 그런데 정부에 따르면 거기에 민간우편법이라고 하는 법률이 있어서 우리들이 우편장사를 시작할 자유 따위는 없다는 것이지요. 미국이라는 나라가 자유와 자유기업에 기초한 나라일진대 어떻게 이럴 수가 있을까? 아무리 생각해봐도 납득할 수 없는 것이지요."

팻 브레넌은 자기 자신의 문제라고 생각하는 자신의 일에 대해서 다른 사람들이 관여함으로써 인간으로서 당연히 나올법한 반응을 보이고 있을 뿐이다. 이와 같은 반응은 화를 내는 것부터 시작이다. 제2의 반응은 법망을 피하려는 노력이다. 그리고 최후로는 법이라고 하는 것에 대한 경멸이다. 한심한 일이겠지만 어쩌겠는가?

놀라운 예가 있다. 그것은 영국에서 중세에 관한 반란이 발생한 것이다. 영국의 전문가인 그레엄 터너Graham Turner는 다음과 같이 말하고 있다.

"영국은 최근 10년부터 15년 사이에 사기꾼의 나라로 전락했다고 해도 과언이 아니라고 생각한다. 사기꾼들은 어떤 방법을 쓰고 있을까? 놀랄 정도로 여러 가지 방법을 쓰고 있다. 우선 가장 낮은 수준부터 생각해 보자.

지방에 있는 조그만 식료품점이 있다고 하자. 이 식료품점의 주인은 어떻게 해서 돈을 벌고 있는가? 그는 언제나 구입하고 있는 도매상에서 물건을 사면, 그때마다 매상(세금)계산서를 사용하지 않으면 안 된다는 것을 알았다. 계산서는 당연히 세무서의 감사 대상이 된다. 그런데 '현금을 지불하고 물건을 가져가는 상점'에 직접 가서 거기서 자기가 상품을 사면 그럴 필요는 없다. … 이 상품을 팔면 여기서 나오는 이익에 대해서는 세금이 붙지 않는다. 왜 그런가 하면, 세무서는 그가 그런 상품을 매입한 사실을 모르기 때문이다. 이것이 이 식료품점 주인이 하고 있는 방법이다."

이번에는 상위 레벨인 회사 중역들의 예를 들어보자. 중역에게도 여러 가지 방법이 있다. 중역은 자기 집에서 쓸 식료품을 회사를 통해서 구입하기도 하고 휴가비용을 회사에 돌리기도 하며 공장이 어디 있는지도 모르는 자기의 부인을 회사의 중역으로 앉혀 월급도 타내고 세금도 덜 내곤 한다. 게다가 중역은 공장을 지을 때 자기의 개인 저택을 짓고 건축비는 회사에 떠넘기곤 한다.

육체노동을 하고 있는 보통 노동자계급에서부터 회사의 중역들이라든가, 지도적인 정치가들, 정부의 관료라든가, 야당의 '그림자 내각'의 멤버 등, 있을 수 있는 모든 곳에서 사람들은 부정과 사기를 자행하고 있다.

누구 하나 세제가 공평하다고는 생각지 않으며 누구나 할 수만 있다면 기꺼이 탈세를 시도한다. 일단 세제가 불공평하다는 것이 일반적으로 합의된 후에는 이 나라는 사실상 음모단체와 같은 상황이 되어 모두가 서로 세금을 속임수로 면하려고 힘을 합치게 된다.

영국에서 탈세를 위해 속임수를 쓰는 것은 조금도 어렵지 않다. 다른 사람들이 모두 당신을 도우려고 애써주기 때문이다. 15년 전 같으면야 사정은 전혀 달랐을 것이다. 그때에는 당신이 그런 짓을 한다고 해도 다른 사람들이 '여보게 그런 짓을 하면 어떻게 하나' 하고 대들었을 것이 아닌가?

또 월스트리트저널에 게재된 멜빈 B. 크카우스의 '스웨덴의 반세반란'이라는 제목의 평론(1979년 2월 1일호, p.18)을 보자.

"서방국 중에서도 가장 고율의 세금에 시달려 온 스웨덴인들의 조세저항은 개개인의 이니시어티브에 기초를 두고 있다. 스웨덴의 보통 사람들은 정치가들에게 맡기는 대신 자기 자신이 문제를 해결하려 결심하고 세금을 거부했다. 탈세는 여러 가지 방법이 있으며 그 중에는 합법적인 것도 많다.

스웨덴 사람들이 납세를 거부하는 방법의 하나는 일을 덜 하는 것이다. 스톡홀름의 아름답고 많은 섬이 있는 그 바다에 떠있는 그 많은 요트들은 스웨덴 사람들이 얼마나 일을 기피하고 세금을 안 내려 하는지 조용한 반세혁명을 생생하게 보여준다. 스웨덴 사람들은 말하자면 자기 나름대로의 방법으로 탈세하고 있는 것이다.…

물물교환이, 스웨덴 사람들이 중세에 반항하고 있는 또 하나의 방법이다. 테니스를 즐기고 있는 치과의사를 불러내어 자기의 이를 봐 주도록 하는 것은 결코 쉬운 일은 아니다. 그러나 치통으로 고생하고 있는 변호사에게 찬스가 있었다. 변호사는 치과의사에게 의료서비스의 대가로 변호서비스를 제의했다. 이 물물교환은 치과의사에게 두 가지 세금을 면하게 해 준다. 결국 자기의 종합 소득세뿐 아니라 변호사의 소득세까지도 탕감시켜 주는 것이다. 물물교환은 원시적 경제에만 있는 줄 알았는데 고율의 세금 덕분에 복지국가에서 인기가 있다. 특히 전문직 사이에서 그렇다.…

스웨덴에서의 반세혁명은 부자들만의 혁명이 아니다. 그것은 모든 소득계층에서 고루 발생하고 있다.…

스웨덴의 복지국가는 당장 딜레마에 빠졌다. 그 이데올로기는 끊임없이 더 많은 재정지출을 요구하고 있다. …그런데 스웨덴 시민들은 이제 납세의 포화점에 도달해 있고 이 이상의 증세는 사람들에 의해 저항의 대상밖에 되지 않았다.

… 스웨덴 사람들이 더욱 높은 조세에 저항하는 방법이란, 그 모두가 다 국가 경제에 해로운 것뿐이다. 따라서 증가하는 공공지출은 복지국가의 경제적 기반을 침식하기 시작한 것이다."

이익집단의 대두

페이비언 사회주의자나 뉴딜 자유주의가 퇴조하고 새로운 조류가 전체주의적 사회가 아닌 더 자유로운 사회와 더 제한된 정부로의 움직임이라면 현 사태의 결점을 파악해야 할 뿐만 아니라 왜 그런 사태에 빠졌는가를 이해해야 하며, 또 이에 대한 대책까지도 알아야 한다. 어찌하여 정책목표는 정반대의 결과만 낳는가? 어째서 국민 전체의 이익을 대변해야 할 때 특수집단의 이익이 우선되는가? 이와 같은 사태추이를 역전시킬 방도란 무엇인가?

워싱턴의 권력

워싱턴 D.C.시를 방문할 때마다 언제나 그곳에 얼마나 큰 권력이 집중되어 있는가에 대해 감명을 받지 않을 수 없다. 미 의회의 의사당 복도를 아무리 걸어봐도 435명이나 되는 하원의원이나 상원의원 100명이 적은 숫자가 아닌데도 1만 8,000명이나 되는 직원 속에서 찾아내기란 불가능하다. 상원의원 1인당 약 65명, 하원의원 1인당 27명이라고 하는 미국의회의 직원들뿐 아니라, 1만 5,000명 이상의 등록된 로비스트들이 있고 그들도 자기들의 비서, 타이피스트, 조사원, 자기들이 대표하는 특수이익단체의 대표 등을 대동하고 있으며, 이들은 모두가 의사당의 복도를 누비고 다니면서 영향력을 행사하기 위해 눈이 벌겋다.

이것은 빙산의 일각에 지나지 않는다. 연방정부의 직원 총수는 3백만 명에 가깝고 이 숫자는 군인을 포함하지 않은 것이다. 미 의회와 미국 정부에 관계있는 사람들만도 워싱턴과 그 근교에 35만 명이나 살고 있다. 그 외에도 정부가 계약을 통해 헤아릴 수 없을 정도로 많은 사람들을 간접적으로 고용하고 있다. 워싱턴은 행정부와 입법부 그리고 사법부가 있는 수도라는 입지조건 때문에 노동조합, 업자조합단체 기타 특수이익단체 등이 본부를 두거나 적어도 사무소를 갖고 있으며, 그로 말미암아 많은 사람을 고용하고 있다.

워싱턴은 변호사들도 끌어당긴다. 미국에서 가장 큰 그리고 가장 번창하고 있는 법률사무소는 워싱턴에 있다. 워싱턴에는 연방정부나 그 밖의 정부에 의한 법적 규제에 관계된 일만을 위해서도 7,000명 이상의 변호사가 있다고 한다. 워싱턴에 출장소를 내고 있는 지방의 법률사무소만도 160개나 된다.[140]

워싱턴에 있는 권력은, 결코 한두 사람의 손에 집중되어 있는 단일적인 것이 아니다. 이런 면에서 러시아나 중국, 미국에 가까운 쿠바와 같은 전체주의 제국과는 다르다. 워싱턴의 권력은 많은 부분으로 분권화되어 있다. 미국 전역에 걸쳐있는 모든 이익단체가 그러한 분권화되어 있는 작은 권력의 어딘가에 영향을 미치려 노력하고 있으며 그 결과, 워싱턴에서 논의되는 거의 모든 문제는 결국은 찬반 양면에서 정부의 개입이 불가피하다.

예를 들면 워싱턴에 있는 거대한 건물 속 깊숙이에서는 많은 사람들이 흡연 인구를 줄이기 위한 여러 가지 방안을 고안하고 이를 실현시키기 위해 납세자들이 낸 세금을 어떻게 쓸 것인가 고민하고 있다. 그러는 한편, 이 건물에서 수 마일 밖에 떨어져 있지 않은 다른 거대한 건물에서는 담배를 생산하는 농민들에게 보조금을 주기 위해 납세자의 세금을 어떻게 쓸 것인가를 열심히 고민하는 공무원이 있다.

임금·물가안정위원회는 야근까지 하면서 기업인에 대해서는 가격인상억제를, 노동자에게는 임금인상요구를 철회해 줄 것을 애원도 하고 압력도 넣고 설득하기도 한다. 그런데 건너편 건물에서는 농무성 산하의 한 기관이 설탕이나 목면 그 밖의 수많은 농산물가격을 높은 수준으로 유지하거나 인상시키기 위해 여러 가지 정책을 추진하고 있다. 다른 건물에서는 노동성의 관리들이 데이비스 베이컨 법에 기초하여 실행임금을 결정함으로써 건축 노동자들의 임금을 인상한다.

연방의회는 에너지보전을 촉진하기 위해 2만 명의 직원을 고용하는 에너지청을 설립했다. 똑같은 연방의회가 1만 2,000명 이상의 직원을 고용하고 있는 환경보호청도 설립했는바 이들이 발하는 명령이나 각종 조치들은 보다 많은 에너지를 소비해야만 지켜질 성질의 것들이다. 더 기막힌 것은 같은 부서 내에서도 서로 상충하는 업무가 많다는 사실이다.

이와 같은 상황은 이것이 만약 심각한 문제가 아니었다면 우스갯소리로 넘겨야 마땅할 것이다. 이와 같이 상충하는 목적들은 서로 상쇄되고 말겠지만, 이에 소요되는 이중삼중의 각종 비용은 상쇄되지 않는다. 이들 각각의 정책이나 프로그램은 우리들이 각자의 필요에 따라 여러 가지 재화나 서비스를 구입하기 위해 사용되어야 할 자금을 우리들의 호주머니에서 빼앗아 거둬가는 것이다. 이와 같은 각각의 관청은 그렇지 않으면 생산적인 활동에 종사할 수 있는 유능한 기술자들을 헛되이 쓰고 있는 것이다. 이들 각각의 관청은 규칙이나 규제조치를 생각해내고 관료적 형식주의를 만들어 내고 여러 가지 서식을 만들어 내어 우리 모두를 지겹게 괴롭히고 있는 것이다.

집중된 특수이익 대 분산된 특수이익

지금까지 보아온 것과 같은 권력의 분권화, 그것도 수많은 작은 단위로 확산되어 행해지고 있는 분권화나 상호 모순되고 충돌하는 정부의 정책들은 상세하고 개별적인 수많은 법률을 입법화함으로써만이 운영되는 민주주의 체제의 정치적 현실에 기인하는 것이다. 이와 같은 체제는 이익이 집중화된 작은 그룹에게 부당하게 큰 정치적 권력을 주는 경향이 있다. 아무리 중요한 효과가 있다 하더라도 그것이 직접적이 아니거나 감추어져 있어 명백히 보이지 않거나 또는 효과가 한참 후에 나타나는 경우에는 부당하게 경시되는 경향이 있는 반면에 효과가 직접적이고 분명하며, 즉시적인 것은 부당하게도 중요시되는 경향이 있다. 따라서 일반 국민 전체의 이익보다는 특수집단의 이익에 봉사하기 좋은 방향으로 정책이 결정되며 그 반대의 바람직한 정책 방향은 찾아 볼 수가 없다. 즉 거기에는 말하자면 정치에 있어서의 보이지 않는 손이 있어, 애덤 스미스의 '보이지 않는 손'과는 정반대의 방향으로 작용하고 있는 것이다. 일반 국민 전체의 이익을 의도한 일이 정치에 있어서의 보이지 않는 손에 의해서 그 의도와는 전혀 다르게 특수집단의 이익을 두둔하게 되는 것이다.

여기에 이 문제의 성질을 명백하게 해 주는 몇 가지 예가 있다. 즉, 상선의 건조비와 운영비에 대해 보조금을 주고 근해에서의 해안 운송을 국산 선박으로 제한해서 상선업을 지원하는 정부의 정책을 생각해 보자. 이 정책은 미국의 납세자들에게 연간 약 6억 달러의 부담을 지우고 있는데 조선업에 직접 일하고 있는 4만 명에게는 1인당 1만 5,000달러의 지원에 해당하는 것이다. 선박의 주인이나 이를 운전하는 선원이나 거기에 고용된 사람들은 이와 같은 조치를 유지하고 싶은 강렬한 유인을 갖고 있기 때문에 이들은 로비활동과 정치헌납을 위해 자금을 물 쓰듯 한다. 한편 이 6억 달러를 2억의 미국인으로 나누면 1인당 연간 3달러밖에 안 되는 금액이 되고 4인 가족으로 말하더라도 한 가족 부담액이 12달러에 지나지 않는다. 이와 같은 상황에서 연방의회에 입후보한 사람이 이 조치를 지지하고 있다고 해서 우리 중의 누가 이 후보자에 반대투표를 던질 것인가? 또 이와 같은 정책을 폐지시키려고 자기 돈을 쓸 사람이 누가 있겠으며, 더구나 이 문제에 관해서 정보를 얻기 위해 일부러 자기의 귀한 시간을 소비할 사람이 과연 몇이나 있을 것인가?

또 하나의 예로서는 제철 회사의 주주, 임원 또는 이 회사에서 일하고 있는 노동자들은 예외 없이 미국이 외국산 철강 수입을 늘리면 자기들의 이윤이 감소되고 고용이 적어진다는 것을 아주 잘 알고 있다. 이들은 수입제한조치를 정부가 취한다면 자기들의 이익이 된다는 것을 명백히 알고 있다. 그런데 일본에서의 철강 수입이 감소하면 미국에서 일본으로의 수출도 감소하게 되고 그 결과 수출산업의 노동자들이 일자리를 잃게 된다는 사실을 그들은 모른다. 철강 수입 제한이 자기들의 일자리를 위협한다는 것을 모르는 것이다. 그뿐인가. 일거리를 잃고 나서도 어째서 그렇게 되었는지 모른다. 철강을 재료로 해서 만들어진 자동차나 주방용 스토브나 그 밖의 제품을 구입하는 사람들은 제품 값이 상승한 것에 불평을 할 것이다. 그러나 그와 같은 가격의 상승이 철강 수입 제한에 따른 것이고 자동차 등의 제조업자들이 외국의 싼 철강을 쓰지 못하고 비싼 국산 철강을 써야만 하기 때문에 값이 올랐다는 사실을 추적할 사람이 어디 있겠는가? 소비자의 대부분은 정부의 정책을 비난했어야 했음에도 불구하고 '탐욕스런' 생산자나 욕심 많은 노동조합 지도자들을 비난할 때가 훨씬 많다.

농업정책이 또 하나의 예다. 농민들은 워싱턴으로 트랙터를 몰고 와서 농산물가격을 인상하라고 시위를 벌인다. 워싱턴에 와서 난동을 부리는 것이 유행처럼 되기 이전에는 농민들은 백악관에 구조를 요청하기보다는 날씨를 책망하거나 교회로 원조를 청하러 갔던 것이다. 식품이라고 하는 필수 불가결하고도 눈에 잘 띄는 상품인데도 불구하고 농산물가격 유지정책에 항의하여 워싱턴에서 데모를 하는 소비자는 한 사람도 없었다. 농업이 미국의 중요한 수출산업이긴 하지만 농민들 자신으로서는 미국 정부가 외국무역에 간섭함으로써 어느 정도까지 자기들에게 영향이 미치고 있는지는 모르고 있었다. 예를 들면 미국 정부의 철강 수입제한 때문에 자기들이 피해를 입을 수 있다고는 생각을 못했다. 또 다른 예가 있다. 그것은 미국의 우체국이다. 제1종 우편 배달사업에 대한 정부의 독점을 폐지하려고 하는 이제까지의 모든 노력은 우체국 종업원 노동조합의 격렬한 반대에 부딪혔다. 이 조합원들은 우편 사업을 민간에 허용하면 자기들 일자리를 잃는다는 것을 잘 알고 있다.

따라서 우편노조원들이 우편 사업의 독점을 고수하기 위해 민간 우편 사업을 저지코자 노력하는 것은 그들에게 이익이 되는 일일 것이다. 로체스타시의 브레넌 부부의 경우가 그러하듯이 만약 우편 사업에 대한 국가독점이 폐지된다면 몇 천개의 민간우편 회사가 설립되고 수천수만의 노동자들이 새로이 일자리를 얻게 될 것이다. 이와 같은 새로운 사업이 생기면 실제로 혜택을 입을 사람들조차도 이러한 가능성이 얼마든지 있을 수 있다는 사실에 대해서 알고 있지 못한 것 또한 사실이다. 또, 가령 그와 같은 사람들이 있다 해도 워싱턴연방의회의 청문회에서 증언할 기회를 얻기는 어려운 일이다.

개개인의 입장에서 보면 정부의 특정 사업에 대해 자기 또는 자기가 속해 있는 그룹 사람들이 특별한 이해가 얽혀있는 경우가 있다. 실제로 이런 사업에서 얻어 낼 수 있는 이익이란 것도 따지고 보면 자기에게 불리한 수많은 정부 사업으로부터 받는 피해액을 합쳐서 비교해 본다면 엇비슷한 경우가 허다할 것이다. 그럼에도 불구하고 한 개인의 입장에서 보면 피해를 주는 많은 사업에 대해 방관하는 대신 자기에게 특별한 이익이 있는 사업을 지지하고 성취되도록 노력하는 것이 유리하다. 왜냐하면 그 자신과 마찬가지로 특별한 이해관계가 있는 사람들이 누구인지를 식별하기가 쉽고 그런 사람들끼리 작당하여 돈을 거두어 정부의 이 특정 사업에 대해 영향력을 행사하기가 쉽기 때문이다. 자기들에게 피해를 주는 다른 많은 정부 사업들이 채택 안 된다는 보장도 없는 것이다.

자기에게 피해를 주는 모든 다른 정부 사업을 저지하기 위해서도 자기들이 원하는 한 가지 사업에 대한 정열과 노력을 그러한 여러 가지 사업에 대해 똑같이 쏟아야 하는데 그런 식으로 해서는 언제나 득보다는 해가 많기 때문에 이런 방식을 택할 얼간이는 없는 것이다.

국민들이 세금이라는 것을 알고는 있으나, 대부분의 세금은 감추어져 있기 때문에 세금에 대한 인식도 그만큼 엷어져 있기 마련이다. 법인세나 내국세는 물품 가격에 포함되어 있지만, 그 가격 중에서 어느 만큼이 세금인가를 별도로 계산하여 매매하지는 않는다. 대부분의 소득세는 원천소득에서 징수한다. 인플레이션이라고 하는 가장 악질적인 세금은 명백히 드러난 것이 아니기 때문에 대중을 우롱하기에 십상이다. 판매세, 재산세, 또는 연말정산 후에 납부하는 소득세는 직접적으로 사람들의 눈에 띈다. 그래서 이러한 세금에만 사람들의 노여움이 집중하게 된다.

관료제도

정부 규모가 작을수록 또 정부 기능이 제한될수록 정부의 정책이 일반이익보다도 특수이익을 반영할 가능성은 적어진다. 이 문제와 관련해서 뉴잉글랜드의 타운미팅(마을집회)이 금방 머리에 떠오른다. 통치받는 사람들은 통치하는 사람들을 알고 있고 통치자들을 컨트롤할 수 있다. 모든 사람들이 자기의 의견을 표명할 수 있을 뿐 아니라, 거기서 토론되는 의제 자체가 작기 때문에 누구나 이해할 수 있다.

정부가 영향을 미치는 범위가 넓어지고 정부의 역할이 증대해 감에 따라 - 그것이 통치지역의 확대이건 통치인구의 증대이건, 또는 정부의 기능 자체가 커지는 것이건 간에 - 통치받는 사람들과 통치하는 사람들과의 관계는 엷어져 간다. 이 같은 상황에서는 정부의 모든 정책에 관해서 상세한 내용을 얻기란 거의 불가능한 것이며, 나아가 중요한 정책만이라도 이해한다는 것조차도 어렵게 된다. 더구나 정부의 행정을 담당하고 있는 관료기구는 점점 그 규모가 커지고 마침내는 국민과 국민이 선출한 선량들 사이에 끼어들게 된다. 특수이익단체가 관료기구의 목적을 달성하기 위한 수단으로서의 역할을 할 뿐 아니라, 관료기구가 자신의 특수이익을 추구하는 이익집단이 되어 간다. 즉, 제5장에서 이미 논한 것처럼 관료라고 하는 새로운 계급이 출현한 것이다.

현재 미국에서 국민이 정부에 대해 실질적이고도 세세한 문제에까지 직접 컨트롤할 수 있는 것은 마을이나 작은 도시나 도시의 교외 정도다. 더구나 이러한 소도시에 있어서도 대중이 영향을 미칠 수 있는 일은 주 정부나 연방정부에 의해 명령되고 있는 일 이외의 것밖에는 없다. 대도시, 주 또는 워싱턴에서 우리가 갖고 있는 정부는 분명 사람에 의한 정부이긴 하지만 국민에 의한 정부는 이미 아니고 관료라고 하는 얼굴 없는 집단에 의한 정부인 것이다.

연방의회의 입법자(국회의원)들은 자기들이 투표하는 모든 법률에 대해서 사전에 충분히 분석하고 연구한다는 것은 생각할 수도 없는 일이지마는 한 번씩 훑어보는 것조차도 어렵다. 국회의원이 입법 과정에서 자기의 투표를 찬반 어디에다 던질지 결정할 때에는 수많은 자기의 보좌관이나 비서관 또는 외부의 로비스트, 동료의원, 그 밖의 많은 전문가들에게 의존하지 않을 수 없다. 따라서 투표에 의해 선출되지도 않은 연방의회 내부의 많은 관료기구가 의회에서 제정되는 각종 법령의 내용을 결정하는 데 국회의원들보다도 훨씬 큰 영향력을 행사할 수 있다.

이 같은 상황은 행정부로 와보면 더욱 기막히다. 거대한 연방정부의 관료제도는 수많은 부처와 독립된 청으로 확대되어 버렸고 국민의 선량인 국회의원들로서는 문자 그대로 관리가 불가능하다. 선거에 의해 선출되는 대통령이나 상원의원들이나 하원의원들은 워싱턴에 나타났다가는 얼마 후 사라지지만, 관료들은 워싱턴에 눌러붙어 있는 것이다. 높은 지위에 있는 관료는 자기들이 지지하지 않는 법안이면 관료적 결재과정을 이용하여 그 실현을 지연시키고 결국은 이를 폐기시켜 버리는 기술에 능통한 전문가들인 것이다. 결국 이러한 고급관료는 법안에 대한 '해석'이라고 할 수 있는 세부지침이나 규정 등의 시행령을 발하는 과정에서 원래의 법안 취지를 때로는 노골적으로 때로는 교묘한 방법으로 왜곡시킨다. 또, 고급관료는 자기들이 지지하는 법안은 강력하게 추진하고 자기들이 원치 않는 법안은 질질 끌어 실행을 기피한다.

최근에는 대법원조차도 점점 복잡해지고 그 의의가 중차대해 가고 있는 입법기능에 직면하여서는 법에 대한 비인격적인 해석자로서의 전통적인 역할을 벗어나 입법과 행정 양면에 적극적으로 참여하기 시작했다. 결국 사법부도 성부의 각 부처를 중재하는 독립기관이 아닌 관료 기구의 일부로 전락하고 말았다.

관료가 국가권력을 찬탈한 것은 아니다. 관료가 민주주의적인 의사결정과정을 전복시키려는 음모에 계획적으로 참가해온 것도 물론 아니다. 권력을 관료에게 위임한 것이다. 복잡한 행정부를 이끌어가기 위해서는 관료에게 책임을 이양하지 않을 수 없었으며, 따라서 책임과 함께 권력을 주지 않을 수 없었던 것이다. 뿐만 아니라, 행정부 사이에 업무상의 충돌이 발생하면 이를 해결하기 위해서는 또 다른 관료 기구에게 권력을 다시 위임하지 않으면 안 되었다. 예컨대 자연환경을 보전하고 개선하는 임무를 띤 환경청과 에너지를 절약하고 생산증대를 꾀하는 에너지청과의 충돌은 불가피하며 이때 행정부가 사용할 수 있는 해결책이란 상위 부서의 중재권일 수밖에 없다. 이러한 경우에도 문제의 핵심은 정책 목표 간의 상충이기 때문에 행정부의 능력으로서는 해결이 불가한데도 행정부는 관료적 결재과정의 문제라고 하여 행정 권력의 확대조정에만 부심하는 어리석은 짓거리를 반복하게 된다.

고급관료는 자기들이 만들거나 받아 보는 수많은 보고서나 뻔질나게 참석하는 각종 회의나 소위 거물급 인사와의 장시간에 걸친 토론이나 그들이 발하는 각종 규정이나 시행령들이 실은 문제의 해결이 아니라, 그 자체가 문제 덩어리라는 사실을 꿈에도 모르고 있다. 고급관료란 스스로 자기들이 없으면 나라가 망할 것 같고 현안 문제에 대해서는 오로지 자기들만이 자료에 어두운 일반 국민이나 돈벌이에 눈이 벌건 기업인보다도 잘 알고 있다는 환상에 젖어 있다.

관료기구의 규모와 권력이 증대함에 따라서 국민과 정부와의 관계를 바꿔놓았다. 만약, 당신이 정부 시책에 대해 불만을 갖고 있거나, 아니면 정부의 시책을 이용하여 돈벌이를 한 건 할 수 있다고 한다면 제일 먼저 손을 뻗치는 데가 담당 공무원일 것이다. 물론, 당신의 선거구 소속 국회의원을 찾아가는 일도 있겠지만, 그럴 경우에도 당신이 원하는 법안을 지지해달라고 하기 보다는 담당 공무원한테 전화나 한 통 넣어달라고 할 것이 틀림없다.

기업 활동의 성공여부도 워싱턴의 정보에 얼마나 밝으며, 국회의원과 정부 관료와 얼마나 잘 닿는지에 따라 좌우된다. 정부와 기업과의 사이에는 소위 '회전문'으로 불리게 된 사례가 생겨났다. 즉, 워싱턴 관료로서의 임기를 한 번 마치고 나면 그것이 곧 사업에서 성공할 수 있는 도제 수련기간과 같이 여겨지게 된 것이다.

필생의 직업의식을 갖고 정부 관료로 들어가는 것이 아니고 장차 적당한 때에 회사로 전업한 후에 관료와의 친분과 내부사정을 아는 데서 나오는 가치 때문에 정부에서 일을 하려는 경향이 생긴 것이다. 이와 같은 사정을 배제하기 위해 정부 관료 출신의 관련 회사 임직원 취업을 규제하는 법을 수없이 만들어 냈지만 노골적인 위반의 경우 이외엔 별로 효력을 발하지 못하고 있다.

특수이익집단이 입법수단을 통하여 자기들의 뱃속을 채우려고 시도할 경우에는 최소한 그것이 국민 전체의 이익이 되는 것처럼 복잡하게 미사여구로 거짓말을 꾸며대야 할 뿐 아니라, 관심이 없는 사람들에게까지도 그 법안의 장점을 열심히 설득하지 않으면 안 된다. 아무리 그런 기술이 능하다 하더라도 노골적으로 일부 집단의 이익을 위한 법안이라면 의회를 통과하기는 어렵다. 연안해운노동조합의 정치자금을 듬뿍 받은 카터 대통령이 지지를 해주었지만 너무 노골적으로 연안해운에게만 더 많은 특별혜택을 줄 수 없었기 때문에 그 법안은 국회에서 부결된 예가 있다. 안보와 고용을 위해서는 철강산업을 외국과의 경쟁으로부터 보호해야 한다는 주장이 있는가 하면, 식량 공급을 안전하게 확보하기 위해서는 농업보조금이 불가피하다는 주장도 있다. 또 국가의 단합과 결속을 위해서는 우편사업을 국가가 독점해야 된다는 등등 이러한 그럴듯한 주장은 끝이 없다.

약 1세기 전에 A. V. 다이시는 어찌하여 국가와 민족을 앞세운 이러한 호소가 그만큼 설득력이 있는가를 다음과 같이 설명하고 있다.

"국가에 의한 간섭, 특히 입법이라는 형태를 통한 간섭이 가져오는 좋은 효과는 직접적이고 즉각 효과를 나타낸다는 것이며 말하자면 눈에 띄는 것인 반면에, 국가에 의한 간섭이 가져오는 나쁜 효과는 시일이 걸려서만이 발생되는 것이며 간접적인 것이고 사람들의 눈에 잘 띄지 않는다. 따라서 대다수의 사람들은 필연적으로 정부의 간섭을, 그 좋은 면을 과대평가하게 되는 것이다."[141]

정부의 간섭에 대한 이와 같은 과신을 다이시는 '자연적인 편견'

이라고 부른다. 이 '자연적인 편견'은 특수이익단체가 입법을 통하기보다도 행정적인 절차를 통해서 자기들의 이익을 손에 넣으려고 할 때 훨씬 더 강력한 것이 된다. 주간상업위원회ICC에 대해서 자기들에게 유리하게 상사 중재판결을 내려주도록 호소하는 경우에 육상운송회사는 그것이 국가의 일반적 이익에 합치되는 것이라고는 하지만 입법의 경우와 같이 이 점을 강조하지는 않는다. 이 회사는 담당 공무원만을 구워삶으면 그만인 것이다. 국가적 차원에서 보아 이러한 노력에 반대할 사람이 없는 것은 아니지만, 그 문제에 무관심한 사람들로부터는 거의 반대가 나오지 않는다. 반대가 나오는 것은 다른 특수이익단체에서다. 예를 들면 다른 트럭회사나 해상, 항공화물 운송업계로부터의 반대가 있을 수 있으며, 이들은 이들대로 자기들의 이익을 위해 똑같은 짓거리를 궁리하고 있는 것이다. 일반의 이익을 위한다는 허세조차도 별로 필요가 없는 것이다.

관료기구의 비대화는 법원의 역할변화까지 겹쳐서 존 아담스가 매사추세츠주의 헌법을 기초(1979)했을 때에 표명한 이상, 즉 "인민에 의한 정부가 아닌 법에 의한 정부"가 무색해졌다. 우리가 얼마나 법에 의한 지배로부터 멀어져 버렸는가를 실감케 한 경우가 허다하다.

외국 여행에서 돌아왔을 때 세관원의 검사를 받아 본 경우라든가, 자기의 납세 신고 내용을 국세청 관리에 의해 정밀검사를 받아 본 경우나, 안전보건청OSHA이 그밖에 수많은 연방 정부 기관 어딘가의 관리에 의한 검사의 대상이 된 경우, 행정소송이나 허가신청서를 내어본 경험이 있는 사람이나 또는 임금·물가안정위원회에 출석해서 자기들의 가격이나 임금을 변호한 적이 있는 사람들은 너무도 잘 알고 있을 것이다. 흔한 말로 정부의 관리는 우리를 위한 공복이다. 그러나 국세청에서 나온 세무관리와 마주 앉아 세무사찰을 받을 때를 상기해 보자. 도대체 누가 주인이고 누가 봉사자란 말인가? 다른 예를 들어보자. 1979년 6월 26일자 월스트리트저널지에는 "증권거래소의 고소:전 중역 굴복"이라고 하는 표제가 게재되었다. 당사자인 모리스 G. 맥길은 다음과 같이 말했다고 보도되었다.

"문제는 내가 회사의 증권거래에서 개인적으로 이익을 취했는가가 아니고 사외 이사의 책임 한계가 무엇인가 하는 것이었다. 증권거래소의 고소를 법원으로 끌고 간다면 매우 흥미 있을 것이었다. 그러나 내가 승복하기로 결정한 것은 순수한 비용문제였다. 증권거래소와의 법정투쟁을 대법원까지 끌고 간다는 것은 막대한 비용이 들기 때문이었다."

결국 재판에 이기든 지든 맥길은 법정에 설 경우 막대한 비용을 자기가 부담하지 않으면 안 되었던 것이다. 반면에 증권거래소 담당 직원은 재판에 질 경우에라도 동료직원들 사이에 평판이 나빠지겠지만 금전적인 손실을 입을 염려는 없는 것이다.

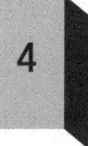

우리가 할 수 있는 일이 무엇인가?

이러한 최근의 경향을 저지하고 이것을 역전시키기 위해서는 정부의 권력을 증대시키거나 정부의 지배력이 미치는 범위를 확대시키려는 어떠한 새로운 정책에 대해서도 이를 반대해야 하며 동시에 기존의 정책도 폐지하거나 개선해야 할 뿐 아니라, 우리와 같은 생각을 가진 입법의원을 당선시키도록 노력하지 않으면 안 된다. 그러나 이러한 방식은 정부의 비대화를 역전시키기에 효과적인 방법이 아니다. 이와 같은 방식은 틀림없이 실패할 운명에 처해있다. 사람들이란 너나 할 것 없이 자기 자신의 특권을 옹호하는 데는 능한 반면 정부를 제한하려는 노력에서조차도 자기의 돈과 시간보다도 남의 호주머니를 털어내려는 약삭빠른 짓을 하게 마련이다. 우리는 여러 개의 머리를 지닌 뱀과 싸우고 있는 것이며, 이 뱀은 우리가 잘라내는 머릿수보다도 훨씬 빨리 새로운 머리를 내밀고 있는 것이다.

미합중국 건국의 아버지들은 보다 현실적인 방안을 보여 주고 있다. 그것은 소위 패키지 딜(일괄처리)이라고 할 수 있다. 우리는 우리 스스로가 정치적인 경로를 통해서 추구하고자 하는 목적 자체를 제한하는 자기 부정적인 법률을 제정해야 한다. 우리는 여러 가지 규제나 법률 또는 정책을 각각의 장단점에 입각하여 고려해서는 안 되며, 정부가 해야 할 일 자체를 제한하는 보다 넓은 의미의 법률을 만들어야만 한다.

이 방법의 장점은 제1차 개헌에 매우 잘 나타나 있다. 언론의 자유에 대한 특정한 제한조치가 국회의원이나 유권자의 다수에 의하여 승인될 수 있을 것이다. 이 다수결의 원칙으로 나치나 그리스도 재림파나 여호와의 증인이나 쿠 클럭스 클랜Ku Klux Klan(백인우월주의 단체)이나 채식주의자와 같이 우리가 흔히 생각해 낼 수 있는 작은 그룹에 대하여서도 이들의 가두시위를 금할 수 있을 것이다.

그런데 미국 제1차 개헌이 훌륭하다는 것은 바로 이와 같은 개별적인 사례를 일괄하여 처리했다는 점이다. 이 개헌안은 "연방의회는… 언론의 자유를 제한하는 법률을 제정해서는 안된다"고 하는 일반원칙을 채용했던 것이다. 즉, 개개의 안건을 각각의 장단점을 비교·검토하는 방식이 아니다. 언젠가 대다수가 지지했었다고 해서 지금도 그럴 것이라고 생각하는 것은 인지상정일 것이다. 그러나 우리 자신이 소수파인 경우에 우리의 자유가 침해되지 않았다는 사실에 대하여 얼마나 깊이 있게 우리가 느끼는가를 생각해 보라. 이에 반하여 우리가 다수파에 속했을 경우에는 타인의 자유를 마구 짓밟으면서도 아무렇지도 않은 것은 웬일인가? 우리가 지금은 다수의견의 한 사람일는지 모르나 언제 또 소수파에 서게 될지는 아무도 모르는 것이 아닌가.

우리들의 의견으로는 경제와 사회 분야에 있어서도 정부의 권력을 제한하는 제1차 개헌과 맞먹는 어떤 것이 있어야 한다. 말하자면 권리장전의 원래의 취지를 보완하고 강화하기 위하여 경제적 권리장전을 만들 필요가 있다고 하겠다.

그러나 헌법에 이와 같은 경제적 권리장전을 삽입한다고 하더라도 그 자체로서 혹은 그것만으로 정부의 비대화를 역전시키거나 이와 같은 경향이 한 층 더 강화되는 것을 방지할 수는 없는 것이며 이는 원래의 헌법이 헌법 기초자들이 의도하고 생각했던 것과는 전혀 달리 정부가 비대해지고 정부 권력이 집중되는 것을 방지하지 못했던 것과 다를 바가 없을 것이다.

헌법이 성문법이라는 것이 자유 사회를 발전시키고 유지시키는 데 필요한 충분조건도 아니고 또 필요조건도 아니다. '불문법'밖에 없는 영국은 오히려 자유 사회를 발전시켜 왔다. 남미제국이 미국 헌법을 자구字句 하나하나까지 그대로 본뜬 성문법을 채택하였으나 자유 사회를 건설하지는 못했다. 성문법이건 불문법이건 간에 실효를 거두기 위해서는 대중 일반과 그 지도자 모두에게 이 법을 뒷받침할 수 있는 일반적인 여론의 풍토가 조성되지 않으면 안 된다. 헌법이란 사람들이 깊이 믿고 있는 원칙들이 구현되어 있어야 하며 그래야만 행정부나 입법부나 사법부가 그 원칙에 따라 행동하는 것이 당연해 보이는 것이다. 이미 보아온 바와 같이 여론이 변하면 정부 정책도 변할 수밖에 없다.

그럼에도 불구하고 경제적 권리장전을 제정하고, 이것을 채용하는 것은 다음 두 가지 이유에서 정부가 한층 커지는 오늘날의 경향을 역전시키기 위하여 채용할 수 있는 보다 유효한 방법이라고 우리는 믿고 있다. 그 이유의 첫째는 경제적 권리장전이라는 개헌과정이 여론을 형성하는데 큰 역할을 한다는 점이다. 두 번째의 이유는 이와 같은 개헌이 그로 말미암은 여론이 정책으로 채택된다는 점에서 현행의 입법방식보다 직접적이고 유효하기 때문이다.

뉴딜 자유주의라고 하는 지금까지 팽배해왔던 여론이 이제 전환점에 달하였다고 한다면, 그와 같은 권리장전을 제정하는 과정에서 일어나는 국민적인 찬반여론이 분명하게 이제는 전체주의에 등을 돌리고 자유 쪽으로 돌아섰다는 것을 확인시켜 줄 것이다. 이는 거대한 정부에 어떤 문제가 있으며, 어떤 대책이 있을 수 있는가를 충분히 이해시켜 줄 것이다.

이런 방법으로 개헌하는 정치적인 과정은 일반 대중의 가치관이 정치적 성과를 낳는다는 점에서 또 현행의 입법·행정 구조보다 유효하다는 점에서 민주주의적이다. 오늘날의 정부는 인민에 의한 정부라고는 하지만 인민에 의한 입법부도, 인민에 의한 행정부도, 인민에 의한 사법부도 일반 대중이 원하지 않는 일만 해 왔다. 모든 여론조사가 보여주듯이 대다수의 국민은 학교에서의 흑백인종통합을 목적으로 한 강제적인 버스통학에 반대하고 있다. 그럼에도 불구하고 흑백인 학생이 같이 타는 버스통학은 계속되고 있을 뿐 아니라, 한층 확대되고 있다. 고용정책, 고등교육기회, 기타 수많은 다른 조치에서 나타나고 있는 바와 같이 소위 결과가 평등해야 평등한 것이라는 견해를 성취하기 위한 적극적인 정책들도 국민이 원하는 것과는 정반대인 것이다.

우리가 아는 한 어떤 여론조사기구도 "당신의 소득 중 40% 이상을 당신 대신에 정부가 사용하고 있으나, 그에 상당하는 대가를 받고 있는가?"라고 물었던 적은 없다. 만약 이런 여론조사가 있었다면 그 결과는 물어볼 필요도 없을 것이다.

지금까지 설명해온 이유로 특수이익은 일반이익의 희생 위에 군림해 왔다. 오늘날의 새로운 계급인 대학과 언론, 특히 연방정부의 관료조직에 몸담고 있는 사람들이야말로 가장 강력한 특수집단이 되었다. 이 새로운 계급은 국민들의 반대에도 불구하고 또 때로는 법을 만들어 그들의 주장을 관철하는 데 거침이 없었다.

개헌이라는 방식을 채택할 경우에는 그것이 지방분권적 방법이라는 강점을 갖고 있다. 개헌을 발의하기 위해서는 미국에 있는 주의 4분의 3 이상이 동의해야 한다. 미국 헌법은 제5조에서 "연방의회는… 주의회의 3분의 2가 결의하면, 개헌 발의를 위한 특별의회를 개회하여야 한다."고 하기 때문에 개헌 발의는 의회만이 할 수 있는 것이 아니다. 연방정부 예산을 균형예산이 되도록 규제하기 위한 개헌 발의운동은 1979년 중반까지 이미 30개 주 정부의 지시를 획득하였다. 다른 4개 주의 의회가 더 이 운동을 지지하고 나선다면 균형예산 개헌이 가능해지기 때문에 워싱턴을 매우 당혹시키고 있으며, 그 이유란 바로 워싱턴의 관료조직을 무력하게 하기 때문이다.

세금과 세출의 제한

정부를 제한하기 위한 개헌 운동은 하나의 분야, 즉 세금과 세출 분야에서 이미 시작되었다. 주 정부가 부과할 수 있는 세금과 주 정부가 지출할 수 있는 세출을 제한한 개헌안을 1979년 초기까지 5개 주가 이미 채택했다. 이와 비슷한 내용의 개헌안이 그 외의 주에서도 심의 과정에 있고, 또 어떤 주에서는 1979년의 선거시로 개헌 주민투표일자를 정해 놓고 있다. 이와 더불어 남은 주의 반수 이상에서는 같은 개헌안을 채택하려는 적극적인 운동이 전개되고 있다. 필자 자신이 관계하는 전국적인 조직인 전미과세제한위원회NTLC는 각 주에서의 이와 같은 활동을 위한 정보 센터로서 또 그들의 활동을 상호조정하는 중심지로 지금까지 봉사해 오고 있다. 이 위원회는 1979년 중반까지만 하더라도 미국 전역을 통하여 25만 명 정도의 회원을 확보하고 있었고, 그 수는 급증하고 있다.

전국적인 의미를 갖는 두 개의 운동이 일어나고 있다. 그 하나는 연방 예산 제도에 균형예산원칙을 도입하기 위한 운동으로, 구체적으로는 개헌을 위한 미연방의회 소집을 요구하도록 각 주 정부 의회의 동의를 구하는 전국적인 운동이다. 이 운동은 전미납세자연맹 중심으로 불이 붙기 시작한 것인데, 이 연맹은 1979년에 이미 전 미국을 통하여 12만 5,000명의 회원을 갖고 있는 조직이다. 또 하나의 중요한 발전은 연방정부의 재정지출을 제한하려는 개헌 운동인데, 이는 전미과세제한위원회의 후원으로 마련된 것이었다. 이 기초위원회는 필자들을 포함하여 변호사, 경제학자, 정치학자, 각 주의 의회의원, 기업가, 여러 기관의 대표자 등을 망라하고 있다. 이 위원회가 기초한 개헌안은 이미 연방의회의 상·하 양원에 상정되어 있으며 전미과세제한위원회는 이를 지지하는 전국적인 운동을 전개하고 있다. 제안된 개헌안은 본서의 부록 B에 게재되어 있다.

주 헌법과 연방헌법을 수정하려는 이러한 노력의 배후에 깔려있는 기본적인 생각은 민주적으로 선출된 의원들이 유권자가 바람직하다고 생각하는 것보다도 더 많은 재정지출에 가ᄁ표를 던지게끔 되어 있는 현행의 제도적 모순을 고쳐보자는 것이다.

우리가 잘 알고 있는 바와 같이 이런 결과는 특수이익에 대한 정치적인 편견 때문에 발생한다. 정부 예산은 각 부처의 소관 사업별 필요예산을 기본적으로는 합계하는 방식으로 결정된다. 따라서 개개의 정부사업은 특정 소수인의 집단에 집중적인 이익이 되기 때문에 이들 특수이익집단은 돈과 시간을 아끼지 않고 이 특수사업이나 법안이 실행되거나 입법될 수 있도록 노력하게 된다. 반면에 이러한 개별 법안으로 직접적인 혜택을 입지 않는 사람들은 각자가 몇 달러씩을 부담하는 피해를 입는다는 것을 알면서도 그 사업이나 법안에 반대하기 위해, 몇 달러를 절약하기 위해 적극적인 운동을 벌린다는 것이 얼마나 바보 같은 짓인가를 알기 때문에 방관하는 것이 보통이다.

물론, 다수결의 원칙이 적용 안 되는 것은 아니다. 그러나 그 다수라는 것이 오히려 특수한 종류의 다수파일 뿐이다. 즉, 이 다수파는 각기 어떤 특수이익을 지닌 소수파의 연합체일 뿐이다. 국회의원에 당선되기 위해서는 유권자의 2% 또는 3%에 해당하는 그룹을 붙잡기만 하면 되는데, 이 그룹의 사람들이란 다른 대다수의 유권자가 거의 관심을 두지 않는 특수한 정책에 대하여만 밀접한 이해관계를 지닌 그룹들인 것이다. 이들은 자기들과는 무관한 문제에 관하여는 후보자가 어떤 입장을 취하든 탓하지 않는 대신 자기들의 이익과 관련된 정책에 대하여 후보자가 지지한다는 약속을 해주면 그 후보자에게 기꺼이 표를 모아줄 사람들이다. 이런 소수파의 그룹을 충분히 모으는 데 성공하면 그 후보자는 51% 이상의 다수를 획득할 수 있는 것이다.

우리가 제안하고 있는 개헌은 지방정부이든 연방정부든 간에 국회의원들이 지출할 수 있는 예산총액을 제한하기 때문에 그들의 입법 활동 여건 자체를 바꾸게 된다. 이 개헌안은 우리 같은 평범한 사람들이 지출할 수 있는 한도 내에서 생활하듯이 정부도 미리 정해

놓은 예산 한도 내에서만 활동할 수 있게 강제하는 것이다. 특수이익을 대변한 입법안은 대부분이 불필요한 것이지만 그것은 결코 분명히 악이라고 못 박을 만큼 명확하지 않은 것이 특징이다. 오히려 이러한 각종 법안은 아주 그럴듯한 훌륭한 목적을 앞세우는 데는 기막힐 정도의 기술을 가지고 있다. 문제는 훌륭한 일이란 무한히 존재한다는 점이다. 오늘날의 국회의원이란 어떻든 겉보기에는 근사한 그런 목적을 앞세운 법안을 반대하기에는 어려운 입장에 놓여 있다. 만일, 국회의원이 어떤 법안이 돈이 든다는 이유로 이를 반대한다면 이 의원은 영락없이 반동분자로 몰리게 되어 있다. 즉, 그 법안이 통과되더라도 기껏해야 국민 1인당 몇 센트 또는 몇 달러씩만 부담하면 될 것을 이것이 아까워서 그런 천박한 금전적인 이유로 인간적인 욕구를 희생시킬 수 없다는 여론이 거센 것이다. 만일 국회의원이 "좋습니다. 당신의 입법 취지는 매우 훌륭합니다. 그러나 우리는 예산상의 제약이 있습니다. 당신이 제안한 사업에 자금을 더 많이 배정하면 그만큼 다른 사업에서 자금을 줄여야만 합니다. 당신의 입법 취지를 살리기 위해서, 그러면 어떤 기존의 사업을 줄이는 것이 좋겠습니까"라고 발언할 수 있다면 훨씬 일하기가 좋을 것이다. 이러한 예산상의 제약은 각각의 특수이익 그룹들이 서로 경쟁하지 않을 수 없게 할 것이며, 따라서 지금같이 특수이익집단이 단합하여 정부지출 규모를 늘리고 국민을 수탈하는 것을 막을 수 있을 것이다.

주 정부는 화폐를 발행할 수 있는 권한이 없기 때문에 주 정부가 부과해도 좋을 세금을 제한하면 자연히 주 정부의 세출을 제한할 수 있다. 따라서 각 주에서 제안되거나 채택된 개헌안은 과세총액을 제한하는 방식을 택하고 있다. 그러나 연방정부는 화폐를 발행할 수 있기 때문에 연방정부의 과세총액을 제한한다 하더라도 연방정부의 지출을 제한할 수 없다. 그렇기 때문에 우리가 제안한 개헌조항은 연방정부가 어떤 방식으로 자금을 조달하든 간에 지출 규모 자체를 제한해야 한다고 못 박고 있는 것이다.

이러한 제한은 그것이 과세제한이든 지출 한도제한이든 간에 절대 금액에 대한 제한이 아니라, 주 또는 미합중국의 국민 소득에 대한 조세 또는 재정지출의 비율형태를 취하는 것이 보통이고 따라서 정부지출이 이 한도에 이르게 되면 정부지출 총액이 국민 소득에서 차지하는 비율은 일정불변이 된다. 이와 같은 개헌안은 정부의 비대화 경향을 저지할 수 있을 것이다. 이와 같은 방식의 정부 제한이 결국엔 정부의 규모를 축소시킬 가능성이 크다. 왜냐하면 예산 집행실적이 한 번이라도 당초의 한도에 미달할 경우에는 그 다음 해의 예산한도를 축소 조정할 가능성이 크기 때문이다. 그뿐만 아니라 연방정부 재정지출제한 개헌안에서는 물가가 연 3% 이상 상승할 경우에는 재정지출한도인(재정 지출/국민소득) 비율을 줄이도록 되어 있다.

6

기타 개헌안

정부지출을 줄인다면 자유롭고 강한 나라를 만드는 데 기여할 것이다. 그러나 이는 이러한 목적을 향한 첫발에 불과하다.

관세라든가, 가격과 임금 통제, 각종 직종에 대한 면허제도, 산업에 대한 규제, 소비자 보호 등등과 같이 국민 생활에 지대한 영향을 미치면서도 정부의 재정지출과 관련되지 않는 것도 많다. 이와 같이 국민 생활을 침식하는 정부규제에 대한 가장 효과적인 대처방안도 역시 정부의 권력자체를 제한하는 일반적인 법 제정 방식이 좋다. 아직까지는 이런 종류의 적절한 법규를 입안할 필요가 있다는 점에 대해서 거의 사람들의 주의를 끌지 못하고 있다. 이러한 법규가 현실의 제안으로서 진지하게 토의되기 위해서는 이해관계나 지식이 다른 많은 사람들이 과세와 세출을 억제하는 개헌안을 놓고 했던 것처럼 충분한 시간을 두고 다각도로 검토할 필요가 있다.

그와 같은 일련의 과정이 첫발로서 바람직하다고 생각되는 개헌안의 몇 개를 예로 들어보겠다. 그러나 이들의 제안은 어디까지나 잠정적인 제안이라는 점을 강조해두고 싶다. 왜냐하면 이 분야에 대해서는 아직 충분한 연구나 작업이 진행된 적이 없는, 말하자면 미개척지이기 때문에 우리들이 오히려 그러한 연구를 자극하기 위해 잠정적으로 제안한다고 이해해 준다면 좋겠다.

국제무역

현행의 미국 헌법은 '어떤 주도 연방의회의 동의 없이 물품검사법을 집행하는데 절대 필요한 경우를 제외하고는 수입이나 수출에 대하여 어떤 부과금이나 관세도 부과해서는 안 된다'고 규정하고 있다. 이에 대하여 다음과 같은 수정안을 제안할 수 있을 것이다.

「연방의회는 물품검사법의 집행에 절대 불가결한 경우가 아니라면 수입이나 수출에 대하여 어떤 부과금이나 관세도 부과해서는 안 된다.」

이런 개헌안이 당장 입법화되리라 상상하는 것은 환상에 지나지 않는다. 그러나 기존의 관세를 하나씩 폐지함으로써 사유무역을 달성하려고 하는 것은 더 환상적일 뿐이다. 또 개별의 관세를 구별하지 않고 관세 모두를 일거에 폐지하려고 한다면 그러한 관세에 대한 일제 공격은 우리 모두가 소비자로서 지니고 있는 이익을 통합시켜 우리가 생산자로서 각기 갖고 있는 특수이익에 대항할 수 있게 해줄 것이다.

임금과 가격에 대한 통제

필자 중의 한 사람이 수년 전에 이미 쓴 바와 같이 "만약 미국이 집산주의에 굴복하여 국민 생활의 모든 면에서 정부의 규제를 받아야만 한다면 그러한 사태의 발생은 사회주의 이론이 승리해서가 아니라, 임금과 물가에 대한 통제라는 간접적인 경로를 통해서 발생할 것이다."[142] 제1장에서 논술한 대로, 가격은 정보를 전달한다. 월터 리스톤이 가격은 언론의 한 형태라고 해석함으로써 가격을 아주 적절히 설명했음을 상기할 필요가 있다. 자유시장에서 결정된 모든 가격은 일종의 언론자유의 한 형태인 것이다. 제1차 개헌안에 대응하는 다음 조항이 필요하다.

「연방의회는 재화의 판매자나 노동자가 그 상품이나 노동 서비스에 가격을 붙일 자유를 침해하는 어떤 법도 제정해서는 안 된다.」

면허제도

자기가 종사할 직업만큼 자기의 생활에 큰 영향을 주는 것도 없다. 이 분야에서 선택할 자유를 확대하기 위해서는 주 정부의 권력을 제한하지 않으면 안 된다. 결국 이 분야에서 개헌안이 될 수 있는 것은 주 정부로 하여금 특정 활동을 금지하게 하거나 제14차 개헌안이다. 예를 들면,

「주 정부는 미국 시민이 스스로 선택한 어떤 직업이나 전문직에 종사할 수 있는 권리를 뺏는 법률을 제정, 집행해서는 안 된다.」

자유거래 헌법수정안

전 항의 세 가지 개헌 시안은 무기의 소지 및 휴대권을 보장한 제2차 개헌안 예에 따라 한꺼번에 다음과 같이 문안을 고쳐 잡을 수 있을 것이다.

「서로 받아들일 만한 조건으로 합법적인 재화와 서비스를 사고 팔 수 있는 국민의 권리를 연방의회나 주 정부 누구도 침해해서는 안 된다.」

과세

개인 소득세의 개정이 절실히 요구되고 있다는 사실은 이미 통설이 되다시피 되어 있다. 현행 소득세제도는 '지급능력'에 따라 과세한다는 원칙에 입각하여 부자는 더 내고 가난한 자는 덜 내며 개개인의 사정이 고려되고 있다고 한다. 그러나 실제로는 그렇지 못하다. 종합소득세의 표면세율은 14%로부터 시작하여 최고 70%까지 단계별 누진세율이기 때문에 겉으로 보기에는 매우 심한 누진세율 구조처럼 보인다. 그러나 세금을 포탈할 수 있는 구멍이 너무 많고 과다한 특별감면조치 때문에 표면상의 누진세율구조는 순전히 눈요기에 불과하다. 만일 이러한 누진세율 구조에 대신하여 모든 소득에 대하여 단일세율을 적용하여 기초공제액을 제한 소득 중에서 꼭 필요한 한두 개의 직업상의 비용만을 차감한 다음, 이렇게 계산한 과세소득에 대하여 20% 미만의 낮은 세율만을 과세하더라도 현행의 복잡한 종합 소득세제보다도 소득세를 더 많이 걷을 수 있을 것이다.

납세자의 입장에서 보면 과세소득 빼돌리기를 안 해도 되기 때문에 좋고, 경제 전체로서도 이러한 단일세율구조가 훨씬 유익한데, 그것은 경제 내의 자원 배분 시에 소득세라는 조세 요인의 중요성이 그만큼 감소할 것이기 때문에 자원 배분이 보다 효율적으로 되기 때문이다. 다만, 손해를 볼 사람들이 있다면 그들은 변호사, 회계사, 공무원 그리고 국회의원일 것이다. 이들은 현행 제도에서는 종합 소득세 신고서를 메우거나 탈세하기 위해 온갖 궁리를 다 하거나, 반대로 그러한 탈세를 색출하거나 방지하는 노력에 온갖 힘을 기울인다. 균일세제를 채택한다면 이들 중 많은 사람들은 보다 생산적인 일에 투입될 수 있을 것이다.

현행 법인세도 마찬가지로 많은 결점을 갖고 있다. 법인세는 재화나 서비스를 살 때 그 가격에 포함되어 있는 숨겨진 세금이지만 이를 아는 사람은 흔치 않다. 법인세는 실제로는 이중으로 과세되고 있다. 법인에 대해 부과된 다음에 또 법인소득이 분배되는 과정에서 주주에 대하여도 소득세가 다시 부과되고 있다. 따라서 법인세는 자본적 투자에 벌을 주는 것이며, 결국엔 생산성 증대를 저해하는 것이다. 법인세는 폐지되어야 한다.

소득세율의 인하나 세제상의 탈세 여지를 줄인다든지 법인세에 의한 이중과세의 제거가 바람직하다는 데에는 좌익과 우익이 의견의 일치를 보이고 있으나 이것을 국회의 입법 과정을 통해서 실현할 수는 없다. 좌익진영은 소득세법상의 구멍을 없애는 대신 소득세율을 인하하고 누진소득세율의 누진도를 완화한다 하더라도 곧 새로운 구멍이 뚫릴 것을 염려하고 있는데, 그것은 사실이다. 우익진영은 반대로 소득세율의 인하와 소득세율의 누진도 완화 대신 현행 소득세법 상의 탈세 구멍을 틀어막는다 하더라도 곧 실제의 소득세부담은 더욱 심한 누진세율이 될 것이라는 우려를 하고 있는 바, 이들의 걱정도 또한 사실이며 맞는 말이다.

좌우 진영 모두가 만족할 만한 해결책을 찾는 방법이 오직 개헌

뿐이라는 예를 이보다 명확하게 보여 주는 경우도 없을 것이다. 필요한 개헌 내용이란 소득세 부과를 법적으로 보장한 제16차 개헌안을 폐지하고 그 대신 다음과 같은 내용으로 대체하는 것이다.

「직업상 또는 영업상의 비용과 확정 금액으로 표시된 개인의 기초공제액을 초과하는 모든 소득에 대하여 동일한 세율로 부과하는 한 소득원천에 구애됨이 없이 연방의회는 자연인의 소득에 조세를 부과하고 징수할 권한을 갖는다. 이 연방의회의 조세징수권은 주 정부에 대한 교부금 할당권을 배제하고 또 이에 필요한 인구조사나 납세 조사를 고려해서는 안 되며, '자연인'에 기업이나 기타 의제인을 포함할 수 없다.」

건전통화

미국 헌법 제정 시에 연방의회에 대하여 화폐를 주조하고, 그 가치를 보장하고 외국 주화의 가치를 규제할 책무를 부여한 바 이때의 화폐는 상품 화폐를 지칭한 것이며 달러화는 은 또는 금의 일정량을 구체적으로 의미하는 것이었다. 미국독립전쟁 동안 발생한 불환지폐의 남발에 의하여 발생한 인플레이션과 그에 앞서 여러 식민지에서 발생한 유사한 물가폭등사태를 경험했기 때문에, 미국 헌법의 기초자들은 '화폐의 주조권, 불환지폐의 발행권이나 금과 은 이외의 어떤 다른 것으로 지급 수단을 삼을 수 있는 권한을 주 정부에 대해 거부하게 되었다.' 그러나 미국 헌법은 미연방의회가 미합중국정부에게 불환지폐 발행을 위임할 수 있는 권한이 있는지의 여부에 대해서는 아무런 말이 없다. 즉, 제10차 미합중국 개헌안은 "헌법에 의하여 미합중국에 위임되지 않은 권한은…주 정부나 국민에 귀속한다"고 규정하고 있기 때문에 연방정부에 의한 지폐의 발행은 위헌이라고 믿게 된 것이다.

그런데 남북전쟁 당시 연방의회는 지폐발행권을 정부에 위임하고 정부가 발행한 미합중국발행지폐greenbacks에 공·사를 불문하고 모든 채무의 변제에 사용할 수 있는 법화로서의 지위를 인정하였다. 남북전쟁이 끝난 후 몇 개의 유명한 정부지폐에 관한 판례가 만들어졌으나 그 최초의 판례로 최고재판소는 지폐의 발행은 헌법위반이라고 선언했다.

"이 판례가 갖고 있는 매우 흥미로운 측면은 이 판례가 최초의 지폐가 발행되었을 때 재무장관을 지냈던 살먼 P. 체이스 대법원 판사에 의해 내려진 것이라는 점이다. 체이스 판사는 이 판결에 즈음하여 자신의 실격선언으로 이 판결에 가담하지 않았어야 옳았음에도 불구하고 자기 자신을 판결하였을 뿐 아니라, 대법원 판사 자격으로, 재무부 장관 자격으로 자신의 행위를 위헌이라고 선언하여 자진하여 책임을 진 점이다."[143]

그러나 그 후에 대법원 판사의 수를 늘려 다시 구성한 판사들이 원래의 판결을 5 대 4로 역전시켜 정부지폐를 법화로 지정한 것을 헌법에 합치한다고 다시 판결했으나 그때에도 소수 의견자의 한 사람이 여전히 최고 재판소의 재판장이었던 체이스였다.

금본위제나 은본위제로 복귀하는 것은 가능하지도 않고 바람직하지도 않다. 그러나 우리는 통화가치의 안정을 위해 어떤 조치를 취할 필요가 있다. 오늘날 가장 바람직한 것은 통화 당국으로 하여금 리저브 베이스의 연간 증가율이 일정 수준을 넘지 못하도록 규제하는 방식이다. 이 목적을 위한 개헌안은 문제가 특정 기관과 너무도 밀접히 관련되어 있기 때문에 매우 곤란하기는 하나 다음과 같이 하는 것이 어떨까 한다.

「연방의회는 지폐 또는 계정형태의 무이자 부채 창출 권한을, 즉 화폐발행권을 정부에 위임할 권한을 가지나, 통화증가율이 연 3% 이상 5% 이하라야 한다.」

이와 같은 개헌을 채택하는 경우에도 전시에는 이 조항을 상하 양원 3분의 2의 찬성으로 유보할 수 있는 단서조항을 포함시킬 필요가 있을 것이다. 물론 이때에도 유보사항은 갱신하지 않으면 년 단위로 종료된다.

인플레이션 억제

만일 이런 개헌안이 채택되어 엄중히 지켜진다면 이것은 인플레이션을 종식시키고 상대적으로 안정된 물가수준을 보장하게 될 것이다. 이런 경우에는 정부가 "민주주의적 대의제를 통하지 않은 과세"라는 인플레이션적인 과세를 방지하기 위하여 별도의 조치를 취할 필요가 없게 될 것이다. 그러나 그런 가정은 너무 지나치다. 정부로 하여금 인플레이션을 발생시키는 유인을 제거하도록 또 하나의 개헌안을 제안한다면 이에 대하여 사람들의 넓은 지지를 얻을 수 있을지 모른다. 실제 건전통화를 위한 개헌이라는 매우 기술적이고 또 논란의 여지가 많은 제안보다는 우리의 이 제안 쪽이 훨씬 용이하게 채택될지 모른다. 이를 위하여 필요한 것은 실제로는 제5차 개헌안, 즉 "누구도 정당한 법 절차에 의하지 아니하고는 타인의 생명, 자유 혹은 재산을 침탈할 수 없다. 또 정당한 배상 없이는 사유재산을 공공의 용도를 위하여 징발할 수 없다"고 하는 규정을 확대시키기만 하면 될 것이다.

소득이 물가와 같은 비율로 증대하고, 그 결과 점점 높은 과세소득계층으로 밀려들어가면 실질소득의 증가 없이 세금만 더 내기 때문에 정당한 민주적 대의절차 없이 우리의 재산을 빼앗기게 된다. 또 인플레이션 때문에 정부발행채권(화폐)의 실질 가격이 하락하는 것은 정당한 배상 없이 개인소유 재산의 일부가 공공의 용도를 위하여 징발되는 것을 의미한다. 이 문제와 관련하여 다음과 같이 개헌하면 좋을 것이다.

「미국 정부와 맺은 모든 금전 계약과 연방법에 포함된 모든 금액은 전년도 물가상승률에 연동되도록 매년 재조정되어야 한다.」

앞에서 말한 건전통화의 실현을 위한 개헌안을 기초하는 경우와 마찬가지로 이 개헌안도 기술적인 성격 때문에 어렵다. 의회는 이 "일반적 물가수준"을 산정하기 위하여 사용하는 물가지수를 구체적으로 무엇으로 할 것인가 하는 문제를 포함하여 이에 필요한 제절차를 명확하게 할 필요가 있다. 따라서 이 제안은 기본적인 원칙만을 언급했을 뿐이다. 여기서 우리가 제안하고자 하는 여러 개헌안은 필요한 조항을 모두 포함한 것이라고 할 수는 없다. 권리장전이라는 미합중국 제10차 개헌안에 상응할 수 있으려면 세 개나 더 개헌안을 만들어야 한다. 또 이 제안에서 사용한 용어는 이에 관련한 분야별 전문가와 헌법 전문가에 의한 전문적인 분석을 필요로 한다. 그러나 이러한 제안은 적어도 개헌에 의한 방법이 많은 것을 해결할 수 있다는 점을 명백히 했다고 확신하고 있다.

7

결론

 개인의 자유와 경제적 자유라고 하는 두 개의 이념은 손을 맞잡고 그 위력을 발휘함으로써, 미국에서 더 할 수 없이 큰 열매를 맺었다. 이들 두 개의 이념은 오늘에 있어서도 여전히 우리와 같이 하고 있다. 우리는 누구나 예외 없이 이 두 개의 이념에 깊이 잠겨 있다. 이들 두 개의 이념은 우리의 존재 자체의 기본적인 구조물이기도 하다. 그러나 그와 동시에 우리는 이 두 개의 이념에서 떨어져 방황해 왔다. 우리는 인간의 자유에 대한 가장 큰 위협은 정부이건 개인이건 간에 권력의 집중이라는 기본적인 진리를 잊어버리고 있다. 우리는 훌륭한 목적을 위해서라면 권력을 쥐여 줘도 안전할 것이라고 우리들 자신에게 타일러 왔다.

 다행히도 우리는 눈을 뜨려 하고 있다. 정부에 의하여 지나치게 지배되고 있는 사회의 위험을 다시 인식하고 있으며 설사 좋은 목적이라 하더라도 나쁜 수단에 의하여 도리어 원래의 목적과는 달리 사악한 목적을 위해 이용될 가능성이 있다는 것을 알게 되었다. 또 국민의 자유, 즉 사람들이 각각의 가치관에 입각하여 자기 자신의 인생을 결정할 수 있는 자유에 의존하는 것이 위대한 사회의 잠재력을 충분히 발휘하기 위한 보다 확실한 방법임을 깨닫기 시작했다.

또 다행히도 우리는 한 사람의 인간으로서 아직 선택할 자유를 갖고 있다. 정부가 비대해져온 지금까지와 같은 길을 계속 걸어갈 것인가, 아니면 여기서 잠시 머물러 방향을 바꿀 것인가 하는 "선택할 자유" 말이다.

부록 A
1928년의 미국 사회당 강령

    1928년의 미국 사회당 강령 중 경제에 관한 항목을 그 실현내용과 함께 첨부한다. 다음의 리스트는 경제 관련 항목을 모두 나열하고 있으나 강령의 원문대로가 아니고 발췌한 것이다.

1. "탄광과 수원지 특히 볼더 댐과 멋슬 쇼즈 하상정지사업을 시발점으로 한 자연자원의 국유화"(그 후 후버댐으로 개명한 볼더 댐과 멋슬 쇼즈 하상정지사업은 현재 연방정부의 국토개발사업으로 추진 중임)
2. "주 정부 및 지방자치단체의 협력으로 전력을 실비로 공급하는 연방정부 산하의 거대한 공공전력 사업공단의 창설"(테네시 계곡 개발공사 TVA설립)
3. "철도 및 교통통신수단의 국유화와 민주직 경영"(철도여객 서비스는 종합철도회사(Amtrak)의 설립을 통하여 완전 국유화되었고

화물운송은 부분적으로 국유철도회사 (Conrail)로 흡수되었으며, 전신, 전화, 라디오, TV는 연방 통신 위원회(FCC)의 통제를 받고 있음)

4. "홍수방지, 수해복구, 녹화사업, 관개·개간·간척 등을 위한 국토개발사업" (현재 정부의 이와 같은 류의 국토개발 사업비가 수십억 달러에 달함)

5. "실업자 구제를 위한 전면적인 공공사업의 확대 및 장기공공사업계획의 작성…" (1930년대는 공공사업 촉진국이나 공공사업국이 이를 담당했으나 현재에는 보다 다양한 프로그램이 있음)

"이와 같은 공공사업에 고용되는 모든 노동자들은 선의의 노동조합에 의하여 설정되는 근로시간과 임금 수준을 보장받아야 한다." (데이비스 베이콘법과 월슈 히레이법 규정에 의하면 정부와의 공급계약을 체결한 청부업자는 일반적으로 현행의 노동 계약임금 가운데 최고의 임금에 대응하는 현행임금을 지불하여야 함)

6. "빈곤 퇴치를 위한 공공사업과 기타 정책의 실현을 위하여 주 정부와 지방자치단체에 대한 무이자 대출 실시" (주 정부와 지방자치단체에 대한 연방정부의 무상원조 격인 교부금은 이제 매년 수백억 달러에 달함)

7. "실업 보험 제도의 실시" (현행의 사회보장제도에 포함되어 실현되고 있음)

8. "각 시도 소재 노동연합과 협력하여 직업소개소를 전국으로 확대" (연방정부 직업소개소와 산하의 주 직업소개소는 2,500개소의 지방소

개소를 운영하고 있음)

9. "의료상해보험과 노령연금 및 실업 보험 제도의 창설" (사회보장제도의 일부)

10. "노동일수의 단축"과 "주당 2일 이상의 휴일보장" (주 40시간 이상의 노동에 대하여는 시간외 수당을 지급하여야 한다고 규정한 임금·노동시간법 입법)

11. "연방노동법규에서 어린이의 노동을 금지하는 적절한 수정 조항이 입법화될 것" (법수정 조항으로서 실현되지는 않았으나 본질은 각종 법령에 구체화되었음)

12. "기결수에 대한 잔인한 착취를 철폐하기 위하여 그 원인이 되는 하청제도 대신에 형무소 내에 각종 산업협동조합과 작업장을 창설할 것" (부분적으로는 이미 실현되고 있음)

13. "고소득자에 대한 소득세, 법인세 및 상속세를 중과세하고 그 세입증가액은 노령자연금, 기타 사회보장제도를 위해 사용할 것" (개인소득에 대한 소득단계별 최고소득세율은 1928년에는 25%였으나 1978년에는 70%, 법인세율은 1928년에는 12%였으나 1978년에는 48%, 연방정부에 의한 상속세의 최고율은 1928년에는 20%였던 것이 1978년에는 70%까지 인상되었음)

14. "투기목적의 비업무용 토지 소유에 대하여 매년 지대에 해당하는 중세를 과하여 국고 수입으로 환수할 것" (양도소득세의 세율인상 형식으로는 실현하지 못했으나 재산세율을 크게 인상시킴)

부록 B
연방정부세출제한을 위한 개헌안

1979년 1월 30일 워싱턴 D.C.

W. C. 스터블바인을 위원장으로 하는 미합중국 개헌안 기초위원회에 의해 작성된 안이며 본 회의는 전미과세제한위원회(위원장 W. F. 릿켄바커, 회장 루이스 K. 울러)에 의해 개최됨.

제1절

과대한 정부지출로부터 국민을 보호하고 건전한 재정·통화정책을 도모하기 위하여 미합중국 정부의 세출 총액은 제한되어야 한다.

(a) 세출 총액의 증가율은 당해 회계연도 개시 이전에 끝나는 전

년도(역년, calendar year)의 명목국민 총생산의 성장률을 상회해서는 안 된다. 이 세출예산은 일반회계와 특별회계를 포함하되 다만 국공채에 대한 원리금 상환액과 재해보상금은 제외한다.

(b) 만일 당해 회계연도 이전에 끝나는 전년도(역년)의 물가등귀율이 3%를 상회할 경우에는 당해 회계연도의 세출 총액은 3%를 넘는 물가상승률의 1% 초과 시마다 4분의 1%만큼 세출증가율을 감소시켜야 한다. 물가상승률 산정은 명목 국민 총생산의 성장률과 실질 국민 총생산의 성장률과의 차이라고 할 수 있는 국민소득물가지수인 GNP디플레이터(deflator)를 기준으로 한다.

제2절

매 회계연도에 세출을 초과하는 세입이 있을 경우에는 미합중국 정부의 공채가 말소될 때까지 이 공채상환에 충당하여야 한다.

제3절

대통령에 의한 비상사태선언이 있을 경우에는 상하 양원 3분의 2 이상 찬성으로 당해 회계연도 세출예산을 초과하는 특별긴급자금 방출을 허용할 수 있다.

제4절

세출예산에 대한 제한은 주 정부 의회의 과반수가 찬성하고, 상하 양원 4분의 3 찬성을 얻으면 이를 증액할 수 있으나 차기 회계연도부터 적용하여야 한다.

제5절

이 개헌조항이 인준된 후 6개년(회계연도) 동안에 주 정부와 지방자치단체에 대한 지방교부금 총액은 총 세출예산에 대한 비율이 인준 연도 이전 3개년간의 평균비율을 유지하여야 한다. 만일 지방교부금의 총 세출예산에서의 비율이 전 3개년 평균에 미달할 경우에는 그에 상당하는 금액만큼 총 세출예산 자체를 감축하여야만 한다.

제6절

미합중국 정부는 직접적이든 간접적이든 주 정부나 지방자치단체에 대하여 필요한 추가비용 보상 없이 새로운 공공사업을 요구하거나 기존사업의 확장을 요구하여서는 안 된다.

제7절

이 개헌안은 오직 미연방의회의 국회의원 1인 또는 2인 이상에 의하여 콜럼비아 특별구(District of Columbus), (워싱턴) 소재 지방재판소에 제출하는 방법으로 시행된다. 만일 이 개헌안 시행을 위하여 법원의 요청이 있을 경우, 미합중국 정부의 모든 부처와 대행처의 세출예산을 관장하고 있는 재무장관을 피고로 지정해야 한다. 법원의 판결은 구체적으로 특정 예산 항목을 지칭하여 증액·감소를 명해서도 안 된다. 또 법원 판결에 따른 세출 내역의 조정은 늦어도 판결 후 세 번째 회계연도부터는 적용해야 한다.

주 석

서론

1) Adam Smith, The Wealth of Nations(1776). edited by Edwin Cannan, 5th ed. (London: Methuen & Co., Ltd., 1930). 이하 모든 인용은 이 판에 의존한다.

2) On Liberty, People's ed.(London: Longmans, Green & Co., 1865), p.6.

제1장 시장의 위력

3) Hedrick Smith, The Russians (New York: Quadrangle Books / New York Times Book Co., 1976), and Robert G. Kaiser, Russia: The People and the Power (New York: Atheneum 1976) 참조.

4) Freeman, December, 1958.

5) Wealth of Nations, vol. Ⅱ, pp.184-185.

제2장 통제라는 이름의 폭군

6) Wealth of Nations, vol.Ⅰ, p.422 and 458.

7) George J. Stigler, Five Lectures on Economic Problems(New York: Macmillan, 1950), pp.26-34.

8) "A New Holiday," Newsweek, August 5, 1974, p.56.

제3장 대공황의 해부

9) Lester V. Chandler, Benjamin Strong, Central Banker(Washington, D.C.: Brook- ings Institution, 1958), p.465.

10) Milton Friedman and Anna J. Schwartz, A Monetary History of the United States, 1867~1960(Princeton: Princeton University Press, 1963), p.310.

11) The Memoirs of Herbert Hoover, vol. Ⅲ : The Great Depression, 1929~1941 (New York: Macmillan, 1952), p.212.

12) Annual Report, 1933, p.1 and pp.20-21.

13) 좀 더 상세한 토론에 대하여는 다음을 참조. Friedman and Schwartz Monetary His- tory, pp.362-419.

제4장 요람에서 무덤까지

14) 이러한 용어들이 나타나 있는 전체문장은 인용할 가치가 있다. 왜냐하면 그것은 결과에 대해 전적으로 고의적이 아닌 기소와 동시에 우리가 나아가고 있는 방향을 아주 정확하게 묘사해 놓고 있기 때문이다. : "어떤 사람도 그 자신을 위해서건 그의 자손들을 위해서건 미래에 대해 더 이상 관심을 갖지 않는데, 그 이유는 국가가 요람에서 무덤까지 모든 시민들의 양육, 교육, 그리고 안락한 생계를 보장해 주기 때문이다." Edward Bellamy, Looking Backward(New York : Modern l ibrary, 1917; original date of publication, 1887), p.70.

15) An Over-Governed Society(New York : The Free Press, 1979) p.235.

16) A. V. Dicey, Lectures on the Relation between Law and Public Opinion

in England during the Nineteenth Century, 2d ed.(London : Macmillan, 1914), p.xxxv.

17) Ibid., pp.xxxvi-xxxii.

18) Ibid., pp.xxxvii-xxxix.

19) Cecil Driver, Tory Radical(New York : Oxford University Press, 1946).

20) Ibid., p.253.

21) Ken Auletta, The Streets Were Paved With Gold(New York : Randon House, 1979), p.255에서 인용

22) 이 수치들은 OASDHI를 가리키는 것이며 실업보험만 나타내주고 있다. 자발적인 고용계약 하에서 포상금의 일부로서 간주되는 철도종업원 및 공무원의 한직금, 재향군인의 연금, 그리고 노동자의 보상금은 이 수치에서 제외된다.

23) Social security Administration, Your Social Security, Department of Health, Education and Welfare, Publication No.(SSA) 77-10035(June, 1997), p.24.

우리가 본 최초의 소책자는 1969년도 판이다. 그러나 우리는 이 소책자가 이보다 훨씬 전에 초판이 간행되었을 것으로 추측한다. 이 말들은 '신탁기금'이 중요한 역할을 하고 있다는 신화가 명료해질 무렵인 1978년 2월의 개정판에서 바뀌었다. 개정판에는 이렇게 쓰여 있다.

"사회보장에 대한 기본적 이념은 간단한 것이다: 고용인들과 그들의 고용주들, 그리고 자영업자들은 노동기간 동안 사회보장기여금을 납부한다. 이 돈은 3,300만 명 이상의 사람들에게 연금으로 지급되며 정책의 관리비용을 지불하는 데만 사용된다. 그리하여 오늘날 노동자들은 퇴직, 사망 또는 불구로 인하여 수입이 중단되거나 감소되는 경우 그 당시에 실업보험에 든 사람이나 자기업체에서 일하는 사람들이 내는 기여금에서 연금을 받게 된다. 이 연금들은 그 가족들이 잃은 수입의 일부를 보충하게 되는 것이다.

아직은 '사회보장세'를 '보험료'라고 부르고 있지만, 훨씬 변명할 여지가 있는 말임에는 틀림이 없다. 우리가 그 변화를 처음 발견했을 때, 우리는 그것이 우리들

중에서 한 사람이 그 논쟁에 관해 비평을 가하여 1971년에 썼던, 그리고 같은 해에 전 HEW의 비서인 윌비 제이 코헨(Wilbur J. Cohen)과의 토론에서 되풀이 됐던 「뉴스위크」지 기사의 결과라고 생각했다.

24) George Orwell, Nineteen Eighty-four(New York: Harcourt Brace, 1949)

25) Social Security Administration, Your Social Security, Department of Health, Edu- cation and Welfare Publication No.(SSA) 79-10035(January, 1979), p.5. 이 문장은 1973년 「현재 세우고 있는 이란 말을 벌고 있는 이란」 말로 대치시킴으로써 변화되었다.

26) J. A. Pechman, H. J. Aaron, and M. K. Taussig, Social Security: Perspectives for Reform(Washington, D.C.: Brookings Institution, 1968), p.69.

27) John A. Brittain, The Payroll Tax for social Security(Washington, D.C.: Brook- ings Institution, 1972)

28) George J. Stigler, "Director's Law of Public Income Redistribution," Journal of Law and Economics, vol.13(April, 1970), p.1.

29) Martin Anderson, Welfare(Standford, Calif.: Hoover Institution, Stanford Uni- versity, 1978), Chap. 1 참조. 빈곤추계에 대해 매우 잘 다루고 있다.

30) Ibid., p.39.

31) Ibid., p.91. 다음과 같은 그의 초기의 저서를 기초로 하였다. The Federal Bulldozer: A Critical Analysis of Urban Renewal, 1949-1962(Cambridge, Mass.: The MIT Press, 1964).

32) "The FTC Discovers HUD," Wall Street Journal, March 21, 1979, p.22.

33) 1976년 시카고대학에 제출된 "How to Be a Clinician in a Socialist Country" 라는 미간행 논문에서 발췌.

34) Max Gammon, Health and Security: Report on Public Provision for Medical Care in Great Britain(London: St. Michael's Organization, December, 1976), pp.18-19.

35) 2 대 2 표로 되어 있는 훌륭한 공식은 우리 TV프로그램의 조연출인 에벤 윌슨(Eben Wilson)과의 토론 중에 제시된 것이다.

36) 그러나, 최근에 새로 도입된 제도에 따르면 1인 이상의 미성년 자녀를 가진 가족들은 「부의 소득세」와 이른바 근로소득공제를 받을 자격이 있다.

37) 다년간의 소득을 평균하는 규정이 있다. 그러나 그 조건이 꽤 까다로워서 소득수준이 안정적이지 않은 사람은 같은 액수의 안정적인 소득자보다 더 많은 세금을 지불한다. 게다가 소득수준이 안정적이지 않은 사람들은 대개가 이런 규정으로부터 전혀 혜택을 받지 못하고 있다.

38) Capitalism and Freedom(Chicago: University of Chicago Press, 1962), Chap.12에서 우리는 그것을 제안했다. 밀턴 프리드먼Milton Friedman의 증언을 보려면, U.S. Congress, House, Committee on Ways and Means, Social Security and Welfare Proposals, Hearings, 91st Congress, 1st session, November 7, 1969, part 6, pp.1944-1958을 참조.

39) 닉슨 대통령의 계획을 좌절시키는 데 있어서 복지관료가 한 역할을 알려면, Daniel P. Moynihan, The Politics of a Guaranteed Income: The Nixon Administration and the Family Assistance Plan(New York: Random House, 1973) 참조.

40) Anderson, Welfare, p.135.

41) Ibid., p.135.

42) Ibid., p.142.

제5장 빗나간 평등

43) J. R. Pole, The Pursuit of Equality in American History(Berkeley and Los Ange- les: University of California Press, 1978), pp.51-58을 참조.

44) Alexis de Tocqueville, Democracy in America, 2 vols., 2d ed., trans. Henry Reeve, de. Francis Bowen(Boston: John Allyn, Publisher, 1863), vol.I, pp.66-67 (프랑스어로 된 초판은 1835년에 출판되었다)

45) Ibid., pp.67-68.

46) Smith, The Russians, and Kaiser, Russia: The People and the Power를 참조. "Has China Failed?" The New York Review of Books, April, 5, 1979, p.37에서 닉 에버스타트(Nick Eberstadt)는 "중국에서는,⋯ 1953년 이래로 소득분배가 별로 변하지 않은 것 같이 보인다."라고 언급하고 있다.

47) Helen Lefkowitz Horowitz, Culture and the City(Lexington: University Press of Kentucky, 1976), pp.ix-x.

48) Ibid., p.212 and 31.

49) "The Forgotten Man," in Albert G. Keller and Maurice R. Davis, eds., Essays of William G. Summer(New Haven: Yale University Press, 1934). vol, I, pp.466-496.

50) Robert Nozick, "Who Would Choose Socialism?" Reason, May, 1978, pp.22-23.

51) Wealth of Nations, vol.I, p.325(Book II, Chap. III).

52) Smith, The Russians, and Kaiser, Russia: The People and the Power를 참조.

53) Nick Eberstadt, "China: How Much Success," New York Review of Books, May 3, 1979, pp.40-41.

제6장 학교교육, 무엇이 문제인가?

54) Leonard Billet, The Free Market Approach to Educational Reform, Rand Paper p-6141(Santa Monica, Calif.: The Rand Corporation, 1978). pp.27-28.

55) 월리스Wallis가 An Over-Governed Society, p.viii에서 인용한 The Good Society에서발췌.

56) "The Political Economy of American Public School Legislation," Journal

of Law and Economics, vol.10(October, 1967), pp.101-28. 이 중에서 p.106부터 이 지 웨스트E. G. West가 인용하였음.

57) Ibid., p.108.

58) 잘못 이해하기 쉬운 용어에 주의하라. '공공적(public)'이란 말은 다른 경우에는 '공익사업(public utilities)', '공공도서관(public libraries)' 등에서와 같이 그렇지 않지만, 여기서는 '공립적(governmental)'이란 의미로 쓰이고 있다. 학교교육에 있어서 하버드 대학이 매사추세츠 공과대학보다 덜 '공공적(public)'이라고 하면 말이 될까?

59) Ibid., p.110.

60) R. Freeman Butts, Encyclopaedia Britannica, vol.17(1970), p.992.

61) W. O. L. Smith, Encyclopaedia Britannica, vol.7(1970), p.988.

62) Ibid., pp.988-989.

63) E. G. West, Education and the State(London: The Institute of Economic Affairs, 1965).

64) Gammon, Health and Security, p.27.

65) 본인들이 갖고 있는 교육자료은행(Education Data Bank)으로부터 이 자료를 이용할 수 있게 해준 시장자료원(Market Data Retrieval)의 허버트 롭센즈(Herbert Lobsenz)씨와 신시아 사보(Cynthia Savo)씨의 도움에 감사한다.

66) 실제로, 이러한 공립학교들은 대개가 사실상 탈세 구멍으로 볼 수 있다. 만약 그 학교들이 사립이라면, 수업료 부담액은 연방소득세를 위해 공제되지 않을 것이다. 공립학교가 지방세에 의해서 운영되기 때문에 세금이 공제되고 있다.

67) Milton Friedman, "The Role of Government in Education", in Robert A. Solo, ed., Economics and the Public Interest(New Brunswick, N.J: Rutgers University Press, 1955)에서 필자 중 한 사람이 수업료 쿠폰 제도를 처음으로 제안했다. 이 논문의 수정된 내용이 Capitalism and Freedom의 제6장에 실려 있다.

68) Ibid., p.86.

69) Christopher Jencks and associates, Education Vouchers: A Report on Financing Elementary Education by Grants to Parents(Cambridge, Mass.: Center for the Study of Public Policy, December, 1970); John E, Coons and Stephen D. Sugar- man, Education by Choice : The Case for Family Control(Berkeley: University of California Press, 1978) 참조.

70) Coons and Sugarman, Education by Choice, p.191.

71) Ibid., p.130.

72) Wealth of Nations, vol. II, p.253(Bool V, Chap. I).

73) 예를 들면, 교육자유를 위한 시민모임(the Citizens for Educational Freedom), 개인의 교육권리를 위한 전국협회(the National Association for Personal Rights in Education).

74) 1979년 5월 미시건에서 법인으로 조직된 교육쿠폰연구소(Education Voucher Institute)

75) Kenneth B. Clark, "Alternative Public School Systems," in the special issue on Equal Education Opportunity of the Harvard Educational Review, vol.38, no.1 (Winter, 1968), pp.100-113, 이 가운데 pp.110-11에서 인용된 문구이다.

76) Daniel Weiler, A Public School Voucher Demonstration: The First Year at Alum Rock, Rand Report No.1495(Santa Monica, Calif.: The Rand Corporation, 1974).

77) Henry M. Levin, "Aspects of a Voucher Plan for Higher Education," Occasional Paper 72-7, School of Education, Stanford University, July, 1972, p.16.

78) Carnegie Commission on Higher Education, Higher Education: Who Pays? Who Benefits? Who Should Pay?(McGraw-Hill, June, 1973), pp.2-3.

79) Ibid., p.4

80) Ibid., p.4.

81) Ibid., p.15.

82) Carnegie Foundation for the Advancement of Teaching, More than Survival: Prospects for Higher Education in a Period of Uncertainty(San Francisco: Jossey Bass Publishers, 1975), p.7.

83) Carnegie Commission, Higher Education, p.176. 본문에 있는 백분율은 카네기표가 아니라, 거기에 인용된 다음의 자료, 즉 Table 14, U.S. Census Reports Series P-20 for 1971, no.241, p.40.에서 계산한 것이다. 그렇게 하는 도중 카네기 보고서의 백분율이 약간 잘못되어 있음을 알아냈다. 필자들이 산출한 수치들은 다소 잘못 이해되기 쉬운데, 왜냐하면 배우자와 함께 사는 기혼 학생들은 그들 부모들의 소득보다는 자신과 배우자의 가계소득에 의해서 분류되기 때문이다. 만일 기혼 학생들을 빼면 그 결과는 여기서 설명한 것보다 더 커지게 된다. 즉, 소득이 5,000달러 미만인 가정 출신 학생 중 22%가, 소득이 5,000달러에서 1만 달러 사이인 가정 출신 중 17%가, 그리고 1만 달러가 넘는 소득이 있는 가정 출신 중 25%가 사립학교에 다녔다.

84) 미국 통계조사국 통계에 의하면 1971년에 18세에서 24세까지의 모든 젊은이들 가운데 22% 이상이 연간 소득이 5,000달러 미만인 가정 출신이었지만, 공립대학에 학부 학생으로 등록한 18세와 24세 사이의 젊은이들 가운데 이러한 저소득 가정 출신은 14% 미만이었다. 그리고 18세와 24세 사이의 젊은이들 가운데 40% 미만이 연간 소득이 1만 달러를 넘는 가정 출신이었지만 재학생들 가운데는 57%가 그러한 고소득 가정 출신이었다. 이러한 수치들도 또한 배우자와 함께 사는 기혼 학생들을 포함시킨 것이기 때문에 편차가 있는 것이다. 18세와 24세 사이의 모든 미혼자 가운데 18%가 연간 소득이 5,000달러 미만 가정 출신이었지만, 학생들 가운데 이러한 저소득가정 출신은 9%밖에 안 되었다. 18세에서 24세까지의 미혼자 가운데 소득이 1만 달러 이상인 가정 출신은 50%를 약간 넘을 뿐이었지만 학생 중에는 거의 65%가 그런 가정 출신이었다. 결국 이 각주와 앞의 각주에 관련지어 볼 때 카네기 위원회가 이러한 수치들에 언급하고 있는 요약보고서에서 기혼 학생들과 미혼 학생들을 구별하지 않고 한데 묶어 놓았기 때문에 그 결과가 고등교육에 대한 정부의 재정지원으로 말미암아 저소득층으로부

터 고소득층으로 소득이 이전된 사실을 과소평가한 것이 너무나도 분명한데도 그것을 언급조차 하지 않고 있다.

85) 더글라스 엠 윈드햄(Douglas M. Windham)은 소득계층을 4단계로 구분하여 각 계층에 대해 1967~1968년 사이 공립 고등교육으로부터 받은 이익의 화폐가치와 부담한 비용 간의 차이에 관하여 두 가지 추정치를 작성하였다. 그 중에 소득이전의 규모가 작은 추정치는 다음과 같다.

(단위: 달러)

소득계층 (연간소득)	총 이익	총 비용	순비용(-) 또는 순이익(+)
0 ~ 3,000	10,419,600	14,259,360	− 3,839,760
3,000 ~ 5,000	20,296,320	28,979,110	− 8,682,790
5,000~10,000	70,395,980	82,518,780	−12,122,800
10,000 이상	64,278,490	39,603,440	+ 24,675,050

86) W. Lee Hansen and Burton A. Weisbrod, *Benefits, Costs, and Finance of Public Higher Education*(Chicago: Markom Publishing Co., 1969), p.76. 단, 제5항은 필자들이 산출하였다. 제3항의 세금은 플로리다주에서 생각하는 비용과는 달리 단순히 고등교육에 지불 될 예정인 세금만이 아니라 모든 세금을 포함한다는 것에 주의할 것.

(단위: 달러)

	전 가정	캘리포니아주에서 공립고등 교육을 받는 자녀가없는 가정	캘리포니아주에서 공립 고등교육을 받는 자녀가 있는 가정			
			총계	초급대학	주립대학	캘주대학
1. 평균 가계소득	8,000	7,900	9,560	8,800	10,000	12,000
2. 연평균 고등교육 보조금	−	0	880	720	1,400	1,700
3. 평균 주 및 지방 조세지출 총액	620	650	740	680	770	910
4. 순이전금 (2항-3항)	−	−650	+140	+40	+630	+790
5. 평균소득에 대한 순 이전의 비율(%)	−	−8.2	+1.5	+0.5	+6.3	+6.6

87) Carnegie Commission, Higher Education, p.7.

88) Milton Friedman, "The Role of Government in Education"에서 처음 발표되었고, Capitalism and Freedom에서 약간 수정된 형태로 재판되었다. 후자의 p.105에서 인용.

89) Educational Opportunity Bank, a Report of the Panel on Educational Innovation to the U.S. Commissioner of Education and the Director of the National Science Foundation(Washington D.C: U.S. Government Printing Office, August, 1967). 보충자료는 자카리아스 심의회의 미발표문서에는 물론 다음과 같은 논문에도 나와 있다. K. Shell, F. M. Fisher, D. K. Foley, A. F. Friedlaender(in association with J. Behr, S. Fischer, K. Mosenson), "The Educational Opportunity Bank: An Economic Analysis of a Contingent Repayment Loan Program for Higher Educaton," National Tax Journal, March, 1968, pp.2-45.

90) 이 협회의 성명서에 대하여는, National Association of State Universities and Land Grant Colleges, Proceedings, November 12-15, 1967, pp.67-68 참조. 스미스를 인용한 구절에 대하여는 Wealth of Nations, vol. I, p.460(Book IV, Chap. III) 참조. 이것은 외국상품으로부터 정부의 보호를 요구하는 상인들에 관한 것이다.

91) Carnegie Commission, Higher Education, p.121.

92) Capitalism and Freedom, pp.99-100에서 인용.

제7장 소비자는 누가 보호하는가?

93) Marcia B. Wallace and Ronald J. Penoyer, "Directory of Federal Regulatory Agencies," Working Paper No.36, Center for the Study of American Business, Washington University, St. Louis, September 1978, p. ii.

94) Evaluation of 1960~63 Corvair Handling and Stability(Washington, D.C.: U.S. Department of Transportation, National Highway Traffic Safety Ad-

ministration, July, 1972), p.2.

95) Mary Benett Peterson, The Regulated Consumer(Los Angeles : Nash Publishing, 1971), p.164 참조.

96) Matthew Josephson, The Politicos(New York Harrcourt Brace, 1938), p.526.

97) Thomas Gale Moore, "The Beneficiaries of Trucking Regulation," Journal of Law and Economics, vol.21(October, 1978), p.340.

98) Ibid., p.340, p.342.

99) Gabriel Kolko, The Triumph of Conservatism(The free Press of Glencoe, 1963), p.99에서 인용.

100) Richard Harris, The Real Voice(New York : Macmillan, 1964), p.183.

101) William M. Wardell and Louis Lasagna, Regulation and Drug Development (Washington, D.C.: American Enterprise Institute for Public Policy Research, 1975), p.8.

102) Sam Peltzman, Regulation of Pharmaceutical Innovation(Washington, D.C. : American Enterprise Institute for Public Policy Research, 1974), p.9.

103) 1950년대와 1960년대 초반에 대한 추정치는 Wardell and Lasagna regulation and Drug Development, p.46에서 인용. 1978년에 대하여는, Louis Lasagna, "The Uncertain Future of drug Development," Drug Intelligence and Clinical Phar- macy, vol.13(April, 1979), p.193에서 인용.

104) Peltzman, Regulation of Pharmaceutical Innovation, p.45.

105) U.S. Consumer Products Safety Commission, Annual Report, Fiscal Year 1977 (Washington, D.C. January 1978), p.4.

106) Wallace and Penoyer, "Directory of Federal Regulatory Agencies," p.14.

107) Murray L. Weidenbaum, The Costs of Government regulation, Publication No.12 (St. Louis: Center for the study of American Business,

Washington University, February 1977), p.9.

108) Ibid.

109) Wallace and Penoyer, "Directory of Federal Regulatory Agencies," p.19.

110) A. Myrick Freeman III and Ralph H. Haveman, "Clean Rhetoric and Dirty Water," The Public Interest, No.28(Summer, 1972), p.65.

111) Herbert Asbury, The Great Illusion, An Informal History of Prohibition(Garden City, N.Y.: Doubleday,1950), pp.144-145.

제8장 노동자를 보호하는 것은 누구인가?

112) 이 선서에 대하여는 이것 말고도 많은 번역문이 나와 있다. 본문에 있는 인용문은 다음에 실려 있는 번역문에 의존한다. John Chadwick and W. N. Mann, The Medical Works of Hippocrates(Oxford: Blackwell, 1950), p.9.

113) George E. Hopkins, The Airline Pilots: A Study in Elite Unionization(Cambridge: Harvard University Press, 1971), p.1.

114) Milton Friedman, "Some Comments on the Significance of Labor Unions for Economic Policy," in David McCord Wright, ed., The Impact of the Union(New York: Harcourt Brace, 1951), pp.204-234. 10여 년이 지난 후에 다음과 같은 상세하고 광범한 연구를 기초로 한 추산도 이와 비슷하게 나왔다. H. G. Lewis, Unionism and Relative Wages in the United States(Chicago: University of Chicago Press, 1963), p.5.

115) Hopkins, The Airline Pilots, p.2.

116) John P. Gould, Davis-Bacon Act, Special Analysis No.15(Washington, D.C.: American Enterprise Institute, November, 1971), p.10.

117) Ibid., p.1, 5.

118) Yale Brozen and Milton Friedman, The Minimum Wage Rate(Washington, D.C.: The Free Society Association, April 1966) ; Finis Welch,

Minimum Wages: Issues and Evidence(Washington, D.C.: American Enterprise Institute, 1978); and Eco- nomic Report of the President, January 1979, p.218 참조.

119) Milton Friedman and Simon Kuznets, Income from Independent Professional Practice(New York: National Bureau of Economic Research, 1945), pp.8-21 참조.

120) Michael Pertschuk, "Needs and Incomes," Regulation, March/April, 1979.

121) 「밸리 캠프(Velley Camp) 탄광회사」의 수석 부사장인 윌리암 테일러(William Taylor)의 이야기로서, Melvyn Dubofsky and Warren Van Tine, John L. Lewis: A Biog-raphy(New York: Quadrangle/New York Tines Book Co., 1977), p.377에서 인용.

122) Karen Elliott House, "Balky Bureaus: Civil Service Rule Book May Bury Carter's Bid to Achieve Efficiency," Wall Street Journal, September 26, 1977, p.1, col.1.

제9장 인플레이션에 대한 치료

123) John Stuart Mill, Principles of Political Economy, vol.II, p.9(Book III. Chap.VII).

124) Andrew White, Money and Banking(Boston: Ginn & Co., 1896), p.4 and 6.

125) Robert Chalmers, A History of Currency in the British Colonies(London : Printed for H.M. Stationery Office by Eyre & Spottiswoode, 1893), p.6 fn. 이 보다 훨씬 이전의 출판물에서 인용.

126) A. Hinston Quiggin, A Survey of Primitive Money(London: Methuen, 1949), p.316

127) White, Money and Banking, pp.9-10.

128) C.P. Nettels, The Money Supply of the American Colonies before

1720(Madison: University of Wisconsin, 1937), p.213.

129) White, Money and Banking, p.10.

130) Paul Einzig, Primitive Money, 2d de., rev. and enl.(Oxford and New York: Perga- mon Press, 1966), p.281.

131) Chapter 2 참조.

132) Phillip Cagan, "The Monetary Dynamics of Hyperinflation," in Milton Friedman, ed., Studies in the Quantity Theory of Money(Chicago : University of Chicago Press, 1956), p.26 참조.

133) Eugene M. Lerner, "Inflation in the Confederacy, 1861-65," in M. Friedman, Studies in the Quantity Theory of Money, p.172.

134) Elgin Groseclose, Money and Man(New York: Fredrick Ungar Publishing Co. 1961), p.38.

135) John Maynard Keynes, The Economic Consequences of the Peace(New York: Harcourt, Brace & Howe, 1920), p.236.

136) Robert L., Schuettinger and Eamon F. Butler, Forty Centuries of Wage and Price Controls(Washington, D.C.: Heritage Foundation, 1979).

137) 그 이유는 달러로 표시된 엔화에 대한 고정환율을 유지하려는 정책 때문이다. 당시 엔화에 대해 인상 압력이 있었다. 이 압력에 대항하기 위해서 일본 정부는 엔화를 새로 발행하여 달러를 사들였으며, 그것은 통화 공급량을 증대시켰다. 원칙적으로 통화 공급량의 증가를 다른 정책으로 억제시킬 수 있었는데, 일본 정부는 그렇게 하지 않았다.

제10장 조류는 변하고 있다

138) Raoul Berger, Government by Judiciary(Cambridge: Harvard University Press, 1977), p.1, 408

139) A. V. Dicey, Lectures on the Relation between Law and Public Opin-

ion(1914 ed), p.302

140) "Boom Industry," Wall Street Journal, June 12, 1979, p.1, col.5.

141) A. V. Dicey, Lectures on the Relation between Law and Public Opinion(1914, ed.), pp.257-258

142) Milton Friedman, "Monumental Folly," Newsweek, June 25, 1973

143) Friedman and Schwartz, Monetary History, p.46.